图书在版编目（ＣＩＰ）数据

从地方观照世界 ：沈海梅教授性／性别研究自选集 ／
沈海梅著 . -- 昆明 ：云南人民出版社，2017.4
ISBN 978-7-222-15433-9

Ⅰ．①从… Ⅱ．①沈… Ⅲ．①性－研究－文集②性别
－研究－文集 Ⅳ．① C913.14-53

中国版本图书馆 CIP 数据核字（2016）第 323982 号

责任编辑　金学丽
装帧设计　石　斌
责任校对　陶汝昌
责任印制　杨　立

从地方观照世界
　　——沈海梅教授性／性别研究自选集
沈海梅　著

出版　云南出版集团　云南人民出版社
发行　云南人民出版社
社址　昆明市环城西路609号
邮编　650034
网址　http：//ynpress.yunshow.com
E-mail　ynrms@sina.com
开本　787mm×1092mm　1/16
印张　21.25
字数　400千
版次　2017年4月第1版第1次印刷
印刷　昆明卓林包装印刷有限公司
书号　ISBN　978-7-222-15433-9
定价　58.00元

从地方观照世界

沈海梅教授性/性别研究自选集

■ 沈海梅 著

云南出版集团

云南人民出版社

自　序

　　人到中年就有一本自己喜欢的学术自选集出版，与老一辈的学者在耄耋之年才能出版一本自己的文集相比，想来真是感到幸运。

　　这本书是我从事历史学、人类学学习，进行云南地方史、西南社会人类学研究20余年积累的学术作品集子。一个名不见经传的学者，出版一本学术自选集，心里还是会感到忐忑。对于那些只会奔"名家"而去的人，这本书可能不会有多大吸引力。但对于真正愿意读书、愿意独立思考一些问题的人，或想致力于历史学、人类学研究，特别是性别研究的人，这本书应当是值得一读的。

　　这本名为"从地方观照世界"的书，是想从云南这样极具地方感的小区域及其社会文化来反观世界，思考人类。"观照"对我来说，是想把它理解成为对世界的一种观察和回应，但是如果用"回应"这个词的话，会让人有被动之感。2009年在新加坡国立大学亚洲研究所做访问研究的时候，那里有个学术活动叫作"In The Beginning"，是所里的研究人员必须参加的。有很多来自世界各地有意思的学者频繁往来新加坡国立大学的亚洲研究所，这样一个学术活动就是让每位新来的学者用半个小时的时间介绍自己的人生经历，学术经历。这个活动是要看这些来自不同国家、不同文化体系的学者学术背后的文化背景、教育背景以及他／她成长的、人生的阅历和他／她的学术取向之间是什么样的关系。听了很多学者的"In The Beginning"之后会发现，实际上在学术背后有许多很有意思的东西。

　　我在那里也做了一次"In The Beginning"，当时我放的第一张幻灯片就是从云南地图开始的。幻灯片里提出这样几个问题：Where is Yunnan? What is Yunnan? Why is Yunnan? 到目前为止我的整个人生以及学术研究都是和云南关联在一起的。我生长在云南，17岁以前都生长在楚雄彝族自治州的永仁县城，直到1985年考取云南大学历史系才离开家乡，到省城昆明求学，从本科、硕士到博士也都是在云南大学念的书。我的导师是云南大学的林超民教授，我从硕士阶段就跟着林超民教授学习，他是著名的历史学家方国瑜教授的学生。改革开放恢复研究生教育以来，林超民教授是中国第一个取得中国民族史专业的博士。我读本科4年，又花了4

年的时间读硕士研究生，博士又读了 4 年。也就是说 12 年的时间我接受的都是历史学的学习和训练。

我读书所在的云南大学历史系，特别是中国民族史专业点、学位点，是中国改革开放以后较早获得博士学位授予权的学位点。之所以能较早获得授予权，是缘于方国瑜等一些知名教授从 20 世纪三四十年代就致力于中国边疆社会的研究。方国瑜教授被称为"滇史巨擘"，专攻西南地方历史文献的搜集、整理，以及西南边疆历史地理研究。在方国瑜等一批教授们的努力下，云南大学较早设立了中国民族史专业，开展云南地方历史研究，并已经形成了学术传统。我在云南大学历史系从本科到博士 12 年的时间所受到的训练是一种地方历史文献阅读的训练，以及在此基础之上做云南地方历史研究的训练。因此，这些训练决定了我的研究都是要从云南开始，也离不开云南。所以我觉得自己是一个非常本土的云南学者，云南和我的人生有着非常特殊的关系。

在我读研究生的时候，历史系中国民族史专业开了几门很有用的课程，直到今天对我的影响仍然很大。一门是木芹教授开设的中国民族史专题研究。木教授曾经做过向达的《云南志》校注，这是很有历史功底的一项工作。他对整个南诏大理历史也有自己的研究。所以，当时他在课程上就给我们讲授一些关于南诏大理历史的内容，以及他自己独到的一些分析。对于我来说，今天我做的一些关于南诏大理区域历史的研究是和那些课程有关联的。

有一门课是由蔡葵教授讲授的民族考古学，蔡葵教授当时在历史系是做考古研究的学者。当时在听课程的时候，并没有感觉到课程对我的影响。但是，当我在做区域性的历史研究时，我就会用一些关于考古的讨论。考古学带给我们的是对大的文明区域的研究，如何将地方性的区域历史和大的文明体系相关联就是考古学要来做的。所以，考古学对我的影响也很大。我一直对中国考古学界主要致力于文化类型的划分，或者说区域性的划分不太满意。因为这样的文化类型的划分，忽略了地方性文化体系的联系性，对其缺乏讨论。而且，中国的考古学界还存在的一个问题是认为中国的少数民族，这些土著似乎没有自己的史前历史和早期文明，这是很大的一个问题。过去很长时间我们的考古成就更多来自黄河流域、长江流域，边疆少数民族的史前历史没有得到充分呈现。但是除了汉人是中国的土著，很多少数民族也是中国的土著，分布在不同的地方，他们也会有自己的史前历史。所以，这一点是受益于蔡葵教授的课程。当时，他教授给我们很多中国考古学最基础的知识，比如基础的分类体系。这些训练在今天看来，真的是很受益。

还有一门课，是当时的马克思主义者、民族理论学家熊锡元教授开设的马克思主义民族理论。他是专攻马克思主义民族理论，在马克思主义民族理论方面有很多建树。当时，他与他的助理教授在课程上同我们有很多马克思主义理论方面的讨论。

还有我的导师林超民教授讲授的中国民族史课程，从整体上来把握中国民族史的历史脉络，讲授多有新意。因此，这些课程当中既有木芹教授那样的专题研究，又有林教授那样的整体性的把握，对我的学术积累起到了很大的作用。十多年对于地方历史文献的阅读训练对于我后来研究地方性历史与大的文明体系之间的关联，包括云南这一区域和中国文明，以及相邻的文明比如印度文明、藏文明体系和东南亚的文明体系像缅甸、老挝的文明这些文明体系之间的关系带来了可能，因为获得了学术方面的训练和积累。因此，我从历史获益很多。

我本科毕业的那一年是1989年，这一年对于我们这些"60后"的人来说影响还是非常大的。我在新加坡国立大学的"In The Beginning"的活动中，提出过一个观点，西方人习惯把"文化大革命"作为理解中国人的一种重要途径，以往西方国家的图书馆里，在"中国"这一目录下有关"文化大革命"的著作所占比例较大，对"文化大革命"印象有泛化的倾向，也就是说似乎每个中国人都经受到了"文化大革命"的影响。但是我认为这个说法是有问题的。我是在"文化大革命"开始头几年出生的，"文化大革命"对于"60后"的影响不会像对"50后"或者更早一代人的影响那么大。"文化大革命"对于我们这样的小孩子是没有太大影响的，印象当中就是晚上跟着大人去开会，大人们在搞批斗，小孩子们自己在一边玩。有许多玩伴天天在一起玩感到很快乐，并没有留下"集体创伤（trauma）"之类的心理问题。因此西方用"文化大革命"这样的思路来理解中国的社会、中国人可能会有一些局限。1989年我刚好大学毕业，那年1月，我已经完成了硕士研究生考试。那个时候，很多人不愿意读书，考研究生的人很少，就几个人报考。我报考的云南大学民族史这个硕士点已经有两年招不到学生了。当然，那时候研究生招生也秉持宁缺毋滥的原则，考试也很难，不像现在会指定参考书目。拿到录取通知书了后，按照国家的规定，我们这些考上研究生的文科应届毕业生必须到基层锻炼一年。所以，1989年9月入学以后，我就到了孟连，也就是今天的普洱市孟连县红塔中学（原孟连二中），去那里做乡村老师。我现在都还记得那里距离缅甸边境只有 23 公里。和我一同到那里做中学老师的还有我的三个师兄。差不多学校缺什么老师，我们就去上什么课。学文科的学生也有去教数学的。我教的是语文课，并且我觉得我教得非常好。那批少数民族学生当中有很多人喜欢上了语文，后来也有很多人考取了中专，让我觉得非常有成就感。

也在那一年让我对少数民族社会有了一些深入认识。那时候，周末一般我们都要去学生家家访。当地是傣族、佤族和拉祜族自治县，我们的学生基本上是这三个民族。跑了很多少数民族村寨之后，发现少数民族的立体垂直分布特征非常明显，给了我很深的印象。佤族基本居住在山顶，半山腰居住的是拉祜族，山脚是傣族。同时，对少数民族也有了非常直观的印象，他们如何生活，他们的宗教信仰，他们的婚姻。总之，只要我们能参加的活动都尽量参加。所以，我的中国民族史专业学习的第一课是从这些田野开始的。

在边境生活的这一年，也让我感受到了什么是边疆。边疆给我的感受是一种国家不在场的状态，它和内地在时间感上是有差异的。这些认识对于后来我从事与边疆相关的研究起到了很好的作用。

硕士研究生毕业后我留在云南大学历史系任教。在 20 世纪早期，云南大学就已经有了社会人类学这一学科，如吴文藻、杨堃还有费孝通可以说奠立了云南大学人类学的传统。到了 20 世纪 80 年代，人类学开始恢复重建，我的导师林超民教授时任历史系主任，率先在历史系中设立人类学专业，并且在 1987 年恢复了人类学专业并开始招生。10 年之后，也就是在 1997 年，人类学专业从历史系中独立出来，成立了人类学系。当时，从历史系中分离出一部分老师到人类学系。因为我做社会性别和文化方面的研究，可能放到人类学系中比较合适，所以就被安排到人类学系做老师。应该说，从 1997 年开始，我开始从非常传统的史学转向人类学。这个转变的过程可能到现在都还没有结束，进入一个新的学科领域可能需要非常长的时间。对我来说也是非常具有挑战性的，因为人类学是全新的学科，它的理论体系非常的庞大与复杂。这 10 年可以说是一个不断积累的过程，做田野、做研究以及给学生开课可以说都是学习的过程。

1995 年在我开始做博士论文的时候，北京召开了世界妇女大会，也兴起了一股女权主义的浪潮。女权主义浪潮对整个中国社会发生了影响，特别是在学术领域出现了大量的女权主义的读本，西方有关女权主义的论著被大量翻译介绍到中国。所以我在那个时候受到了女权主义影响，也读了很多女权主义的著作。而且自己身为一名女性来关注女性在历史中的状态也觉得是合乎情理的。女性在传统的著述中一直是处于缺席的状态，这是西方女性主义史学批判中最重要的一点，必须让女性在历史当中重新复原、重现，这也是西方女权主义史学对历史学家最大的影响。所以，在博士论文选题时就开始对明清时期云南妇女生活进行研究。明清时期，有大量的汉人移民进入云南。他们的进入重塑了云南的民族关系，也重塑了云南的性别关系。甚至，儒家思想传入云南之后，对妇女生活产生了很大的影响。因此该研究是在大量移民进入云南以及儒家思想传入云南这样的大背景下，来看妇女的生活发生了什么样的变化。当时我花了大量的精力阅读了大概有15册的《新纂云南通志·列女传》，每一册都记录了云南不同地区节妇烈女。对这些节妇烈女做了量的统计，统计出来大概有一万多位列女。这些女性分为四种不同的类型：烈女是自杀的；节妇则是丈夫去世之后守节；还有贞女即未婚但守贞；还有一类是慈母和孝母，就是说抚养儿子特别有成就的。她们是一种道德典范，有一些节妇会上升到慈母的行列。在明代之前，云南的志书中是没有列女这一栏的，但是到了后来出现了列女传，明代出现列女一千多例，到了清代的《新纂云南通志》已经达到上万例了。这反映出云南的社会生活和汉人的文化体系相接触之后发生了很大的变动。

这篇博士论文在 2001 年由云南教育出版社出版了，书名为《明清云南妇女生活研究》。对于这本书我觉得当时还是单纯地以历史学的方式来研究的，虽然阅读了女权主义的著作，但是并没有做到将这些理论很好地用来分析女性的生活。虽然它出版了，并且在结语部分也讨论了性别与种族、阶级概念的关联（当时还没有族群的概念），但是现在觉得做得还不太够，在理论上有一些缺乏。

博士毕业之后，我刚好获得了 Freeman Foundation(弗里曼奖学金)，就去了美国 Illinois 大学 Champaign-Urbana 分校。为期一年的项目对我来说是过了两个关：一个是英语的语言关，另外一个是对女权主义理论系统的学习。伊利诺大学，包括在美国的大学当中，女权主义理论的课程以及关于社会性别研究、妇女研究的课程非常多。所以，只要遇到这样的课程我都会去听。从理论方面的课程到具体的一些研究的课程，包括美国历史学、政治学、社会学、人类学如何来讨论性别，我都尽量参加。社会性别课程所呈现出的是一种多学科交叉的研究，有些话题会是不同学科的学者聚集在一起来探讨，比如心理学在讨论性别研究的时候就会邀请心理学家进入到课堂中来讨论心理学和妇女、健康等等之间的话题。因而在伊利诺大学,我的视野不再只有云南这一"地方",世界也开始成为我视野中的必须。而且,我开始有了一个如何跨学科进行妇女研究的大概的框架,并且认识到社会性别的研究一定要走跨学科的路径。在那一年的时间里,我也阅读了一些女权主义的理论,当然也不能说那时候就完全消化了。近十年来,性别的概念有许多新的发展,不再仅仅指男人、女人两性,也发展出了性别多元身份,包括 LGBT 各类人群。本书暂不涉及这些内容。

人类学最基础的研究方法是田野研究,在云南生活工作,也有很多机会接触到田野。比如说 1992 年左右我跟尹绍亭教授去考察"峰岩洞",文山广南县的一个洞穴居民社区。尹绍亭教授是非常有经验的民族学家,我承担的是人口方面的研究,挨家挨户跑了居住在洞穴里的全部 56 户人家,考察人口比例、年龄比例、性别比例、代际关系、人口的变动等等。跑下来之后,我觉得这个过程很有用,使我能够非常清楚地了解当地社区。在后来的田野当中,我也在用这种方法。每到一个村落,会根据村落的大小,至少要跑一半以上的家户,对当地的人口情况要有一个清楚的了解,再慢慢地考察这个社会。我也参加过福特基金会的妇女生殖健康的项目,去过澄江、陆良很多村落。项目最后出版了《发现妇女的声音》一书,也是用女权主义的方式来了解女性的生殖健康。当时,云南省社科院的老师负责访谈,我们作为研究生负责记录。那个时候还没有录音笔之类的设备,只能一个字不落地记录访谈内容,没有电的时候就点着蜡烛整理资料。这个训练,对于后来自己独立来做访谈是很有用的。在云南就是有很多机会让你去跑田野。

我也参加过有关艾滋病方面的田野研究项目,1992 年的时候,北京协和医科大学的艾滋病研究学者廖苏苏博士到西双版纳的勐腊县靠近边境的几个乡镇,考察当地村民对艾滋病的知晓情况以及当地性文化和艾滋病之间的关系。那个时候,在边境地区很多人不知道什么是艾滋病。我参加这个研究项目,协助他们在村寨里发问卷,也跟妇女做很多访谈。当时没有想到后来我自己也会去做艾滋病方面的研究,也没有料到艾滋病在云南扩散那么迅速,变成严重的社会问题。

2001 年获得福特基金会中国社会研究基金资助,我开始自己独立开展田野。田野点在西双版纳勐腊县象明乡曼底村,这是我人类学研究的第一个田野点,也是我感情最深的一个田野点。这个村落处于较封闭的状态,也因此保留了多一些的傣族传统文化。比如说头人依然在村落里发挥着作用,特别是当你读过 20 世纪五六十年代所做的社会历史调查,发现他们在今天依然发挥着作用,是让人感到非常兴奋的。

在我的田野当中，觉得摄像机是非常重要的东西。我从美国带回一部摄像机，带着摄像机去做田野，也带给了我意想不到的收获。当地村民看到我带着摄像机，就会问我是不是来玩的，是不是像记者一样。那个时候村落里虽然有了电视机，但还没有电视信号。白天，我就拍他们怎么劳动、怎么上山砍树、修路，晚上我就到他们家中放给他们看。所以，村民在没有看过电视节目之前，就看到了他们自己出现在电视上，感到很震惊。也因此，我在村落里就变成了电影放映员。村民们非常欢迎我，每天问我："老师，今天晚上放哪家？"第一次放映是在我的房东家里，全村的人都聚集到房东家里的竹楼来看。我非常担心他家的竹楼会被压垮掉。因为摄像机带给他们的快乐，他们也非常高兴地接纳了我，也让我在不到一个星期的时间成为家喻户晓的人，从而很容易地进入到任何一个家户，没有任何障碍。我用摄像机进入田野的案例是很有意思的经历。

2003年的第二次田野在泼水节期间，我邀请在云大负责中德哥廷根影视项目的Barbara Keifenheim教授一起做田野。Barbara教授是一位非常有经验的人类学家。她本身是学历史的，但她的丈夫是一位研究中美洲的人类学家，她陪同丈夫进入到田野，后来她发现田野很有意思，自己就开始做访谈。在进入田野的时候她是一位历史学家，但是等到她从田野出来的时候成为一个比她丈夫贡献还要大的人类学家。尽管我在之前的田野当中得到了一些基本信息，但我感觉这些信息是没有深度的。而人类学的经典民族志都要做深描，这些信息离深描是相距甚远的。我们到达村落时，村民都在忙着过泼水节。泼水节是汉族人对这个节日的描述，在傣语中泼水节实际上是指傣族的新年，也获得对傣族新年的一些新知识。比如说这个节日一共有三天，中间的那一天叫作空日，是指它既不属于前一年，也不属于后一年，是前一年和后一年之间空的一段。之前，在很多的文献中并没有看到过这样的解释。

Barbara对我的训练一方面是在民族志影像的拍摄，比如取景、如何抓拍、分析哪些场景可以拍摄，哪些不可以拍摄。另一方面她带给我切入当地社会的一个话题——Cash economy，货币经济对于这个社会来说到底意味着什么。她带着我做了这样一个非常集中的话题式访谈，村落里的人们怎么认识钱，钱对于他们的意义，人们在用钱的时候发生了怎样的故事。我们访谈了男人、女人、老人和小孩，他们第一次花钱的时候发生的事情。它让我逐渐认识到货币经济进入这个以稻作为主的传统农业社会之后，人们对钱的观念也发生了很大的变化。所有的人都在找钱，所以他们不断地开垦荒地，多种一些粮食。原来他们可能想到的是要种一些粮食自己吃，货币经济进入之后，他们想到的是要多种一些粮食去换钱。更重要的是，当时这个社会正进行大规模的橡胶种植，烧荒、毁林来种植橡胶，也开始种植一些像砂仁之类的药材。社会开始从稻作经济向货币经济转换，农业体系也开始围绕着货币经济做出很多的调整，包括土地的利用，新的物种的利用都在对这个社会发生着影响。所以，这次田野让我找到了切入这个社会的一些重要话题，感觉到理出了一些重要的思路。这些后来就做成了西双版纳少数民族社会和现代性的话题，因为货币经济、市场经济、市场转向都和现代性关联在一起。现代性的讨论不仅仅在西方工业社会中呈现，经过像杜维明、金耀基一批东亚研究学者也提出了东亚现代性的问题。对于我所面对的少数民族社会而言，它既不像杜维明提出的那样同儒家体系发生关联，因为西双版纳傣族并没有受到整个儒家体系思想的影响，一直就是信奉南传佛教的社会。那么，这样的社会怎样经历现代性是我想要讨论的问题。就是说，中国边疆的少数民族怎么样关联到现代性体系中。那橡胶种植是我很重要的切入点，它是充满现代性的物质媒介，将曼底、傣泐这样的社会从丛林、稻作的社会关联到中国的汽车市场以及全球的资本主义体系。就像 Sidney W. Mintz 所讨论的蔗糖如何将美洲种植甘蔗的社会关联到全球资本主义体系里面，这样的东西我觉得也可以放到曼底的社会里进行考察。

这一次田野及其之后的写作，是我将理论和田野相结合，尤其是像现代性（Modernity）这样的大理论相结合来深度讨论少数民族社会的一次经历。这一次田野之后，我会觉得尽管第一次的田野也是有用的，但是不见得对于民族志写作产生最重要的作用。做田野需要这样的切入点。Barbara Keifenheim 这样的人类学家在做田野的经验，她自己的观察视点对于我的研究起到了很重要的推进作用。

还有一段田野是和美国学者 Pat Giersch 教授一起完成的。Pat Giersch 是美国的历史学家，当时他正在写 Asian Boardlands 这本书，该书于 2006 年由美国哈佛大学出版社出版了。他的研究也涉及中国南部像思茅、普洱和西双版纳这一带的区域历史。在 2003 年 6 月至 7 月的暑期，我们一起完成了一个阶段性的田野。这一次田野，我觉得从 Giersch 那里又获得了一些切入田野的启发。Giersch 博士是耶鲁大学毕业的亚洲史博士，他最强的背景就是亚洲史的训练。他把自己写过的、学术界关于云南傣族研究的一些文章带到云南送给我。我发现在这些文章里，研究者有自己的切入，比如说 Garden Spirit 村寨神的研究。实际上，在亚洲学术体系中有很多学者已经对此展开了研究，比如说 George Condominas，Tambiah Stanley，Edmund Leach，Shigeharu Tanabe 都关注过云南以及东南亚地区的村寨神信仰体系。在社会性别的视角下，曼底傣泐人的信仰女神与男性宗教实践者突破了以往学者们所认为的东南亚的村寨神与传统傣泰政治体系对应的关系。

这些田野经历和发现，以及后来的思考，都揉进了我从事人类学研究的专著《中间地带：西南中国的社会性别、族性与认同》一书中（商务印书馆 2012 年出版），期待学术界的批评、讨论与接纳。

在这本自选集即将出版之时，我们所处的社会也在快速而深刻地发生着许多变化，经过 30 余年的独生子女政策，产生的性别失衡及引发的社会问题将会日益凸显，性／性别议题将会是人文社会科学中更加重要的议题，考量着学者们对我们这个世界的认知、分析、判断、质疑和批判。

这些零碎、片段式的自述，串起的是这本文集中所要呈现的我从事过的有关性别研究的多个主题：社会性别理论，妇女史，族性、性／性别政治，性别、发展与全球化，以及社会性别民族志。体现了我的社会性别研究是多学科的，多种研究路径和方法的集合。期望其中一些富有洞见的分析观点为读者带来启迪。

在此也向多年来给予我厚爱、支持、帮助的林超民教授等师友们致以诚挚感谢！

沈海梅

2016 年 4 月 10 日于昆明北莲华庭寓所

目　录

性别理论

社会性别理论

随着西方妇女学从关注妇女本身到关注社会性别，日益成熟的妇女／社会性别研究学科不仅对建构在男性"话语"基础上的传统哲学、心理学、人类学／民族学、社会学、历史学、文学、宗教等各人文学科提出了挑战。在"解构"传统学科理论建构的同时，妇女／社会性别学理论体系及认识论也逐步确立起来。因而社会性别概念下包含的是跨学科的一整套庞大的理论体系。本章重点讨论社会性别文化建构论在西方学术中的成长，及其与文化建构论相关联的一些理论。

17世纪细胞学说的创立奠定了现代生物科学的发展。生物学知识成为解释人类生物特性，解释人类行为差异，包括男女性别差异的基础，形成"biopower"（生物权力）[1]。然而生物学一直把人当成生物有机体来看待的观点并不能反映人类的全貌，人的创造潜能和行动能力所创造的文化并没有得到合理解释，人们更愿意把人视为复杂的生物文化有机体。在此基础上，人们对男女性别差异的理解也经历了从"生物决定论"到"文化建构说"的发展历程。在对人类生活多样模式的跨文化研究与丰富的民族志呈现后，女性主义文化建构论强调社会性别（Gender）是一套基于人类生理上的性别（Sex）差异而发展出来的文化观念。"任何一个社会或文化都有一整套机制把男女间生物性的差异转化为社会性的差异，在不同的社会文化背景中，这种机制有不同的组成要素和影响方式"。[2]这种观点成为西方妇女／社会性别研究中的社会性别文化建构理论的核心。人类社会生活和文化机制中的各种要素，如生计、技术、分配和交换、性、生育、婚姻家庭、亲属和继嗣、语言、艺术、信仰、宗教祭祀、巫术、政治组织、冲突和战争、伦理、法律和意识形态等都在构建社会性别的过程中起作用。社会性别文化建构理论也构成了西方妇女／社会性别研究中的理论核心内容。

---

① 〔美〕Grewal／Kaplan：《妇女研究导论：跨国世界中的社会性别》，艾晓明等译，陈静梅整理，http：//genders.zsu.edu.cn/ReadNews.asp?NewsID=2214

② Nancy Bonvillain："Women and Men：CulturalConstructsofGender." Prentic-Hall，Inc.1998.p11.

一、社会性别生物决定论

（一）高尔顿、魏斯曼等早期社会性别生物决定论者的观点

自 19 世纪 70 年代，生物学家高尔顿和奥古斯特·魏斯曼的学说对解释性差异产生影响。高尔顿认为，自然选择作为一种无所不在的决定性力量也适用于人类特性及人类历史的一切方面。人的心理特点就像人的身体素质一样都是自然选择的直接产物。这种认为自然法则使心理和身体特征"同样遗传"的极端结论成了高尔顿学说的基础。他深信先天因素在形成人的特征与人类文明中占有压倒一切的优势。1884 年的国际健康展览会上，高尔顿对 9337 个人的心理进行评估后认为男性的智力是优异的，而女人的头骨头都较男性小，可以推断出她们的大脑也将如此。因而得出结论：女人在各方面的能力都比男人差。此后的很长时期，生物体的性别差异成为解释社会角色差异以及男性统治和妇女受压迫的根本原因。社会性别生物决定论在解剖学、生理学方面生产出来的知识，用来解释人类行为时，形成一些假说。

其一，雌性被动说。后代的性别取决于受精时的染色体构成，雄性配子或雌性配子造成了这种结果。卵子呈球形，体积比精子大，精子数量多于卵子。一本经典的医学心理学文章所写的："女性一个月只产生一个卵子，而男性每天产生数以千万计的精子"。这种对数量的强调，有着鲜明的目的性，精子被视为在生殖过程中扮演了决定角色，因此，它是有价值的，而卵子由于数量少，所以它受控于精子。卵子的发生过程被认为是很浪费的，在描述时用的是遗憾的、低沉的语调和相关的字眼。卵子被描述成"被动的""被传送的"，而精子被描述成"积极的""强壮的""促成了卵子的产生"等等。[①] 与精子的速度相比，卵子被视为静止的、等待的、被动的，卵子被想象成一个小女性，女人则被想象成一个巨大卵子。[②] 而焦躁不安的精子则被视为主动的、具有攻击性的，受精的过程被视为精子的赛跑。"任何一个雌雄，如果在排卵期与一个以上的雄性交配，她便开启了一扇精子大赛之门"。[③] 这样，就会根据卵子去定义女人，根据精子去定义男人。

---

① 〔美〕Emily Martin：《精子与卵子》，摘录自《社会性别与科学的权威性》，艾晓明等译，陈静梅整理，http://genders.zsu.edu.cn/ReadNews.asp?NewsID=2214

② 〔法〕西蒙娜·德·波伏娃：《第二性》陶铁柱译，北京：中国书籍出版社 1998 年版，第 17 页。

③ 〔美〕琳·马古利斯等：《神秘的舞蹈：人类性行为的演化》，潘勋译，北京：中国社会科学出版社 1999 年版，第 39 页。

把卵子的受精过程看作社会中男女行为差异的原因，用来解释为什么女性往往是被动的，等待的。而精子的竞赛也影响到人类的组织模式，人类一夫一妻、一夫多妻家庭的存在也是精子存在的结果。

其二，男性的刚毅和女性的柔弱。男性肌肉发达，男性体格比女性的高大，男性自然就统治女性，他们有获得食物的优先权，男性必在社会中承担起供养者的角色，是妇女和儿童的保护者。女性脂肪多，是柔软的、温顺的和情感的。男女被看作是与生俱来的，而这些特征奠定了一个人的社会性别身份、人格和自我概念的基础。进入20世纪初期，医学界将性荷尔蒙作为划分性别差异的生物基础。对于女性特质的据点的探索从特定的器官又转到了化学物质：性荷尔蒙。对性荷尔蒙的研究催生出一个新兴的领域就是性内分泌学。该领域提供了一种新的性别观点：性荷尔蒙才是传递男性特质和女性特质的信息的化学使者。这一观点成为20世纪的主流观点，荷尔蒙生理决定论者相信，是荷尔蒙造成了男女身体的不同。那些有犯罪、吸毒、暴力、虐待倾向的男性，雄性激素水平较高，攻击性行为程度较高。雄性激素水平高还导致了热衷于争夺领导权，企图影响或统治他人，容易表达愤怒等。[1]因此，在西方文化中，人们习惯于用性荷尔蒙理论来解释那些被视为是典型的男性或女性的行为、角色、功能、性格特征等。[2]

其三，"身体结构即命运"。[3]精神分析学也从心理学的角度提出社会性别生物决定论的假说。认为人的生理结构决定并影响着人的行为，男人和女人的命运都取决于他们不同的人体结构。人体的发育又使其具有不同的需要和功能，在生命过程中扮演完全异样的角色。[4]从心理分析的角度说，女孩无男孩那样的生殖器而产生阉割情结，于是女人性器官的"低劣"是一个具体情景的产物：女孩感到占有母亲的"装备"不如男孩，阴茎——这一器官的有无不一个生理构造的差别转化为人类的第一个主要分类（男－女），身体上的优劣决定了他/她在社会上的优劣。

这些假说被女性主义者批判为"生物决定论"，它强调人类生物性的基础影

---

① 李银河 http://book.sina.com.cn/longbook/sex/1110349762_nvxingzhuyi/63.shtml

② 〔荷〕Nelly Oudshoorn：《超越自然的身体：性荷尔蒙的考古学》，艾晓明等译，陈静梅整理，http://genders.zsu.edu.cn/ReadNews.asp?NewsID=2214

③ 〔法〕西蒙娜·德·波伏娃：《第二性》陶铁柱译，北京：中国书籍出版社1998年版，第51页。

④ 许德琦、王汉桥编译：《人类行为之谜》（下），北京：中国工人出版社1990年版，第324页。

响到人的个性，决定人类行为，甚至人类文化。这种观念被社会达尔文主义者、政治家、大学教授等许多人接受，一直都以生物学上的先天差异将性别歧视及种族主义合理化，被视为是"自然的"。然而，在女性主义者看来，生物上的事实是认识男女的关键之一，但这些生物性事实尚不足以确立两性等级制度，也不能解释男人就是统治者，女人就是他者的原因，更不能宣判女人永远只起从属作用。如果女人所引起的敬畏可以阻止对她使用暴力，那么男性在肌肉上的优越性就不会成为权力的根源。① 且生物决定论在用生物学知识解释人的行为和社会时，往往认为当代体质差异被视为是古代社会角色差异的结果，而当代社会角色差异又被时期是早期人类就已经建立的体质差异的结果。女性主义者声称：生物学纯属生物学家的，它把人类历史文化的偶然性真理当成是自然的永恒真理，使社会压迫现象合理化。②

（二）弗洛伊德的精神分析学说

19世纪以来，心理学在西方学术中一直占有重要地位，从对癔症的研究而发展出的精神分析理论，弗洛伊德创立了涉及人类心理结构和功能的学说，根本改变了人类本性的看法，人们开始从人自身内部寻找文化的奥秘。精神分析理论对于心理学、精神病学和儿科学，以及对于文学作品的创作和理解都产生了影响。然而，弗洛伊德的精神分析用貌似科学的生物事实来解释人类的欲望、情绪和行动，在解释性心理差异方面，仍然没有脱离生物决定论的论调。③

弗洛伊德认为人受无意识的支配，这些隐伏的本能集中在身体的不同部位形成性感带，唇和嘴、肛门、生殖器都的性感带，吮吸、排泄、摩擦都能产生快感。成人的人格是成年期以前经验的产物，幼年期的经验是人格发展的关键因素。人的性心理发展从出生到五岁、六岁经历了三个固定的发展阶段：首先快感集中于口腔阶段，其次是肛门阶段，最后是生殖器阶段。在头两个阶段，男孩、女孩的发展方式是相同的，都以母亲为爱的对象。只是到了生殖器阶段（大约四至五岁），性别发展出现差异，女性开始处于不利状态。在这一阶段，男孩发展出"俄狄浦斯情结"，把性欲从自己的生殖器转向自己的母亲，但出于对父亲阉

---

① 〔法〕西蒙娜·德·波伏娃：《第二性》陶铁柱译，北京：中国书籍出版社1998年，第40页。

② 〔美〕琳·马古利斯等：《神秘的舞蹈：人类性行为的演化》，潘勋译，北京：中国社会科学出版社1999年版，第9页。

③ 邱仁宗等编：《中国妇女与女性主义思潮》，北京：中国社会科学出版社1998年版，第256页。

割恐吓的畏惧而放弃了她。在与父亲的认同过程中，男孩逐渐获得了性别自认，即继承了人们设想作为父亲所应具备的臂力、权力等。[①]女孩则将自己小小的阴蒂同比之大得多的男孩的阴茎对比，面对可以使母亲满意的优越能力，女孩沦为阴茎嫉妒和自卑感的牺牲品，她放弃了争取母亲的斗争，承担了与父亲相对的被动的女性位置。[②]弗洛伊德用"阴茎羡慕"来解释女孩如何从具有两性倾向的儿童发展成为男性倾向的妇女的性心理发展，他利用这种生物学为基础的精神分析来强调生物因素与社会因素的分离，集中表现在女性性功能的被动上。女性的被动很容易成为女性屈从地位的合理化解释，为男性的支配找到心理学的权威解释。[③]弗洛伊德建立在男性经验基础上的解释公式假设男性等同于人类共性，[④]假设男孩女孩都服从一个趋向于异性恋的生物指令，而遭到女性主义的抨击。[⑤]

正如女性主义人类学家艾米丽·马丁（Emily Martin）所指出的，自然科学与社会科学之间往往相互影响，而且这种影响是很强大的。也就是说，生理学和医学关于人类生殖系统的描述，会深刻影响到包括文学在内的社会科学，反之亦然。人们必须看到，传统的自然科学和社会科学对生殖系统的刻板印象，并非是自然的、合理的，正相反，这一切都是人为的。女性主义所面临的挑战就是唤醒科学中的隐喻。[⑥]

来自生理学和心理学的生物决定论成为性别本质论的思想基础。本质主义强调的是人的本质的生理和遗传决定论，以为用自然或人性可以解释一切，而且认为自然和人性是不会改变的，一切先天注定，不会变化，认为女性不适合做某种类型的工作，不适合做家外的工作等。本质主义成为后现代主义抨击的主要目标，后现代主义认为，所谓自然、人性既非固定不变，也非普遍相同，而是根据不同

---

① 〔美〕珍尼特·海登等：《妇女心理学》，范志强等译，昆明：云南人民出版社1986年版，第42～43页。

② 王政、杜芳琴主编：《社会性别研究选译》，上海：生活·读书·新知三联书店1998年版，第49~50页。

③ 邱仁宗等编：《中国妇女与女性主义思潮》，北京：中国社会科学出版社1998年版，第257页。

④ 邱仁宗等编：《中国妇女与女性主义思潮》，北京：中国社会科学出版社1998年版，第258页。

⑤ 王政、杜芳琴主编：《社会性别研究选译》，上海：生活·读书·新知三联书店1998年版，第48页。

⑥ 〔美〕Emily Martin：《精子与卵子》，摘录自《社会性别与科学的权威性》，艾晓明等译，陈静梅整理，http://genders.zsu.edu.cn/ReadNews.asp?NewsID=2214

的社会、文化和历史背景而有很大差异的。[1]女性主义对本质主义的主要批评是，本质主义无法解释男性内部和女性内部的差异。著名女性主义理论家罗宾明确地指出：生理事实对于性别认同毫无作用。在极端的情况下，一个人的心理性别甚至可能与生理性别对立，比如易性者和易装者。这也是生理决定论无法解释的现象。[2]

二、社会性别文化建构论

（一）玛格丽特·米德（Margaret Mead）与《三个原始部落的性别与气质》

19世纪20年代，刚刚获得选举权的美国女性在高等教育后，已经有一些女性在学术领域崭露头角。玛格丽特·米德（Margaret Mead）（1901-1978）就是其中一位有影响的女性人类学家。她不仅在学术界赢得赞誉，她的普及性读物还使她成为家喻户晓的名字。玛格丽特·米德于1901年12月16日在费城出生，在米德夫妇的五个孩子中排行老大。米德来自一个看重教育的家庭。她的父母埃德华·米德和艾米莉·米德，都是大学毕业生。埃德华米德还成为宾夕法尼亚大学沃顿商学院的经济学教授。在家庭的影响下，尤其是在母亲和祖母的强烈鼓励下，米德成为一名成绩优异的学生。她本想象母亲当年一样加入韦尔兹利学院学习，但出于经济考虑，她最终于1919年考入了德刨乌大学，她父亲的母校。一年后她转入纽约的巴纳德学院。在那里，她参加了著名人类学家弗兰茨·博厄斯开授的课程，并且遇到了鲁思·本尼迪克特，当时她是博厄斯的助教。本尼迪克特后来也在学术界获得了声誉，作为米德的导师，两个女人发展成为一生挚爱的好友。当米德打算去南太平洋作实地考察时，博厄斯试图劝阻她，因为这样一个项目其艰辛与潜在的危险是不言而喻的，更何况是对一个女人。然而本尼迪克特支持她，米德最终赢得了这个项目，于1925年出发前往大洋洲的萨摩亚群岛。《萨摩亚人的成年》米德的研究以《萨摩亚人的成年》（1928）一书出版，书中打破常规，将研究聚焦女性，特别是正在向成人过渡的年轻女性。这本畅销书建立了米德的声望，并成为人类学新生领域的标准读物。

米德在她的著作中观察分析不同社会的结构，对家庭、儿童教养，以及男人

---

① http://zhidao.baidu.com/question/118264.html
② 李银河 http://book.sina.com.cn/longbook/sex/1110349762_nvxingzhuyi/63.shtml

性别理论

-7-

和女人的社会角色给予了特别的关注。正是她在一个充满多样性的文化中的研究工作，有助于突破所谓的"自然"概念基础上的偏见，而获得文化对人格发展影响重要性的理解。作为博厄斯学派中杰出的一员，玛格丽特·米德对性别研究领域最主要的贡献在于，通过对控制人的行为与人格发展的生物的与文化的要素进行区分，她的研究，审视了文化对人类社会发展的影响。这些研究从她的《萨摩亚人的成年》（1928 年）和后来的《性与气质》（1950 年）就开始了。她的影响力远远超越了人类学领域，在一般读者群中也相当普及。

米德的另一重要研究成果《三个原始部落的性别与气质》，对新几内亚阿拉皮西、蒙丢格尤莫斯和特克汉布里三个部落进行研究，三部落间最远距离不超过100 公里，都以农产品为食，抚养子女的婚姻体制相似。在阿拉皮西社会，家庭概念很宽且不很正规，喜欢远亲，好友，喜欢互相长期做客。男女一起在马铃薯、玉米地里耕作。实行族内婚和童婚制，丈夫亦分担了对妻子的抚养义务。在家庭中，丈夫与妻子都期望共同分担责任。对孩子的抚养上，断奶是徐缓进行的，鼓励孩子与双亲呆在一起，即便是在劳作时，也希望孩子与父母相伴。在这样环境中成长起来的男孩有很多女孩气质，在这个社会，侵略性和进取性是不被鼓励的，社会反对人与人之间的敌意。有敌意的男子只有采取一种秘密方式来消气——到山下的部落里向男巫买一份符咒来报复他的仇人。一个人的地位不取决他的财产多数而是取决于大众的看法。在这个社会，男女都敏感而富同情心，爱哭，具有依赖性和被动性。

如果把阿拉皮西社会看成是一群"女性"，那么蒙丢格尤莫斯部落则是一群"男人"，他们好战，以割取敌人的头颅作为战利品，通过征战取得了生产烟草和可可豆的富庶地区。蒙丢格尤莫斯人的血统以母亲为主线，一个男人的亲属就是他的女儿（不包括儿子），女儿的儿子，以及他女儿儿子的女儿。对孩子的抚养是严厉的，孩子被方在粗糙的篮子里，随便挂在房檐或树枝上，很快给其断奶，很小就被要求要保护自己。社会鼓励每个男子去与自己的兄弟为敌，因实行一夫多妻和交换婚姻，男人的声望全在于看谁的妻子和子女数量多，男人可以用自己的一个姐妹或女儿换回一个妻子，如果家庭中可资提供更换的姐妹太少，兄弟之间就会发生争执，甚至与父亲发生矛盾。妇女在精神上和男人一样强悍，她们不把自己看成是男人的财产，男女之间的私通不会使当事人丢脸，这种事常常由妇女教唆传授，而且常常先有一次暴力性的预演：情夫从灌木丛中回来时被抓得鲜血淋漓。然而，好斗的丢格尤莫斯人极少发怒和感到压抑，而是十分幽默乐观。

米德在新几内亚发现的第三种文化是特克汉布里。他们居住在阿拉皮西部落巴伦山脉内陆地区的一个美丽的湖边。他们有丰足的食品，用网从湖里捕鱼。这个社会的劳动分工是妇女负责编织渔网和蚊帐，她们穿着随意，毫无装饰，头发剃掉。在湖边拖网时，她们粗声大噪地说笑。男人们则把妻子们的产品送到市场上去销售。男人对自己的服饰和精心制成的发型十分重视，他们的工作是艺术创造：几乎每个男人都被训练成了音乐家、舞蹈家和雕刻师。在这个社会，一夫多妻是允许的，但很少发生。男人挑选新娘，向女家付出娶新娘的彩礼费。但实际上是女人来挑选男人的。在 6 到 7 岁以前，男孩女孩都受到同样的对待，以后妇女们便把女孩子纳入她们的工作活动范围之内，而男孩子则继续在家内和谐气氛里安度他们的童年。到 10 岁以后才开始在男人屋子里进行艺术训练。在那儿，嫉妒和小心眼的争斗，冷漠自私似乎是建立成年男人风度的方式。男孩子学会不老实、圆滑、饶舌、被动、无自尊而依赖别人的意见。很多时候，都有些神经质。伴随着妇女支配、控制、选择伴侣，这个社会的男人成了缺乏责任心，感情脆弱、依赖性强的人。①

回顾在三个社会有关男性气质和女性气质的发现，米德总结道："看来人类的天性几乎具有令人难以置信的适应能力，"而且，两性间不同的人格特质是"文化的创造——每一代人在这种文化中训练而形成。"②米德对三个社会的研究说明社会性别的形成，很大程度上是由文化来决定的。米德是较早用文化的概念来理解性别角色和行为的人类学家。

（二）本尼迪克特在《文化模式》中对青春期现象的跨文化研究

从生理学的角度讲，青春期不过是男女生殖器发育成熟的时期，女性会因排出成熟的卵子而有初潮现象出现，男性会有遗精生理现象。但是在各种文化中，并不只是视之为简单的生理现象，而是通过不同的仪式，赋予青春期不同的文化行为，如许多文化中都要给进入青春期的少男少女举行一定的成年仪式。中国古代社会中的男子冠礼和女子的笄礼，摩梭人中的男子穿裤子礼和女子的穿裙子礼，都是我们较熟悉的。

人类学家露丝·本尼迪克特（Ruth Benedict）在其《文化模式》一书中，对一些文化中的青春期仪式进行了跨文化研究，认为根据与月经相关的观念而进行的女孩青春期仪式，对初潮这一神圣之物在有的文化中可能是危险的源泉，也可能是赐福的源泉。[①] 在不列颠哥伦比亚的卡勒印第安人中，对女孩青春期的恐惧与厌恶达到极点。在整个3-4年的隔离期，她独居荒凉的旷野，住在用树枝搭成的小棚里。她对任何瞥她一眼的人都是威胁。她的足迹也被认为会玷污小径或河流。皮制大头饰物盖住她的脸与胸部，一直拖到背后的地上。手臂、大腿等处用腱带绑上，以抵御充满她全身的邪气，男孩们被告知要在森林中回避她。女孩的青春期在这一部落中具有如此危险的污秽性。而在阿帕契人中，女孩初潮是一种有力的超自然祝福。祭师们亲自跪地而行，来到庄重的小姑娘面前，接受她们触摸的祝福。所有婴幼、老人也都出于需要，来寻找能将他们的病魔驱除的赐福。在中非，为青春期的女孩准备了养胖房制度。在这里女性以肥胖为美，进入青春期的女孩子是被隔离的，有时长达数年之久。主要吃甜食和高脂肪食物，不许进行任何活动，以油擦身。在此期间接受有关未来职责的教育。她的隔离以展示肥胖身体并嫁给为之骄傲的新郎而结束。[②]

在生理学上，青春期在男女两性生命周期是不同的事，如果先强调生理后强调文化，女孩的仪式较男孩的会更有特色。然而，事实并非这样。在每一种文化中，成年男子的特权比女孩子更为广泛，各社会对处这时期男孩的重视超过女孩。在北美中部，成年意味着战争，全体男人的最大目标就是战争中的荣誉。男孩的青春期就是一种为了在战争中获胜的神奇仪式，他们甚至在手臂和腿上割开口子，以增添勇武。在澳大利亚，成年意味着可以参加以排斥女性为基本特征的专属男性的崇拜组织。任何妇女，如果听见仪式上似公牛般吼叫者的声音，就将被处死，并且她必须对成年仪式永无所知。显然，这些仪式象征性地使男性傲慢自大，成为其社区负有全部责任的人。因此，青春期行为，即使女孩的青春期行为，也不是由这一时期的生理特征支配的，而是与这一时期有社会关系的婚姻或巫术的要求决定的。[③] 这些人类学民族志资料说明，一种生理现象得到了文化的解释。

从米德的社会性别形成与文化的关系到本尼迪克特对青春期的文化解说，在文化人类学发展历程上开始把生物概念的人与文化概念的人加以区分，更加确立

---

① 〔美〕露丝·本尼迪克特：《文化模式》，何锡章等译，华夏出版社1987年版，第19页。
② 〔美〕露丝·本尼迪克特：《文化模式》，何锡章等译，华夏出版社1987年版，第19~22页。
③ 同上书。

了社会性别建构的文化基础。

（三）波伏娃：女人不是天生的

在社会性别文化建构理论的发展历程中，有系统地来讨论妇女受压迫根源方面，法国存在主义哲学家西蒙娜·德·波伏娃（Simonede Beauvoir）做了奠基性工作。她的《第二性》（1952年）一书被誉为"有史以来讨论女人的最健全，最理智，最有智慧的一本书"，成为西方女性主义的理论经典。全书分上下两卷。第一卷主要是从女性群体的角度去讨论妇女问题，其全书的理论框架。第二卷沿着童年到老年这条生命发展轨迹，讨论了从狩猎、游牧、农业及工业社会中的妇女，关注女同性恋、妓女、职业妇女、修女等各类女性的个体发展。

作者首先从生物学的角度探讨了雌雄两性的性生活，认为单性生殖和有性生殖是有同等重要的作用，驳斥了将妇女等同于子宫或卵巢的观点。作者介绍了精神分析学的妇女观，认为弗洛伊德的"恋父情结"是依据他依照男性模式得出的"恋母情结"炮制出来的，批判了弗洛伊德精神分析学以男性为中心的、把妇女的生理、心理和处境归结为"性"的"性一元论"。对马克思恩格斯的历史唯物主义学说，波伏娃认为，私有制和世袭财产的出现是妇女受压迫的根本性根源的观点对研究妇女的历史和现状更是起到了奠基性的作用。但"经济一元论"有其局限，如两性在经济领域的社会分工也可以意味着结成友好的联盟，而不是男性对女性的压迫。单从私有制上并不能自然推导出女人受压迫的结论。通过审视人类历史，波伏娃争论道："女人完全是男人所判定的那种人……她是附属的，是同主要者相对立的次要者。他是主体，是绝对的，而她则是他者"。[①] 妇女一直由男人的存在而得到界定，如果她们试图打破这一点她们就得冒与自己相分离的危险。

总之，波伏娃认为女人是他者，是第二性。一个人并非生来就是女人，而是变为女人，"女人是造就的，不是天生的"。这种人类求索中的女性哲学，从女性主义视角将一个妇女的生物学女性与她的性别角色和属性分开，为后来女性主义对性别的分析提供开端，在社会性别文化构建理论发展历程上迈出重要的一步。

（四）盖尔·卢宾："性／社会性别制度"

经过女性主义第二次浪潮的浸润，女性主义人类学家盖尔·卢宾（Gayle Rubin）再次把性别放置到人类社会更宏观的领域。在1975发表于《迈向妇女人类学》一

① 〔法〕西蒙娜·德·波伏娃：《第二性》陶铁柱译，中国书籍出版社1998年版，第11页。

书的著名篇章《女人交易》中，她从列维－施斯特劳斯结构主义人类学对亲属制度的研究，从马克思主义政治经济学、弗洛伊德精神分析这三大学说中获得启发，发展了"性政治经济学"的理论。

卢宾提出人类社会为生存除了经济活动外还有性的活动，任何文化都有组织性活动的制度。亲属制度也是人类组织性活动的制度之一，"在前国家社会里，亲属关系是社会交往的特别语法，组织着经济、政治、庆典以及性的活动"。[①] 为亲属制度的本质如同男人之间交换女人，婚姻就像交换礼物，"女人是最珍贵的礼物"[②]。以女人礼品的结果远比其他礼品交换意味深长，因为这样建立起来的不仅是互惠关系，还有亲属关系。关键是，"这样一种制度中的关系使女人不可能从自己的流通中获益。只要这种关系规定由男人交换女人，那么男人一定是这个交换的产物——社会组织的受惠者"[③]。因而，亲属制度把女人配置在受压迫的位置，它的存在并不是"自然的"，是人类社会有目的的组织活动之一。

总之，人类社会有一种像经济制度、政治制度一样的制度，即"性／社会性别制度"：是该社会将生物的性转化为人类活动的产品的一整套的组织安排。这些转变的性需求，在这套组织安排中得到满足。社会性别制度也是一种等级制度，它不隶属于经济制度，而是与经济、政治制度密切相关的有自身运作机制的一种人类社会制度。"性／社会性别制度"概念的提出，再次把生物性与人们的行为区分开，完善了社会性别文化建构的理论体系。它也开创了一个把"妇女人类学"研究发展成女性主义人类学的时代 (Morgen1989)。

三、社会性别语言建构论

社会建构主义认为所谓的现实只不过是社会互动过程中人们建构出来的，知识同样经历一个建构、维持和解构过程。所有这些过程都具有一定的文化和历史特殊性，所有的认知方式和思考方式都要受到文化和历史的影响。社会建构主义同时对日常生活中习以为常的知识和实践持质疑态度，并不断反思自己的立场或

---

① 〔美〕盖尔·卢宾：《女人交易——性的"政治经济学"初探》，载王政、杜芳琴主编《社会性别研究选译》，北京：生活·读书·新知三联书店1998年版，第33页。

② 〔美〕盖尔·卢宾：《女人交易——性的"政治经济学"初探》，载王政、杜芳琴主编《社会性别研究选译》，北京：生活·读书·新知三联书店1998年版，第33页，36页。

③ 同上书。第38页。

隐含的价值取向。在社会建构主义者眼中，语言是人类思考和观察社会的最重要前提条件，故事、谈话和叙事是社会建构主义文本的核心所在。[①] 本节以社会性别语言建构论为例来认识社会性别文化建构的各种机制。

（一）在说与沉默之间：语言结构和使用中的性别差异

在西方社会，公共领域一直是男人独占的领地，女性在公众生活中的历史性沉默，以及女性在政治和文学表述中发声的尝试，成为女性主义研究的主题。公共语言往往是正式的，演讲者、布道者都往往和男性的社会地位关联。女人必须在公共领域保持沉默，英语中有相当多的词语是用来形容那些能够发出声音的妇女的，如骂街、悍妇、长舌妇、唠叨、母老虎、泼妇骂街、母夜叉、鸦雀、碎嘴子、应声虫、八哥、多嘴多舌等。[②] 在许多研究中，与发声相对，沉默通常是被谴责的，因为它被看作是被动和软弱的象征。[③] 这些被否认了语言能力的人，她们的经验不能被广为人知，因此她们不能影响其他人的生活或历史过程。人类学家阿德纳（Edwin Ardener）用"缄默的群体"这个词来描述所有占主导地位的交流模式与次要的交流模式之间的联系。在所有的社会里，都存在某些群体在或大或小的程度上控制着语言的使用与构成，知识的获得与传播，定义什么是"规范的"和可接受的等方面。假如男人，或某些男人群体，构建了一个社会的语言和模式，那么对于女性和其他所谓"缄默"的群体而言交流就会受到限制。[④] 当然，一些学者却强调沉默的力量，沉默也是一种抵御强权的策略。因而，在性别关系中，沉默事例的存在暗示着在性别、说（或沉默）及权力实践间存在密切的联系。[⑤] 可见在说与沉默间也交织着性别间的权力斗争，这种权力关系通过语言结构、语言使用、语言交际以及话语运用表现出来。

---

① 何雪松：《当代西方社会学理论的十大发展趋势》，转自 http://www.qianyan.org.cn/show_m.asp?id=303

② 〔英〕玛丽·塔尔博特：《语言与社会性别导论》，艾晓明等译，上海：华东师范大学出版社2004年版，第113页。

③ Susan Gal，"Between Speech and Silence：The Proble matics of Research on Language and Gender，"In M.diLeonardo，ed.*Genderat the Crossroads of Knowledge：Feminist Anthropology in the Postmodern* Era.Berkeley：University of California Press.1991，P175.

④ 〔英〕菲奥纳·鲍伊：《宗教人类学导论》，金泽、何其敏译；北京：中国人民大学出版社2004年版，第110页。

⑤ Susan Gal，"Between Speech and Silence：The Problematics of Research on Language and Gender"，In M.diLeonardo，ed."Gender at the Crossroads of Knowledge：Feminist Anthropology in the Postmodern Era".Berkeley：University of California Press.1991，P176.

（二）男性、女性在语言结构中的差异

英语中存在几种有差异的对待女性和性别角色的语言结构模式。其一，在语言使用中以男性为人类的标准。男性被当成人类规范的或标准的成员，如用"man"来表示所有人类。这类以男性为语言使用标准的习俗，造成了语言使用的混乱，而其实质就是"把女性当成例外"。例如，如果一位男医生发现了癌症疫苗，报道的标题可能是："医生发现了癌症疫苗"。但如果这位医生是女性，标题就可能写成："女医生发现了癌症疫苗"。原因就是人们通常认为有名望的专家应该是标准的男性。而在这些人一旦是女性的情况下，似乎必须把她们作为绝无仅有的例外予以指明。[①] 在言语中词序上往往男性在先，而女性居后。这种男性用语是主体，而女性用语是附属的状况正是语言结构上性别差异的反映。

其二，反映雌、雄两性方面的对应词有不同的含义，且表男性和表女性的词语在意义上演变上不对称。例如，与雄性对应的是单身汉、雄犬、主人等；与雌性对应的是老处女、母狗、主妇。可见与雌性对应的词都含有否定的含义。单身汉被看成是逍遥自在、悠闲快活的人，而老处女则是受人怜悯、可悲的对象。对应于雄性的"雄犬"一词不仅准确传达出一个动物的生物体征和健康的神态，而雌性的对应词"母狗"则被贬为辱骂语。同样，被称为主人的男子往往在他的事业上功名卓著，或者说他是有势力的人；但被称为主妇的女子则被看成是作为性的工具而获取经济支持的人。对雌性词的否定含义往往在本质上涉及到性欲，[②] 反映出语言表述中的社会歧视。而且，诸如"厌女者（misogynist）"却没有同样形象生动的词来形容恨男人的女人。"慕男狂（nymphoimaniac）"或"荡妇（slut）"却没有男性的对应词。"女人很难谈论自己的经验，因为她们找不到表达这些经验的词语"。[③] 语言结构在维系男性中心主义。

其三，将女性对应词"幼化"。将成熟的男性称为"男人"，但相对于"男人"一词却往往使用"姑娘"一词，将指年幼女性的词也用来指成年女性，因此妇女在语言中使用中被"幼化"了。这种幼化含有把女性看成是"不成熟的"或是"缺

① 〔美〕珍尼特·海登等：《妇女心理学》，范志强等译，昆明：云南人民出版社1986年版，第188~190页。

② 〔美〕珍尼特·海登等：《妇女心理学》，范志强等译，昆明：云南人民出版社1986年版，第190页。

③ 〔英〕玛丽·塔尔博特：《语言与社会性别导论》，艾晓明等译，上海：华东师范大学出版社2004年版，第232页。

乏责任感"的意思。①

（三）男性、女性在语言使用中的差异

尽管在许多方面男女两性在本质上都是运用相同的语词和语法，但在全世界的各种文化中都仍然能发现两性在语言运用中的差异现象。这种语言差异表现在语音、语调、词汇、句法结构和语言规则等方面。同时，语言交际中也表现出差异，如在话题选择、话语量大小、话语方式和交际策略等方面体现。

谈话中从愉悦温和到凶狠恼怒，都是通过变换语调来完成的。女性大多使用询问、惊讶、难以料及的、愉悦温和的语调。女人用"你知道吗？"这样的问题作为谈话的开场，在引入话题之前来吸引注意力。而男性在谈话时语调更加平稳、肯定，在使用语调中仅仅用三类对比程度的音高，而妇女则还运用第四类音高。妇女语调的这一特色可能有助于她们表达各种广阔的感情。但这也可能使妇女的言谈带有浓厚的感情色彩，声调也尖声尖气。在词汇使用方面，女性在谈吐中使用的词语比起男性谈吐所使用的词语更倾向于准确。女性的语言更接近她们所属温和的规范语言，而男性的语言则常有错误或属于亚文化模式。在句法方面，一些语言实验反映出，女人提问的总数是男人的三倍，妇女使用附加疑问句的次数显然多于男性。男性较少使用附加疑问句的倾向说明他们运用语言的自信和力量。而女性使用附加疑问句这类委婉语的使用，被认为是妇女语言的不确定、唯唯诺诺的证据。这类句子可使说话者避免犯错误提供了一种手段，也为说话者避免与对方发生冲突提供了途径。说明说话者自己不能确信所说的内容，她的说法可能期待着对方的证实，甚至可能说的根本不是自己的观点。当然，一些研究者对妇女所使用的附加疑问句给予积极肯定，认为妇女使用附加疑问句是为了鼓励交流，避免用武断的陈述来解决问题。附加疑问句能鼓励其他人发表不同意见，反映了女性对人际关系的敏感和脉脉温情。②

交谈是人际关系运作的重要部分，交谈可以在私人空间中发生，也可能在公共场所发生，交谈有交际功能是不言而喻的。但女性、男性的交谈类型存在差异。美国女性主义者德博拉·琼斯（Doborah Jones）指出，妇女之间的交谈有四

---

① 〔美〕珍尼特·海登等：《妇女心理学》，范志强等译，云南人民出版社1986年版，第190~192页。

② 〔美〕珍尼特·海登等：《妇女心理学》，范志强等译，云南人民出版社1986年版，第180~181页。

种不同形式，她把这些视为闲话（gossip）的不同变体，即"家庭谈话"，这是家庭主妇的老"本行"，是所谓主妇行当的职业性谈话；"丑闻"，这一形式涉及对其他女人行为的口头干涉；"埋怨"指的是谈论个人烦恼，包括向别的女人抱怨男人；最后是"聊天"，这一形式纯属交际。四种形式的共同之处是在交谈中分享经验。在人们的刻板印象中，闲话总是与女人相联系，并不是对女人的积极评价。然而，在女性主义语言学的理解下，女人的闲话，是"一种'亲密'语言……它出自妇女的亲密团结和她们作为社会群体成员的身份，妇女生活在这种共同经验中"。①

在语言交际中，话题的"成功"在于它所引起的关注。大体上，男人的话题总是取得成功，女人的话题常常不被接收。男人的话题的成功应归于女人的支持性努力。女人往往用最低限度的回应（如发出"听者感兴趣"的声音）来支持话题的展开；而男人为了提前结束话题，则不予以回应或者迟迟才表示出最低限度的回应。男性、女性在语言使用中的差异，正如帕梅拉·费什曼（Pamela Fishman）所认为的，"这种差异正是更大范围内的社会秩序在日常交流中的表现""正如存在着基于性别的不平等的劳动分工一样，对话中的'劳动'分工同样是不平等的""正如妇女被排斥到社会地位低下的职业中一样，她们在谈话交流中也被迫完成这里地位低下的工作"，这个工作就叫"交谈伺候"。②

在男人和女人的交流风格方面，建议或同情，或者是，解决问题与共同承担问题，这是比较男女之间在对话期待上可以看到的差异之一。对大部分女人而言，交谈是表达和睦友好；交谈致力于建立友谊、巩固关系。在谈话中，妇女们以大量精力来强调她们的共同感受。她们为团结而努力，妇女常常表示赞同与她们谈话的人的观点。对大多数男人来说，交谈可能是相当不同的。交谈可以带有强烈的竞争性，男人往往把交谈当作谈判与维持地位的竞技场所。所以，他们的对话中往往是包括知识和技能的展示，侧重于报告信息，而不是表达友情。男女交流风格的有着鲜明对照，女人：同情共鸣、表达友善、倾听、私密、联系、支持、亲密；男人：解决问题、报告信息、说教、公开、地位、对抗、独立。③

---

① 〔英〕玛丽·塔尔博特：《语言与社会性别导论》，艾晓明等译，上海：华东师范大学出版社2004年版，第87页。

② 〔英〕玛丽·塔尔博特：《语言与社会性别导论》，艾晓明等译，上海：华东师范大学出版社2004年版，第89页。

③ 〔英〕玛丽·塔尔博特：《语言与社会性别导论》，艾晓明等译，上海：华东师范大学出版社2004年版，第106~107页。

此外，在非语言沟通中的身体语使用上，男女差异也是明显的，在身体触摸技巧上呈现出男性抚弄女性多于女性抚弄男性，地位高、占支配地位的人倾向于抚摸地位低，处于依附地位的人的状况。在人际距离方面男人愿意与他人保持稍远的距离，而女人则倾向于和他人靠得近些。在微笑方面，妇女总是比男子更爱笑，微笑是女性重要的身体语，成了女性角色的一部分。[①]

（四）社会性别中的权力话语

对福柯来说，话语不仅仅是语言，而是既包括可能性具有强制性的结构。例如，医学包括医学知识、实践和社会身份；医学话语定义了什么是健康，什么是疾病。以歇斯底里为例，作为被医学话语界定的对象，它涵盖了所有与之相关的言说和书写。对它的解释从一个世纪到另一个世纪一直在变化着。医学话语也决定了究竟谁有界定事物的权力。话语可以被形象化的想象为一系列话语圈，如心理分析话语、性话语、监禁话语、犯罪话语及大学话语等等。话语是在历史和社会中形成的，什么知识被看作真理、获得真理的途径是什么、谁可以决定真理，这些都取决体制中的权力关系。福柯指出，在组织体制中占主导地位的成员通过话语来创造秩序，维持其统治。[②]对任何一种话语的发生，语言是一种必要存在，语言是话语的最基本的组成部分，而话语则是知识系统，是文化体系的外现。

语言学家岗瑟·克雷斯（Gunther Kress）吸取了福柯的观点，对话语进行了界说和定义："话语就是一套系统地组织起来的陈述，它让一个制度的意义和价值得以表达。除此之外，对于那个制度所关注的领域，不管是边缘还是中心领域，话语定义、描述和界说什么是可说以及什么是不可说的（扩展开来，也包括什么是可做以及什么是不可做的）。话语对既定领域、话题、对象和将要被谈论的过程提供一套可能的表述。在这样的表述中，话语为社会和个人行为做出描述、制定规则、发布许可和禁令"。[③]

福柯的话语分析方法，旨在检验语言是如何影响社会再生产和社会变化的，激发对语言的批判意识，认识现存的话语惯例是如何成为权力关系和权力斗争之结果的，揭示使这些惯例自然化的社会、历史机制（即这些机制是如何让这些惯

① 〔美〕珍尼特·海登等：《妇女心理学》，范志强等译，昆明：云南人民出版社1986年版，第184~187页。

② 〔英〕玛丽·塔尔博特：《语言与社会性别导论》，艾晓明等译，上海：华东师范大学出版社2004年版，第163页。

③ 〔英〕玛丽·塔尔博特：《语言与社会性别导论》，艾晓明等译，上海：华东师范大学出版社2004年版，第165~166页。

例显得如此自然以至成为"常识"的）。因而，福柯的批判性话语分析方法有益于女性主义者来考察社会性别的语言建构。

个体的人在作为社会性主体时，被置于一系列各种不同的位置。个人不可能独立地存在于话语之中，她成为一个人，这是受不同话语影响、与之相互作用的结果。从她进入社会生活之初，就被置于各种体制和社会结构中，这些结构给予她特定的社会角色。人们在话语中被定义和解释（如被定义为病人、学生、父亲……），在其他话语被谈论或书写。正如上文中所谈及的男性气质和女性气质身份，其实是语言实践的结果，也在话语表述中得到强化。一切的统治，归根结底，是语言的统治，它是用语言表述也是用语言来指令、传播的。通过话语中的权力分析，女性主义者认识到社会性别不是与生俱来或静止不变的，而是被积极建构出来，并且不断变化的。因而社会性别更像是一个"表演过程"，人们想当然地接受性别角色的要求，在日常生活中按照常规进行表演。①

在人类文化中，同性恋亚文化是由话语来建构的典型事例。在 19 世纪之前，同性恋行为就已经出现，但是"同性恋"这个身份却并不存在。在古希腊罗马，成年男子爱慕少男是普遍的社会实践，女女相爱也不成问题。中国古代史书上记载无数皇帝与男宠相恋的史实，而并没有人因此认为某个皇帝是同性恋者。同性恋者这一身份是近代才出现的。②自从 19 世纪以来，医学和心理学就一直力图获取关于同性性行为的知识，并且把这些知识组织为关于同性恋的话语，而正是这些话语生产出了关于同性恋的观念。社会学家们则把同性恋视为一种和口吃、酗酒以及伪造支票等相同的"反常"行为。美国的社会心理学研究把同性恋视为一种"认同"，最终同性恋被视为一种性的"亚文化"。③不同的学科、知识对同性恋的话语起着建构作用，经过不同的言说，建立的是异性恋对同性恋者的霸权，话语实际上是统治的根本。

可以看到，语言决不只是一种简单的交流系统，谁在说，说什么，如何说等都是在人类社会性别制度中被精密组织的，是社会性别角色分配、身份获取的重要建构力量。

---

① 〔英〕玛丽·塔尔博特：《语言与社会性别导论》，艾晓明等译，上海：华东师范大学出版社 2004 年版，第 168 页。

② 李银河：《福柯与性》，济南：山东人民出版社 2001 年版，第 195~196 页。

③ 〔美〕鲍布·康纳尔：《男性气质》，柳莉、张文霞等译，赵平审校，北京：社会科学文献出版社 2003 年版，第 194 页。

四、父权制理论

父权制（Patriarchy）是指一种男性享有较高地位的文化。在人类文化中最直接的表现为一种父亲就是家长的社会结构，这种社会结构会以各种表现形式渗透在人类社会生活的方方面面。地位、继嗣、财产继承一般都是从父方追溯。父权制的特征是在家庭单位中制度性地强化男性对女性与孩童的权威。为了实践权威，父权制度必须渗入社会的整体组织，从生产、消费到政治、法律与文化。[①]父权制社会里，男性对最重要的社会、政治经济、文化团体享有主要的支配权。[②]因而父权制是一种性别间结构性压迫的基础，在激进女性主义者看来，父权制不仅是历史上第一个统治和服从的系统，它也是最普遍、最持久的不平等系统，是基本的社会统治模式。[③]父权制理论是性别压迫理论的代表。

凯特·米利特较早将父权制的概念引入女性主义理论，认为父权制的原则是双重的：男人有权支配女人；年长的有权支配年少的。她认为父权制的男性权威通过家庭、社会和国家这三种体制的合作加以实施。父权制将建立在一夫一妻异性恋基础上的婚姻家庭视为标准的婚姻家庭。在父权制下，只有父亲一方的亲属才获承认。宗族关系不仅将母方的后裔排除在财产权利之外。亲属关系的父权本质是通过支配权而不是亲属关系来体现的。在该制度下，妻子尽管是外人，但被吸收进了家族，而姐妹的儿子们则被排除在外。[④]父权制下家庭的主要贡献是促成儿童的社会化，使他们适应父权意识所规定的有关角色、气质和地位的一系列观念。总的效果是孩子们普遍地实现了顺应，并可期望在今后通过同伴、学校、社会媒介和其他正式和非正式的学习机会来进一步强化它。父权制下的社会化和生育必须由家庭担任，在家庭内部完成，其影响已潜移默化深入了家庭所有成员。[⑤]家庭是父权制社会的根本工具和基层单位，反映和联系着大社会。作为

① 〔美〕曼纽尔·卡斯特：《认同的力量：信息时代三部曲：经济、社会与文化》，夏铸九、黄丽玲等译，北京：社会科学文献出版社 2003 年版，第 155~156 页。

② 黄平等主编：《社会学人类学新词典》，长春：吉林人民出版社 2003 年版，第 41 页。

③ 〔美〕乔治·瑞泽尔：《当代社会学理论及其古典根源》，杨淑娇译，北京：北京大学出版社 2005 年版，第 220 页。

④ 〔美〕凯特·米利特：《性的政治》，钟良明译，北京：社会科学文献出版社 1999 年版，第 51 页。

⑤ 〔美〕凯特·米利特：《性的政治》，钟良明译，北京：社会科学文献出版社 1999 年版，第 53 页。

大社会的代理者，家庭不仅鼓励它的成员做出调节和顺应。即使是在妇女享有合法公民权的父权制社会，妇女也倾向于仅仅通过家庭接受统治，而与国家很少或根本没有正式的联系。

父权制统治最有效的方面是对它的女性臣民实施经济控制。在父权制下妇女是没有法律地位的非"法人"，由于她们不可能以自身的名义占有或取得财富，她们也不被允许在经济上有切实的地位。即便在最发达的国家里，由占女性总人口近 2/3 的妇女所从事的"妇女的工作"是无偿的劳动。一般来说，在父权制下，妇女的地位永远与她们在经济上的依赖性密切相关，她们的社会地位（常常具有暂时的和边缘的性质）是替代性的，是通过男人获取的。[①] 父权制也通过立法建立起强权。[②]

父权制社会用严格刻板的社会性别角色限制妇女，把妇女限制在消极状态（有爱心、顺从、共鸣、善于同情和赞许地回应、乐观、亲切和友善），而使男人保持积极状态（顽强、进取、好奇、雄心勃勃、有计划、负责任、有独创精神、富于竞争性）。父权制文化首先强迫妇女要有女性气质（被动、受虐、自恋），却试图让妇女信服：她们自己喜欢具有女性气质。而社会真正承认的价值却是男性气质的表现。[③] 在父权制社会，恐吓无处不在，对于那些想放弃女性气质的女人，可能遭受"形形色色的残酷和野蛮对待"。[④]

父权制的意识形态夸大了男女之间生物学上的差异，它明确规定了男人永远担任统治的或男性气质的角色，而女人永远担任从属的或女性气质的角色。男人通过诸如学术、教会和家庭这些制度来行动，其中每一种制度都合理化和强化了妇女对男人的屈从。父权制是一种由男人和男性主宰的组织去残害女人的暴力实践。有时，这种暴力是直接体现在对身体的虐待上：强暴、性虐待、强迫性交易、配偶的虐待、儿童性侵害、子宫切除或其他过度的手术、色情作品中的性虐待、历史上跨文化的烧死女巫、用石头砸死通奸女性、迫害女同性恋者、杀死女婴、中国妇女缠足、虐待寡妇、割掉阴蒂等。当然，暴力不一定总以明显身体虐

① 〔美〕凯特·米利特：《性的政治》，钟良明译，社会科学文献出版社 1999 年版，第 60 页。

② 同上书。第 65 页。

③ 〔美〕罗斯玛丽·帕特南·童：《女性主义思潮导论》，艾晓明等译，华中师范大学出版社 2002 年版，第 202 页。

④ 〔美〕罗斯玛丽·帕特南·童：《女性主义思潮导论》，艾晓明等译，华中师范大学出版社 2002 年版，第 73 页。

待的方式出现，它可以隐藏在更复杂的剥削和控制实践中：如在流行和美丽的标准之中；在对母亲、一夫一妻、贞节和异性恋的暴虐理想中；在工作场合的性骚扰中；在妇科、产科和精神疗法的实践中；在无偿的家务劳动和给付不足的工资中等等。[①]在跨文化的场景中，我们还看到在非洲的西部萨赫勒（sahel）地区的富拉尼人（Fulani）人中，男人和女人有严格的区分。伊斯兰教通过更多地减少女性的宗教膜拜而增强男人对女人的控制。富拉尼女人被限定在私人领域内，假如她们要出现在公共场合，就必须蒙上面纱。[②]宗教对父亲在家庭中的地位进行维护，如在天主教社会，就有"父亲是一家之长"的箴言；在犹太教社会，双亲中的男性被赋予了近似神父的权威。

在美国女性主义哲学家 K.J. 沃伦看来，在西方文化中，一直存在着文化／自然、男／女、理性／情感、公共领域／私人领域的二元对立。男人对女人的统治、人类对自然的统治植根于"父权制"的概念框架。这一概念框架有三个重要特征：第一，价值等级思维，认为处于等级结构上层的价值要优于下层的价值；第二，价值二元对立，把事物分成相互对立排斥的双方，使其中的一方比另一方有更高的价值；第三，统治逻辑，即对于任何 X 和 Y，若 X 价值高于 Y，则 X 支配 Y 被认为是正当的。[③]人类学家奥特纳（Sherry Ortner）认为，各种文化中普遍存在的女性屈从于男性的现象，根源在于意识领域赋予性别的"自然"和"文化"象征喻意之间的不平等。无论什么样的文化都有人类社会与自然界之分；人类创造文化旨在征服自然，超越自然。文化也因此视为高于自然，优越于自然。几乎所有的社会，都存在把女性与自然相联系，而把男性与文化相提并论的象征观念。由此，自然低劣于文化的意识，也就相应地影响和转换到女性屈从于男性的相对关系中。总之，父权制是充满等级、控制的文化。

父权制理论提出了人类社会文化中女性普遍处于被支配地位成因的系统解释，对理解人类社会中的性别区隔、性别压迫具有重要理论意义。当然，也要看到父权制理论存在的局限，其将性别压迫的唯一焦点集中在父权体制上，可能会将社会组织和社会不平等的现实简单化。只强调父权文化对女性的压迫而忽略了父权

① 〔美〕乔治·瑞泽尔：《当代社会学理论及其古典根源》，杨淑娇译，北京：北京大学出版社 2005 年版，第 220~221 页。

② 〔英〕菲奥纳·鲍伊：《宗教人类学导论》，金泽、何其敏译；北京：中国人民大学出版社 2004 年版，第 109 页。

③ http://www.china.com.cn/xxsb/txt/2005-07/06/content_5908330.htm

文化也对男性产生了压迫。父权制有时与父系社会相关联，但人类学家证明一些文化中，父系社会并不是男性占主导地位的必要条件。随着女权主义运动的兴起，父权制体系正面临挑战。离婚率、单亲家庭率、同性恋婚姻的增长都在挑战父权制家庭存在的普遍性，而生育率在西方一些国家的降低和非婚生子数量的增加，又使得父权制家庭有可能成为人们生活的次要形式。

五、社会性别认识论和方法论

哈维兰在其《文化人类学》第十版出版序言中提到：第十版的大部分新内容以某种方式与性别相关。这些变化一般至少属于下述三个范畴之一：学科内关于性别的思想变化；在特殊的社会或文化中，在性别方面有重要分歧的实例；以及关于性别和性别关系的跨文化含义。第十版对性别的叙述是整合的而不是分隔的，涉及性别的素材纳入每一章。给予第十版大量有关性别的材料。对性别的看法如何成为人们所做任何事情的一部分。正如乐梅所指出的"女性人类学既和各种现代社会理论结合或碰撞，也参与到社会领域的许多活动中。性别概念不仅继续列在人类学教学大纲传统的研究题目里（亲属关系、礼仪象征等等），而且涉及到空间（space）、话语（discourse）、形象（image）、性活动（sexuality）、身体与精神（body and mind）、人观（personhood）、国家（state）、权力（power）等哲学、政治概念的讨论"。①可见，社会性别已经成为当代人类学研究的重要领域，以其独特的视角带来对人类社会和文化的新认识，并发展成一种新的认识论和方法论。

传统哲学将认识论定义为："或称知识论，是哲学的一个分支，它所关心的是知识的本质与范围，知识的前提与基础，以及知识的基本可靠性。"②但是后现代主义者拒绝现代主义者的认识论基本主张，亦即人类通过纯粹理智的操控可以达成对世界的一种完全的和客观的知识，而且这种知识是真实的呈现，是自然的反映。③从对"妇女"的关注发展到对"社会性别"的关注，在后现代对"谁的知识"的质疑中，女性主义发展成一种对抗性的认识论，一种质疑真理或知识的策略。站在女

①　乐梅：《关于女性人类学》，载于周星、王铭铭主编《社会文化人类学讲演集》，天津：天津人民出版社1996年版，第479页。

②　〔美〕桑德拉·哈丁：《什么是女权主义认识论？》，载《女权主义理论读本》佩吉·麦克拉肯主编，艾晓明等副主编，桂林：广西师范大学出版社2007年版，第505页。

③　〔美〕乔治·瑞泽尔：《当代社会学理论及其古典根源》，杨淑娇译，北京：北京大学出版社2005年版，第230页。

性的立场，一个世纪以来，女性主义者从如下问题出发来思考女人、社会和整个人类：

> 在任何一种被检视的情境中，女人在哪儿？
>
> 如果看不到女人出现，为什么？
>
> 如果女人出现，她们都在做些什么？
>
> 她们是如何体验她们的情境？
>
> 她们对该情境的贡献是什么？
>
> 该情境对她们的意义是什么？

在这些问题的基础上，女性主义形成了对人类社会认识的方法，即认识论。首先，女性主义者认为，在看不到女人的地方，不是因为女人缺乏能力或兴趣，而是因为有许多故意的力量将她们排除在外。其次，在看得到女人的地方，她们扮演的角色非常不同于一般人对女人的概念（例如，被动的妻子和母亲）。第三，不论是做妻子、母亲或在其他一系列的角色上，女人已经和男人一起积极地创造出许多受到研究的情境。然而，学者、大众、社会行动者，不管是男性还是女性都对女人的出现视而不见。第四，虽然女性的各种角色在大部分社会情境中是很重要的，但是它们却与男性的角色不同，不仅比较无权而且低于男性。女人的"缺席（invisible）"只是不平等的指针之一。女性主义这些基本的理论性问题为人们对世界的了解带来了革命性的转变。① 女性主义的发展为社会性别研究建立了认识论和方法论的基础。

女性主义的认识论体现在经验论和立场论中。经验论认为真正的知识是可以获得的，但是原来的知识因为男性中心主义的偏见而被扭曲了。只要更严格地坚持现有的科学调查方法准则，歧视女性的、性别歧视者的偏见是能完全被消除的。立场论聚焦于性别差异、男人和女人处境的差异，并认为这种差异经常被错误地贬低和忽视。"在任何一个按性别分层的社会中，人类的生活并不是整齐划一的。在这种社会中，女人和男人被指派参与各类不同的活动，因此他们的生活区域和模式都有明显的差异。"② 但差异只是差异，并不能因此成为劣等的标志。总之，

---

① 〔美〕乔治·瑞泽尔：《当代社会学理论及其古典根源》，杨淑娇译，北京：北京大学出版社 2005 年版，第 178~179 页。

② 〔美〕桑德拉·哈丁：《什么是女权主义认识论？》，载《女权主义理论读本》佩吉·麦克拉肯主编，艾晓明等副主编，桂林：广西师范大学出版社 2007 年版，第 520 页。

去男性中心主义的话语，增强女性自我表述，创造女性新的权威和话语，改变以往女性在知识权力关系中所处的不利状况成为女性主义认识论需要努力的方向。

社会性别方法论要解决的是如何使得社会性别研究更加具有科学性。"女性主义认识论以具体生活经验为本，拒绝以抽象艰涩的理论与数据吞噬生活实践；女性主义方法学侧重开放与双向互动的深入访问，拒绝一味收采抽象数据而漠视背后有血有肉的生活体验"。① 在女性主义认识论的基础上，社会性别研究方法论强调应当从经验出发把握研究的全过程。具体表现在：其一，"去自然化"，超越父权制的话语。社会性别在各种文化中常常被视为"自然而然"。其实，这种自然而然的感觉正是文化的特点和力量之处。一旦跨出本文化与他文化接触，你就会与人类学家一样感到这些习惯并不是自然现象。比如，来自不同文化背景的一男一女或两男或两女，初次相遇时，很可能某些一方认为理所当然，符合"性别规范"的言行，却会使对方误解或不知所措。这也就是文化的另一特点，即文化是某群体成员共享的"内部"知识。这也说明社会性别不仅具有象征作用，它与年龄和亲属关系等观念一样，普遍存在于世界上各种组织形式的社会里，起着把人们分类归属和相对连接的重要社会作用。② 人类学家进入异族文化做田野调查时，把性别作为研究对象，运用社会性别进行分析与研究就需要有敏锐的社会性别意识，不能简单地将每个社会中女人、男人或不同性别的人的性别角色、性别气质当成自然而然的存在，而是要看到作用在性别行为上的社会文化机制，避免将与社会性别有关的文化现象自然化。这样才能超越父权制文化中的话语力量。

其二，"关注日常生活"，注重微观性别权力关系的分析。熟练地运用社会性别这一概念去观察我们周围日常生活的各种现象，可谓人类学入门的标志之一。因为人类学研究的关键问题就是文化，研究文化怎样通过各种方式塑造人类群体的行为、思维、情感、语言，以及个人与社会的关系等等。性别是文化的表现之一，了解性别有助于了解文化。③ "如果我们从妇女生活的"日常性"出发，我们将得到一些与传统社会理论关于女性和男性生活描述大相径庭的理解。所谓妇女生活

---

① 周华山：《女性主义田野研究的方法学反思》，转自 http://www.sociology.cass.net.cn/shxw/jtyxbyj/t20040826_2530.htm

② 乐梅：《关于女性人类学》，载于周星、王铭铭主编《社会文化人类学讲演集》，天津：天津人民出版社 1996 年版，第 467 页。

③ 乐梅：《关于女性人类学》，载于周星、王铭铭主编《社会文化人类学讲演集》，天津：天津人民出版社 1996 年版，第 468 页。

的日常性，指的是妇女创建的模式和开创的意义。这些妇女在地位从属于男性的环境下年复一年劳动的结果。其意义并不是描述日常生活的每一个方面，也不是描述一张优先权的进度表，说明某些行为比其他行为更重要或者地位适合。它的意义是建议一种从女性给她们自己的劳动下定义中学习的方法。"① 许多女权主义学者一直致力于揭示并理解妇女的日常生活经历，即在特定时空中弱势的妇女群体和人体是如何塑造和创造她们生活的，并揭示日常社会实践中各种权力的运作。例如，鲁宾诺夫（2001）的《卖鱼中求地位》一文，就对印度果阿省渔民社区特别是卖鱼妇女日常生活中阶级、种姓与社会性别等级之间异常复杂的交叉互动作了精彩的剖析。一方面，渔妇们在家庭和社区中关键性的经济角色特别是她们的财富积累和立足于当地市场的经济权力，提高了她们个人自豪感、身份认同，促成了更平等而互补性的社会性别关系，并在很大程度上颠覆了印度社会占主导地位的父权制价值观和社会性别刻板观念，但在另一方面，向上的阶级流动却同她们在当地社会中"与生俱来"的种姓地位与声望形成了鲜明的反差。这些低地位的"母亲们"的生存策略就是要通过使其子女们受教育和获得中产阶级的专业性工作"过龙门"成为更高种姓的成员。② 女性的日常生活里有着许多压抑、冲突、暴力及其他矛盾和动荡。需要从微观性别权力关系的分析中看到冲突的意义。女性主义民族志写作依靠集中描写某位妇女一生中具有代表性的大事为主线（从出生、少女、青年谈起，直到结婚、做母亲、做祖母等等为止）和侧重表述某社区人们的情感特点（爱、愤怒、恐惧等等）来挖掘和研究当地群体的社会结构以及这些人怎样看世界的民族志，为传统的结构功能现实主义写作方式增添了新的一页。③

其三，让女人发出声音。在许多文化中，女性在公众生活中的历史性沉默，使得这些被否认了语言能力的人，她们的经验不能被广为人知，因此她们不能影响其他人的生活或历史过程。社会性别的研究，需要让这些被掩盖了表述能力的女性发出声音。正如有的人类学者所认为的：一定要让女人发出自己的声音这标准是放松不得的。"先验的理论对'认识'的污染，使得我们'观念中的事物'和'被

① 〔美〕桑德拉·哈丁：《什么是女权主义认识论？》，载《女权主义理论读本》佩吉·麦克拉肯主编，艾晓明等副主编，桂林：广西师范大学出版社 2007 年版，第 527~528 页。

② 胡玉坤：《社会性别、族群与差异：妇女研究的新取向》，转自 http://www.sociology.cass.net.cn/shxw/jtyxbyj/t20060213_8152.htm

③ 乐梅：《关于女性人类学》，载于周星、王铭铭主编《社会文化人类学讲演集》，天津：天津人民出版社 1996 年版，第 470 页。

告知的事物'可能与'真实的事物'本身有相当距离。"通过反思这些批判，采用立场理论进行的研究强调了这样一种观点，即应该从妇女的经历中发掘研究内容。女性主义民族志表达的声音应该是"一位女民族志工作者倾听到的其他妇女的各种声音。……我希望以一种不是主导的方式来写作；写日常生活；写妇女对她们的社会和生活的看法；写彼此相关联的个人，研究个体，而不是一般化；以对研究对象的关心和同情而不是疏远的态度来写作，要参与，不把自己置之于外。"①事实上，研究者的身份与写作方式，是女性主义人类学研究中格外关注的一点。

亨丽艾塔 L．穆尔在《女性主义与人类学》一书中指出：妇女人类学大量描写妇女生活的民族志，成功地把女性带回到人类学研究人类社会的整个画面里来，是女性人类学的前奏。而女性人类学不仅仅研究妇女，更侧重研究性别，研究男性与女性之间的关系，研究性别在构成人类社会、历史、思想意识、经济制度和政治结构过程中起的作用。②

总之，社会性别学作为一个新的知识领域，是在挑战、质疑、批判、解构传统知识体系的过程中产生的。其基本概念对一切仍保存社会性别等级制的文化都具有批判意义。研究者的使命在于在学术领域中以自己的学术著作来颠覆和改造男性中心的知识体系，来创造从新的观察角度和社会立场出发的新知识。③

（原文载瞿明安、周光大主编《现代民族学》下卷，云南人民出版社 2009 年。）

---

① 周华山：《女性主义田野研究的方法学反思》，转自 http: //www.sociology.cass.net.cn/shxw/jtyxbyj/t20040826_2530.htm2004.08.26

② 乐梅：《关于女性人类学》，载周星、王铭铭主编《社会文化人类学讲演集》，天津：天津人民出版社 1996 年版，第 479 页。

③ 谭深：《妇女与性别研究的理论推进》，转自 http: //www.sociology.cass.cn/shxw/jtyxbyj/t20040901_2605.htm

当代中国人类学的妇女／社会性别研究

引　言

　　当代中国人类学的妇女社会性别研究是在中国人类学民族学学科发展和西方女性主义思潮下的妇女社会性别研究的基础上产生和发展起来的。社会性别已经成为当代人类学研究的重要领域，以其独特的视角带来对人类社会和文化的新认识。

　　20世纪30年代之后，受过学科正规训练的女性人类学民族学家们，已经开始同男性学者一道，到边疆民族地区进行艰苦的田野研究。王同惠深入到广西瑶族山区调查家庭和亲属制度，不幸遇难，对于中国人类学的早期发展是意想不到的挫折。留学英、德的曾昭燏参加了柏林地区及什列斯威格田野的考古发掘。在国难当头之时放弃英国大学考古学院之聘，毅然回国效力。作为早期受训练的考古学家开展了对大理的田野考古，共发掘马龙遗址、佛顶甲乙二遗址、龙泉遗址等5处，获得大量文物资料。这是中国考古学家第一次运用外国先进技术和科学方法进行的"锄头考古"活动。1942年与吴金鼎合编的《云南苍洱考古报告》是对中国西南部考古的一大贡献。

　　新中国成立之后训练的一批女性民族学家并没有把社会性别作为一种研究视角，而是在中国学术主流社会形态的背景下以研究不同民族的社会发展模式为重点，参与中国民族学领域"五套丛书"的出版，以及推动许多重要的文献问世。如严汝娴教授的摩梭母系制和王承权教授的母系家庭写作都给中国女性民族学人类学留下了丰富的文献遗产，不同的专家和学者在中国各民族地区进行深入实际的田野调查也留下了宝贵的社会调查报告，如陈乃文教授反映藏族和门巴族的报告；何青教授所撰写的少数民族音乐舞蹈研究报告，龚佩华教授所撰写的景颇族调查报告，黄淑聘教授所撰写的广东地区不同的族群的报告和人类学理论书籍。最近由郝时远教授主编的田野调查实录开始收集女性人类学家的田野调查回忆，已经认识到女性学者在人类学领域的价值。而背后的推动力来自中国妇女社会性别学科的发展。①

20世纪90年代，日益主流化的西方妇女／社会性别研究的理论、方法，在进入中国后成为推动中国学术发展的又一股强劲动力。1992年哈佛大学费正清东亚研究中心举办了题为"用性别观念分析中国：妇女、文化与国家"的国际学术会，这次会议从性别角度切进中国，在中国研究中是一种革新。会后出版的李小江等人主编的《性别与中国》《平等与发展》《主流与边缘》等性别研究书系，以及邱仁宗等编的《中国妇女与女性主义思想》等著作，拓展了中国妇女／性别研究的空间。1995年第四次世界妇女大会在北京召开，是社会性别理论进一步传播的重要契机，推动了中国女性研究对于社会性别理论的探索。此后，一些留美学者，如鲍晓兰、王政等开始把西方社会性别研究的重要成果翻译介绍到中国，出版了《西方女性主义研究评介》《社会性别研究选译》《社会性别与发展译文集》《社会性别·族裔·社区发展译选》等论文集。进入90年代后期，一个名为"发展中国的妇女与社会性别学"项目，在福特基金会的支持下，把西方妇女／社会性别学的理论方法与中国妇女／社会性别学的学科建设更为密切地结合起来，推动了中国妇女／社会性别学学科的建设及基础理论研究的开展。"社会性别意识"概念开始在中国广为流传，研究女性问题以"社会性别意识"为视角的研究模式吸引了中国女性研究者的目光。②也正是在这种背景下，以人类学理论和方法研究两性差异、性别不平等的成因及女性独特经验等的女性人类学在中国悄然兴起。中国女性主义人类学在引进与传播西方女性主义学术思想的同时，也开始运用女性主义的理论方法和概念范畴对中国本土妇女的历史与现状进行了深入的研究与探索。在西方女性主义人类学理论推介、社会性别研究方法论探索、妇女社会性别中国经验表述方面取得许多成果。

一、西方女性主义人类学理论推介

随着西方妇女学从关注妇女本身到关注社会性别，从关注社会性别意识、行为以及社会性别角色的社会化到关注各种社会性别现象背后的社会、文化建构体

---

① 伍呷：《中国民族学会女性人类学分会成立报告》，2006年中国民族学人类学年会。广州，中山大学。

② 付红梅：《社会性别理论在中国的运用和发展》，载《中华女子学院学报》2006年4期。

系，日益成熟的妇女/社会性别研究学科不仅对建构在男性"话语"基础上的传统哲学、心理学、人类学、社会学、历史学、文学、宗教等各人文学科提出了挑战，而且已渗透到了自然科学、IT业、大众传媒等领域。在"解构"传统学科理论建构的同时，妇女/社会性别学理论体系也逐步确立起来。

（一）西方女性主义人类学学术史梳理

对西方女性主义人类学理论推介和对西方女性主义人类学学术史梳理是当代中国人类学的妇女社会性别研究的重要内容，它展现了女性主义人类学与女性主义思潮发展的关系。任海的《社会性别与再表现的文化政治：女性主义人类学》一文较早对欧美地区女性主义人类学的发展过程进行评介，讨论和介绍了一些有代表性的研究成果，指出"女性主义人类学在一开始就与女性主义有密切的关系，70年代中期，女性主义理论趋向的转变受到人类学女性主义研究很深的影响。女性主义人类学早期的著作提供了大量的具体的研究案例，揭示出要理解妇女的生活一定要理解不同文化的多变性，以及与文化多变性相关的社会文化的因素"。[①]通过该文，我们对西方20世纪60年代以来的女性主义人类学的发展脉络有了基础性认识，也对女性主义人类学在社会文化、语言、史前研究以及民族志书写等分枝领域的研究状况有一简略知识。

曾担任英国救助儿童会总干事的乐梅在《关于女性人类学》一文中，根据自己对美国女性人类学起源和发展历史的理解，梳理了女性主义人类学领域围绕"女与男、自然与文化、家庭范畴与公共范畴"等问题展开的热烈讨论，介绍了米歇尔·罗萨多（Rosaldo）、雪丽·奥特讷（Ortner）、吉丽安·季梨森（Gillison）等有代表性的女性主义人类学家对"公共领域与私人领域"和"自然与文化"等重要理论观点，认为经过这场讨论，（女性）人类学界在较大的跨文化地域进行比较，寻求普遍性结论的努力就此基本放弃了。"在女性主义以女性（集体的）特殊历史条件、经历和眼光解构人类学对某社区得出的普遍性结论时，人类学却又以每一章民族志所详细提供的地方特殊文化背景，时时刻刻向任何女性主义草拟的关于'女性世界'的概括发出挑战。"[②]论文简练而深入的剖

① 任海：《社会性别与再表现的文化政治：女性主义人类学》，载鲍晓兰主编《女性主义研究评介》，上海：生活·读书·新知三联书店1995年版，第144页。

② 乐梅：《关于女性人类学》，载周星、王铭铭主编《社会文化人类学讲演集》，天津：天津人民出版社1996年版，第479页。

析，给予中国女性人类学学者许多启示，被多篇理论梳理文章引用。此外，该文的意义还在于重点论述了女性民族志书写对于人类学发展历史的意义，指出"熟练地运用社会性别这一概念去观察我们周围日常生活的各种现象，可谓人类学入门的标志之一。"①

由庄孔韶主编的《人类学通论》一书刊载了周泓等编写的《社会性别研究》一章，对西方女性主义人类学的发展脉络也作简要介绍，并补充了殖民/后殖民理论的社会性别研究、第三世界妇女人类学研究、妇女与发展研究等内容。周泓在《妇女人类学的产生及其文化建构》一文中还就人类学女性研究的文化决定理论做了详细的介绍。②

近5年来，有关西方社会性别研究理论梳理、介绍的篇章不断涌现，讨论的主题更加深入。沈海梅在《性别与文化》一章中就西方女性主义人类学的"社会性别文化建构论"的产生和发展进行专题论述，认为17世纪以来的"生物权力"论把人当成生物有机体来看待的观点并不能反映人类的全貌，人的创造潜能和行动能力所创造的文化并没有得到合理解释，人们更愿意把人视为复杂的生物文化有机体。在此基础上，"人们对男女性别差异的理解也经历了从'生物决定论'到'文化建构说'的发展历程"。③社会性别文化建构理论强调社会性别（Gender）是一套基于人类生理上的性别（Sex）差异而发展出来的文化观念。"任何一个社会或文化都有一整套机制把男女间生物性的差异转化为社会性的差异，在不同的社会文化背景中，这种机制有不同的组成要素和影响方式"，④这一理论构成了西方女性主义人类学理论的核心内容之一。

玛丽琳·斯特雷森（Strathern）是当代社会性别研究领域最有影响的人类学家之一，其《礼物的性别：女性的问题和美拉尼西亚社会的问题》一书使她成为美拉尼西亚研究的集大成者。马啸在《西方人类学名著提要》中，对《礼物的性别》

---

① 乐梅：《关于女性人类学》，载周星、王铭铭主编《社会文化人类学讲演集》，天津：天津人民出版社1996年版，第475页。

② 周泓：《妇女人类学的产生及其文化建构》，载《中华女子学院山东分院学报》，1999年3期。

③ 沈海梅：《性别与文化》，载祝平燕等主编《性别社会学》，武汉：华中师范大学出版社2007年版，第33页。

④ 沈海梅：《社会性别理论》，载瞿明安主编《现代民族学》，昆明：云南人民出版社2009年版，第263页。

一书进行了精到的解读，"从社会群体、势力范围、权力和劳动这四个与性别有关的角度，《礼物的性别》重新审视长期以来作为西方思想先验预设的个人与社会的关系，男性范畴与女性范畴的差异，我们和他者的区分。"[①]

（二）女性主义人类学与传统人类学的关系

在西方女性主义人类学发展历程中，曾从6个方面对传统人类学进行了挑战，包括（1）女性主义对本质主义的批判；（2）女性主义对精神分析学的批判；（3）男／女等于文化／自然？女性主义对二元论的批判；（4）生产与再生产：女性主义对劳动性别分工的再认识；（5）交易女性？女性主义对婚姻家庭理论的批判；（6）女性主义田野方法学的反思与民族志书写。

中国学者也在尝试对这些挑战的内容进行反思与梳理。白志红在《当代西方女性主义人类学的发展》介绍了对传统人类学的挑战，指出与传统人类学不同，女性主义人类学在进行跨文化研究的过程中无意通过实证研究男女两性的行为以寻求人类社会的普遍规律，而是努力再现男女的性别角色，特别是女性被压制、误解和她们生活体验中所蕴含的内容。女性主义人类学对传统人类学民族志的写作过程提出了挑战，认为传统民族志方法掩盖了研究者与研究对象的关系问题，忽略了研究对象之间的社会性别关系。她的《女性主义对二元论的挑战——跨文化妇女地位研究》（《云南社会科学》2003年5期）一文则利用人类学研究资料，阐述了女性主义人类学通过对跨文化范围内妇女地位的研究在理论和方法论上取得的成果以及对二元论提出的挑战。文中指出女性主义人类学认为二元对立结构是西方中心主义话语的结果；女性主义人类学对西方中心主义论的批判既包括对欧洲中心主义也包括对男性中心主义论调的批判。她在《早期人类学研究中女性的在场与缺席》一文中明确指出"人类学对人的研究原来是对'男人'的研究"。早期人类学研究中女性的在场实为缺席源于4种原因：研究者所关注的主题既不是社会性别也不是女性，研究者的社会性别观直接影响到研究者如何审视研究对象，研究者的性别的限制了研究者收集特定的资料，忽略了研究对象社会文化传统中的性别歧视，也没有重视报告人的社会性别歧视。[②]李霞则在《国外女性人类学的发展过程》（《民族研究》2001年5期）提到了对结构人类学的若干质疑。

①　马啸：《玛丽琳·斯特雷森，〈礼物的性别〉》，载王铭铭主编《西方人类学名著提要》，江西人民出版社2004年版，第606页。

②　白志红：《早期人类学研究中女性的在场与缺席》，载《云南社会科学》2005年6期。

作者认为，这些质疑一方面揭示出结构人类学严重的男性中心主义性别偏见和欧洲中心主义种族偏见，一方面也反映出女性人类学逐渐为过于关注文本而忽略社会现实的所谓"作为文本的民族志"的危险倾向。徐雅芬，董建辉在《女性主义与权力——政治人类学视野下的西方女性主义研究评述》一文中以社会性别与权力、第三世界妇女与女性主义政治以及后现代主义与女性权力等三个方面为切入点，对政治人类学视野下的西方女性主义研究内容进行了概括。并揭示了西方女性主义研究对政治人类学学科所产生的影响和冲击。文中指出，"就政治人类学来说，西方女性主义研究所带来的影响主要表现在，它对人类学传统的政治观和权力观造成了巨大冲击"。

在对国外女性人类学的介绍中，相关理论和研究内容是各位学者关注的重点。关于女性主义人类学理论渊源方面，潘杰在《女性人类学概说》（《民族研究》1999 年第 4 期）和王新凤在《管窥女性主义人类学及其对教育研究的启示》（《贵州民族研究》2005 年第 1 期）中都就女性人类学的重要渊头——女性主义研究做了分阶段概述。彭耘编译的《当代西方女性主义人类学》中介绍了四个主要的理论流派：一是将性别视为符号性建构理论；二是将性别视为社会角色理论；三是符号学与社会学结合的理论；四是将性别视为个人的理论。① 白志红在《当代西方女性主义人类学的发展》中将理论渊源主要分为四种：其一源于马克思认为"一切社会行为皆是实践"的实践观点理论；其二对文化女性主义和解构主义做出回应的位置理论；其三重视话语作用的表演理论；其四最新的更强调人与人之间多种差异的酷儿理论。② 徐雅芬，董建辉合著的《女性主义与权力——政治人类学视野下的西方女性主义研究评述》对两种研究途径进行了详细的介绍，一是受格尔茨文化象征和列维－施特劳斯解构主义影响而将性别视作文化系统符号的研究途径；二是受马克思主义影响而集中考察社会性别分化的历史的研究途径。③

研究内容方面，王新凤在《管窥女性主义人类学及其对教育研究的启示》（《贵州民族研究》2005 年第 1 期）中认为女性主义人类学的主要研究领域有：社会性别；对人类起源与进化的研究；女性主义民族志研究———方法论的发展。潘杰在《女性人类学概说》（《民族研究》1999 年第 4 期）中概括了三个方面：对以

---

① 彭耘：《当代西方女性主义人类学》，载《国外社会科学》1994 年 5 期。

② 白志红：《当代西方女性主义人类学的发展》，载《国外社会科学》2002 年 2 期。

③ 徐雅芬、董建辉：《女性主义与权力 —— 政治人类学视野下的西方女性主义研究评述》，载《国外社会科学》2004 年 4 期。

往"亲属制度、婚姻家庭"研究的质疑与全新发展；社会性别与劳动力的关系问题；90 年代开始研究社会性别身份的形成同其他不平等形态的联系，如殖民主义历史、种族和性别文化问题，如何在权力结构之内进行消除社会性别不平等的努力。周泓在《女性人类学的文化与社会建构及其后现代研究》（《广西民族学院学报 (哲学社会科学版)》2004 年 6 期) 文章中介绍了女性人类学研究主要论题：社会性别的文化内涵及分析模式，女性人类学对女性地位和权利的界定，后现代女性人类学研究。她在《西方女性主义研究》（《新疆大学学报 (社会科学版)》，2000 年 4 期) 一文中则着重考察了第三世界女性主义和后现代主义女性主义的研究内容。李霞在《人类学视野中的中国妇女——海外人类学之汉族妇女研究述评》（《国外社会科学》2002 年 2 期) 中从亲属制度和以国家政策为核心的政治经济关系两方面对海外人类学的汉族妇女研究内容做了介绍。

随着后现代理论对人类学的影响深入，女性主义的视角也为传统人类学研究的反思和田野调查方法与民族志写作带来了新内容。潘杰在《女性人类学概说》《民族研究》1999 年第 4 期) 中着重阐述了女性人类学注意运用定性分析法。参与观察、主位研究与客位研究相结合、个案研究等人类学的一些研究方法也被借鉴进来；同时倡导撰写"女性主义民族志"(feminism ethnography)。在定性分析中，最常用的一种观察法，就是"参与观察"；使用最多的形式，则是"个案研究"。乐梅在《美国女性人类学述论》一文中以"描写：女性眼里的世界"为题详细介绍了早期女性民族志的发展过程，以及其后转变的学科内在要求。任海在《社会性别与再表现的文化政治：女性主义人类学》中详细介绍了卡麻拉－维斯卫斯瓦朗关于女性主义民族志研究的缺陷。

不可否认，当代中国人类学领域对西方女性主义人类学理论体系的推介还是"盲人摸象"式的梳理，这些篇章并未能搭建起女性主义人类学学科的完整框架。至少，女性主义人类学对传统人类学的体质、考古、语言、民族志四个分支学科都进行了再解读，并建立其有女性主义内涵的不同学科的理论体系。而在中国的人类学理论推介领域对这方面还关注较少，研究还在积累之中。

二、西方女性主义理论与中国妇女 / 社会性别人类学研究的相关性

西方女性主义思潮和女性主义人类学的理论对当代中国人类学的妇女社会性

别研究产生重要影响，大量的研究成果反映出中国的女性主义人类学者在运用西方的理论对中国文化中的社会性别关系、社会性别制度进行富有新意的解读。因而，西方女性主义理论与中国妇女/社会性别研究的相关性是当代中国人类学的社会性别研究中的另一主题。一方面社会性别领域的中国研究为世界女性/社会性别人类学研究提供新的理论对话素材。一些在国外取得博士学位的学者尤其表现出这种国际对话的能力，近些年陆续出版的有关中国少数民族社会的民族志作品，如杜杉杉的《筷子成双才能用：中国西南拉祜社会的性别合一与平等》①，作者在拉祜社会进行研究时发现当地的神是一对儿的，他们是二元合一的，他们的观念中两个是一个。后来在考察男女地位时发现，拉祜族的祭司做仪式是一对儿的出现。因而，性别合一是拉祜族文化的内在逻辑。该民族志的意义还在于用拉祜族社会中的劳动的社会性别共担（gender sharing of labor）对西方劳动性别分工理论提出新的认识，并进一步审慎西方女性人类学的理论是否有适合分析拉祜族这种文化的？西方理论与中国民族资料是否能结合等问题。

另一方面，人类学的社会性别研究也开展自己的思索以及本土化的探究。这一研究过程更多地体现出女性主义理论及社会性别研究核心概念引入中国，进入新的文化环境，所面临的接受与拒斥的碰撞。

首先，一些论文对中国女性主义人类学的发展状况进行梳理。在中国女性主义人类学发展概述方面，丁宏在《中国妇女人类学研究管窥》（《中央民族大学学报》2000 年 3 期）一文中介绍了从 20 世纪初开始直到 20 世纪末我国妇女研究历程，介绍了重要的研究者及其重要的著作（包括译著），以及重要的妇女研究的刊物和学术研讨会。文中指出中国和西方不同的文化背景需要我们发展中国妇女人类学。然而，与西方女权主义运动蓬勃开展、诸种女性主义思潮在学术舞台此起彼伏的状况不同，中国妇女人类学研究刚刚起步，处于初创阶段。戴成萍在《女性人类学与中国女性人类学研究现状分析》（《内蒙古社会科学》2003 年 5 期）首先详细介绍了我国自改革开放以来女性人类学的发展历程，对 1988 年出版的禹燕《女性人类学》一书作了详细介绍。其次介绍了人类学者在华南地区所做的婚姻和女性地位的相关研究。最后简述了我国女性人类学著作的出版概况。方素梅、杜娜、杜宇合著的《20 世纪 90 年代以来的中国妇女研究》（《民族研究》

---

① Shanshan Du："Chopsticks only work in Pairs：Gender Unity and Gender Equality among the Lahu of Southwestern China"，NewYork：Columbia University Press，2002.

2004 年 4 期）重点介绍了我国少数民族妇女研究机构的发展概况、研究的主要方向以及研究中普遍存在的特点和问题。作者认为中国少数民族妇女研究的真正形成应该是在 20 世纪 90 年代以后。

其次，在研究方法方面，周华山根据自己在摩梭社会的田野调查经历，总结了女性主义田野研究方法的八个原则：呈现研究者自身的学术背景；价值取向与研究目的；以当地文化的语言为本；与述说者共同生活、劳动；再现的政治；反思研究者自身对研究过程的影响；述说者的性别差异；与述说者的双向交流；写作过程中跨越主流性别霸权。口述史方法使女性获得了有意观察自己与他人，包括不同的男性与不同的女性的机会，它表明了女性对自身政治态度的争取。[①]

张晓著的《西江苗族妇女口述史研究》（贵州人民出版社 1997 年）就是这方面的探索。作者用口述史方法对黔东南西江苗族妇女过去的生活状况以及现代生活文化的变迁做了详细研究。本书以长期的田野调查为基础，对妇女群体与当地苗族文化体系的互动关系展开研究，涉及苗族村寨的历史、文化传统、婚姻、经济、文化传承、文化变迁等妇女生活的各个方面。书中关于人生旋律、幸福标准、性的羞耻感的主题章节可谓是全书的经典内容。

云南社会性别与发展小组所著的《参与性发展中的社会性别足迹》一书汇集了云南 GAD 小组在近十年来的本土化探索的成果。汇集了该小组在少数民族社会性别制度研究、社会性别敏感的技术开发与传播、社会性别与人口流动、社会性别与自然资源管理、社会性别培训等领域行动或研究的过程记录及理论思考。本土化理论研究方面，马林英在《性别、民族的研究与反思：分析自我体验及行动》（《西南民族学院学报》〈哲学社会科学〉2001 年 9 期）中将自己对社会性别的体验与行动作为案例分析的素材，指出中国社会性别发展及其理论研究的本土化，不仅要从社会性别研究者，通过对他者社会性别表现的关注、研究中所获得经验，还要从对自我群体内社会性别角色的体验与行动的经验总结和研究中所获得；也就是说，除了研究者在田野里获得的知识加上她们的经验交流以外，也更需要研究者将田野调查内容之外的一些个人感受、挫败、困境、矛盾融入自己的研究当中。研究者应当十分注重采用意识交流、反思、对话等不同形式来解释研究结论，将狭隘的学术领域和学术界以外更广阔精彩的世界联结起来。畅引婷的《西方女

---

① 周华山：《女性主义田野研究的方法学反思》，载《社会学研究》，2001 年第 5 期。

性主义学术思想的传播及其本土实践》(《思想战线》2005年4期)中介绍了女性主义学术思想在中国传播现状，并指出作为舶来品的西方女性主义，在引进和传播的过程中应该处理好的学术与政治，提高与普及，全球化与本土化的关系。周泓在《主体对文化和结构的反动：社会性别能动、身心互动和意义调动——人类学本体研究之二》(《广西民族研究》2006年第2期) 中从女性主体的社会历史建构与后现代性研究、身心体验的信仰研究，以及历史文本、历史记忆与意义主体的探讨，论述了人类学的人本研究及其主体关照。

中国女性主义的发展历程也就是本土化探索研究的过程，批判性继承外来理论，并以丰富的个案为世界女性主义人类学学科发展做出贡献。以下就从文化多元、宗教、亲属制度与婚姻家庭等方面的本土研究进行梳理。

（一）文化多元与社会性别研究

许多本土学者从文化多元的角度，从各少数民族特有文化的历史动态发展中去研究女性，这些大量的基于本土的研究案例，展示出文化是如何限制和塑造女性又能是如何创造文化的双向运动过程。根本来说，就是通过对少数民族社会文化中的性别研究，来深入揭示中国文化关于社会性别的多元内涵。这些研究趋向对于进一步了解中国社会及文化的多元性有重要价值，也在刷新以往对中国社会性别文化铁板一块的没有差异的刻板印象。正如胡玉坤所指出的"就像'中国妇女'这个范畴，'少数民族妇女'也不是铁板一块的整体。后者分散在不同地区、社会经济状况、语言、宗教及文化的55族群当中，因而经历了不尽相同而且变动不羁的发展轨迹和现代化历程。所以，正如我们不能简单化地描述'中国妇女'一样，我们也不可以简单化地勾勒'少数民族妇女'"。①

李静、赵伟的《社会性别角色获得与民族文化系统》，载《西北师大学报〈社会科学版〉》2004年1期，认为个体性别角色定型是一种文化上的规定性。它既是民族心理的重要表征，又是民族社会化的重要体现。不同民族所处的文化环境对这个民族性别角色的形成发生重要的影响。要研究民族的深层心理问题，就需要对性别角色及其获得进行研究，需要对相关的社会文化因素进行研究。文中通过对民族文化系统、社会环境及性别角色等的分析总结出性别社会角色的获得与民族文化、社会环境有着深刻的关系：（1）民族文化的共同性营造出本民族的

---

① 胡玉坤：《社会性别、族群与差异：妇女研究的新取向》，http://www.tecn.cn/data/detail.php?id=9397

个性特征。（2）民族文化的多样性孕育出民族性别角色的迥异性。（3）由民族文化制约形成的性别角色规范着男女的社会意识及社会行为。（4）性别角色刻板印象制约着女性的发展。此外，有几篇文章都对不同民族文化与女性角色构建进行了讨论，涉及壮族、傣族、哈尼族、满族、回族、客家等多元民族文化中的女性。

李姝的《云南少数民族女性文化的兴起与发展》，载《昆明理工大学学报》〈社会科学版〉2006 年第 2 期，从历史和文化的角度分析和探讨了云南少数民族女性文化形成和发展的状况，从自然环境、婚姻制度、宗教等方面，阐述了云南少数民族女性文化的演进，及云南少数民族女性的社会地位和生存状况。

邵志忠的《传统文化背景下的壮族女性研究》（《广西民族研究》2002 年 4 期）中分析到，作为岭南土著民族的壮族，在千百年的历史发展进程中，形成了具有民族个性的文化——女性文化，从女神创世到女英雄救世，女性在壮族社会中的文化地位一直是那么显赫，以至于在日常生活中女性也多挑起家庭大梁，支撑着家庭的经济和文化生活。长期以来，壮族社会是一个女性文化比较突出的社会，在壮族传统文化中，深深地打上了女性的烙印。这种打上文化烙印的女性，影响着壮族社会成员的日常生活。文中从壮族传统文化切入，通过文化传统、习俗、传统教育、民间宗教和法律等方面的考察，阐述传统文化背景下的壮族社会性别的独特个案。

李晶的《文化与自我——清代满族女性家庭地位特点的人类学阐释》（《大连民族学院学报》2004 年 6 期）一文中阐释了清代满族女性的家庭地位所具有双重特征，并根据心理人类学中关于文化与自我的研究和理论，通过对满族女性内在意识和社会意识的矛盾与平衡作相关分析，从人类学的理论视角提升对满族妇女家庭地位和满族文化的认知。最后作者指出不同的文化形成不同的自我、自我意识。满族女性在其独特的传统文化中形成的是以开朗、果敢、精明能干等为特征的内在自我，但这种内在自我与不断浸染儒家封建思想的满族社会文化所要求的社会自我之间，存在着矛盾。而且在满族女性一生中活动的两个主要空间：娘家和婆家当中，这两种不同层次的自我意识，又得到了各自的深化、坚固，最突出的就是在两个家庭中女性矛盾的地位状况。以女性为中心建立起来的女系亲属关系，为实现和维持满族女性的心理平衡，起着重要的作用。

李云霞在《哈尼族稻作文化中的社会性别角色》，载《中央民族大学学报》〈哲学社会科学版〉2003 年 6 期，对哈尼族稻作文化这一哈尼族文化的核心进行了社会性别分析，呈现了哈尼族男、女两性在其稻作文化中的性别角色、权利和地位的社会性别差异。文中指出哈尼族在长期的生产劳动实践中形成的独特的稻作文化中，一方面其稻作礼仪和神话所凸现的是对妇女特别是母性的尊崇，是对生殖的崇拜。另一方面，在稻作分工中女性处于从属地位，女性的权利主要限于家庭这一私有领域。哈尼族仍保持着"男主外，女主内"的性别分工模式。哈尼族社会经由各种制度化的力量（包括分工制度），形成以父权制为核心的哈尼族社会性别制度，形成了两性不同的社会角色。

刘大可在《女性：客家学研究的新视野》（《中共福建省委党校学报》2003年11期）一文中针对客家学研究中男性偏重的倾向，认为应大力开展对客家女性社会的研究，其中包括对客家女性祖先崇拜、神明信仰、婚丧节庆等习俗，以及与女性相关的故事传说研究；老年妇女生命史的研究；女性社会地位的研究；女性性生活、生育问题的研究；女性社会活动与社会网络的研究等。同时，研究客家女性社会在方法上也应加以创新，即让女性充分参与研究；注重科际整合等。

回族女性研究是中国妇女研究的重要组成部分，20世纪90年代以来，中国回族女性研究取得了长足的进步和发展。骆桂花在《民族社会学视野下的回族女性研究》（《青海民族研究》2004年4期）中回顾了既往回族女性研究中所涉及的诸多问题展开历史追溯与反思，就回族女性研究的内涵、研究的对象与范围、研究的意义与作用、研究的方法、理论构建、学术素养等学术界较为关注的几个问题进行了论述。回族女性研究在学术形式上承继了女性社会学的主题、领域、范畴和语言，同时又开辟了中国少数民族女性研究的新主题和新领域，从女性主义视角对民族、性别与文化的关系进入新的诠释空间，回族女性研究可看作女性主义研究与民族社会学视野下的民族女性研究的综合。

董印花的毕业论文《西双版纳傣族女性观念及其变迁研究》就基于民族学、社会学、女性学等学科的基础上，并结合田野调查，对云南西双版纳傣族女性观念进行了梳理，并对因社会政治、经济、文化变迁而引起的观念变迁进行了探讨与揭示。文中涉及到傣族女性的劳动观、婚姻观、家庭观、宗教观、教育观、参政观及其变迁。最后作者总结出，傣族女性观念具有如下特征：历史性与现实性、民族性与地域性、一元性与多元性、滞后性与超前性、稳定性与变迁性。同时，女性观念面临的现实问题和未来发展一方面是如何保持原有观念体系中的优良部分；另一方面是如何更新旧有的观念体系为适宜社会发展需要的新的观念体系。

冯敏的《土家族人类学中的女性研究评述》（《重庆社会科学》2006 年 1 期）通过梳理土家族人类学中的女性研究的主要内容，简要评述其特点后指出与土家族人类学的其他研究相比，用人类学的方法和视野对土家族的女性进行深入的研究还显得较为薄弱。

（二）宗教与女性研究

随着国内学者对妇女问题研究的重视，同时女性信教人数的增长，女性与宗教的关系越来越受到学界及社会的重视。宗教与妇女研究在 20 世纪 90 年代以后也成为一些学者关注的领域，有关专著、译著和论文开始出现。宗教与妇女一直是困扰学术界的问题，这个令人困惑的话题表现为"各种宗教不可救药地具有性别歧视倾向。它们在从社会方面压迫妇女的同时，又从神秘的方面解放她们中的多数。"国内学者运用女性人类学理论也做了这方面的探索。

李霞在《民间信仰的社会凝聚机制：性别角度的初步探讨》《天府新论》2005年5期认为从性别的角度来看，中国民间传统的女神崇拜之所以具有社会凝聚功能，首先在于崇拜对象本身的博爱形象的魅力。其次在于实际生活中女性的家庭和社会角色的影响。最后是制度的规制和引导。结尾处作者指出传统国家努力使民间的女神信仰体制化，希望它们发挥社会凝聚功能，但传统国家对民间信仰的规制，却完全以男性社会的伦理道德为准，忽视了女性信仰主体在其中的地位。谢新华，李长征在《民间信仰活动中妇女参与行为初探》（《十堰职业技术学院学报》2006年4期）则从妇女的参与角度分析，认为民间信仰在乡土社会中占据重要地位，其多种参与群体中，妇女的参与显得尤为突出。妇女的参与行为可表现在村庵修建、修庵组织内部矛盾处理、创造灵验故事和举行信仰仪式等四个方面。其参与原因也是多方面的，包括生育观念、经济生活、祛病求灵、生活休闲以及神灵的性别。作者还引入国内学者景军对北方两座孔庙的研究对田野点妇女的参与行为加以总结：妇女参与民间信仰活动正是她们运用礼仪知识、历史知识、政治经验和经济实力等来获取和增加她们在当地的文化资本、经济资本和社会资本三种象征资本。

金少萍的《傣族原始宗教研究的一个视点——傣族女性与原始宗教》，载《中央民族大学学报》〈哲学社会科学版〉2000年3期，指出：总体而言，傣族原始宗教对傣族女性是排斥的，并有诸多禁忌。但也不能一概而论，除有地区的差别外，还有层次的区别：在祭祀家神中一般没有对女性的特别限制，而在祭寨神、勐神活动中又排斥女性。作者最后总结出宗教与现实、神圣与世俗的种种关联，可以看作是傣族原始宗教祭祀活动中不可能截然排斥女性的一种文化解释。诺布旺丹·巴桑卓玛在《藏传佛教的两种女性观》（《中国藏学》1995年第3期）也认为藏传佛教以及深受其影响的藏族传统社会，对于女性的价值标准是双重的和矛盾的。这种矛盾的统一体，就是藏传佛教妇女观的特征所在，也是藏族传统文化中妇女地位的本质。

许玉平在《大理白族妇女宗教信仰分析》（《大理学院学报》2004年2期）中在文献资料和田野调查的基础上对白族妇女信仰的宗教原始宗教、本主崇拜、道教和佛教进行分析，并揭示出白族妇女在宗教信仰过程中各种宗教的教义、仪式、禁忌中都体现着性别的差异和性别的歧视。同时作者指出，白族妇女信仰的各种宗教对她们的影响有积极和消极两个方面。积极的方面体现在教育功能，凝聚功能，心理调适功能，娱乐功能。宗教本身的消极作用则是宗教的说教、潜移默化，容易使人们坠入宗教世界观的迷雾，产生消极厌世的思想，对白族妇女和她们的家庭乃至整个民族、整个社会的发展起着消极影响；从健康方面讲，过多的信奉鬼神使她们产生消极厌世、极端的思想，让她们感到精神空虚；从经济方面讲，大量修建寺庙，既费钱又费力，是一种经济和资源的浪费。

袁芳，杨国才在《云南怒江傈僳族妇女与宗教》（《中央民族大学学报〈哲学社会科学版〉》2003年第1期）中指出怒江傈僳族自原始社会母权制没落之后，在以男权为中心的社会里，无论是原始宗教还是祖先崇拜，宗教信仰中的祭祀及其他礼仪、禁忌和习俗都在规范着傈僳族妇女的社会性别角色，在其宗教信仰的内容和方式上渗透着性别歧视，这些都对傈僳族妇女发展起到了压抑和阻碍作用。基督教在怒江傈僳族地区传播后，曾对傈僳族特别是妇女的生活方式、婚姻家庭及文化教育等起到了积极的作用，但作为一种人为宗教，它仍然在建构着以男权为中心的社会性别制度，同样轻视、蔑视、歧视妇女。虽然宗教改革家特别是女权主义学者正在积极改变这一状况，但要做到社会性别平等，仍然是一个漫长的过程。

刘夏蓓在《宗教抱负与两性平权——甘南夏河藏传佛教尼僧宗教抱负的人类学调查》（《思想战线》2007年2期）一文中对甘南夏河藏传佛教尼僧做了人类学调查，其研究表明人们自我期待的形成与周围的认同，社会地位有着直接的关系，正是宗教中的两性位阶差异，形成了尼僧们的宗教抱负现状，而尼僧的宗教抱负不高现象的背后又是尼僧的社会性别、社会地位所规定的，反映了宗教中两性地位的差异，也是现实社会中的两性地位差异的反映。但是，近年来随着社会的发展，妇女地位的提高，越来越多的藏传佛教出家女性是出于自愿而投身宗教。这一变迁的背后是女性软性地抵制了僧伽们在宗教方面的传统权威，是女性在宗教世界与男性平权诉求的一种反映，也是女性地位与藏族社会结构变迁的一种互动。

章立明在《西双版纳南传上座部佛教的社会性别分析》（《佛学研究》2003年）中运用人类学和女性主义的理论和分析方法，透视南传佛教的教义的实践层面所包涵的社会性别制度。文中指出南传上座部佛教是西双版纳傣渤全民信仰的宗教，其教义中的社会性别观念是男洁女污，这种宗教的性别观念与傣渤男贵女贱的传统性别观念结合在一起，形成了男尊女卑的社会性别制度。文章还探讨了在全球化浪潮中，南传佛教的保存与如何消除性别歧视之间的关系问题。

徐睿在《宗教与性别社会化——毕摩教在凉山彝族女性生命转折点中的作用》（《云南社会科学》2007年第3期）中通过对在凉山彝族女性4个时段（孩童、少女、准妻子、妇女）中的毕摩教仪式分析，认为在特定的民族文化背景下，毕摩教获取了社会化的主体地位，在凉山彝族女性人生阶段的转折点上以仪式的方式推动女性按其所期望的角色行为，完成由被动接受到主动内化的性别社会化过程。毕摩教针对女性的通过仪式以正面强化的方式令女性内化行为期待，没有任何仪式教给女性如何扮演社会角色，如何行为才能在社会领域获得认可；同时还运用了一些带有对比性的男性通过仪式，如"密枝"，从负面否定的角度强化女性不应该扮演社会角色的观念。

（三）婚姻家庭与亲属制度研究

本土探索中，也有一些学者从亲属制度和婚姻家庭入手了解女性与各种由生育和婚姻而发性关系的亲属关系，从中研究妇女的社会地位，进而探讨妇女作为一种性别与其他性别的关系。

亲属制度方面，白志红在《女性主义人类学视野下的亲属关系研究》（《云南社会科学》2004年4期）中首先分析了女性主义人类学如何重新审视亲属关系的研究，并指出女性主义人类学对亲属关系的研究和早期人类学对亲属关系研究之间的根本差异在于：人类学研究中的亲属关系研究重世系之间的社会关系，而女性主义人类学的研究重亲属群体中男女两性的社会关系。然后作者从两个方面总结了女性主义人类学的亲属关系研究：一是分析亲属关系研究中社会性别不平等的建构过程；二是分析亲属关系的连续性和历史变迁。作者在最后指出女性主人类学以独特的视角和女性这个群体为研究对象，从女性的经验和感受出发，从主位的角度深入了解各种意义上的亲属关系和社会网络在她们的生活中意味着什么，体现出一定的意识形态和权力关系。李霞在《女性主义人类学与汉人亲属研究》，（《妇女研究论丛》2002年5期）中则认为从亲属关系入手可以了解女性所处的、由于生育和婚姻而发生的各种血亲和姻亲关系，在这些关系中，体现出妇女作为女性的定义、身份、角色等问题密切相关。女性主义人类学在亲属制度研究中最关心的问题大致可以归纳为两个：一是妇女在亲属制度中的地位，二是"女性的亲属关系"的性质。女性主义的立场与方法渗入亲属制度研究领域，对人类学的亲属制度研究领域造成了一定的冲击：一方面能够以性别视角重新审视以往的研究，甚至修订并发展了相关的理论；另一方面，通过对女性联结的亲属关系和女性在实践中所构建的亲属关系的重视，扩展了对亲属制度的理解。作者最后认为女性人类学的性别与实践的视角已经并将增进我们对汉人亲属制度研究和对中国妇女生活的理解。（应放到理论推介部分）

李霞的另一篇《依附者还是建构者？——关于妇女亲属关系的一项民族志研究》（《思想战线》2005年1期）则对华北一个村庄妇女的亲属进行了实践考察，并指出妇女具有不同于男性的家庭观：男性的家庭观是具有家族性的，它是延续性的，联系着祖先和后代；而对于女性来说，"她的家庭"是她出于安全感和感情归属感的需要而建立起来的，她的归属感的转向的目标是她与自己的丈夫、孩子构成的小家庭，这是她们在制度框架内利用各种关系资源和策略积极地构建其亲属关系。最后作者强调，"妇女解放"并不是要建立在把妇女无差别地定义为"被压迫者"或"依附者"的基础上。在各种文献和制度规定中的妇女形象并不能代表妇女在实际生活中的状态。"解放"应该是建立在对差异性的充分理解之上——只有对现实的理解具有更多的丰富性，才能生发出更多方面的可能性。刁统菊的《亲属网络与性别建构——以红山峪村为例》（《西北民族研究》2005年1期）一文也通过田野调查红山峪村村民的亲属关系后指出，该村亲属关系除了同一宗族关系以及姻亲关系之外，还有仪式亲属，即干亲和结拜带来的结拜兄弟、结拜姊妹这两种亲属关系。作者还以同学关系以及近年来由于外出就业产生的朋友关系以及制度化的同事关系为佐证，分析这个村落的男女两性的亲属网络，指出造成男女两性亲属关系差异的根本原因在于从夫居制度以及社会性别制度。在从夫居制度下，女方嫁到男方后，进入男方原有的亲属网络，与出生家庭的亲属关系改变了，而其他的社会关系也会发生淡化甚至中断。男性除了会通过联姻增加新的姻亲以外，其他关系基本上不会发生变化。由女性的社会关系在结婚之前，其定位的基础在于父权，而婚后社会资源要从属于她的丈夫及其家庭，其定位的基础在于婚姻，双方社会资源明显不对称，女性相对于男性明显处于劣势地位。最后作者总结，可以说是性别制度建构了村民的亲属网络。

婚姻家庭地位方面，何花在《社会性别视野下的传统家庭伦理》（《新疆师范大学学报》〈哲学社会科学版〉2006 年 3 期）中从社会性别这一视角切入传统家庭伦理，审视传统家庭伦理中的性别偏见源流，为实现家庭伦理的社会性别公平，构建新的家庭伦理和妇女解放提供理论依据和方法论。文中指出传统家庭伦理的形成是与男女社会文化中的性别倾向的不同认同分不开的。作者最后指出，我们今天在构建新的家庭伦理道德时，如能加进社会性别意识的视角，以女性的经验、情感和思维方式来打破以男性为主导的父权制意识形态和男性中心的价值体系，实现男女性别公平和谐和男女的资源分配的公平、男女两性自身发展的条件和机会的公平等，将会对社会整体的全面进步和个人的独立完善起到巨大的促进作用。

徐维群在《传统客家妇女相对地位的定位及其成因》（《龙岩师专学报〈社会科学版〉》1999 年 1 期）一文中从文化人类学角度对传统客家妇女地位作了客观定位：具有相对较高的地位，是家庭重心、主要劳力与社区文化的重要参与者。同时阐析了这一定位的成因：客家妇女对生计的贡献是决定其地位的经济动因，客家民系的移民文化的特质及其他民系文化（特别是畲族文化）的影响渗透是其相对地位形成的文化背景。另外，传统客家妇女地位在当代已发生了一些变化，有多重要的价值。房学嘉在《关于女性在传统社会中地位的思考——以梅县客家妇女为例》（《妇女研究论丛》2004 年 4 期）中则以粤东梅县民间古文书为重点，对客家女性在传统宗族社会中扮演的角色进行分析指出梅县妇女在传统宗族社会中具有不俗的尊长地位。原因是多方面的，其一与地方生态环境有关；其二是客家妇女由于其勤劳俭朴的美德，为家庭或家族的建设，做出了不可磨灭的贡献，所以在家庭或家族财产的分析或产权之转移中才拥有尊长的地位；其三是地方文化之影响。这就挑战了关于中国女性在传统社会中地位传统的观点——在以男性为核心男尊女卑传统社会中，妇女是不能登堂入室的。

李洁在《社会变迁中佤族妇女地位作用的研究》（《云南师范大学学报》2000 年 3 月）一文中就佤族妇女在社会、家庭中的地位作用，通过一些有代表性的事例，进行分析和探讨佤族特定的社会文化对这种文化形态下妇女发展的道路、妇女解放的指标、妇女价值的判定等，有着独特的影响和制约；佤族妇女特有的生活方式、生产活动和观念意识在其所处的文化氛围中留下较为深远的痕迹。文章探讨了佤族妇女在社会生活和家庭中的处境与地位；她们在保存佤族特有文化方面所起的作用；社会文化变迁和妇女发展二者的良性互动及男性的觉悟、理解与支持是决定妇女解放能否真正实现的关键。

张桔在《当代白族家庭关系的社会性别透视》（《大理学院学报》2004 年 4 期）中则聚焦于大理白族家庭中两性关系在性别分工与伦理道德中的变化和发展，联系和对照中国农村家庭现状的大背景，探讨社会性别在欠发达的少数民族地区形成和确立的源初和途径。最后作者指出如果说西方的工业化进程推动了个人本位主义的发展，使家庭在人们追求两性平等和个人的幸福中渐渐淡漠，那么传统乡土中国的家庭则在改革开放的潮流中，夫妻间更强调义务与和谐的关系，而不是权力和平等。乡土中国社会的男女仍在默默实践着一条古老的历史路线，女性作为一个边缘群体，她们的经历还没有系统地进入到现有的知识范畴体系之内，或许通过介入我们关注的目光会发现，除去那些反映客观事实的数据，其实还应关注当事人的主观感受，以及调查者面对现象之后冷静的思考和理智的分析。

董印红在《傣族女性婚姻观念的田野思考》（《楚雄师范学院学报》，2006 年第 2 期）中通过对西双版纳两个傣族村寨中的傣族女性的婚姻观念和生育观念的田野调查比较分析，探讨了影响婚姻观与生育观差异和变迁与个人年龄、教育程度、经济发展以及环境差异的关系。章立明的博士论文《社会性别等级制与家庭婚姻——西双版纳三个傣泐村寨的人类学研究》则通过对傣泐历史 / 文化中有关家庭婚姻习俗的梳理与三个村寨家庭婚姻的人类学田开调查，揭示了三个傣泐村寨社会性别等级制生产与再生产的差异性，以及它和现存家庭婚姻的相互作用与关系和傣泐社会性别等级制的实存本质。作者在文中指出傣泐社会性别等级制的生产与再生产是与其家庭婚姻制度结合在一起的，一方面是来自种族、等级、宗教等历史 / 文化中的社会性别等级意识对傣泐家庭婚姻的浸润与濡染，另一方面则是傣泐家庭婚姻的日常化操作，复制与建构了社会性别的等级制。

马健雄在《性别比、婚姻挤压与妇女迁移——以拉祜族和佤族之例看少数民族妇女的婚姻迁移问题》（《广西民族学院学报》〈哲学社会科学版〉2004年 4期）中指出越来越多的不同民族的妇女人口，由民族世居的省区扩散到内地和沿海地区，比如拉祜族、佤族、傈僳族等民族的妇女最近的20年来在内地各省份的分布越来越多。这一社会现象的一个重要原因，是内地汉族人口性别比例的变化与少数民族妇女婚姻移民之间的连带关系。作者对云南拉祜族和佤族妇女的婚姻迁徙人口统计数据分析后指出，某些汉族农村出生性别比升高后，逐渐突出的婚姻挤压问题引发了少数民族妇女的婚姻迁徙，并从而使得部分小规模的少数民族社会面临更大的婚姻挤压和其他社会问题。随着大量妇女人口的流失，像拉祜族、佤族等少数民族社会，即使本地的出生性别比处于正常水平的情况下，仍有大量男子无法结婚。这些边缘群体于是成为内地省份婚姻挤压的替代，面临更严重婚姻挤压，成为社会问题的末端，因其在社会资源占有上的弱势而更加弱势。

在婚姻家庭制度研究中，摩梭的母系制家庭和阿注婚成为很多学者的关注重点。和钟华对摩梭人以"母系家庭"为主体、以走婚为特色的家庭婚姻模式的解读，再现了这些"女儿国"特有的女性文化现象及其历史的沿革、当前经济驱动下的裂变等。前后三文从不同角度展示了一幅幅生动鲜活的画面，而且一次比一次有了更多的社会性别视角。这一研究已触及到蕴藏于母系家庭户内部的社会性别化的劳动、空间与责任的分工，比如当家人中女性的比例虽略高于男性，但她们主要负责安排家庭活计，而执掌家庭经济开支、处理对外事务、主持大的祭祀等重大决策权的男性比例还是高于女性等诸多社会性别化的现象。通过长达12年的人类学田野考查，从女性的视角和历史的视角，指出摩梭母系并非原始社会遗迹，而是当地特殊文化环境和生存需要的产物，它经历了母系——父系——母系的演进程序。[①]

翁乃群在《女源男流：从象征意义论川滇边境纳日文化中社会性别的结构体系》（《民族研究》1996年4期）一文中运用象征分析法对纳日人(即摩梭人)的创世纪神话、女神祭祀和房屋结构等进行诠释与分析后，认为纳日人社会性别的文化结构体系可以概括为"女源男流"。而这一纳日人社会性别的主要象征结构关系与他们祖先由北而南的迁徙历史以及该地区的自然地理环境有着密切的关系，也是在他们祖先漫长的迁徙历史中逐步形成的。作者的另外一篇文章《公共领域家户化：纳日社会的公众领域和家户领域及其社会性别问题》（周星、王铭铭主编《社会文化人类学讲演集》天津人民出版社1997年）则论述了家户制度在传统

---

① 和钟华：《生存和文化的选择——摩梭母系制度及其现代变迁》，昆明：云南教育出版社2000年版。

摩梭文化中的重要地位。摩梭社会中家户制度占有重要的地位，并形成一种不分男女的家户导向和以家户为中心的社会化取向，非常强调家户的社会声誉。而在藏传佛教（黄教派）传入摩梭社会的时候，戒律严明的宗教在家户制度下发生了一定的妥协，以适应当地的社会。黄教派喇嘛僧人的宗教生活和日常生活也表现出了一种家户化的取向。

刘永青在《家户领域与公众领域：旅游业发展对摩梭人社会性别关系的影响》（杜芳琴、王政主编《社会性别》第 1 辑天津人民出版社 2004 年）中关注的则是在旅游业的背景下摩梭人的家户领域和公众领域所发生的新变化。文章通过对宁蒗落水村摩梭社会在现代旅游业影响下传统社会文化中家户领域的缩小和公众领域的扩张来说明摩梭人社会性别观念的变化。文中既有男女观念的对比又有个案的分析。作者认为，旅游业的发展造成传统社会中一个相对庞大的公众领域的出现，摩梭人的文化机制在此过程中进行了重构。

（四）作为研究视角的社会性别

社会性别理论既是一种理论，又是一种方法和视角。社会性别理论要求将社会性别意识纳入一切决策与学术研究中，实行社会性别主流化。于是女性主义人类学涉及的内容也在不断地扩大，如族群认同、语言、教育、媒介、艾滋病等，进一步丰富了人类学研究的本土内容。

社会性别与族群认同方面，沈海梅在《族群认同：男性客位化与女性主位化——关于当代中国族群认同的社会性别思考》（《民族研究》2004 年第 5 期）中首先对国外学者中国少数民族社会性别差异研究进行了梳理，然后根据曼底傣泐村寨的田野调查总结出，像种族、阶级、阶层一样，族群和性别也是对人群进行社会分析的基本范畴。"时髦"的男人与"守旧"的女人作为当代中国族群认同实践中普遍存在的现象和经验，反映出当代族群认同中存在的性别差异以及男性客位化与女性主位化的倾向。男女两性间经济的、政治的诸多权力划分的不均衡，是产生男性客位化与女性主位化现象的根本要素。

吴春蕾在《从社会文化角度看言语行为的性别差异》（《黑龙江社会科学》2005 年第 6 期）中认为社会文化因素从社会地位和权力、气质归属和社交规约三个方面对言语行为性别差异产生了很大影响。具体体现在语言行为性别差异的理性与感性、柔性与刚性上。造成言语行为性别差异的原因很多，比如心理原因、生理原因和语言环境原因等。

赵振洲《女性主义方法论及对教育研究的应用》、王新凤《管窥女性主义人类学及其对教育的启示》两篇文章都站在女性主义和女性人类学的学科角度，通过对女性主义和女性人类学理论方法的梳理，来透视在教育领域因为性别以及其他因素引起的教育资源分配不平等现象。

卜卫在《中国大陆媒介与性别/妇女研究回顾与分析(1995-2005)》（《新闻与传播研究》第4期）中回顾和分析了1995年至2005年的中国媒介与妇女/性别研究领域的发展，并对十年间有关媒介与性别的文章、论文进行分类阐述：一是关于媒介内容的性别分析，二是传播业中的女性，三是有关妇女媒介/栏目的研究，四是行动者研究。

杨颂平、祝平燕的《社会性别视角下的妇女与艾滋病研究综述》（《中华女子学院学报》2006年第3期）一文通过对社会性别视角下的艾滋病研究的梳理认为，其研究过程可以分为1998—2002年的起步阶段和2003年以来的发展阶段，并分析了性别视角对艾滋病的研究呈现了特点。最后作者指出社会性别视角下的艾滋病研究突出了作为主体的女性，认为社会性别不平等是艾滋病流行特别是在女性中流行的深层原因，主张在艾滋病防治与研究中实行社会性别主流化。

总之，当代中国人类学领域的女性/社会性别研究在女性主义思潮不断发展的背景下取得了丰硕成果，但对中国人类学的学术产生影响并成为学术主流的历程也许才刚刚起步，其边缘的处境仍是不言而喻的。有学者指出"尽管中国的妇女研究在学术界和整个社会上仍处于边缘境地，但它无疑已成为一股强大的学术势力。而关于少数民族妇女的研究则处于这一边缘学术的边缘地带"。① 因而，真正能娴熟地将女性主义理论结合中国社会文化背景中的社会性别情形的分析作品还有限，缺乏对性别权力关系敏锐的揭示。如果以人类学领域的摩梭研究为例，我们看到，尽管摩梭研究取得许多成果，成为中国人类学妇女/社会性别研究的经典案例，但若用女性主义的相关理论进行审视，有许多问题还需深入。正如相关的评论文章所指出的："以往数十年，女权主义发展理论的一个重大推进之一，就是揭穿了'女性利他主义'和'家庭成员均质论'的神话（Kabeer，1994），并揭示了家庭如何成为物质利益和文化意义冲突和斗争的场所（Hart，1991）。这种

---

① 胡玉坤：《社会性别、族群与差异：妇女研究的新取向》，http://www.tecn.cn/data/detail.php?id=9397

理论或许并不适用于停留在母系社会形态的摩梭人这一特例，但若看不到宏观和微观层面的社会性别政治及其同别的权力等级的相互作用，我们怎能洞察复杂而多变的日常生活现实？假如我们进一步去深究摩梭人生活中和谐和合作之外的矛盾与冲突，恐怕我们会发现另有一番生活图景"①。

在此，本文引用胡玉坤在《社会性别、族群与差异：妇女研究的新取向》对中国少数民族妇女研究的评述，来对当代中国人类学领域的社会性别研究进行总结。文中指出，"盘点最近十来年的妇女研究和少数民族妇女研究，不仅发现了族群分析范畴和社会性别视野的阙如，而且还有许多理论的真空和谜团"，"妇女和少数民族妇女生活中的多重权力关系消隐了。就妇女而论妇女，较少触及社会性别动态及与之难解难分的多重权力结构的互动。不论居住地、文化程度、职业或社会经济背景有何不同，'少数民族妇女'或少数民族聚集区的各少数民族妇女常常被当作一个不加区别的同质性群体。从各少数民族妇女之间、到同一少数民族妇女内部，再到少数民族社区甚至少数民族家庭内部，不同历史与地理情境之下妇女生活中的各种社会等级与差异几乎全都消失了"②。

（原文载瞿明安主编《当代中国人类学》，云南人民出版社 2008 年。）

---

① 胡玉坤：《社会性别、族群与差异：妇女研究的新取向》，http://www.tecn.cn/data/detail.php?id=9397

② 胡玉坤：《社会性别、族群与差异：妇女研究的新取向》，http://www.tecn.cn/data/detail.php?id=9397

妇女史

史前文化与女性民俗

——对云南青铜文化的再认识

一

在西方女性主义看来，人类进入有文字记载的历史，就进入了信史时代，同时进入了由男人来记录历史、书写历史的时代，也开始了男性历史的时代。在书写出来的以男性为中心的历史中，妇女作为占人口一半的社会人群，有关她们的生活状况，有关她们的知识被湮没在无数的历史片段中，她们在历史中的作用没有得到表述，她们在历史中的价值也被贬低了，被视为可有可无的存在。因而自20世纪50年代女性主义史学兴起以来，对历史本质、真实、客观的质疑和所提出的重构人类历史的许多观点，影响了许多史学家的研究兴趣和工作方式。她们开始在男性历史中寻找妇女的身影，填补历史的空白，在男性记录的史料中整理出"女性自己真正的声音，和真实的经历"①，同时，修复历史中应当平衡的性别关系。这种修复历史中的平衡的性别关系的工作不仅在有文字记载的历史研究中得以展开，对历史中社会性别关系的重构和追溯也拓展到了人类的史前时代。

史前时代作为指人类还没有使用文字来记载其活动情形以前的历史时期，一般认为史前时代大致包括旧、中、新石器时代，而有的学者却采用不同的划分标准，如丹麦考古学家汤姆逊（C. J . Thomson）认为史前史应该包括石器时代、青铜时代和铁器时代②。因而像欧洲、日本等许多地区，在其进入青铜器和铁器时代以后，由于没有使用文字，所以仍被认为停留在史前时代。有关史前人类的生活、社会和文化方面的知识，要靠考古学对史前人类遗留下的遗址和遗物以及人类其他活动痕迹进行考古调查、发掘、研究才能获得。因而，考古学又被认为是一门"搜

---

① 《怎样重绘历史画卷——妇女史学科建设首期读书研讨班述要》，载蔡一平、王政、杜芳琴主编《赋历史研究以社会性别》，天津妇女史学科建设首届读书研讨班专辑，第405页。

② 陈星灿：《中国史前考古学史研究 1895-1949》，北京：生活·读书·新知三联书店，1997年版，第4页。

寻历史的技术"①，考古学家多使用物质文化，诸如陶器、骨骼化石、工具以及房屋遗址等来获得对早期人类和他们文化创造的认识。考古学家们在存留下来的无数的洞穴、墓葬、城镇等遗址上艰苦的发掘，正是通过他们对发掘物的挚着研究，我们了解了早期人类为了生存在石斧、石簇、弓箭、长矛等各种工具制造上的技术发明和创造，了解了他们如何驯化野生物种为自己生产出更多的食物来养活更多的人口，最终使人类成为食物的生产者。我们看到了人们如何建盖房屋、组成村落或建造城市，同时，我们还看到在不同的狩猎、采集、游牧或农耕社会中，人们如何在生产过程中结成不同的人际关系和社会组织。通过崖画、雕塑和各种装饰物，我们也认识到了人类的早期艺术创造和对自然万物的认知能力和文化适应能力。

无疑，在帮助我们认识史前文化方面，老一辈考古学家们像德国的弗郎兹·魏登瑞（Franz Weidenreich）或奥地利人戈登·查尔德（V.Gordon Childe）等学者做出了卓越的贡献②。然而正如美国学者哈维兰所指出的："西方社会有关人类进化的研究，从其产生一直到20世纪70年代，都浸透着由男性所享有的优先地位而映射出的根深蒂固的偏见。"③在考古学领域，这些做出杰出贡献的考古学家在过去往往都是男性，在男性占统治地位的学术界，"不考虑个体在性别方面的差异，而采取了一种模式把男性都描述为在人类进化中有作为的性别。这样，只有男性才被视为供养者和发明者，他们能运用他们的智慧变成能更有力的食物提供者并保护这些被动的女性。而妇女却被视为需要花很多时间来怀孕和照顾后代，与此同时男人变得更加敏锐而占有了优势。男性狩猎者在追逐和杀掉野兽时不断锻炼了自己的智慧，男性的狩猎活动就成为人类进化的关键"④。直到20世纪中叶以后，才有一些女性学者在接受高学历教育后加入到人类史前研究的行列，如安吉娜·泽赫曼 (Adrienne Zihlman) 在美国加州伯克利大学获得博士学位后，像其他一些女性学者如萨莉·灵顿一样，发表文章对"男性狩猎者"这样的论断进行再检讨，指出"在

---

① 覃广光等主编：《文化学辞典》，北京：中央民族学院出版社1988年版，第316页。

② Haviland："Anthropology"，The Eighth Edition，Harcourt Brace & Company，1997. p217~61.

③ Haviland："Anthropology"，The Eighth Edition，Harcourt Brace & Company，1997. p178.

④ Haviland："Anthropology"，The Eighth Edition，Harcourt Brace & Company，1997. p178.

人类进化的早期妇女所从事的采集和其他活动在人类进化中一样重要，男女两性共同得到进化，每一种性别都在进化的过程中做出了自己的贡献"[1]。在考古学界，热衷于建立宏大的考古区系划分的男性考古学家与女性考古学家的关注兴趣似乎仍是有差异的，女性考古学家的工作和她们对某一文化细微的研究，不仅在修正着一些我们以往一直认为是"科学"的知识，也通过她们的研究，让我们获得了对史前历史的新认识。伊丽莎白·卫兰·巴白（Elizabeth Wayland Barber），尽管她或许还不算一个真正意义上的考古学家，但她却愿意倾其一生精力，对从旧石器时代、新石器时代以及青铜时代在希腊、地中海、埃及以及近东地区不同文化类型中，妇女承担着的纺织工作的普遍现象进行探究，在她的著作《女人的工作：最初的2万年——早期时代的女人、衣服与社会》[2]中，作者不仅试图解释在史前时代，为什么纺织成为妇女传统的工作，揭示了织布和做衣服在早期社会中的不同功能和在文化中的象征意义，也剖析了新石器时代园艺社会中妇女通过纺织而建立起来的姐妹情谊以及随着纺织技术的变化所导致的妇女角色的变化。还有许多女性考古学家在进行着像伊丽莎白这样细微的个案研究，重新展现了妇女在史前艺术创造、在社会组织结成等方面的作用，从而丰富了人类对自身的认识。在西方国家的考古学领域，女性考古学者和她们的研究成果越来越受到关注。

二

从商代到战国，在中国的历史上曾出现了较为发达的青铜文化时期。而随着20世纪50年代剑川海门口遗址以及晋宁石寨山、江川李家山等遗址的相继发掘，人们已意识到，地处中国西南的云南，也是中国青铜文化起源的重要发源地。因商、周时期中原地区的青铜器上已刻有铭文，在中国，史前时代的研究下限往往止于新石器时代[3]。然而，作为区域考古，云南所发现的早期青铜器上却未见刻有文字，而且因云南青铜器物所具有的浓郁的地域特征而被考古学界普遍认为与中原青铜器有明显的差异，甚至不属于同一文化系统。因而，本文在讨论史前文化时更愿

---

[1] Haviland："Anthropology"，The Eighth Edition，Harcourt Brace & Company，1997. p178.

[2] Elizabeth Wayland Barber："Women's Work：The First 20，000 Years——Women，Cloth，and Society in Early Times"．W.W. Norton & Company，Inc. 1994.

[3] 可参见云南省博物馆编：《云南人类起源与史前文化》，昆明：云南人民出版社1991年10月出版。

意采用史前包括石器、铜器、铁器三期的划分方法，把青铜时代的云南视为史前时代①。

云南青铜文化遗址分布地遍及滇池、洱海、红河流域以及滇西北地区，铜鼓、贮贝器、葫芦笙、枕、伞盖、啄、狼牙棒、各种扣饰等文物，一直被视为有代表性的器物，表现出浓郁的地方民族特色。半个多世纪以来，从民国时期的《苍洱之境考古报告》到新中国建立初期在云南境内的多次考古发掘及其研究报告，汪宁生教授的《云南考古》、张增祺的《滇国与滇文化》以及《云南青铜文化论集》等出版物的相继出版，我们已经看到对云南青铜文化的研究取得了许多成果，不仅全省范围内青铜文化类型基本的区系划分建立起来，而且像滇池地区这样文化内涵丰富的区域已展开了有深度的研究。正是通过这些研究成果，人们在史前时代的文化创造得到展示，这些创造所应包含的社会、文化含义得到揭示，从而使我们对史前时代滇云先民们所创造的历史、社会、文化变得越来越清晰，青铜文化成为云南史前文化中的重要组成部分。

然而，当回顾20世纪青铜研究方面所取得的研究成果时，我们还可以看到，在某些特定阶段，一些研究其主旨除了要获得对青铜文化内涵的真正认识和区域文化的比较外，还承担着早期人类社会单线进化重构的重任。作为中国边疆民族地区考古的一部分，云南史前文化研究同此时期的中国民族学研究状况有着相似的经历。正如有的学者指出，对少数民族社会历史形态的研究，其目的是"可以丰富我们对历史唯物主义的知识，为这门学科提供具体资料。"②从而通过实例说明历史社会形态单线进化的正确。"在调查与研究材料中必须要有鲜明的无产阶级立场，以马克思主义的基本观点——阶级分析的方法来观察社会、研究社会"③。在这样的学术背景下，"阶级斗争"成为推动历史发展的动力，"阶级"也成为考古学界分析史前社会最基本的分析范畴，在许多分析中阶级关系被突出出来。如在对云南青铜贮贝器上的各类雕塑场景的分析中，往往过于简单地把其中的人物关系归结为"奴隶主"和"奴隶"，"统治者"和"被统治"的关系，而忽略了早期社会应当存在的其他各种关系，包括族群关系和性别关系，甚至人与自然

①　史前时代的开端及下限问题在学术界争议颇多，本文不以此为讨论重点。

②　王建民、张海洋、胡鸿保：《中国民族学史》下卷，昆明：云南教育出版社1998年版，第157页。

③　王建民、张海洋、胡鸿保：《中国民族学史》下卷，昆明：云南教育出版社1998年版，第161页。

的关系以及人与神灵的关系等等，掩盖了史前历史中其他社会关系或各种关系存在的可能。

在人类社会的社群划分中，建立在体质生物学基础上的种族（Race），建立在经济关系基础上的阶级（Class）以及建立在男女两性差异基础上的社会性别（Gender）构成了不同社会人群划分范畴的基础。而有差异的两性把人类划分成男人、女人两大社会人群，使性别成为人类社会人群划分中的最基础要素。像种族关系、阶级关系一样，社会性别关系也是人类社会关系中的一部分。自西方女性主义兴起以来，正如琼·斯科特（Joan W. Scott）在《社会性别：一个有用的历史分析范畴》中指出的："社会性别是社会关系的构建要素，它建立在被感知的性别差异基础上，同时，社会性别也是赋予权力关系意义的最初方式"，"它提供了一种解读某些含义的方式，以此来获得对人类关系作用中不同形式的复杂关联的理解"①。人们已经意识到像种族和阶级一样，社会性别作为一种分析范畴在分析人类社会历史方面的巨大价值。

运用社会性别的分析视角，也使我们看到了女性民俗在社会文化中的真实存在。人类学家们认为，基于男女两性在生理、社会方面的差异，在不同的文化规范中引起了生计分工、婚姻、家庭关系和社会角色等方面的两性差异。因而，文化实际上也是打上了性别色彩的文化，众多的民俗事项也难免映射出社会性别文化的特征。女性是一种群体存在，女性民俗文化就是女性群体创造的文化。具体说，"女性民俗是女性在自己的历史发展过程中逐渐形成、反复出现、代代相习的生活文化事象，它包括在漫长的历史长河中，女性的衣食住行习俗、生产工艺习俗、婚姻礼仪习俗、生育习俗以及民间信仰、岁时节日及游戏竞技等诸多方面"②。女性民俗是由女性所创造、所开拓、所从事并为女性所承袭的，构成了女性生活、文化的主体与核心。我们关注文化，关注民俗，我们应该看到性别差异的存在对民俗的影响，更应该看到女性民俗所具有的个性。女性创造了民俗，民俗也在塑造女性。正是这些在历史过程中的民俗积淀，构成了各民族文化传统的重要组成部分，对今天各民族的妇女生活都有着深远的影响。尽管近些年云南学术界从以

---

① Joan W. Acott: "Gender: A Useful Category of Historical Analysis". Theory and Learning, p28. 以 及 Gender and the Politics of History, New York: Columbia University Press, 1988.

② 邢莉主编：《中国女性民俗文化》，中国档案出版社 1995 年版，《序言》第 1 页。

梯田为代表的物质生产民俗，到木鼓等节祭民俗，再到岁时节日、人生礼仪民俗以及民间文学、艺术、科技等，民俗研究已取得了许多有一定影响的成果，然而女性民俗研究在民俗研究中却并未得到研究者的重视。如果只用男性的眼光审视民俗，由性别差异产生的民俗的性别特征未得到重视，往往用男性民俗来取代女性民俗，女性民俗的客观存在也会被忽视。最终，民俗的总体特征未能得到准确地把握。

用社会性别的视角来回溯史前时期的民俗事象，我们将看到云南青铜文化，因为有了女性在史前时期的创造而文化内涵愈加丰富，探讨人类早期创造的史前文化研究被赋予了新的意义。

三

（一）妇女、环境与生计

早期人类社会要获得生存需要解决的主要问题是如何与环境相适应，如何使用早期的技术手段来最大程度的利用自然资源，并在与特定环境相适应或斗争中组成不同的谋生集体，结成一定的社会关系。在这方面，女性显示出了她们特有的与自然的亲和能力，以及把简单社会联结在一起的能力。云南青铜文化比较集中的几个区域如滇池区域或洱海区域，都是自然生态环境充满多样性的地区，以高原湖泊为中心居住区被河网纵横的坝子和高原草甸、森林所环绕，使得青铜时代这些区域的居民采取了包括农耕、牧养、渔猎在内的混合型的生计方式。而性别间的生计分工并未像一些人类学民族志中所反映的男人狩猎，女人采集那样在男女间截然分离。云南青铜文化所反映出的是，史前时期妇女在各类生计中都承担着重要责任。从青铜雕塑品上可以看到妇女与牛、羊等牲畜在一起的场面，如在一铜啄上雕塑着几个人牧牛的场景，其中就有一妇女手执小棍，紧跟牛后。可以说明妇女在牧养生计中也从事放牧，同时在放牧途中或牧场地附近还可采集一些食物。在耕作生计中妇女也从事农作物的栽种与收割，雕塑品中妇女还常常与收获物在一起。在晋宁石寨山出土的青铜贮贝器上铸有许多生产或战争的场面，其中就有一幅刻绘着妇女们列队把收获了的粮食送进粮仓。正如汪宁生教授所指出的："农业上主要劳动力是妇女，而不是男子"[①]。在史前社会中，有一定性别

---

① 汪宁生：《云南考古》，云南人民出版社1992年版，第69页。

区分的社会分工把人群分为不同的社群，而人群是按性别被类聚起来的。在青铜雕塑中还出现了大量野生动物，如凶猛的虎、豹、野猪，被人追赶的野鹿，机敏的野兔，展翅欲飞的水鸟、山鹰，栖息的鸳鸯，甚至孔雀等。有些场景表现了男人们正在与猛兽搏斗，而在祥和的氛围中，女性往往与一些小动物和自然飞翔的鹭在一起。如一队由二十名妇女组成的行进中的人群，有的肩荷铜锄，有的头上顶着满筐的物品，有的乘舆，春天来了，万物复苏，她们行进在去地里播种的路上，有成群的鸟在她们的头顶飞翔，旁边有几只肥硕的猎狗相伴，呈现出一幅女性与自然亲近的画卷。在妇女们列队上仓图中，也有许多鸟围着谷仓飞舞。女性与自然亲近的主题，表达的是女性与自然之间的联系，"以及妇女在自然和文化之间的纽带作用"[1]，如英内斯特拉·金所认为的"把妇女融进文化与生产领域从而把妇女与自然联系起来，重申妇女与自然的联系，提出女性的天性不仅有别于男性文化，而且优于男性文化"[2]。在生态主义的观点得到普及的时代，妇女与自然间的亲近关系得到积极的评价。史前居民的生产活动，一旦被浇铸成青铜器物，就被凝固成一道道民俗景观。呈现在我们面前的已不再是以男性为中心的图景，我们还看到了女性所从事的生产民俗。

（二）物质文化创造与妇女

正如生态女性主义者所看到的，人类社会早期，包括生产工具、生活日用品在内的物质创造代表着人类所创造的物质形态的文化。而妇女通过物质文化的创造确立了她们同文化的关联，也确立了女性作为文化创造主体的地位。在云南青铜文化中，仅晋宁石寨山、江川李家山等所出土的滇池区域的青铜器数以万计，这些青铜器被类分为生产工具、兵器、饪食器、酒器、盥、水器、乐器、杂器以及像贮贝器、扣饰等类的特殊器物。在各种器物中，值得一提的是生产工具中除了锄、铲、镰等工具类型外，还有锥、针、绕线板、纺轮、经轴、背带、踞织机等用于织布、制作衣服的纺织工具。在李家山出土的一贮贝器上所雕塑的一幅表现纺织的场面中，10位妇女被雕塑在呈圆形的贮贝器盖上，"正中一人鎏金，双手抚于膝前，高坐在一个鼓形座上，一人手捧食盒跪其左侧，另一人执伞跪其后

---

① 罗斯玛丽·帕特南·童：《女性主义思潮导论》，艾晓明等译，华中师范大学出版社2002年版，第371页。

② 罗斯玛丽·帕特南·童：《女性主义思潮导论》，艾晓明等译，华中师范大学出版社2002年版，第371页。

方，还有一人跪其前方，似被训斥或责骂，周围有二人低头绕线，四人低头用踞织机织布"①。这一纺织场面曾经一直被认为是生动地表现出一群女奴隶们正在女奴隶主监视之下进行纺织，体现出她们之间的阶级对立。然而，我们还应看到，一方面，纺织这一具有物质创造价值的工作被限定在妇女身上，很难把这些纺织工具的发明与妇女创造之间的关联割裂开来。另一方面，早期人们在创造物质文化时所表现的审美很难不与妇女们的审美才能发生关联，那就是，女性的审美天赋给青铜文化带来的美学价值。云南青铜器种类繁多，大多与生活用品有关。如铜灯、铜枕、铜伞盖等，而其中制造精美的针线盒或针线筒，当属妇女的专用物品。出土于江川李家山的一立鹿青铜铜针线筒，"整体作圆筒状，子母口，盖与器身各有对称的两耳，器身饰蛇形纹，盖顶焊接一圆雕立鹿"②，纤巧而又精美。同时，这一时期出土的装饰品数量多，如各种形状的铜、鎏金或有玉石、玛瑙等镶嵌的扣饰，其中一些装饰品为女人所用。以往在批判男性为中心的历史时，往往把一部妇女史都视为妇女受压迫的历史，当我们看到云南青铜文化中享用这些精美器物或装饰品的是妇女时，我们可以想见妇女都是受压迫的历史，或许并不能自然套用到史前时期，由此可感受到人类早期男女间社会性别关系相对平衡的概貌。

（三）把社会联结在一起的纽带

青铜时代的云南社会，出现了早期聚落，然而并没有迈进国家组织形态。在这样的社会中，宗教、巫术以及简单的市场往往成为联结聚落人群的重要纽带。人类社会早期普遍发生的泛灵信仰，既体现了早期人类对超自然界神秘色力量的探知欲，在相对简单的社会中，宗教实践是全民性的事务，包括祭祀在内的各种宗教仪式的举行成为号召、联结社会成员的基础方式。根据张增祺先生对已出土的青铜器物所表现的一些祭祀场景的研究③，可综合出早期居民祭祀的神灵主要有祭祀农神，崇拜对人们危害性最大的动物，崇拜生育之神以及崇拜祖先。为了祭祀神灵，当时的人们会采用人祭和牲祭的方式，在战争中杀死敌方，取其首级来祭祀。祭祀的主持者，往往被认为比一般人更能感受超自然力量的影响，或者被视为有超自然的神力，在社会上有特殊的地位。在江川出土的一贮贝器上雕塑的

① 张增祺：《滇国与滇文化》，昆明：云南美术出版社 1997 年 10 月版，第 111 页。
② 张增祺：《滇国与滇文化》，昆明：云南美术出版社 1997 年 10 月版，第 162 页。
③ 张增祺：《滇王国时期的原始宗教和人祭问题》，载云南省博物馆编《云南青铜文化论集》，昆明：云南人民出版社 1991 年 3 月版，第 298 页。

表现祭祀的场面中，由一女性主持与农业有关的祭祀。而在石寨山出土的其他几件反映祭祀的贮贝器上雕塑的场景中，都有女性乘舆，被四人或俩人抬着，高于场景中或蹲或站的其他人，并有随从为她撑着铜伞盖。有的还有佩剑、执斧、持棒的男子数人作为护卫立与左右。这些场景中地位尊贵的女性，除了女"奴隶"主的身份可能会赋予她尊贵外，宗教中的"祭司"角色也能够给她带来同样的尊贵。显然，史前文化中，妇女也同样会被赋予这种超自然神力，在当时的社会中扮演着"祭司"这类宗教师的角色，成为社会人群凝聚起来的核心。在一些简单社会中，宗教成为全民的活动，人的相关其他活动如经济交往、娱乐活动等，也会伴随宗教仪式的进行而展开。晋宁石寨山1号墓出土的一件祭祀铜柱场面的贮贝器，有两柱立于场中，有一裸体男子被缚于牌上，许多人聚集于场景中，"铜柱之后列坐妇女多人，有的膝前置一蓝，蓝中有鱼、肉等物；有的身旁置成束之物，似蔬菜或带杆的农作物；有的蓝内盛鸡或瓜果之类"[1]。可以看出宗教集会成为交易交换和市场发育的雏形，妇女是从事贸易和交换的主要社会人群，而在其他一些表现杀人祭祀场面的贮贝器盖上还有妇女们手持箩筐或头顶箩筐来往其间，这一方面反映出妇女不仅是这类宗教集会的主要参与者，在刚刚建立的市场雏形中，建立了以妇女为中心的物品交易形式。这种以妇女为中心的交易形式，让不同的人们能互通有无，密切了相互间的经济联系，促进了不同社会人群的聚合。在国家形态出现以前的史前社会，妇女正是通过在宗教民俗中的形象塑造，来为女性人群获得了在史前社会中的重要角色，那就是通过宗教和贸易，女性成为把社会不同的人群联结在一起的纽带和促进人群聚合的重要力量。

（四）欢娱中的女性民俗

在文化分层中，民俗文化一直被认为是文化中充满活力与动感的外显形态，这些在社会生活中世代相传反映在语言、行为和心理上的集体习惯，通过纷繁复杂的各种民俗事象积淀出文化的基本形式。而"西南民族文化的主流，也即构成其本质、特征的主要方面，乃是以活形态的民俗活动为文化载体的民俗文化"[2]论断的确立，赋予了民俗极高的文化价值。然而，这种民俗文化的创造活动和积淀却是在史前时期就已开始了。滇池区域的青铜文化为我们认识早期的生产、商贸、

---

① 张增祺：《滇国与滇文化》，昆明：云南美术出版社1997年10月版，第209页。
② 张文勋等：《民族文化学》，北京：中国社会科学出版社1998年10月版，第13页。

服饰、居住、交通等众多民俗事象提供了丰富的图景，青铜器上不同人物聚集以及人和动物组合的场景，所表现出的放牧、狩猎剽牛祭祀等成为社会民俗、精神民俗的表现形式。尤其是早期的滇民已发展了较为丰富的以乐舞为主的娱乐民俗形式。发掘出土的乐器主要有铜葫芦笙、葫芦箫、𦥑于、编钟、铃、铜鼓等。晋宁石寨山出土的祭铜柱场面，出现的人物多达一百余人，其中一女性演奏者正双手各持一锤，在敲击悬挂在木架上的 𦥑于和铜鼓。宗教祭祀活动中打击乐的使用不仅能起到娱神的作用，也让参与祭祀的人们得到欢娱。在人群聚合中，舞蹈也在增强人们的情感交流，早期滇民的舞蹈主要有羽舞、旌舞、人舞、干舞、葫芦笙舞、圆圈舞和巫舞等。在晋宁石寨山出土的"铜鼓形铜贮贝器"盖中铸"人舞"图。在器盖最外一圈铸一组舞人，这些舞者均为妇女，"双臂平举，手掌张开，掌心向外，手中不持舞具"①。可见，青铜时代的云南妇女在生产民俗活动中获得欢娱，在宗教祭祀的民俗活动中得到欢娱，也日常的生命礼仪庆典中获得欢娱，人们所创造的任何形式的欢娱都是人们"真实"生活的一部分。而妇女们的欢娱也构成了民俗格调的取向。

总之，透过青铜文化所展现的云南史前文化已充满着多样性的物质文化形态和人文景观，透过女性民俗所折射的性别关系已超出阶级关系之外而丰富了人与人之间多样的社会关系的存在。尽管因存留的青铜器物时间久远，有的青铜器物上的人物性很难从外形上加以区分，或许会影响我们对某些场景中性别关系真实情况的判定，获得的仍然是对青铜文化片段性的认识，并不能代表全貌。或许，展现人类生活的真实画面一直是历史学家、人类学家以及不同人文学科的学者们为之奋斗来共同努力追求的学术目标，但是，人们所书写的文本无论如何接近历史中的"真实"，仍只停留在真实的边缘。无论如何，"用社会性别来审视一些社会问题会带来一部历史，它将提供许多新视角来看待旧有的问题，用新的词汇来重新界定这些旧有的问题，使得妇女作为积极的参与者显现于历史"②。这正是我们重新认识云南青铜文化，揭示史前文化的意义所在。

（原文载《学术探索》2004 年第 2 期。）

---

① 李昆生：《云南艺术史》，昆明：云南教育出版社 1995 年版，第 122 页。

② Joan W. Acott："Gender：A Useful Category of Historical Analysis. Theory and Learning"，p32. 以及 Gender and the Politics of History，New York：Columbia University Press，1988.

南诏史中的大传统与小传统：边疆妇女史的视角

一、大传统的南诏史

南诏作为在唐代历史上存在了 200 余年的中国西南边疆地方政权，尽管在以中原王朝史为核心的中国正史中对它的叙述还过于简略，但并不能抹去南诏对于云南地方历史、中国历史乃至整个东南亚区域历史的重要性，也自然会引发许多人对它的兴趣。当要了解有关南诏时期的历史时，我们通常读一些历史文献，如《旧唐书·南诏传》《新唐书·南诏传》等国家颁定的正史，读《蛮书》那样的地方志书，读《南诏野史》那样的私家编纂的史籍，也读一些学者研究后撰写出来的历史书，如美国学者查尔斯·巴克斯所著的《南诏国与唐代的西南边疆》[①]，以及一些其他的相关论著[②]。于是，通过这些文献和著作，我们知道了六诏兴起、册封"云南王"、天宝战争、苍洱之盟等历史片段，知道了细奴罗、皮罗阁、阁罗凤、异牟寻、李宓、郑回等叱咤风云的历史人物，以及南诏疆域、官制、兵制等政权组织。这些知识对于我们要了解的南诏，确实已经够丰富了。但当我们读了很多年这样厚重的历史后，问一句：这就是我们想要了解的南诏历史吗？很显然，它还不是，它只是整个南诏历史中的一部分，它只不过是一种精英的历史。

美国人类学家芮斐德（Robert Redfield）在其《乡民社会与文化》中提出，在较复杂的文明之中存在"大传统"（Great tradition）和"小传统"（Little tradition）两个不同层次的文化传统。所谓大传统是指一个社会里上层的士绅、知识分子所代表的文化，这多半是由思想家、宗教家反省深思所产生的精英文化；而相对的，小传统则是指一般社会大众，特别是乡民或俗民所代表的生活文化[③]。

① 〔美〕查尔斯·巴克斯：《南诏国与唐代的西南边疆》，林超民译，昆明：云南人民出版社 1988 年版。

② 有关南诏历史的有关论著，可参阅王吉林：《唐代南诏与李唐关系之研究》，台北：东吴大学 1976 年版，方国瑜：《方国瑜文集》中相关篇章，昆明：云南教育出版社 1994 年出版，江应樑主编：《中国民族史》（中册），北京：民族出版社 1990 年版。

③ 参见李亦园：《中国文明的民间文化基础》，载马戎、周星主编《二十一世纪：文化自觉与跨文化对话》（一），北京：北京大学出版社 2001 年版，第 411 页。

如果用芮斐德"大小传统"的概念重新审视南诏历史，从汉族文人和地方士绅之手记录下的南诏"大传统"精英历史，我们读到的只是以蒙氏家族为主的帝王将相们活动的记录，诸如统一六诏、吞并两爨、开拓东都、联盟吐蕃等，以及族群集团间（乌蛮、白蛮、吐蕃与唐人）、西南边疆地方势力与唐中央间政治冲突与联合的事件片段（天宝战争、贞元册封），和代表唐帝国的国家权力话语（朝贡、叛唐、归唐、册封等）这些都是构成南诏大传统历史所需要的元素。这种大传统的南诏精英历史像世界其他文明历史一样有一些通病，一方面它忽略了普通百姓或"小人物"在历史中的活动，他们的生活境遇，他们的信仰和态度以及对日常生活常识的汲取，也忽略了社会关系和社会秩序如何通过普通人物的交往而得以展开，它的历史叙述是"直线"的，是"平面"[①]的，总之，它只代表了历史中一部分人的"自觉表述"[②]。另一方面，精英历史往往告诉我们历史只是男性的活动，它存在的问题是造成了妇女在历史中的"缺席"[③]，性别在历史中的失衡，也模糊了性别关系在历史中的真实存在。因而在南诏大传统历史中，同精英男人们相比，妇女显得不那么重要，甚至她们似乎只是可有可无的人群。或者，即便有，她们也只被简单地等同于婚姻内或婚姻外"性"的抽象物[④]，成为精英男人们争风吃醋和引起战事的借口[⑤]，或者，需要的话，她们是政治利益集团斗争的调和剂，是集团间获取政治利益的筹码[⑥]，像许多历史记录一样，她们被"物化"[⑦]了。在大

---

①　蓝达居：《历史人类学简论》，载《广西民族学院学报》，2001年第1期。

②　〔法〕列维–施特劳斯：《结构人类学》，谢维扬、俞宣孟译，上海：上海译文出版社，1995年版，第22页。列维–施特劳斯关于人类学与历史学的讨论，另见庄孔韶主编《人类学通论》，太原：山西教育出版社2002年版，第451页。

③　杜芳琴：《中国社会性别的历史文化寻踪》，天津：天津社会科学院出版社1998年版，第44页。

④　地处洱海南部的蒙舍诏，即南诏，在公元七世纪统一洱海各部时，利用了各种力量。（唐）樊绰《蛮书》等史籍载，开元二十四年（公元736年），白蛮豪族张寻求与越析诏主波冲之妻私通，企图暗害波冲，依靠剑南节度使的力量杀掉诏主波冲，而越析诏最终并入南诏。

⑤　阁罗凤袭南诏王后，携妻子拜谒唐姚州都督，据《新唐书·南诏上》（卷二二二）载，"南诏尝与妻子谒都督，过云南，太守张虔陀私之，多所求丐，阁罗凤不应。虔陀数诟斩之，阴表其罪。由是愤怨反，发兵攻虔陀，杀之。"

⑥　南诏统一洱海后向滇东两爨地扩张，为调和爨地爨归王和爨崇道间的矛盾，南诏王皮罗阁上书唐廷，让归王的儿子爨守隅承袭父职，将一女嫁予守隅为妻。同时，又将另一女嫁给爨崇道的儿子爨辅朝。通过联姻南诏势力深入爨地，最终导致爨氏在滇东的统治彻底崩溃。江应樑主编：《中国民族史》，北京：民族出版社1990年版，中册，第224页。

⑦　〔美〕盖尔·卢宾：《女人交易》，王政译，载王政、杜芳琴主编《社会性别研究选译》，北京：生活·读书·新知三联书店1998年版，第37页。

传统的南诏历史中，我们仍然看不到妇女作为社会人群的真实存在，看不到妇女作为个体或群体应当在历史中所起的作用，或者说，南诏时期有关妇女的知识，都是缺乏的。

当20世纪60年代兴起的西方女性主义妇女史学，"以社会性别为分析范畴，把妇女作为历史的主体"①，传统精英历史遭到了批判。女性主义史家相信："如果妇女重现于历史，并且起着积极的作用，那么历史就不会再仅仅记载男性英雄主义的事例，也不会再被用作肯定男子独具的能动性的工具"②。妇女史研究者所要做的事情不仅要挖掘新史料，在历史中重现妇女并对历史提出新的解释。如吉达·勒纳所指出的"妇女史不只是找出妇女史料，并将其填入父权制历史的空白之处，而是以其新的优势、新的姿态、新的方法对传统史料提出新的问题"。③重新思考南诏历史，重塑南诏时期边疆妇女的历史变得十分必要。

"大传统"的南诏历史作为中国整体历史的一部分，早已被构建出来，对区域历史产生影响，但它并不能掩盖"小传统"南诏历史的真实存在，因为这两个传统是共同存在而相互影响，互动互补的，"大传统引导文化的方向，小传统却提供真实文化的素材，两者都是构成整个文明的重要部分。"④在具有一定历史厚度的南诏文化中，"小传统"南诏历史还没有被精心地构建起来，其原因或者是小传统的历史还未能引起人们足够的注意，或者说人们还不太清楚如何来构建一个小传统的南诏历史，再或者，这本身就是充满困难的、难以开展的工作。但无论如何，在重塑边疆妇女史基础上重构南诏小传统历史，这确实是值得探索的命题。

二、边疆妇女史视角下的小传统南诏史

当妇女史家们企图在传统正史中发现妇女的历史时，史料缺乏是妇女史研究中需要面对的普遍性问题，而史料匮乏尤其在制约着边疆妇女史的拓展。因而，

---

① 〔美〕苏珊·曼：《东方主义时代前的中国妇女史》，李国彤译，载蔡一平等主编《赋历史研究以社会性别》，妇女史学科建设首届读书研讨班专辑，天津：1999年，第279页。

② 〔美〕琼·W.斯科特：《女性主义与历史》，鲍晓兰译，载王政、杜芳琴主编《社会性别研究选译》，北京：生活·读书·新知三联书店1998年版，第363页。

③ 〔美〕吉达·勒纳：《妇女史的挑战》，蔡一平译，闽冬潮校，载《世界史研究动态》1991年第4期。

④ 李亦园：《中国文明的民间文化基础》，载马戎、周星主编《二十一世纪：文化自觉与跨文化对话》（一），北京：北京大学出版社2001年版，第411页。

边疆妇女史研究需要在正史之外，诸如碑刻、谱牒、契约、家训甚至野史、列女传、种人图、风俗画、风俗诗、口头故事、民俗谣谚等各类文献中进行搜寻，发掘新史料。此外，边疆妇女史还需要从社区内部、家庭和个人生命史中获得对历史"时间"意义的理解，如果这些新史料得到重新解读，那么边疆妇女史视角下的小传统南诏史则会呈现与大传统的南诏史不同的景象。

1944年美国《哈佛亚洲研究季刊》第八卷第二号发表了美国学者海伦·查平（Helen B Chapin）女士的论文《云南的观音像》，文中刊登了《南诏图传》画卷的照片，第一次向世人介绍了南诏瑰宝《南诏中兴二年画卷》。以后徐嘉瑞、李霖灿等学者把这部作品介绍到中国，引起世人的关注和研究。

这幅遗留至今最古老的南诏文物，李霖灿先生评论其"艺术造诣略差"[1]。它的价值更多地表现在为我们提供了比南诏时期所有文字资料更为直观和具体的生活图景。尽管我们对画师的情况无更多了解，但画师的眼中、想象中以及表述出来的是更多民间生活的场景，展示了作者从民众生活中汲取素材的能力，方国瑜先生评论该画"描绘人物细致生动，反映社会生活逼真"[2]。

《南诏图传》由近3000字的文字卷和13段画面的画卷两幅长卷组成。画卷为纸本彩绘，由相互有或多或少联系的几组画，连贯地描绘了观音幻化，南诏王受记立国等神话。这些故事围绕观音通过各种幻化形象和无穷的法力来感化南诏始祖细奴罗一家和洱海民众信奉佛教而展开，整个画卷也充满故事性和趣味性，反映了南诏民间社会普通民众宗教态度和新信仰体系的建立，这也是非常典型的小传统南诏文化叙事系统的表述方式。

《南诏图传》中出现了梵僧、奇王细奴罗、兴宗王罗晟、张乐尽求以及穷石村村民等众多男性形象，也有妇女形象展呈现。第二化、第三化中出现的妇女形象主要是南诏始祖细奴罗之妻浔弥脚和儿媳梦讳婆媳二人。第二化描绘南诏始祖细奴罗未发迹前，和妻、子、媳躬耕于魏山，观音幻化为梵僧，到该村化缘。画面上奇王之妻浔弥脚及罗晟妻梦讳婆媳两人正往田间给父子二人送饭，路遇梵僧乞食。第三化，画面上绘出梵僧端坐在巍山之奇石上，浔弥脚婆媳坚持再施耕饭。由于细奴罗全家乐善好施，虔诚信佛，于是点化她们，婆媳二人双手合十，跪地授记。

①　李霖灿：《南诏大理国的绘画艺术》，载《南诏文化论》，昆明：云南人民出版社1991年版，第387页。

②　方国瑜：《云南史料目录概说》，北京：中华书局1984年版，第919页。

《图传》把日常生活中男女平衡的性别关系复原出来，使得它在展示社会人群的性别关系上显得更为客观，体现了"社会生活的无意识基础"①。从这一珍贵的地方性造型艺术资料中，我们既获得了南诏时期妇女以及和她们生活的有关知识，也看到了鲜活的小传统南诏史的图景。

第一，大传统之外妇女的生计及日常生活情景中男女平衡的性别关系。不同生计下如何组织男女在获取食物中的劳作，结成性别角色分工，是人类结成社会组织的重要技术。在《图传》中，南诏之民的日常生活是从男耕女织的生计图景中展开的。图画中，身为农夫的细奴罗及其子罗晟驾犁御双牛（又称二牛抬杠）在山间耕地，农夫的妻子们，浔弥脚及罗晟妻梦讳婆媳，则担负起炊爨，浆洗和纺织等家内事务。耕织为主要的生计方式下，确立了以家庭为单元的男耕女织的性别角色分工模式，男性与女性担负起了属于各自性别的劳作。然而，要维持在边疆山区中的生计，南诏的妇女们是重体力劳动力的提供者，需要承担到山里去砍樵、伐薪、背负等重体力劳动，用肩挑与用背部背负是当时妇女主要的负载方式。在这些劳作中，妇女们建立起了与自然的联系，在人与自然的沟通中起着重要作用。《图传》让妇女在日常生活的情景中进入了历史。

男女分工互补的性别关系支撑起来的生计维系着南诏普通民众生存境遇，在劳作中建立起来的性别关系是日常生活中各种社会关系的基础，也奠定了南诏民间社会婚姻关系中相对平衡的性别关系基础，而这与大传统历史中精英男性的一夫多妻形成鲜明对比②。生计分工不仅通过男人间的协作而展开，也通过同一性别内部的如父与子的关系，婆与媳的关系而得到维系，这种关系既建立起劳作中男人间的情谊、女人间的情谊，又确立起父对子，婆对媳的包括年龄、辈分等在内的性别内部等级。从小传统的南诏祖先故事和建立在家庭基础上的亲属关系确立了南诏社会以血缘为基调的文化氛围。正是这些要素使小传统的南诏史充满着男女相对平衡的性别关系。

第二，表现在发式、服饰和身体上的社会分层和社会关系的多种维度。从浔弥脚婆媳二人的发式和服饰来看，都是椎髻于脑后，发髻松散，呈花瓣形，看不

---

① 〔法〕列维－施特劳斯：《结构人类学》，谢维扬，俞宣孟译，上海：上海译文出版社1995年版，第22页。

② 在南诏上层社会中，多妻是比较普遍的现象。据（唐）樊绰《云南志·蛮夷风俗》第八，载："南诏有妻妾数百人，总谓之诏佐。清平官大军将有妻妾数十人。"

出有簪钗之类的装饰品。这种来自民间的朴素的发式与图中演奏天乐的仙女们云鬟高髻的发式形成鲜明对比。婆媳二人身着右衽宽袖上衣，上衣长至膝下，左右从腰际胯骨处就开始分衩，有的学者认为这种服饰与唐代平民服"缺胯衫"十分相似^①，婆媳下身着裙，内衣和裙边有红色边线装饰，整套服饰以素色为主，几乎没有任何图案纹样的点缀，显得十分朴素，当时细奴罗还躬耕巍山，浔弥脚等人的服饰应该代表广大的劳动妇女。

但需在此指出的是，南诏末期被绘制出来的《图传》毕竟是在追述南诏帝王先世的早期生活历史，应该注意作为已经自诩"本唐风化"的蒙氏家族后代的中兴皇帝，在《图传》中自己都是峨冠博带的形象，不愿看到自己的祖先还是椎髻左衽之民的形象。于是，画中出现的细奴罗和儿子罗晟，以及其他参与祭柱、有地位的男性都被刻意地描绘成冠戴之人和衣冠华族的形象，只不过他们看起来还是衣着朴素的农夫。同时，画面中的浔弥脚婆媳二人也穿上了唐式"缺胯衫"，且均穿耳环，戴手镯与佩戴项链，这些装饰品所赋予的尊贵当能说明二人并非普通农妇，强调的是帝王之妻的身份。她们依然被刻意地与在躬耕巍山画面上，青山之下坐着的一个椎髻于顶的妇女以及身背背篓，憩息于田间的女子形象区分开来。这位女子被描绘成上身穿"矮圆领"式上衣，下身穿裤，短发，边缘剪得很整齐，前额留有刘海，修剪成两头上翘的新月形，无任何装饰品。有学者把这类发式、服饰视为未婚少女的代表^②，但这里应当强调的是地位、等级的差异，反映的是在服饰、发式上表现出的南诏社会分层。

作为存留到今天的重要南诏文物，《图传》从绘画风格、描绘的人物形象和所反映的内容表现出地域文化特点。如画面上还出现许多皮肤黝黑，头发椎髻于头顶，手持长矛，佩带弩箭的"蛮人"形象。尤其是大脚，跣足，是《图传》中几乎所有人物的共同特征，图中无论是细奴罗、罗晟，他们的妻女还是农家女子，以及众多"蛮民"，也无论他/她们是在种地或做其他事，均是跣足。这与樊绰《蛮书》中"俗皆跣足，虽清平官大军将亦不以为耻"^③的记载相吻合。这一出自汉人笔下的记录，已道出了南诏"跣足"风俗与汉人"着履"间的显著差异，而汉人对这一习俗的贬斥也充溢字里行间。这反映出服饰仍是区分文化高下和族性身份

---

① 杨郁生：《南诏服饰》，载《南诏文化论》，昆明：云南人民出版社 1991 年版，第 512 页。

② 杨郁生：《南诏服饰》，载《南诏文化论》，昆明：云南人民出版社 1991 年版，第 512 页。

③ 〔唐〕樊绰《蛮书·蛮夷风俗》卷八，风俗第八。

认同的重要标识，《图传》所描绘的小社会南诏史成为以夷夏相区分的文化边疆的重要表述。男女间、不同社会阶层间、不同族群间有差异的服饰在当时既是作为性别区分的重要标识，又是社会分层的体现，同时，它还能作为不同文化背景中的不同人群的族群区分。性别、阶级、族群关系都交织在南诏复杂的民间社会中，构成小传统的南诏史中社会关系的多种维度。从而，小传统的南诏史并不仅仅由帝王、臣民的简单社会关系的相加，而是有多重社会分层的组合。

第三，仪式、民间信仰、民众的宗教态度与社会联结。从南诏统一洱海地区的六诏的过程来看，有差异的文化共存于南诏民间社会，并且这些差异存在过尖锐的冲突，这绝不是精英历史中指称的"本唐风化"①，或如学者指出的南诏文化"仿唐性"②特质就能统代的。南诏统一六诏的过程，既是整合洱海区域各种政治势力的过程，也是以西洱河蛮、么些蛮、哀牢人、白蛮等为代表的有差异的区域文化整合为一体的过程。然而，历史发展的动力不只是来自唐帝国单方面外力，也来自南诏社会内部。南诏动用了多种社会力量和整合手段，像联姻一样，宗教和民间信仰也是其中展示民间社会力量的重要方面。从流传在民间的许多关于南诏时期的宗教故事，可以看到观音、梵僧、阿育王都成为有号召力量的神，各种民间文化力量在皈依佛教的前提下联结在一起，在宗教信仰统一的基础上完成了政治认同。

《图传》中所反映的变迁中的南诏民众的宗教生活，南诏以来，佛教信仰初初介入南诏地方，需要在民间社会培养一批信佛法的社会人群，于是，小传统的南诏历史给予妇女们一个参与创造新的民间信仰的机会。《图传》故事中的浔弥脚婆媳一再施舍耕饭给梵僧，事实上她们先于丈夫们跪拜受记，皈依佛教，并因此先于她们的丈夫们得到观音的点化。对于正走向统一的南诏社会，妇女信奉佛教是有意义的，是群体认同的社会基础，成为各种力量整合中不可缺少的部分，尤其是南诏开国始祖的妻子，作为虔诚敬佛的母亲，不仅意味着生下的将是充满神性的子孙，同时，因为信奉佛教，她们被赋予了"神秘的力量"③，也成为拥有

① 《异牟寻与韦皋书》中说："曾祖有宠先帝，后嗣率蒙袭王，人知礼乐，本唐风化"，《新唐书·南诏传》上，卷二二二上。

② 禺驰：《南诏文化的特点及其在云南历史上的地位》，载《南诏文化论》，昆明：云南人民出版社1991年版，第8页。

③ 连瑞枝：《王权、系谱与婚姻——从云南洱海地区佛教传说的结构谈名家的形成》，载林超民等主编：《南诏大理历史文化国际学术讨论会论文集》，北京：民族出版社2006年版，第410页。

无穷法力的神灵同王权发生关联的媒介，"可以用来化解人群政治角力的紧张关系，同时，联系不同人群之间的关系"①。皈依佛教的女性祖先通过血缘与世系建立起南诏王室与阿育王的祖先关系，孕育出信奉佛教的后代和作为南诏身份认同的基础，皈依佛教成为政治认同的前提。边疆妇女史视角下的小传统南诏史不是通过军事的对抗、政治的对抗实现整合，而是通过血缘、世系、信仰、仪式来完成社会联结。

民间信仰的统一，加速了政治力量的结盟，二者间的关系在《铁柱记》中表现尤为突出。在《图传》的《铁柱记》中，绘三赕白大首领将军张乐尽求并兴宗王罗晟等九人，共聚祭天于铁柱侧。在这次祭柱的仪式上，根据文字卷所载，有主鸟从铁柱上飞憩于兴宗王之臂上，这被认为是显圣之兆，张乐进求为之惊讶，最终禅位于兴宗王，南诏蒙氏得以立国。显然，这是一场有意义的新政治生命体的"通过仪式"，它将"日常生活转变到另一种关系中"②，参与这些仪式的男人来自不同地区，属于不同姓氏，代表着不同的政治力量。经这一仪式，使权力获得重新分配，达成新的政治秩序的重建，同时，仪式也介入了性别间权力分配的过程。画面中，参与祭柱这一重大祭祀活动的九人，皆为男子，无一女性。这一性别关系传达出一旦仪式成为能赋予男人更多权力的场域，仪式就会成为性别机制的一部分，具有了性别排斥的功能，南诏男性的政治过程是在仪式中完成的。民间信仰，对于南诏王室的男人和女人其意义是不一样的，其实质是女人获得了信仰，男人获得了政治。认识了这一点，我们就不难理解为什么妇女要被排斥于祭柱这类重要的宗教仪式之外，我们才能更好地理解性别政治在南诏政治整合过程中的意义。

《南诏图传》却传达出在小传统的南诏历史中，有关妇女生计、衣饰、信仰的知识是南诏社会不可或缺的组成部分。在边疆妇女史视角下的南诏史呈现的是有一定性别平衡感的社会图景，如果说有关南诏妇女的知识被排除在大传统的精英历史之外，但它并不意味着这些知识也被排除在小传统的南诏历史中。"小传统"的南诏历史存在于民众的生活文化中，存活在南诏的地方性知识中，有关南诏妇女的知识也在小传统中找到它的位置。

---

① 同上。

② 〔英〕菲奥纳·鲍伊：《宗教人类学导论》，金泽、何其敏译，北京：中国人民大学出版社 2004 年版，第 2 页。

三、大传统与小传统的互动

作为民间生活的重要组成，口传故事又是小传统南诏历史中又一重要的文化表述方式，上承汉晋时期的九隆神话，南诏时期的口传作品更加丰富。其中，以反映邓赕诏主之妻慈善夫人节烈为主要内容的历史故事《火烧松明楼》，流传最广，极富文化内涵，在《白古通记》《南诏野史》《滇载记》等诸书中记录着内容大致相同的故事，在民间社会有很大影响力。《火烧松明楼》取材于南诏王皮逻阁在唐朝支持下统一六诏①，建立南诏国这一大传统历史事件。实际上，在长达上千年漫长的流传历程中，故事的流传经历了口传——文本——表演几个阶段，最终成为南诏史大传统和小传统都需要表述的内容。

以汇录神话传说较多而著称的元人张道宗的《记古滇说集》，较早记录了该故事的轮廓："邓赕诏之妻名慈善者，因诏夫被杀，慈善筑城负固之。神武王亲率兵欲妻之。慈善坚执不从，誓曰：一女不更二夫，乃据城自守。王领兵因攻之不克。慈善卒。王嘉其节，赐号德源城。"据方国瑜先生考证，《记古滇说集》一书成书于至元二年（公元1265年），其时元政权得云南12年。既然此书在元初已把故事记录到文本中，说明该故事在大理时期甚至更早已经在民间广为流传了。到了明朝，在诸如《天启滇志·艺文志》等地方志书以及《南诏野史》等史籍中，记录了比元代更为详细、完整的慈善夫人的故事。大略如下：

皮罗阁乃预建松明大楼，祀祖于上。使人谕五诏曰：六月二十四日乃星回节，当祭祖，不赴者罪。四诏听命，惟越析诏波冲之兄子于赠，远不赴会。而邓赕诏诏丰咩孙皮逻邓之妻慈善者，止逻邓勿赴。邓不听。慈善不得已以铁钏穿于邓臂臂而行。罗阁偕登楼祭祖，祭后享胙食生饮酒，迨晚，四诏尽醉，罗阁独下楼，焚钱遽纵火，火发，兵围之，四诏皆焚死。罗阁遣使至四诏所，报焚钱失火，四诏被焚，状令各诏收骨。四诏妻至，莫辨其骨。独慈善因铁钏得焉，携归葬之。罗阁既灭四诏，取各诏宫人，念慈善慧而甚美，遣兵围其城，迫取之。慈善曰：吾岂忘夫事仇者？闭城坚守，半月城中食尽，慈善度不能支，即自杀。时七月二十三日也。罗阁嘉其节乃封赠为北宁妃，并旌其城为德源城。②

---

① 据（唐）樊绰《蛮书·六诏第三》卷三所载，六诏主要指蒙嶲、越析、浪穹、邓赕、施浪、蒙舍。蒙舍诏地处洱海之南，又称南诏。

② 该故事在史籍中内容不尽相同，在民间故事也有多种版本。所引资料出自（明）倪辂辑《南诏野史》，木芹会证，昆明：云南人民出版社1990年版，第52~53页。

该版本故事进一步印证小传统中南诏统一的政治过程是通过祭祖仪式得以实现的，性别在其中通过抗暴而产生了性的道德意义。慈善夫人的故事之所以能从口传变成文本，并且，她的劝夫、辨夫尸体、归葬、坚守城池等行为细节在文本中得到不厌其烦的渲染，进一步故事化，反映出民间口传内容也在上百年的流传中有了进一步发展。同时，还有重要的相关原因在于，一方面慈善夫人为夫守节，抗暴节烈的行为与南诏民间社会中"处子孀妇出入无禁"①的民俗事例形成鲜明对比而被记录；另一方面，从慈善夫人口中说出的"一女不更二夫"的旦旦誓言正是国家"义夫烈妇"主流话语所倡导的，因而节烈的慈善夫人以当时人们期望的理想女人形象而成为许多文人雅士来大加赞美的重点。如收录在《邓川州志·艺文志》中就有杨南金的《登德源城有感》，杨履宽的《星回节怀古》《星回节吊慈善夫人二首》以及无名氏的《星回节》，冯苏的《慈善妃庙记》等。杨履宽的《星回节怀古》诗中写道："吁嗟夫人生百年孰后死？死等鸿毛有余耻。君不见邓赕之妻一妇人，撑住乾坤亘万纪。"可见文人笔下抒发的感悟与凭吊之情，都在讴歌慈善夫人的节烈之举，通过他们的鼓吹而激励更多的妇女来遵从国家的"礼仪"，从一而终，改变夷俗。因而慈善夫人的故事被写成文本的目的还是要让它民间化，来影响更多妇女的行为。边疆地带的文化碰撞如何在妇女的体验、妇女的境遇、行为变革方面产生影响，在慈善夫人的故事叙述中得到集中体现。

尽管文本故事记录者想通过细致的描述来尽量恢复故事的生动原貌，但同民间流传的故事相比，还只能算是对故事所作的简单勾勒。在民间传说中，人们把慈善夫人称为白洁夫人，柏洁圣妃，宁北妃等，赋予她近乎女神般的尊贵的头衔。而且，情节更详细，人物更生动，故事性更强。故事的结尾讲：

火烧松明楼后，白洁夫人起兵反抗，但势孤力弱，城破被虏，皮罗阁见她美丽聪明，不忍杀，强行和她成亲。白洁夫人宁愿一死，决不让仇人玷污自己的清白。她压下悲痛，强作笑颜，假意答应皮罗阁的要求，但她必须要给丈夫守孝一百天，然后要到洱海边奠祭亡魂方可成婚。夏历七月二十三日那天，白洁夫人在洱海边奠祭完毕，便纵身投入洱海去了。人们对这位反抗邪恶、强暴，忠于爱情的女性十分惋惜和钦佩，纷纷驾船下海捞尸。后来每年的这一天，洱海沿岸各村寨，都要扎起花船下海赛船，象征打捞白洁夫人的尸体。为了纪念她，每年的

---

① （唐）樊绰：《云南志·蛮夷风俗》卷八，风俗第八。

六月二十五日还要过火把节，到这天晚上，人们骑上快马，燃起火把，绕着大理城奔来奔去，表示援救白洁夫人；也在这个时节，妇女们用红色的凤仙花，把指甲染得鲜红，表示对白洁夫人刨挖丈夫尸骨时十指流血的纪念。①

口传故事在叙述中加进了民众的情感，为所有听众塑造出在特定历史背景中的一个贞烈的妇女形象。小传统南诏史也一样是有创造力的，人们根据自己的感情和愿望来塑造故事中的人物，像文本记录者所期望的一样，故事中的白洁夫人，成为聪明、善良、美丽、勇敢，忠贞不贰的理想女性的化身，也是云南历史中见诸记载的较早的贞烈妇女。明以来，人们在邓川州府东六里打油村山坳，建了贞节祠，"即邓赕诏妻慈善之祠"②，岁时加以祀祭。冯苏在《慈善妃庙记》中感叹："自天宝迄今，忠义之臣，节烈之妇多矣，其湮没不存者往往有焉。滇载籍残缺，白古记学士家多不见其书，而妃庙中又无博雅君子为勒于石，独死节之始末，邓之人口传之，历宋元明而无遗失，若是者何也？纲常大义自在人心而不可磨灭也。"③冯苏以一文人的身份，道出圣妃的故事通过口传在当地人中的盛大影响，并指出这现象存在的文化根源和文化意义。盛唐文化影响下的南诏边疆政权，被精英历史掩盖了的民间社会，正经历着以儒家伦理思想为核心的汉文化浸润，社会文化变迁的潮流也悄然在民间社会流动，并影响了生活于其间的乌蛮、白蛮妇女。从一而终的伦理观念也随着故事的流传在民众中产生更大的共鸣，人们用各种方式来纪念她，并引发为一个固定的节日，成为一种民俗积淀。一旦从口传故事转变成为程序化的民俗事象，慈善夫人的传说便被民间社会，尤其是妇女们一次次表演出来，产生出口传、文本所不具备的影响力和流传的持久力，积淀为地方性知识中最具文化活力的部分。

正因为慈善夫人的故事取材于大传统历史，这个故事成为大小传统的南诏史所要表述的共同对象，在其从口传—文本—表演的流传过程中也展开了大小传统文化相互促进，创造文化表述的互动的过程。作为展示大小传统文化互动的实例，它确实具有代表性，从这一实例，我们既能看到，为大传统文化提供文化素材的民间社会如何在精英历史中找到可表述的切入点，同样，汉族士大夫与地方精英又如何通过传世的文学作品来参与到民间故事的重构中。我们还能看到，即便是

---

① 张文勋主编：《白族文学史》，昆明：云南人民出版社 1983 年版，第 82 页。

② （明）刘文征撰：《天启滇志·祠祀志》，卷之十六，《祠祀志》第九。

③ （清）杨柄、侯允钦纂：《邓川州志》卷十三，《艺文》上。

对同一段历史，大小文化传统在表述方式、表述重点、表述意图、表述走向等方面都是不相同的。经过大小文化传统的再表述，属于精英系统的一系列文化符号或是属于民间层面的相关文化符号都得到强化。

包括服饰、生计、角色分工、宗教感情、信仰、贞节意识、性的观念等在内的有关南诏时期妇女以及她们生活的各种知识，在小传统的南诏文化中不是可有可无的，它被有选择的、有目的的记录下来，经过地方性话语的理解与重构，组织成地方性知识的一部分。作为地方性知识，它不仅在妇女人群的日常生活中得到共同分享，也通过对组成社会成员的男女两性的社会行为的指导，在社会性别行为规范方面继续发挥功能。

余　论

在中国大传统历史叙事中，往往将"边疆"固化为以帝国为主的势力进行政治管辖、军事控遏、移民与拓殖的疆域，实则"边疆"应当是一个内涵丰富的概念。正如美国学者施坚雅（G.W.Skinner）所强调的"中国"不应该被简单地理解为是一个均质化的、"铁板一块"的单一实体；它是经由政治、经济和文化诸方面发展并不均衡的一系列地方区域之间互动与整合而形成的一个系统。[①] 因而边疆应当是充满多种文化接触与碰撞、多种政治力量角逐、多种社会人群商议而共同作用产生新的文化机制的场域。美国的中国边疆学者迪·考斯莫（N.Di Kosmo）在《古代"中国"和它的敌人》（2002）里，将"边疆"理解为四种意义层面上的"边疆"，即考古学意义上多文化共生形态的共享边疆、以夷夏相区分的文化边疆、秦汉—匈奴之间以长城划分的政治边界、华夏人群想象中的边疆，以此去观察公元前一千年至秦汉时代的"中国"与其北方诸部落的关系史。[②] 唐帝国时代的南诏边疆正是这样充满文化接触与互动的区域，盛世大唐、雪域吐蕃以及哀牢夷、乌蛮、白蛮、西洱河蛮等多种土著族群的力量交织在南诏边疆史中，这里也是存在性别、权力、阶级和社会差异的各种力量衔接的关节点。南传佛教、藏传密宗、滇密齐聚，这个边疆既是多文化共生的共享边疆；峨冠博带、椎髻左衽、跣足、贞烈，这里

①　姚大力：《西方中国研究的"边疆范式"：一篇书目式述评》，载《文汇报》，2007年5月7日。

②　姚大力：《西方中国研究的"边疆范式"：一篇书目式述评》，载《文汇报》，2007年5月7日。

是可以区分夷夏的文化参照边疆；祭铁柱、禅让，这里也是有政治疆界的边疆。边疆的内涵，也在小传统的南诏史中被分享。

由南诏史研究展开的边疆视角，其意义不仅在于厘清各帝国时代诸如大传统历史中的治边策略与治边实践，更要善于从小传统历史中发现边疆参与历史构建的能力，包括性别在参与历史建构中的作用。正如一些边疆学研究学者所指出的"无论是土著还是移民都参与到帝国机制发生作用的谋划中"，[①] 有了这样的视角，以往"边疆变迁中给予土著社会和移民们的，只是一个被动的，或者说至少是一个次要的角色"[②] 的状况就应当加以改变。同时，我们看到，有关边疆的建构同样充斥在南诏妇女社会生活史中，所以，关注边疆社会历程中的妇女／社会性别关系的边疆妇女史应该在这一视角的转换中，赋予边疆史新的研究旨趣，例如边疆妇女史要在帝国与边疆交互作用的过程及其边疆整合中揭示作为一个群体，妇女的经历、体验，在跨文化、跨族际的婚姻联结中看到文化适应与交融，在性暴力中发现族际战争对于妇女的意义，在市场的语言接触中看到妇女在文化接触中的境遇，在信仰、仪式与服饰上发现妇女作为少数民族族体或文化主体的身份表述等等。总之，正如我们在边疆妇女史视角下看到的南诏史，边疆妇女史通过对如上研究主题的拓展以及对边疆妇女史的碎片特质揭示，最终使妇女／社会性别的概念真正成为中国这一复杂社会中的妇女史研究有效的分析范畴。

（原文载《思想战线》2008 年第 5 期。）

---

① 〔美〕纪若诚（C. Pat Giersch）：《"混杂的人群"：中国西南近代早期边疆的社会变迁》，沈海梅译，载陆韧主编《现代西方学术视野中的中国西南边疆史》，昆明：云南大学出版社 2007 年版，第 169 页。

② 同上。第 145 页。

边缘文化主流化中的妇女

——明清时期的云南"列女群"

引 言

中国历史上形成的华夏居中，蛮、夷、戎、狄配居四方的民族分布格局以及多元一体的历史走向使中国地缘文化更多地呈现出"中心"与"边缘"，"主流"与"非主流"二元对立的文化存在模式。在汉代司马迁的《史记》中，云南还处于"西南外蛮夷，别种殊域"的状态下，包含在其中的就是风俗礼仪的迥异，文化的地方性、差异性以及主流文化视角下赋予云南文化的边缘性定位。云南文化的地方性特征得以在一定时期内自由地生长，也使云南各民族妇女保持着在粗朴状态下的自由生活。唐代樊绰《云南志·风俗》中仍有"处子孀妇出入无禁，及婚，私夫悉来相送"的记载。至少我们能从中看出，在当时的妇女心目中还不存在贞节观念，我们还不能用宋明以后登峰造极的理教标准来衡量、评论她们的行为。当宋以来的中国地方志书中把贞妇烈女写进正史、加以褒扬时，述及云南的方志对于列女的记载还是一片空白。保留至今的明代云南最早的一部方志《景泰云南图经志书》仍未设列女传。这种状况直到明代中后期才有所改变。正德时期的方志《云南志》在其卷22专设列女传，登载元代列女3人，笔者根据《新纂云南通志·列女传》的记载，统计得出，有明一代，云南共有列女1295人。及至清末，云南列女之人数又骤升至9580人，构成了明清云南万余人的列女群体，"妇女敦礼义尚节烈，虽穷乡僻壤咸有其人"。① 其中还包括了少数民族妇女，如孟琏长官司土舍刀派罗妻招曩猛，年二十夫卒，守节五十二年获得旌表。

---

① 《新纂云南通志·列女传》序。

表1：云南历代列女表[①]

列女 \ 朝代	汉晋	隋唐宋	元代	明代	清代	总计
列女人数	2	1	17	1295	9645	10960

列女群是明清云南各民族妇女中的特殊人群，列女群的出现是明清云南妇女精神生活中的一个特殊现象，在各民族轻松活泼的生活中注入了许多凝重的色彩。从"处子孀妇出入无禁"到"列女群"的骤兴，乃至少数民族烈女节妇的出现，为我们划出了一条鲜明的文化变迁轨迹。明清云南列女群的产生，有着深厚的历史文化背景。

一、明清云南列女群现象产生的原因

云南土著文化是一种与汉文化风格迥异的地方民族文化，这一地缘文化系统中缺乏列女存在的天然土壤，因而云南列女群产生发展的独特轨迹主要表现为两点：第一，明清云南数以万计的列女群体主要出现在元明以来大规模移入云南的汉民族和其他移民族体中，而不是产生于滇云土著民族中。明洪武平定云南初，留四都司兵镇守，按明制，遣戍之军要有家室，并同往卫所。《明史·兵志》说："军士应起解者皆金妻"，规定戍军要有妻室同行。《明会典》还规定："如原籍未有妻室，听就彼完娶，有妻在籍者，着令原籍亲属送去完娶。"明代云南都司领 24 卫、3 御、18 所，133 个千户所，因而当时入云南的戍军之妻是一个非常庞大的数字。"鲁氏，金陵人，随父戍姚安中屯千户所"。[②]天启《滇志》中有"严士良妻吴氏，福建福州府侯官县人，洪武二十二年，随夫戍滇"的记载，这些妇女就是随戍军入滇的代表。谢肇浙《滇略》说："高皇帝既定滇中，尽徙江左良家闾右以家之，及有罪窜戍者，咸尽室以行。"可见移徙云南的汉族妇女除上述军妇外，还有随屯田的农夫、贸易贩卖的商贾入云南的广大民妇。明代三司设立后，在两百多年中又有数以千计的汉族官吏受到委任来到云南，或者还有一批朝廷命官在朝中政治斗争失败后谪戍云南，他们携带家小到达任所，许多吏妇便随夫为官来到云南。就这样，在边缘的、地方性的云南被纳入中国政治整体的过程中，

---

① 汉晋时期见诸记载的云南列女只有阿南和李毅之女；隋唐宋则仅有白洁夫人。数据均据《新纂云南通志·列女传》所载统计。

② 正德《云南志·列女传》卷二十二。

许多或者为人妻，或者为人女的汉族女子在这股移民大潮中来到了云南。这些世居内地的汉族女子，从小便受儒家礼制的熏陶，三从四德的观念早已浇铸出了她们的群体品格，贞节观念在她们的思想中根深蒂固。移徙滇云并未打断她们固有的生活方式，她们仍然恪守儒家礼教，夫死仍要抚孤守节，替夫尽孝，侍奉舅姑，或是为礼教而献身节烈。因而，移民妇女的生活也被补充到云南地方历史中，列女是从内地移植而来的列女，明清云南列女群的出现是汉民族大规模移居云南的结果。

第二，从母系时代的母权家长沦落为皇权、族权、父权、夫权的牺牲品，这是中国妇女在几千年的中国文明史中所走过的历史轨迹。在这一转变过程中，宋明以来作为主流文化代表的儒家思想的性别观念对妇女形象的塑造起着决定性作用。儒家思想是汉文化的核心，朱元璋在恢复汉族正统之后，为了消除蒙古的异族影响，将"礼"作为教化治理天下与统治人们的有效手段，制定了严格的礼法等级制度。元明以来随着云南行省和三司的设立，云南同内地政治经济文化联系的加强，儒学教育、军地移民，官宦往来、土官朝贡、学者士人的相互切磋、贸易通商、宗教信仰以至战争，无一不对儒家思想的传播流徙起着作用。以"礼"为核心的文化教化，开始把边缘的云南文化纳入到主流化的发展轨道上。

文化差异的存在正是区分主流与边缘的尺码，主流化的趋势难以容忍对妇女行为的多重标准共存。作为道德规范主要对象的妇女也应该纳入主流的文化规范中。自然，一统政治下的云南妇女生活也被纳入了"礼"的规范之中，并以礼教为中心对滇云的妇女生活进行塑造。儒家礼制在对滇云风俗的塑造中使列女群发展得到不断的巩固，并在明中后期世风日下、儒家男女两性双重道德标准崩溃的大势下，对边远的滇云妇女的禁锢达到了无以复加的境地。云南武定府李臻枝之女，"年十八，许聘张节。未几节死，誓不更字。后兵变，途遇一男子执其手，即以刃自断而死。"① 便是一个极端的例子。这种塑造产生了深远的影响，确保了流徙入滇的妇女能继续恪守儒家的妇德信条，虽在"蛮貊"之乡也要坚守贞节之义，崇尚节烈之行，有效防止了汉族妇女在同滇云少数民族杂居生活中受少数民族淡漠贞节，无礼仪的民风影响。礼制的塑造甚至还产生了更为深远的影响，即云南各少数民族在这种改造中慢慢接受了礼教对妇女的塑造，接受了儒家的性别

---

① 天启《滇志·列女》卷之十五。

文化观念，不仅妇女的社会行为及生活方式发生了显著的变化，少数民族的节妇烈女也在"蛮貊"之乡涌动。[①] 明代汉族移民徙滇，儒学的广泛流布以及礼制在云南的建立，便是云南列女群骤兴的深厚社会历史背景，也是发生在妇女身上的这场文化变迁的动因所在。我们可以看到，文化的互动并不只是传统史学中的"男性的行为"，在这场主流文化对边缘文化的改造运动中也有妇女的参与。

此外，渐趋主流化的云南地方文化在明以来出现了标准化的方志表述系统，官修史书发达，方志体系也日渐完善。明清时期大量的贞妇烈女在政府的大力倡导下出现，不仅成为当时社会中各阶层人士关注的焦点，而且由于修志是一种政府行为，政府提倡的旌表节妇烈女之事势必也成为方志编纂者不容忽视的重要社会现象，事实上她们的事迹为方志提供了新鲜的素材。可以说，在当时的情形下，方志需要列女们的素材，而列女们也需要方志对她们的事迹加以记录。因而史书对贞节的记载也成为政府褒奖贞节的一种手段，一个层次，对列女的出现和壮大起着推波助澜的作用。标准化的史学的发展壮大并以其针砭褒扬、惩恶扬善的社会功能在褒扬贞风中树立起了一面高扬的大旗。这也是导致明清云南列女群产生的不可忽视的因素。

二、明清云南列女群的构成

中国自汉代已确立了对妇女的褒奖标准。嘉庆年间，云南建水举人张履程有感于史志中对列女的记载，作《彩云百咏》，曾在书中议论道："女子大事，不外贞孝节烈。贞者，婚嫁未谐，为夫矢志，归真返璞，终身处子。孝者，奉事翁姑，境无顺逆，生养死葬，无缺于礼。节者，夫死不嫁，备尝艰阻冰蘗之操，始终不渝。烈者，或失所天，或遭横逆，完身洁己，视死如归。此四者有其一端，已足传之不朽。"这基本上已对明清云南列女群的构成类别进行了划分。只不过许多节妇在守节期间还要侍奉舅姑，既要守节又要尽孝，在研究中我们把二者综合为孝女节妇。因而，明清时期云南的列女群主要由孝女节妇、烈女、贞女、慈母这四类女性人群组成。

（一）孝女节妇

明清时期云南列女群中的孝女节妇主要是指死去丈夫，妻子寡居在家对已死

---

① 关于云南少数民族列女，请参阅拙文《明清时期汉文化影响下的云南少数民族节妇烈女群》，载《民族学通报》第一辑。昆明：云南大学出版社 2001 年版，第 323~331 页。

去的丈夫忠贞不贰，不愿改嫁，贞操自守者；或者守节期间上侍奉翁姑，赡养送葬，中和睦妯娌家族，任劳任怨，下为夫家生育子女养育后代以继宗嗣的妇女。从其行为来说，孝女节妇也可分为两类：其一是夫死誓死守节，以其贞操彪炳史册，可称为节妇。如"汤士琏妻董氏，昆明人，年二十四夫卒，矢志守节，历三十二年而终。"①这一类节妇见于记载的有1183人，约占孝女节妇总数的八分之一。其二是不仅守节，同时还有许多感人至深的孝行，准确说应是节孝妇。如"刘正国妻沈氏，昆明人，年二十一夫卒，子宾甫二岁，有劝以他适者辄誓死。家贫以甘旨养舅姑而糟糠自啜。舅姑相继殁，殡葬如礼，教子成立。"②从志书的记述语言看，这些节妇多是享天年而终。节孝妇在明清孝女节妇中共有7077人，占孝女节妇总数的85%。

仅节妇一类，已分出许多层次，其内容十分丰富。有的家庭则姑媳两代一同守节，被誉为"双节"、"双璧"；有的家庭妯娌同节，甚至有的出现一门三节妇的状况。从人数上说，明代云南共有孝女节妇634人，清代达到7626人，清代约是明代的12倍，反映出清代孝女节妇人数的快速增长。明清共有孝女节妇8260人，孝女节妇在整个列女群中占有较大比重，是人数最多的一类。

从分布上看，在云南各府均有分布。明清两代临安府都高居榜首，明代孝节妇人群主要集中分布在临安、云南、大理、楚雄、永昌四府，其余散布在澄江、曲靖、丽江、广南、顺宁、武定、蒙化、广西等府。这种分布特点的形成一方面同各府的在册人口数的多少有关，另一方面还受移民卫所的影响。比如，据天启《滇志·赋役志》所载，临安府有户18359，口274248人，也是高居榜首，而云南、临安、大理、永昌等府又是明代卫所的主要分布地。清代这一人群的分布面扩大了，尤其是东川、昭通二府在改土归流后实现了孝女节妇人数的零的突破，普洱、开化在清代新设府后也有了列女的记载。丽江府在清代雍正年间革除木氏土司的统治、设流官后，孝女节妇的人数有了较大地增长，是明代的16倍。

从守节妇女的年龄结构看，在有明确年龄记载的6105名孝女节妇中，20至30岁的妇女达5443人，占有绝对比例，达到89.2%，而不满20岁就寡居守节者也占一定比例，30岁以上的较少。由于明代以来就限定只对"三十以前夫亡守制，五十以后不改节者"妇女的褒奖，这种规定决定着修志的人对列女的选取范围，

① 《新纂云南通志·列女传》卷二百四十《列女传二》。
② 《新纂云南通志·列女传》卷二百四十《列女传二》。

也决定了地方志书中所记载的孝女节妇的年龄结构。

从孝女节妇所隶属的社会阶层看，明清政府对节妇孝女的表彰具有较大的普遍性，其范围覆盖了从官员到士农工商的社会各阶层。在所有载入史册的孝女节妇中，从明代的 77.6% 到清代的 84.7%，平民之妻始终占有最大的比重。官吏在明代占第二位，到清代为儒士阶层所取而代之。这也许能反映出儒士阶层在清代得到壮大。而且在《列女传》的记述中，还有许多述及抚子抚孙读书成人的例子，说明在地方志中对列女的记录存在阶层倾向性的。云南府的官吏、儒士阶层在明代清代都处于首位，同云南府明清时期在云南的政治、文化中心地位是相吻合的。

（二）烈女

正如董家遵先生认为的："节妇只是牺牲幸福或毁坏身体以维持她的贞操。而烈女则是牺牲生命或遭杀戮以保她的贞洁。前者是'守志'，后者是'殉身'。"[1]因而烈女最重要的特征就是或为保贞节而不得不选择死亡，或由于夫亡而殉身于夫而选择死亡。如云南富民人张国富妻杨氏，"同治间西逆东下窜扰县境，氏被执，抗节不屈，绐贼至西山古井侧，负幼女扑井死，贼退敛"，[2]又如王家妇，"年三十夫病谨侍汤药，祷天愿以身代。未几，夫卒，自行买二棺哭三日，夜不绝声。葬毕，归即自缢死。邻人以其所买棺葬于夫侧，闻者莫不哀之。"[3]明清时期云南共有烈女 2147 人，从其死亡的原因看，这些烈女主要由两大类构成：第一类是战乱中为保贞节而自杀身亡的，或被杀的，如"李为龙妻尹氏，昆明人，孀居 24 年，流寇至，勒寡妇配军，氏持刀自杀。"[4]第二类是在非战乱的时期由于死去丈夫而痛不欲生便自杀殉夫的妇女，或是夫死守节中被逼迫改嫁而死的，或是境遇不好失去所养难以生存而走向死亡，再有就是受到性骚扰而只有死路一条的妇女。

① 董家遵：《历代节妇烈女的统计》，载鲍家麟编著《中国妇女史论集》，台北：稻香出版社 1988 年版，第 113 页。

② 《新纂云南通志·列女传》卷二百四十一《列女传三》。

③ 《新纂云南通志·列女传》卷二百四十一《列女传三》。

④ （清）张履程：《彩云百咏》，卷下。

表2：明清云南死节烈女类型表

朝代 \ 类型	战乱死节	所占比例	非战乱死节	所占比例
明代	545	90.4%	58	9.6%
清代	1055	67.5%	494	32.5%
总数	1600	74.5%	547	25.5%

表 2 反映出明代和清代两种类型烈女的人数和所占比例，从表中可以明显地看到明清两代战乱中死节的烈女要比非战乱死节的妇女多，达到 74.5%，战乱烈女约是非战乱烈女人数的 3 倍，由此反映出无论是明代还是清代，云南妇女的死亡同战乱有着非常直接的关系。尤其是明代战乱和非战乱死节人数相差悬殊，在603 位烈女中绝大部分死于战乱，比例高达 90.4%，战乱烈女几乎是非战乱烈女的10 倍。战争造就烈女的特征十分突出。到清代这两种类型的烈女人数增加了许多，达到 1549 人，战乱死节者增加了一倍还多，而非战乱死节的却增加近 9 倍，二者比例差距缩小了。这一方面说明战乱在清代有所减少，另一方面说明殉夫殉节成为清代许多云南妇女节烈道德的主要倾向，也成为地方志表彰的重点。

明清云南烈女也有其地域分布特点。明代云南府、临安府、大理府、永昌府、曲靖府、楚雄府是烈女分布的主要地区，也是受战乱影响较大的地区。尤其是云南府，其战乱烈女数高居榜首，有 232 个战乱死节烈女。明代全省 42.3% 的烈女集中在云南府，直接反映出云南府是明代云南全省战乱最集中的地区，尤其在明末时期。从历史上来看，明末云南有吾必奎、沙定州之乱波及省府，又有孙可望、李定国的大西军在这里盘踞，更有永历皇帝的驻跸昆明及吴三桂所率的清军入滇。长期的动荡、战祸频繁使居住在云南府的广大妇女饱受战乱的蹂躏，无辜丧生，是战乱中最大的受害者。

清代，大理府、顺宁府、广南府、云南府、丽江府等府，是战乱烈女的主要分布区，大理府战乱烈女数从明代的 56 人增加至清代的 417 人，增加了近 5 倍，且取代云南府居于首位，显然清代战乱的中心转移到了以大理府为中心的滇西一带，波及全省大部分地区。从战乱烈女出现的时间分布看，绝大部分都集中在清末咸同年间。这期间在云南的哀牢山区，与今天广西交界的云南广西直隶州（今泸西县）一带在太平天国起义的影响下相继爆发了各民族起义，而清末咸同年间以杜文秀为首的回民起义历时十余年，对清末云南全省产生了巨大影响，同样的，这次起义也成为清代云南战乱烈女的产生的重要原因。咸丰六年（1856年）云南西部的回民义军攻克大理，推举杜文秀为"总统兵马大元帅"，建立了大理政权，势力得到很大发展。直到同治十一年（1872年）清军围困大理，杜文秀服毒自杀，起义被镇压。许多烈女在十余年的战乱中自杀或被杀。咸丰十一年，杜文秀军破永昌城，"二十三日子刻，被回众里应外合，开城放入城，知府奎谱降，数万生灵自杀及被杀殆尽。"①《新纂云南通志》中所载永昌府32位战乱死节的烈女，基本都是在城陷前后或殉义，或被杀的。杜文秀起兵大理后，大理府便成为战乱的中心，大理府战乱中的妇女其节烈的行为也是惊心动魄的。大理府城陷后举家自焚、阖室而死的例子，见于记载的就有50余起，在云南各府中没有一个府像大理府这样有那么多的人家会采取集体自杀所方式，她们的阖家自杀，自绝于社会，用行动道出了她们对起义的真实态度。

（三）贞女

宋以后的契约婚，一经定约，女子立即就对夫家负有责任。如果未婚夫早殇，女子虽未出嫁有的也要上门守节，营造了贞女存在的社会环境。

贞女最根本的特征就是属于未婚的妇女人群，她们中有的是许聘于人尚未完婚聘夫便丧，为夫守贞，即老百姓常说的守望门寡，这一类我们称之为贞节女。贞女中有的是因家里无男子，为赡养、孝顺父母而不嫁人在家尽孝的处女。这一类我们称之为贞孝女。如剑川的蒋氏吉贞，"幼失怙，父谨厚，贞女则以奉父抚弟为己任，有来问字者，其父将许之。女曰：女子适人，礼也，顾仰事俯畜谁为我负责，吾志决矣，愿事吾父以终天年，抚吾弟以承先祀，失志不嫁，撤环守贞至古稀寿终。"②贞女中还有一类就是上述已提到的已许聘于人，然尚未完婚聘夫身故就为聘夫殉生的女子，如"刘烈女，南宁人，幼字文生张庆章，庆章病故，女闻讣闭户自缢。其母救而得免。至夜投井死，时年十五。郡守贾题额曰井澜彰烈。"③或是未婚遇战乱保贞而丧生的贞烈女以及其他各种原因死节的未婚女子。这一类被称为贞烈女。当然贞女死节的原因也是较复杂的，除了上述提到的外，有的是由贞孝而死，如"杨俊之长女，太和人，幼字李氏子，未婚夫猝死，誓不再嫁，

---

① （清）张铭斋：《咸同变乱经历记》。
② 《新纂云南通志·列女传》卷二百五十一《列女传十三》。
③ 《新纂云南通志·列女传》卷二百五十《列女传十二》。

愿事父母终身。由是足迹不履门郭，言不苟笑，咸丰丙辰，父殁遂自尽。"① 此外，遭到恶少或无赖的调戏，或者遭人诬陷，羞愤而死，也是贞女死亡的重要因素。

表3：明清云南贞女结构表

类型＼朝代	贞节女	贞孝女	贞烈女	
			战乱	非战乱
明代	15	5	80	15
清代	191	68	227	152
总计	206	73	474	
比例	27.4	9.7	62.9	

　　表 3 反映出明清两代云南 753 位贞女的种类结构、人数和各类所占的比例。首先，明代贞女为 115 人，清代贞女共 638 人，人数将近明代的 6 倍。其次，贞烈女一类在各类贞女中人数最多，所占比例最高，达到一半以上，几乎是贞孝女的 6 倍，贞节女的 2 倍。而战乱中节烈的贞烈女占贞烈女总数的 59.4%，达一半以上，说明大部分的贞女死于战乱。这些贞节、贞孝、贞烈女也是列女群中不容忽视的妇女人群。

（四）慈母·义妇

　　《新纂云南通志·列女传》中载："海东昭妻王氏，晋宁人，庠生王文在女。乾隆癸丑生东昭，由岁贡选授南宁县训导。娶王氏，生三子，长鎏咸丰壬子举人，次鎏庠生，三鎏庠生。王性温和静顺，相夫教子有贤名。至光绪乙未寿跻百有三岁，抚军岑请旌敕赐银三十两建坊并贞寿之门匾。"从这条材料来看，虽题名的是海东昭之妻，但实旌表的是两位妇女，一是海的母亲王氏，一是海的妻子王氏。海母生养了东昭这一贡生，且高寿至百岁，得到了建坊赐匾的殊荣，海妻王氏生养了一个举人，两个庠生，也得以载入史册。因而载入列女传的慈母不单是有慈爱之心的母亲，更有一些养育子女、教子有方、抚子有成的妇女。"慈母"突出的是其母亲的身份和其作为母亲在养育子女方面的成就，还突出其相夫抚子，勤苦劳作，为家庭操劳的特点，如"夏继虞妻李氏，罗次人，四川夔州知府李悉达女。继虞家贫，李毫不怨，勤俭工作，侍奉翁姑，虞无内顾忧，从此发愤求学，未几联捷仕至江南循按都御史，所在有政绩。"②就是由于其相夫有成而获褒奖。

　　"慈母"也突出表现为其妇德修养以及在治理家政、和睦家族方面的成就。

① 《新纂云南通志·列女传》卷二百四十一《列女传三》。
② 《新纂云南通志·列女传》卷二百四十一《列女传三》。

如一个家庭数代同堂，家庭和睦，则最年长的祖母可视为是治家有方，获得褒奖。《新纂云南通志》卷二百四十六中的通海处士刘瑄妻朱氏，"归瑄时，家贫甚，相夫数十年，家日以富，同居数十人皆共一爨，氏淑慎其身，孝慈惟谨，以故内外严肃，上下相安，戚里缓急量事给资无德色，及瑄殁，抚二子长，以明经官教授，次子及孙皆游泮。"

对慈母的褒奖是政府倡导人伦，敦睦孝亲政策的体现，因而有时对慈母的褒奖会落实到奖赐长寿妇上。如"刘田氏，晋宁人，夫名未详。嘉庆丙辰生，至光绪甲午寿99岁，姻戚保山翰林院编修吴熙请旌。"[1] 子女孝顺，侍候父母周到，父母才能长寿，因而旌表长寿妇，无疑也是对其子女孝行的褒奖，受旌表的长寿妇，也成为慈母中的一个重要组成。在《新纂云南通志》中，曾记载了对46位90岁以上的长寿妇进行的褒奖，其中寿龄最高的达120岁，是个旧北区他秃人李氏寿妇。

见于记载的列女中还有一类我们可以把她们称为义妇，如新兴人秦文诰妻王氏，"文诰患恶疾，体不仁，母与舅姑议改字，谋已决，女泣曰：彼之不幸即儿之不幸也，正宜早成婚礼，亲侍汤药，安得乘人之危而弃之，事乃寝竟归秦，无怨意，奉养舅姑以孝闻，生一子，抚成名，乡里皆称其义。"[2] 此事例褒扬的是王氏不因贫疾而毁婚约的义举，从此例来看，义妇突出的是她们以义为重的行为，或者赞美的是她们乐善好施的义举。如直隶人寓居云南府的李应元继妻本氏，"家殷实，本氏乐善好施，以小升收租，以市升出卖，遇贫乏者将买钱埋入米中暗还。教子有义方，子寿朋充邑绅数十年，无私毫侵蚀，人谓其得力于母教者深也。"[3] 或者歌颂的是她们在危难时为救亲人挺身而出，或者为亲人报仇申冤等等义行。此外还有诸如主人遇难，为主人抚养后代的义婢等等。所载义妇人数不多，但这一群人仍是列女群中的一个组成部分。

———————————

　① 《新纂云南通志·列女传》卷二百四十一《列女传三》。

　② 《新纂云南通志·列女传》卷二百四十八《列女传十》。

　③ 《新纂云南通志·列女传》卷二百四十一《列女传三》。

表4： 明清云南列女群结构表①

比例 种类	孝女节妇	烈女	贞女
人数	8260	1693	753
比例	77.2%	15.8%	7%

由孝女节妇、烈女、贞女、慈母共同组成了明清时期云南庞大的列女群体，在这一群体中，孝女节妇一类共有8260人，占列女群总数的77.2%，是人数最多的一个群体；烈女一类有1693人，占总数的15.8%，居第二；贞女一类居第三。

三、结　语

明清时期包括少数民族妇女在内的万余人的列女人群的存在，反映出贞节观念在当时的云南社会中有着一定的普遍性。在许多节妇的观念中，再嫁之女，视同禽兽，是人所不为的，也是当时社会上的大部分人对寡居妇女再嫁观念的集中体现。闭户孀居，纺织教子，是许多孀居妇女生活的基本内容，希望育子成人，其节范能得到乡党亲族的称许，是她们生活的动力。这也反映出云南原来处子孀妇出入无禁的民风发生了质的改变。

加进了女德故事的云南地方历史看起来内容变得更为丰富，同国家正史体例相较，也变得更为完整了。通过这样的历史叙述，作为地方性的云南文化的差异性被淡化了，正是通过对有一定数量的美德妇女人群的表述，云南地方历史完全整合进标准的国家历史中。地方文化主流化的过程发生在妇女身上，产生的结果是按照国家主流话语的要求构建了地方社会中妇女的行为准则，并创造了列女这一特殊的社会人群。云南列女的从无到有，从少到多以至列女群的产生，正是边缘文化在主流化过程中产生的结果，也是主流化表征的一个层面。

在此我们还必须看到，社会在苛求妇女守节的同时，也重视对守节、节烈加以鼓励和表彰，府州县的各级官员就承担起了代表国家和地方表彰妇女节烈行为的责任。如开化府欧阳周氏及媳刘氏，姑媳双节，抚子有为，云贵总督岑毓英亲赐"孀筠辉映"额，"迨其嗣子兆凤入京会试，同乡京官奏请旌奖如例"。②此外，

---

①　由于慈母、义妇人数较少，且有的慈母已放到孝女节妇一类中，故此表没有慈母、义妇一类。

②　《新纂云南通志·列女传》卷二百五十三《列女传十五》。

许多封建士人又为节妇孝女大唱颂歌，如李东阳曾为云南方节妇作《可贞堂记》褒扬她的守节事迹；杨一清有《杨氏二孝三节记》，记述了太和杨氏一家的节孝事迹。天启《滇志·艺文志》卷之二十六载王元翰有《题杨贤妇割股》诗，发出"慷慨喻风俗，斯人真足传"的慨叹。几乎所有明清云南地方志中的《艺文志》都为这一类文章留有一席之地。通过这些文人对节孝妇女的刻意描述，在社会上造成一些影响，鼓励妇女们守节行孝。还有就是一般社会成员对守节行孝的妇女也给予支持和赞颂的态度。相当多的材料表明，一旦妇女们的守节事迹传出并为人所知，会在平民百姓中引起震动，"闻者莫不称叹""闻者凛然""乡党称其贤"等等，表明平民百姓对她们行为所持的崇敬态度。这些也成为妇女们坚心守节的原动力。

从这一庞大的群体中，我们看到，当作为主流文化的汉文化高举起"以夏变夷"的旗帜，对边缘的、"另类"的文化进行改造时，妇女也是受塑造的主要对象，并围绕妇女的行为建立起了一整套的褒奖制度。因而，明清对贞女节妇烈女的褒奖也是有系统的、有目的的，是制度化的产物。这种褒奖以时间为经，贞女、节妇、慈母贯穿了妇女从青春期到中年再到老年的生命过程；以空间为纬，从安定时期的居家到战乱中的处世，涉及到妇女婚姻、家庭、哺育、孝顺、生存、死亡、丧葬等生活行为的方方面面。这一经一纬编织出一张大网，妇女就是这网中之物，这张网就是一种规范，妇女的生活不能逾越这张网，要遵循这些规范来为人处世。对她们的表彰又会在世人面前树立起一个个典范和榜样，使许许多多的妇女都以政府所希望见到的形象出现在世人面前，处于男权社会的妇女们接受了这种塑造。云南妇女就是在从边缘走向主流的过程中，完成了对主流文化的皈依。

边缘文化主流化中的妇女

——明清时期汉文化影响下的云南少数民族节妇烈女群

一、明清时期云南少数民族节妇烈女产生的原因

云南土著文化是一种与汉文化风格迥异的地方民族文化，这一文化缺乏列女存在的天然土壤。唐代樊绰《云南志·风俗》说："处子孀妇出入无禁，及婚，私夫悉来相送。"马可·波罗在其行记第一一九章《金齿州》中又有更为详尽、精彩的描述。"金齿百夷，其婚俗嫁娶不分宗族，不重处女，淫乱同狗彘。女子红帕首，馀发下垂。未嫁而死，所通之男人持一幡相送，幡至百者为绝美。父母哭曰：'女爱者众，何期天耶！'"①便是对云南民族文化中性别观念的真实记录。"处子孀妇出入无禁"说明在其文化观念中尚未对孀居妇女的行为加以规范和限制，孀居妇女尚不是社会中的特殊人群。"不重处女"说明其文化中尚无像明以来整个汉族社会中男子们表现出的"处女"嗜好，"男妇无禁出入"则说明其文化中尚无"男女授受不亲""男女有别"等男女性别大防的观念。正如清代建水举人张履程在《彩云百咏》中议论所说"蛮号百种，在滇者几三之一，其中跳夜订婚，踏歌野合，习染成俗，恬不为怪"。许多少数民族妇女性生活自由、贞节观念淡漠显现出与汉族妇女在生活习俗和性别文化观念上的迥异特点。

到明清时期，这些状况发生了变化。变化的表现就是明清以来在云南地方志书中出现了数以万计的节妇烈女，其中包括了一部分少数民族列女。变化的动因，笔者认为，主要是汉文化对云南土著文化的改造。

公元前109年，汉武帝在云南设立益州郡，并以此为起点，开始了用中原汉文化对云南土著文化的改造的历程，车途同轨，文字同形，语言同声，人叙同伦便是这一改造的理想目标。由于历朝历代对云南的经营都出于大一统政治的需要，内地汉文化对云南"蛮夷"文化的改造更多地倾向于设郡置吏这一类政治统摄，

---

① 《马可·波罗行记·云南行记·金齿州》第一一九章。载方国瑜主编《云南史料丛刊》第三卷，昆明：云南大学出版社1998年版。

车途同轨易于做到，而文化的改造还有待时日，成为一辈又一辈封建士人任重道远的大命。明清时期在云南的历史上是一个充满着民族文化交融机遇的时期，也是各民族社会文化在交融中走向整合、变迁的时期。"用夏变夷"，汉民族正是以此为旗号，凭借着其巨大的社会文化影响力，影响、改造、重组着许多少数民族的文化。随着汉族移民的到来，汉文化在云南的流布和影响力的增强，民族的杂居，民族间联系的增多，尤其是各民族妇女间交往的日益密切，汉族妇女的贞节孝烈观念和行为对少数民族妇女产生了巨大而深远的影响。

在史书中，我们见到这样的记载："金应麟妻朱氏，昆明人，随母避兵滇池，闻寇搜海，投水死，土人哀之，埋于高跷。"又有昆明人任氏一门八女，值明末流寇之乱时，八女避兵罗母五道河，被贼发现，于是相继投水死。"土人镌碣识之曰：任氏一门八女死节处。"① 这两件妇女死节为土著夷人敬仰的事例说明，她们的行为已对夷人产生了影响，而且这种影响是渐进的。土人哀之，说明这些妇女的行为对土著夷人产生了震动，而主动来埋葬她，包含在这一行动中的不仅仅是同情，更有钦佩等感情包含其中。镌刻石壁，这表明土人进而已对其行为产生敬仰之情，还有要警示后人，永远怀念她们的寓意。妇女的行为能对土人产生震动，产生敬仰，已预示着土人已对汉族妇女的价值取向有了某种程度的认可，进而有可能仿照这样的行为，用这样的行为来约束本民族的妇女，或者少数民族妇女也将以这种行为作参照，一旦有相同的经历在她们身上发生，便采取相同的行动。

这样的例子以阿昌人早正一事最为典型。在诸葛元声《滇史》、张履程《彩云百咏》以及明清许多地方志书中都大同小异地记载着阿昌人早正及其妻子的故事。

早正妻，正为罗板寨百夫长，其妻罗古寨土舍女也。正病，事之谨，一日语妻曰：我欲杀汝，妻惊泣问故，曰：我死必矣，兄死弟妻其嫂，我阿昌俗礼也，汝将与小叔为妻，因此欲杀汝。妻以有女誓守，正不许。妻不敢近，正卒，妻大恸不食死。（《新纂云南通志·列女》卷二百五十二《列女传十四》）

明代阿昌人中还保留着收继婚的婚姻礼俗，在这种婚姻观念中，妇女是一个家庭的共同财产，兄亡弟续，在其文化观念中意味着对妇女的性活动范围只被限制在

---

① 两条材料均见《新纂云南通志·列女传》卷二百三十九《列女传一》。

家庭或是兄弟中，其实质必然建立在妇女较宽的性活动范围基础上。这一例子也相当突出地反映出阿昌族的文化观念在明代发生了根本变化，作为一个百夫长，一个阿昌人的小头目，他之所以要在死之前杀掉自己的妻子，是因为他已意识到他将失去对妻子的性权利，而且也不甘心失去这种权利，按习俗他的弟弟将继承这种权利，是他不能容忍的关键，这一例子至少告诉我们，阿昌男子对妻子性所属的观念在发生改变，从固有文化中的宽泛发展到绝对的占有。在这个例子中我们也看到，作为一个百夫长的妻子，能表达出夫死后要誓守节，说明一些少数民族妇女中已有了贞节的概念，而且从故事的结局看，她甚至绝食而殉夫，也有了节烈的壮举。最终她的行为在作为典型加以宣传中，对阿昌人妇女的社会生活产生了广泛的影响。明清贞节孝烈的观念深入到少数民族妇女的心中，并不局限于阿昌族中。

镇雄彝族陇绳武妻杨氏，"夫卒，夷俗兄亡弟续，皆逼令改嫁。氏誓死不从，请于官，力脱其污，抚侄为嗣，训以成名"。[①]丽江纳西族和地立妻仲氏，"年二十八夫卒抚子，土府逼令改嫁，坚守不从。亲族畏威往劝，氏自缢于室，家人急救得苏。土府恶其抗命，压派百金，氏典簪珥庐舍以纳，守节四十七年"。[②]此外还有顺宁土司猛雍之女、大侯土官奉禄妻禄氏，"父惑于后妻，欲使改嫁土舍凤诰。父约凤诰将逼之，氏佩刀自防。数月，父乃饵以毒，氏恨不见夫，留缅书一纸，词气甚悲"，[③]因不改嫁最终被毒死。

无论是早正及其妻的行为，还是镇雄夷人妇杨氏、丽江和地立妻仲氏的誓死守节，或是大侯州土官之妻、顺宁土司之女禄氏的守节、殉节志操，说明明清少数民族的节妇烈女，包括了少数民族各阶层的妇女，已不是个别妇女偶然为之的举动。而且在这些事例中还反映出当时少数民族社会中的一个普遍现象，即妇女的守节志愿和守节行为同本民族固有的文化观念间曾经发生过激烈的冲突，杨氏、仲氏、禄氏生活经历中的被逼改嫁，恐怕同汉族妇女中的其他逼迫改嫁有本质的区别，后者受逼是迫于财物、生计等原因，而前者受逼矛盾的焦点则是夷俗可以另嫁，要求她们遵夷俗。因而对于少数民族妇女来说，夫死后要遵从汉族的礼俗，守节不嫁，从一而终，其碰到的阻力要比汉族妇女大得多，这种阻力不仅来自亲族，更来自其所依存的社会及其社会成员的传统文化观念。杨氏求助于官

---

① 《新纂云南通志·列女传》卷二百五十四《列女传十六》。
② 《新纂云南通志·列女传》卷二百五十一《列女传十三》。
③ 张履程：《彩云百咏》卷下。

府，得到官府的支持而终能抚子守节；仲氏以死抗土府之命，典簪珥庐舍输金土府，付出了代价而得完其志向；禄氏为从一而终，抗命父母，甚至付出了生命的代价，其节操之坚一改夷习，沈德符在《万历野获编·大候州》条中记载了禄氏之事，感叹说："临死作缅书辞其夫，词甚酸楚，亦夷邦所未见也。"这几例历经冲突的结局，或者以妇女的守节而告终，或者用死来履行志向，它告诉我们的是，在褒奖孝女节妇烈女的整个社会风气下，少数民族的固有传统文化及观念在妇女坚定的贞风面前也不得不退缩和让步，妇女守贞节正成为少数民族妇女生活中的一种新趋向。

既然妇女的生活是少数民族社会文化中的显性表征，自然也成为国家"以夏变夷"重要领域，于是国家对少数民族妇女的节烈行为刻意加以表彰，这不仅激励着少数民族妇女趋于守节，也有力地促进了贞风在"蛮貊"之地的流布。如上面提到的路禄氏死后巡抚遣官祭奠，且为之作赞，得到政府的褒奖。又如孟连长官司土司土舍人刀罗派妻招囊猛，二十五岁时夫卒守节二十八年。弘治六年九月，云南都指挥奏其事，诏曰："朕以天下为家，方思虑名教以变夷俗，其有趋于礼义者乌可不及加奖励，招囊猛贞节可嘉，其即令有司显其门闾，使远夷益知向化。"①毫无疑问，即便是少数民族中某个妇女的守节行为得到政府旌表，不仅是一家的荣耀，也是闾中的无比荣耀，自然会成为妇女效仿的榜样，其结果就是激发起更多的少数民族妇女也以节自励。在广大汉族妇女行为的影响下，在国家"用夏变夷"的一统文化机制中，少数民族的妇女生活注入了越来越多的汉文化要素，引发出少数民族妇女价值取向的变化。明清少数民族列女人群就是在这样的背景、这样的氛围中产生出来的。

二、明清时期云南少数民族节妇烈女人群的构成

保存至今的明清云南地方志书，正德《云南志》在其卷二十二专设《列女传》，登载元代列女3人，明代列女32人，开创了云南地方志有节妇烈女传的先河。以后万历《云南志》、天启《滇志》以及清代的云南地方志有节妇烈女的记录。所载节妇烈女的人数，也不断增多。到明末天启《滇志》所载节妇烈女达309人，主要分布在云南府、大理府、临安府和永昌府中。民国时期龙云、周钟岳等人编

---

① 《新纂云南通志·列女传》卷二百五十二《列女传十四》。

纂的《新纂云南通志》，"编集历朝旧志，勒为一书"，[①] 记载了从远古至宣统三年的云南史事。该书的《列女传》，记载云南历代节妇烈女最为详尽。笔者以此书为依据，对云南的列女进行了统计分析研究，得出有明一代，云南共有列女1295人。及至清末，云南列女之人数又骤升至9580人，加上元代以前为数不多的节妇烈女，云南共有节妇烈女约10960人，构成了明清云南万余人的列女群体。

万余人的节妇烈女人群，这些志书记载了她们或者从父得孝，或者从夫得令，或者从子得慈，或者以身殉节，或者守贞而终的感人至深的事迹。如孟琏长官司土舍刀派罗妻招曩猛，年二十夫卒，守节五十二年获得旌表。还有顺宁府土知府猛卿妻陶氏，"夫死时，年三十六，哀毁欲绝，救而获免，教子成立，节操凛然。"因夫亡而守节的节妇、节孝妇，未婚守节的贞女，为保贞节而牺牲性命的烈女，抚子有成的慈母构成了这一庞大的列女人群，守贞、守节、行孝、节烈便是她们的主要行为。

表1　明清云南列女群结构表

	孝女节妇	烈女	贞女
人数	8260	1693	753
比例	77.2%	15.8%	7%

注：由于慈母、义妇人数较少，且有的慈母已放到孝女节妇一类中，故此表没有慈母、义妇一类。

尽管这万余人的节妇烈女人群主要出现在明以来大规模移入云南的汉族移民中，但其中不乏少数民族烈女节妇。由于少数民族改汉姓，一些少数民族妇女的姓氏与汉族相同，史书记载中又没有把她们分开记述，因而很难把她们从汉族妇女中区别开来，这是我们在统计少数民族列女时碰到的最大困难，实际上也不可能得到有关少数民族列女的准确数据。但根据从可以明确少数民族身份的这部分节妇烈女的行为，云南少数民族节妇烈女人群可分为孝女节妇、烈女、慈母及义妇四类。

（一）孝女节妇

主要由夫死守节的少数民族节妇和守节期间上孝翁姑、下抚幼子有孝行的少数民族节孝妇女组成。这也是少数民族列女中人数最多的一类。少数民族妇女中

---

① 李小缘编订，云南社科院文献研究室校补：《云南书目》，昆明：云南人民出版社1988年版。

的孝女节妇其主要行为一是丈死守节，如"陆华妻薛氏，建水人，丈为临安上官，氏年二十夫卒，景泰间旌。"又如"禄万钟妻薛氏，习峨人，夫卒守节，景泰间旌。"①禄万钟为临安府习峨县土知县禄氏家族的后代，禄氏家族在明洪武年间就授土职，永乐年间，禄万钟之父禄华老疾，万钟袭职。在《土官底簿》中载禄氏为罗罗人，因而作为少数民族妇女的薛氏因丈死守节得到表彰。还有镇南人段明柱之妻杨氏，"明柱于崇祯间为土州同，氏年二十三夫卒守节五十二年。"②段氏一族世袭镇南州土州同，在《道光云南志钞·土司志》中有"镇南州土州同……钦传承祖，承祖传明柱，明柱传光先。"的记载，段氏在《土官底簿》中为僰人。元谋夷妇李春发妻郭氏"年二十六夫卒家贫，能赤足佣工自给。夫弟怜其苦，劝改适，氏怒詈之，率二子耕凿如故。"③丽江纳西族土司木靖妾和氏，也在夫死后守节。"年二十五夫卒，无子，誓死守节。足不逾阃，长斋礼佛，每日跪夫灵前诵经。"④守节期间长斋礼佛，足不逾阃，表明其守节的坚定。少数民族妇女守节行为同汉族妇女的守节行为有许多相似之处。

第二类是守节期间上孝翁姑、下抚幼子有孝行的少数民族节妇。"海朝宗妻姬氏、子光曙妻安氏，平彝土县丞妻，姑妇也。姬年二十四夫故，嫠居抚孤袭职，娶安氏，孝而贤行，年三十光曙卒，誓殉夫，姬谕曰：全节固佳，我尚在，如孝何？安泣承命，孝事嫠姑。年收租息以盈余周贫乏，其节义如此。"⑤平彝土县丞海氏一族在永乐年间授职，道光七年（1827年）朝宗故，子光曙年幼，母姬氏代之管事。光曙咸丰四年（1854年）袭职，没几年也亡故，妻欲殉夫，念嫠姑老而守节。彝族姑妇双双守节，光曙妻安氏以贤孝义载入史册。《新纂云南通志·列女传》卷二百四十六《列女传八》中载"马名扬妻沙氏，建水回族人，年十四奉母有孝名。适夫三月，夫亡无出，失志守节，孝翁姑。氏父母早卒，仅存幼弟，抚以成人，弟亡又抚其二子。"回族从元代随蒙古大军入滇，聚居于清真寺附近，同云南许多民族杂居。回族在历史上随着蒙古人的汉化而开始接受汉文化。回族妇女也受到汉族妇女的一些行为观念的影响，同时，在她们所信仰的穆斯林教义中也对妇

---

① 两条材料均见《新纂云南通志·列女传》卷二百四十四《列女传六》。
② 《新纂云南通志·列女传》卷二百四十七《列女传九》。
③ 《新纂云南通志·列女传》卷二百五十六《列女传十八》。
④ 《新纂云南通志·列女传》卷二百五十一《列女传十三》。
⑤ 《新纂云南通志·列女传》卷二百四十九《列女传十一》。

女在家庭中的义务、职责作了规定，如"喜爱真主应强于喜爱自身，尊重丈夫强于尊重自己"，妇女在家庭中不仅要服侍照料好丈夫，还应孝顺公婆，和睦家庭，用耐心、容忍与慈爱来教育儿女。① 这些教义无疑对塑造回族妇女的社会角色中起着重要作用。

这类孝长抚幼的节妇，在少数民族列女中人数较多，而以丽江土府木氏家族妇女的表现最为突出。"高长妻木氏，名药师能，土知府木森女，夫任通安州土州同，年二十二夫卒，抚子成立，历五十四年，节操之坚一洗夷习。"② 高氏在《土官底簿》中为僰人，洪武间授通安土职，景泰间高长承袭，与纳西族通婚，娶丽江纳西族木森女为妻。长死，其妻守节，《乾隆丽江府志略》说：其妻木氏"抚孤高禄承袭，称未亡人者五十四年。"木氏家族中还有一女儿做了节妇，"王朝枢妻木氏，维西人，为叶枝土官崇高媳，朝枢妻丽江木氏女，生长名门，归王门后有贤声，多厚德，生五子，朝枢死时，氏年三十，茹苦含辛，上侍衰姑，克尽妇道，下抚儿女，教养成立，年八十而终，守节五十年。"③ 丽江纳西族土府木氏家族中能频频出节女义妇，在云南各少数民族中都是十分突出的，这绝非偶然。《明史·土司传》所说："云南诸土官中，知诗书，好礼守仪，以丽江木氏为首。"说明木氏家族是受汉文化影响最深的少数民族土司，其汉文化成就在云南少数民族中也是最高的，在学习、遵从、宣扬汉文化方面，确是在少数民族中树起了一面旗帜。木氏土司们好守礼义，也开始用汉文化礼教来管束家中妇人、子女，于是有了木森之女"节操之坚一洗夷习"，有了木靖妾斋佛守节，有了王朝枢妻木氏的"有贤声"和"克尽妇道"，更有木青妻罗氏在危难之际的"环甲跃马，身先士卒"④ 的义举。可以说木氏家族中妇女的行为与木氏家族受汉文化影响深是密不可分的。而木氏家族妇女的守妇道保大节无疑又会在纳西族社会中树立起典范形象，对广大纳西族妇女行为产生影响。此外，中甸厅藏族土把总松那恩典妻牛氏，"夫殁，氏年二十，青年守节，抚育子女成立。"⑤ 顺宁府孟缅长官司傣族土长官奉胜之妻罗氏，"年二十夫亡，子廷徵甫三岁，抚孤成立，袭土司，康熙五十六年旌。"⑥ 在卷二百五十五《列女

① 威海毕·苏莱曼：《穆斯林妇女》，海迪泽·马秀兰译。
② 《新纂云南通志·列女传》卷二百五十一《列女传十三》。
③ 《新纂云南通志·列女传》卷二百五十一《列女传十三》。
④ 乾隆《丽江府志略·人物略》下卷。
⑤ 《新纂云南通志·列女传》卷二百五十一《列女传十三》。
⑥ 《新纂云南通志·列女传》卷二百四十九《列女传十一》。

传十七》中还载有景东直隶厅的傣族土知府陶淞妻刀氏及其子陶明卿媳派氏，都是在夫死后抚子守节，教子有方，承袭土职的事例。

以上几位明清时期少数民族列女皆为土官土司妇，她们的主要功绩在于夫死后守节并抚子成人，承袭土职。如果说汉族妇女的守节抚子是为了传宗嗣的话，少数民族土官土司之妻的守节抚子除了传宗的意义外，还有确保土官土司世袭官职传袭的作用。纳楼长官司普延兴，崇祯时与土酋普名声构难死，其子率时年八岁，沙定洲为斩草除根，又侍机谋害其子。普延兴之妻禄氏，在危急中密将率匿于元江，率终幸免于难，得承袭土职。清初平滇后投诚，仍受世职，普氏土职延袭至民国年间。《新纂云南通志·列女传》卷二百四十四中评价说：禄氏"以孀妇当内忧外侮之交，卒能保全幼孤，袭职守土，盖妇人中不可多得者。"明代对土官土司的承袭、品级、义务等方面的内容作了规定，完善了土司制度。《明会典》中载：洪武二十七年（1394年）规定土官无子者，允许兄弟袭职，因而土司们寡居的妻子，抚育子女长大，则可避免大权旁落于兄弟、女婿等人之手，对于土司家世来说，意义更为重大。因而这一部分居于统治阶层的少数民族列女成为地方志渲染的中心，以通过对她们行为的宣扬来为广大的夷妇们树立起可效仿的榜样。这一类节妇烈女涉及云南彝族、白族、傣族、藏族、纳西族、布朗族、阿昌族、回族等多个少数民族。

少数民族土司土官阶层节妇烈女的普遍存在，也说明异文化对本土文化的影响有一个从统治阶层开始再到民众的渐进发展过程。处于统治阶层的妇女，"得风气之先"，较早受到外来文化的影响，此外，少数民族读书人庠的士人阶层的妇女，也是较早接受异文化的一个阶层，"常守嗣妻安氏，本夷人也，法戛用兵，守嗣率土练五百人效力，参将南天章上其功使入籍禄劝，遂读书为诸生。守嗣卒，氏年二十二抚遗腹子发科亦入庠，令夷民变火葬为棺葬，至今遵之。"[1]可见，少数民族一旦接受了异文化的价值观念，接受了异文化的塑造，则会从本民族社会内部出发，把外力转变为内部自觉的动因，推动文化变迁。而这些阶层妇女们在改造本民族文化方面所起的作用也是不容忽视的。

相对于统治阶层列女而言，少数民族孝女节妇中的土人夷妇，在描述中多只有一些普通的孝行。如那者妻钱氏，华宜寨夷民，"年二十八夫卒抚二子成立。守节二十五年。"又如"李氏，宣威人，兴学村夷人李应周母，周三岁而孤，氏

---

① 《新纂云南通志·列女传》卷二百五十六《列女传十八》。

佣工抚之至于成立，村人咸敬其节。"夷民杨阿五妻毛氏那姑也是孝女节妇，"年二十六夫卒，养翁姑孝，抚子成名，守节五十二年。"尽管有些普通，这些夷人妇女在丈夫死后，表现出的是同汉族守节妇女一样的行为，孝敬翁姑，抚育子女。同时，她们的守节行为有的也得到夷民的敬仰、钦佩，如夷人李应周母的守节抚子，"村人咸敬其节"。反映出夷民对汉文化中孝女贞节观念的接纳和认同。

（二）烈女

烈女最重要的特征就是在各种情形之下或为保贞节或为殉夫而被迫自杀或被杀。在明清云南庞大的列女群体中，有2147名妇女在非正常状况下死亡，死亡妇女人群占列女群总数的20%左右。少数民族烈女基本上由战乱死节和非战乱死节两大类构成。在我们了解的烈女事例中，战乱死节的少数民族烈女人数要多一些。如迷渡清石湾一夷人妻"避兵石穴，恐为乱兵所污，遂投河死。"[1] 死节的有烈妇，也有贞烈女，其节烈的原因都是为保节。在少数民族烈女非战乱死节原因中，已婚的、未婚的由于遭性骚扰而亡的事例十分突出，有"夷女六姐，建水人，女拒暴客死，崇祯十年旌，立碑城西道左。"[2] 有"李任妻矣氏，习峨人夷民罗厄之女也。父佃种李昭田，昭屡欲犯之，不从，昭用计威逼厝火积薪，缚氏其上，氏大骂遂被焚死，事闻旌。"[3] 更有丽江夷民和苴之女，烈女和氏阿嘉合，"年及笄，土棍萧阿培素艳女，求婚不遂衔之。一日，夜静更阑，持刀往，逾垣入直造女室，逼与私，女不从，大声号救，家人惊起，萧窘甚，挺忍杀女，突门而归。事闻萧伏法，女题旌"。[4] 当少数民族妇女确立起贞节观念，则一改夷习，表现出的就是在性行为上严于律己，以贞节自重，与固有文化中较随意的性行为产生尖锐的矛盾，发生了激烈的冲突，反映在这一个个抗暴而亡的例子中，许多少数民族妇女就这样为贞操而惨遭杀害。这几个抗暴而亡的事例中，还有一个共同点，她们都是在抗暴中被杀，因遭到性骚扰而感到羞愤、难以立足而自杀的例子，并不突出，这恐怕不仅仅是一种巧合。这里反映出的或许是，少数民族妇女的贞烈观念尚不至于像汉族烈女那样偏激、偏奇，以致在行为上表现出极端。另一方面，也说明少数民族妇女所处的社会也较能宽容地对待性骚扰一类的事件。少数民族和汉族

---

① 《新纂云南通志·列女传》卷二百四十二《列女传四》。

② 《新纂云南通志·列女传》卷二百四十四《列女传六》。

③ 《新纂云南通志·列女传》卷二百四十五《列女传七》。

④ 《新纂云南通志·列女传》卷二百五十一《列女传十三》。

的贞节观念存在着差异。

夷人阿期妻禄马，"阿期为人佣工染瘴殁，马哭之哀，越七日，翁姑出获稻，马置幼子于怀自缢死。"还有明代归属的蛮莫安抚司安抚使思义之妻 桑飘，她是孟养思氏之女，其夫思义因战败自缢，"桑飘闻之亦自缢死"。[①] 这些都是少数民族烈女为殉夫而亡的典型例子，尽管见于书中的例子不多，但看得出来有一些妇女殉夫而亡，说明少数民族烈女非战乱死节原因中有殉夫的要素。烈女殉夫还有一个重要因素就是夫死于义，则妻殉于夫。署沾益州事志斌妻萨拉吐氏，为满州人，随夫官任所。"同治纪元秋七月，贼陷州城，志斌殉难，氏泣曰：官人尽忠报主，我尽全节报夫，俾万里忠魂同归旗下无憾矣。遂出金帛散仆婢，趣之逃，独转上房投缳死。"[②] 又是寓居云南的满族妇女在战乱中男为国尽忠女为夫节烈的例子。张履程《彩云百咏》中还载："弥勒县城西十里，昔有夷妇，夫亡，遗一子，姑逼之嫁，不从，携子逃归母家，姑追及，撞石而死。风雨大作，今壁间尚有母抱子形，人名烈妇石。"反映出节妇受逼改嫁也是少数民族烈女的死节原因。

（三）慈母·义妇

慈母歌颂的仍然是抚子有成的母亲。"安氏，宣威人，土目禄崇尧母，年二十一守节养姑抚子，备极辛苦。卒年九十四，省府以巾帼完人额旌之。"[③]土目禄崇尧母安氏是以母亲的身份载入史册的少数民族妇女。

在明清云南少数民族列女群中，最具少数民族行为文化特点的列女要数义妇。明以来在云南分封土司，定其职责，明其义务，确立了土司土官们对中央的政治臣属，同时，又通过土司袭职前的习礼教育等方式对土司加以化导，以让土司树立起为国家的臣民当以国为重，忠心于帝王和国家的观念。不可否认，历史上土司们在捍边守土中为封建国家的统一和疆土的完整起着重要作用。而一些少数民族土官土司妇凭着她的特殊地位和在夷民中的影响，在国家改土归流等重大事情上，也能深明大义，站在国家的立场上，自觉维护封建中央的利益，表现出一些可令人击节称叹的义举。东川军民府土知府禄永明妾禄氏，在夫死后扶持二子应龙应凤先后袭土知府职，康熙年间，二子皆被乌撒土府安氏谋杀，康熙三十四年

---

① 两条材料分别见《新纂云南通志·列女传》卷二百四十五《列女传七》和卷二百五十二《列女传十四》。

② 《新纂云南通志·列女传》卷二百四十九《列女传十一》。

③ 《新纂云南通志·列女传》卷二百五十《列女传十二》。

（1695年）"众议承袭不决，氏徼印请改设流官。康熙三十七年给养终身。雍正七年赠恭人，表其墓。"[1] 禄氏在无子，土职承袭发生争端时，毅然交出大印，请设流官，她的义举，对清中央而言，自然是功高无比，由此得到殊荣。

清雍正年间是中央推行大规模改土归流的重要时期，镇雄土府中的陇庆侯母禄氏就是在这时期涌现出的一名义妇。"陇庆侯母即陇联嵩妻也。因不孕为夫娶其妹三禄氏。雍正元年，夫卒，氏年二十八，清贞自守，收葬三禄氏并其二子。五年庆侯袭镇雄土府，以匿奸革职，改土设流。夷众欲构乱，氏谕之曰：我祖宗千百年来以忠诚著绩，今日之事亦安气运，不可妄动，终始解散。及八年，乌蒙贼叛，煽诱镇雄诸夷，禄氏复飞驰各寨，申谕大义，情词激切，至欲自杀。众皆感服。氏身率诸夷环守州署，协济军粮，城赖以全。总督鄂尔泰建坊旌之曰：闺壹忠臣。题请封安人，给田二千亩以奉祀事。"[2] 夷妇忠诚于国家的观念泛言于表，而且她在危急中飞驰各寨，申谕大义，用自己方式履行其忠诚，并用其忠诚来感服夷众，留下了"闺壹忠臣"的美名。由此亦见明清以来儒家的忠君思想不仅影响着少数民族的土官土司，也影响了一批少数民族妇女。

由于少数民族妇女在其固有的社会中受到的约束较汉族妇女要少，且少数民族彪悍、粗犷、好斗、善战的民族性格也在塑造着生活于其中的广大妇女，于是在记载中也涉及到一些颇具民族性格的妇女。"夜梅，（广南）府人，僰妇也，万历间木邦侵境，兵势甚劲，郡中男子与之敌者皆北，妇手持尺剑败其党百十余骑，自是木邦兵不敢犯。"[3] 又如乾隆《丽江府志略·人物略》中所载的丽江土知府木青妻罗氏，"氏嫁十年，夫卧病，竭力调治，卒不起。方在闵凶，适有蓄寇，慨然曰：彼以我新遭丧，子在襁褓，妇人无能为耳。乃亲环甲跃马，先士卒，一鼓克敌，边鄙以宁。"在这里，我们看到了少数民族妇女横刀立马，驰骋疆场的飒爽英姿，她们以妇女少有的勇武和果敢为保卫疆土作出了贡献，在社会中树立起了与汉族妇女风格迥异的少数民族妇女形象。

在这里我们还要说，在明清土司制下的云南，一些民族根据本民族的固有传统，对土官的承袭作了规范，李京《云南志》中就载，罗罗"如酋长无继嗣，则立妻女为长。妇人无女侍，惟男子数十奉左右，皆私之。"在这样的传统中，妇女有

---

① 《新纂云南通志·列女传》卷二百五十四《列女传十六》。

② 《新纂云南通志·列女传》卷二百五十四《列女传十六》。

③ 《新纂云南通志·列女传》卷二百四十九《列女传十一》。

权继承夫职，妇人能作土官，明清时期云南还有许多象木青之妻罗氏这样的少数民族妇女在夫死后，执掌大权，行使着母土官的权力，她们事实上已成为明清云南少数民族社会妇女中的特殊阶层——母土官。在《土官底簿》、《明实录》等史书及一些地方志书都反映出妇女袭职土官的事实。据龚荫先生的初步统计，在明清云南五百八十七家土司中，"有女土官六十二员"主要分布在临安府、曲靖府、楚雄府的罗罗、僰人、和泥等族中，彝族尤多。如《明实录·洪武实录》中载："洪武十六年六月……辛丑，武定府女知府商胜、叔阿额来朝贡马。诏赐胜锦二匹，阿额锦一匹，及裘衣钞锭"。"洪武二十七年春正月……寻甸土官沙姑来朝贡马。诏赐锦绮及钞锭有差。"在沈德符的《万历野获编·武定府改流》条中有载："本朝洪武十六年，酋长地法叔妻商胜者，倡议归附，太祖嘉之，命为土知府。至正德间其孙名阿英者始改姓凤，传至土知府凤诏，死无嗣，其母瞿氏代袭，既久而老，乃举诏妻凤索林自代，已而悔之。索林嗣事，颇失事姑礼，瞿氏恚怒，收异姓儿名继祖为凤氏后，欲立之而废索林。既不克，乃具疏称为索林所囚，令继祖诣阙上之，继祖归，即伪受朝命袭职，逼夺府印。"此后女土官间为争夺武定府大权而争斗不休，酿成数十年的争端。以此可见，在明清云南历史中，有许多母土官曾经叱咤风云，对云南历史产生重要影响。这一明清云南少数民族妇女中的特殊阶层，应该加以研究。笔者将有专文对这一问题进行深入探讨。

三、明清时期云南少数民族节妇烈女群的特征

在汉文化影响下产生的少数民族列女群，在列女的结构、列女各类行为及社会影响等方面与汉族妇女间存在着许多共性，如孝女节妇中的丧夫不二，誓死守节，以及守节中的侍奉翁姑、抚育子女；节烈妇女在战乱及性骚扰中保节被杀以及夫死殉夫等行为；慈母、义妇的抚子有成、为国家尽忠殉节等都是共性的表现。当然少数民族列女群同汉族列女群间也存在一些区别。

第一，从明清云南少数民族列女人群的人数来看，在整个明清云南列女群中占的比例是十分有限的，远不能同汉民族列女人群的数量相比。

第二，从所载少数民族的列女身份来看，涉及到社会中的各阶层。但绝大部分的汉族列女是广大的平民，而少数民族列女中，属于土官、土司身份妇女的事例占有较大的比例，少数民族列女统治阶层的特征较为突出。说明汉族妇女对少数民族妇女的影响还局限在社会的上层，两种文化间的吸收融和还需要有一个历

史发展过程。

第三，少数民族孝女节妇的守节行孝的行为尚不像汉族妇女那样偏激、偏奇，如孝行中多是抚孤侍亲的普通孝行，无侍疾、割股疗疾、厚葬、千里归葬等极端行为现象，少数民族孝妇行孝的价值突出地表现在承嗣袭职以确保家族特权方面，而尊亲之孝和悌亲之孝以及行孝中所包含的敬天法祖观念尚不突出，反映出的是在少数民族的人伦观念和丧葬观念中仍有本民族固有的传统，从而显示出文化差异的存在。但对于守节的少数民族妇女而言，她得承受来自本民族内部的传统和社会主流文化两方面的压力，要守住大节，就更为困难。

第四，少数民族烈女中为保节自杀的行为不多见，占大多数的都是为保节而被杀，更无因遭性骚扰而感到羞愧从而自杀的事例，性骚扰尚未成为少数民族妇女节烈的重要因素；且几乎没有战乱中为保节而全家数人、村寨数十人集体节烈的事件；再者殉夫的烈女事例相对较少。从被杀和自杀的差异，这反映出少数民族的贞烈观同汉民族的贞烈观间还存在差距，妇女的身体尚不是衡定贞与节的唯一指标，社会不过于苛责受性骚扰的妇女。根本的，少数民族妇女的节烈行为尚未走到像汉族妇女那样的极端。

第五，正因为少数民族烈女节妇更难做到，人数虽少，但却是国家"用夏变夷"政策极力倡导的，所以政府对少数民族妇女节烈行为的褒奖更为有力。如孟连长官司土司土舍人刀罗派妻招囊猛，守节二十八年，弘治间孝宗皇帝还为旌表她而亲下诏谕。还有为改土归流做出贡献的往往能得到诸如赐封恭人中等封赠、赐田得禄、建坊颁额等较高形式的旌表，而且，国家更侧重对土官土司阶层少数民族列女的旌表，其目的也是希望通过对有地位有影响的妇女的旌表，来影响广大少数民族妇女，让她们革去夷习，遵从国家对妇女的统一规范。最终，受到禁锢的少数民族妇女也在汉文化的影响和塑造下，一步步陷入家庭、社会及文化生活中的从属地位。

"风诗十五国，郑卫有佻俗。南蛮凡百种，节烈志乘录。暮跳月，朝踏歌，一春若狂奈尔何？妇殉夫，女拒暴，先后节烈相焜耀。五色瑞芝苗草丛，白莲秀拔于泥中，一为诸蛮扬贞风"。张履程《彩云百咏》中的这首风俗诗，从跳月踏歌的不拘到殉夫拒暴的壮举，歌咏了边疆民族地区蛮风突变的史实，从少数民族妇女贞节观念的淡漠到明清云南少数民族列女人群的涌现，无疑已昭示着滇云之域的少数民族妇女生活在发生深刻的变化。发生在云南少数民族妇女精神生活领域的这一变迁，从一个侧面深刻地反映出汉文化在西南边疆民族地区的发展进程和影响的程度。如果说云南节妇烈女群是明清社会中的特殊人群的话，少数民族节妇烈女人群则更是节妇烈女中的特殊群体。这一人群之所以特殊，是因为这一人群从无到有的产生，从一个侧面反映着民族文化融合所走过的历程，更是少数民族文化变迁的结果和变迁的变迁的表征。明清云南少数民族列女群的出现，在云南各民族妇女生活史中极其深远的文化意义。

（原文载林超民主编《民族学通报》第一辑，云南大学出版社 2001 年出版，）

族性、性／性別政治

白族社会"绕三灵"中性的阈限

一、白族社会的"绕三灵"

2007年暑期，笔者前往大理进行田野研究，在周城、喜洲街子、沙村、江上、河涘城、庆洞等村落走访了许多家户，就白族"绕三灵"盛会进行访谈，获得村民对"绕三灵"的描述。2009年5月17日，即农历四月二十三至二十五日前后，笔者再次前往大理，参与观察白族社会"绕三灵"盛会，获得对"绕三灵"的进一步认识。

绕三灵又称绕山林盛会，白语叫"Kurx safnad"，或"逛三楠"，意即"去三个地方走走逛逛"，也有说"南朝""北朝"，强调绕三灵走逛特点。从四月二十三日开始到二十五日结束，为期三天。据白族社会历史调查资料，"绕三灵"走逛路线第一天从大理城东龙母太婆本主庙开始，顺着苍山脚绕到苍山五台峰下的喜洲圣源寺神都本主庙。第二天绕到喜洲洱海海边的河涘城洱河帝段赤诚本主庙。第三天沿洱海边到马久邑本主庙散去。[①] 现在因大理至丽江的大丽公路穿洱海坝子村落而过，交通便利，人们可以乘坐马车、三轮摩托车等各种交通工具，以往靠脚走步行的逛三楠已被乘车加步行所取代，因而绕三灵采用新的路线和方式。一部分村民在农历四月二十二日就会包车从自己的村子到大理古城，到城南的本主庙进香祭祀后当晚住宿在城隍庙附近的村民家。农历四月二十三日绕三灵第一天一早，又继续包车到十余公里外的神都庆洞，到庆洞村民家安顿下来。年年出去走逛的村民通常都会在三天中固定住到绕三灵必经的庆洞、河涘城的某一人家，多年不变，借锅造饭，住宿其家，每人凑5元钱给主人家即可。到庆洞安顿下来，一天的活动就是进香、祭祀，逛庙会，听唱调子，晚饭后再走逛，至深夜乃歇息。农历四月二十四日绕三灵第二天一早，走逛的村民就动身前往洱海边的河涘城村。中途就到喜洲街子逛逛，再到河涘城村的洱河神祠拜祭，也一并去

---

① 杨宪典、杜乙简、张锡禄等：《大理白族节日盛会调查》，载《白族社会历史调查》（三），昆明：云南人民出版社1991年版，第154页。

紧挨河涘城村外的八母庙进香。① 在河涘城，中午以后走逛的人才逐渐多起来，整个下午来逛的人多集中到洱河神祠旁的金河小学内，人们的主要活动就是围坐在学校的草地上树荫下唱情歌调子。夜晚唱情歌的活动就转移到各个借宿的家户中，宽敞的白族民居院落内挤满人，直至深夜或通宵达旦。河涘城这天一过，走逛的人大多就散去了，只有为数很少的人还会在绕三灵的第三天继续前往马久邑。访谈后得知，基本都是下鸡邑村等马久邑往南的村落的村民，也可以说，绕三灵返家需要路过马久邑的村落，其走逛的村民才会到马久邑。

白族社会各村落都有自己的本主，在本主诞辰日都要举办接送本主巡游的会期，绕三灵是大理区域本主诞中规模最大的会期。绕三灵的第二天农历四月二十四日是大理最大的本主号称"五百神王"的中央本主段宗榜的寿诞，会期三天。域内大小本主都要前往庆洞神都本主庙朝贺，因而在白族人想象的神的世界中是各路本主、神仙的"神游"。马久邑的本主保安景帝张玉林是中央本主段宗榜的驸马爷，自然要去神都朝贺。会期的第三天上午，马久邑的村民便将本主的照片行身请进小轿子从本主庙护国祠中抬到南庄村外洱海边瓦登平的将军庙，意为本主离开村子去神都朝贺了，下午又吹拉弹唱隆重地去将本主迎回来。像这样迎送本主活动在许多村落都会举行，尤其是那些自认为在五百神王中地位尊贵的本主的村落，走逛和诵经以及迎送本主就越受村民重视，参加的人也越多。绕三灵会期一开始，大理坝子域内各村都有莲池会老妈妈在本村的本主庙点烛上香，念经朝拜。出去走逛的莲池会老妈妈们是护神的主体，在会期第一天穿戴整齐带上香烛供品到庆洞神都本主庙内围成组，或站、或坐、或跪，手持佛珠木鱼，静心诵经，神情专注。她们既为中央本主祝寿，实则又在护本村本主神。待诸神"神游"结束，老妈妈们走逛会期也结束返回村时，村里会组织一些村民扛着圆形的万民伞出村在半道迎接本主回村，也迎回这些出去走逛念经护本主的老妈妈们。

这三天会期，引来万民朝拜，有交通警指挥交通，离庆洞一里多外都得下车步行。会期带给信众和香客们的就是集中在庆洞的盛大庙会，衣服、日用品、农具、凉粉摊、果脯、糕点、卖生皮的猪肉摊沿公路一直摆到神都大门，甚至旋转木马等游乐设施也安放在采石场前的空地上。帮人写表的"先生"从庙外的路上就排到本主庙内，上给诸神求财、求平安的各种表一应俱全。神都大门外的香火烧得

① 因 2009 年农历有闰月，栽秧时间与往年相比晚了近一个月，绕三灵开始时大理坝子许多人家田里的秧还没有栽种下，都还在忙于栽秧，故今年参加绕三灵走逛的人明显少了些。

热气腾腾，燃烧的纸课香烛从香炉内叠堆到地上，火苗蹿起很高。本主庙内二进院都插满了人，五百神王的本主塑像前几乎难以下跪，成捆的香堆在本主像一侧。祭祀需生祭一次熟祭一次，抬着猪头、鸡、肉、鱼、蛋各种供品的人们在人群中艰难地穿梭。捐功德的无数案桌前都挤满了人，捐过功德的香客会得到一条红色或黄色的绸布条，系在手臂上。进香出来人们会买一对五颜六色的太阳膏贴在面颊两侧的太阳穴上，认为一年都不会头晕头痛，可避邪。杀牲祭祀、进香点烛、上表焚化，诵经护神，许愿还愿，表达出村民们对本主神的虔诚祭拜。

在当地人的表述中，绕三灵还有多种说法。"坐草"之说源于祭奠白族祖先"白王"，白王去世后人们为祭奠他而哭唱。绕三灵"坐草"之说强调要唱白族调子，与走逛结合，就要边走边唱。一队队手持柳枝、头戴八角帽、戴着墨镜的唱花柳曲的男女时不时在走逛的人流中出现，一步三摇，一步一唱。花柳曲内容插科打诨，相互调侃、戏谑。

"绕三灵"在当地人中还有一个说法，叫"风流会"，强调该节日男女间表达情感。如白族调子所唱："北朝门口跳跳舞，南朝门口谈谈情，绕到喜洲唱调子，绕到湾桥歌一歌。绕到南门吃雪梨，绕到北门吃酸角，绕到城里吃米线，一天吃几回。"① 进香毕，从本主庙出来，人们顺着人流走向村外南边的采石场，这是传统绕三灵盛会中的"桑林地"，是男女间可以通过唱白族调子来谈情说爱的地方。采石场土堆乱石横亘，地面低凹不平，但丝毫不影响人们来对歌、听歌取乐的兴致。有一对中年男女的唱调子不时引得听的人哄笑，似乎唱得情投意合，经当地人翻译，女的有唱"晚上你来敲门我把门开，我姑娘与你儿子配成对，我们两个配成双"。唱情歌和前来听歌的人群直到晚饭时间方渐渐散去。到了晚上，庙会的主街上仍是人头攒动，有歌舞队在打霸王鞭。笔者来到采石场一带，看到白天唱调子的喧嚣退去，夜幕下这里就成为情人们幽会的地方。漆黑的旷野里闪着三、五处手机发出的微弱亮光。为听清楚一对情人的谈话，我尽量靠近他们，刚在紧挨他们的沟坎处坐下来，就从我身后一大堆土石旁传出一阵窸窸窣窣的声音。旷野上时不时会有一对、两对男女用手机照亮从黑暗处挽着手走出来。三五群人在黑漆漆的路上逛来逛去，无论男女，来到这里的人都会被当成来寻觅情人的人，偶尔会听到有人低声搭讪："小妹，来逛"。绕三灵是"风流"会，用唱调子公

---

① 王富：《鲁川志稿》，大理：大理白族自治州南诏史研究会编印，2003 年，第 180 页。

开、直白地表达男女间的爱慕是"风流"所包括的内容，当然，并不是每一个白族人都愿意承认绕三灵有"风流"的含义，访谈中有的村民只愿意承认"绕三灵"只是出来唱唱调子。洱海坝子家喻户晓唱白族调子的民间歌王赵阿哥却认为白族人有许多节日都要唱调子，但只有"绕三灵"这个歌会才有"风流"的意思。我在大理做田野时几次在不同的场合都碰到这位歌王。在近三十年唱调子的生涯中，他在许多家户办寿、村落本主节和石宝山歌会等各种节日中都去唱白族调子，被拍制刻录的 VCD、DVD 有无数版本，洱海坝子几乎每一户白族人家都能找到他唱调子的光碟。据他所说曾经与上千位白族妇女唱过调子，其中也不乏唱得动心、动情的时候。他认为社会对妇女不公平，有的妇女对自己的婚姻不满意，不能与自己喜欢的男人结婚生活在一起。在他看来"绕三灵"妇女们出来进香可以有借口离开家人，为那些婚姻不满意的人提供了机会。一位周城的老妈妈也说："要两个彼此互相喜欢才能风流在一起。"绕三灵称为"风流会"由来已久，"士女如云郭外游，红颜白面两风流"，民国时期前清举人赵冠三的《"绕三灵"竹枝词》描绘了白族"绕三灵"期间男欢女爱的情景。可见，长久以来，男女间的性爱也是白族社会绕三灵的主题。

在当地人看来，绕三灵还是祈雨会，或是送金姑回巍山的日子，还有多种说法。因而，绕三灵是复合性的节日，具有多重含义，参与其中的民众也有不同的诉求。白族学者就绕三灵的起源、民俗文化进行过研究，绕三灵会中男女间的性爱也在白族学者的研究中被或多或少加以讨论。如李正清《白族"绕三灵"的起源和性质》一文认为绕三灵的发祥地在桑林谷，"原始的'绕三灵'与女性的生殖器官有着密切的关系"，[①] 而且"绕三灵"中人们头部太阳穴上要贴"太阳膏"，白语称太阳为〔nie33〕，称性行为也是〔nie33〕，因而，太阳膏"以艺术的装饰象征着'绕三灵'活动的本质，祈求又必辅之以不加区别的交合"。[②] 杨政业《白族"绕三灵"文化述略》一文认为"绕三灵"是白族"长时间、大规模、历史悠久的民俗活动"，"绕三灵"中男女情人相互称呼对方为"活恩尼"，"'活恩尼'在特殊的时间和场合，

---

① 李正清：《白族"绕三灵"的起源和性质》，载杨政业主编《大理丛书·本主篇》下卷，昆明：云南人民出版社 2004 年版，第 523 页。

② 李正清：《白族"绕三灵"的起源和性质》，载杨政业主编《大理丛书·本主篇》下卷，昆明：云南人民出版社 2004 年版，第 524~525 页。

可被白族社会道德所默许"。① 梁永佳《地域的等级》也记录了"绕三灵"中的"风流事"。② 这些研究说明白族绕三灵盛会中男女性爱的真实存在，但这些研究并未在人类学的理论构架下对白族人"绕三灵"中存在的性行为进行解读。本文试图将"绕三灵"盛会中男女性爱与朝圣仪式关联起来进行讨论，从而认识白族社会宗教与性的组织机制。

二、朝圣过程中性的阈限

"绕三灵"三天走逛，进香、拜神，路线中包括了神都中央本主庙，佛都圣源寺和仙都八母庙，尽管朝圣的地点都在白族人所认为的山脚海边，但每一个地点都能关联到白族人的祖先和信仰神灵所在的地方。人们在从一个地点到另一个地点的走逛过程中杀牲祭祀、进香点烛、上表焚化，诵经护神，许愿还愿，神圣感存在于每一个虔诚的祭拜中，显然这是白族社会本主民间信仰中"朝圣者的旅程"。③ 参加走逛的村落，各村拥奉着本主，自由成队。领队的两巫觋手执杨柳枝，装扮妖艳，边走边舞，口中唱"花柳曲"，极戏谑之能事。一曲名为《绕三灵》的花柳曲唱道："三月里来三月三，四月里来绕三灵，三绕园来四绕潭，一年绕一回。绕朝南，绕出火一塘，绕朝北，绕出水一潭。吾妻上已约过了，小妹你上没约过。小妹若想尝个味，年年约你去。"④ 这些唱曲要在平时有亲戚朋友长辈在旁边都不会唱，唱了就要让听的人和唱的人都感到害羞。但在此情景中不仅不会让参与的老少感到害羞，还激发了人的情欲。参加绕三灵走逛的人们有三个晚上离家住宿，第一个晚上歇大理古城，第二个晚上歇庆洞村，第三个晚上歇河涘城村，才散去回家歇息。将"绕三灵"及其活动放到人类学的理论框架中对人们的性行为进行分析和阐释，可以看到这一活动在特定的时间（三天）和空间（沿游神路线）中发生，历时几夜，许多活动安排在晚上进行，是"'时间之内或时间之外

① 杨政业：《白族"绕三灵"文化述略》，载杨政业主编《大理丛书·本主篇》下卷，昆明：云南人民出版社 2004 年版，第 533 页。

② 梁永佳：《地域的等级：一个大理村镇的仪式与文化》，北京：社会科学文献出版社 2005 年版，第 163 页。

③ 〔美〕维克多·特纳：《戏剧、场景及隐喻：人类社会的象征性行为》，刘珩、石毅译，北京：民族出版社 2007 年版，第 205 页。

④ 王富：《鲁川志稿》，大理：大理白族自治州南诏史研究会编印，2003 年，第 180 页。

的片刻',以及世俗的社会结构之内或之外的存在"①。这一机制允许社会成员离开自己日常生活的家屋空间,在本主庙或其他地方过夜;人们也有可能离开家人,回到婚前的情人身边,或者结识新的"jiani",表现出一些有象征意义的行为,即个人或群体从原有的处境——社会结构里先前所固定的位置,或整体的一种文化状态(称为旧有形式)中分离出去的行为。②此种情形正如人类学家特纳(Turner)所指出的"阈限的实质,是由法律、习俗、集会和庆典所指定、配置的。正因如此,它们的模棱两可的和不确定的属性,在许多社会中由那些将社会和文化过渡仪式化的极其丰富多样的象征表现出来。"③历史上白族社会婚前求偶文化中有性自由,《云南志》中有"嫁娶之夕,私夫悉来相送"的记载,因而需要一种机制来处理社会成员中存在的婚前就已发生的性如何在婚后仍然获得与相关性伴保持一定程度性关系的问题,并使这样的性关系具有民间意义上的合法性。白族民间社会中通过特定的节日和朝圣祭神的活动,就生产出这种机制,让婚姻中的男女可以暂时自愿撇开各自的家庭或者配偶,在朝圣、仪式和节日活动中传情达意,结成性关系,成为性的安排中的"阈限"机制。在人类学中"阈限"的概念意指所有间歇性的或模棱两可的状态,"阈限"作为"介乎两个物理空间之间的或介乎两种社会状态之间的地位"在人类学中有重要意义。④维克多·特纳(Turner)认为,"阈限或阈限人的特征不可能是清晰的,因为这种情况和这些人员会从类别的网状结构中躲避或逃逸出去。阈限的实体既不在这里,也不在那里;他们在法律、习俗、传统和典礼所指定和安排的那些位置之间的地方。作为这样的一种存在,他们不清晰、不确定的特点被多种多样的象征手段在众多的社会之中表现了出来。在这些社会里,社会和文化上的转化都会经过仪式化的处理"。⑤因而,在特纳看来,

---

① 〔美〕维克多·特纳:《仪式过程——结构与反结构》,黄剑波、柳博赟译,北京:中国人民大学出版社 2006 年版,第 96 页。

② 〔美〕维克多·特纳:《仪式过程——结构与反结构》,黄剑波、柳博赟译,北京:中国人民大学出版社 2006 年版,第 95 页。

③ 〔英〕菲奥纳·鲍伊:《宗教人类学导论》,金泽、何其敏译,北京:中国人民大学出版社 2004 年版,第 194 页。

④ 〔英〕菲奥纳·鲍伊:《宗教人类学导论》,金泽、何其敏译,北京:中国人民大学出版社 2004 年版,第 189 页。

⑤ 〔美〕维克多·特纳:《仪式过程——结构与反结构》,黄剑波、柳博赟译,北京:中国人民大学出版社 2006 年版,第 95 页。

阈限使个体处于"社会文化上没有身份、不存在的地带"①。

白族社会"绕三灵"朝圣中呈现出有关性的组织的"阈限"机制，首先，这一机制规定婚姻外的性可以在特定的时间内发生，而且贯穿在与本主神有关的朝圣过程中，体现出白族社会性的组织和安排与宗教间的结合。在河涘城村一段姓老人谈到"绕三灵"中结jiani（情人）的情况说：

情人关系被村里人知道了议论得不得了呢，这种事情多得很，凤仪的、大理的、下关的，（绕三灵的时候）情妇就带来了，老婆就放在家里了嘛。特别是现在四五十岁的也很多。参加绕三灵的女人多，男人也去，反正男人去的话都是有点二姨妈性的，他会唱一点，会哭一点。没有男子汉气质。表面上看着花花绿绿，一样都不晓得。一个是唱点情调，两个人唱拢掉么就好说话，在调子里把对方给勾引过来。

以前朋友在绕三灵带人过来我家，我在客厅里撒给他们些稻草，他们自己带来被单或者毯子，靠在草上过一夜，全部男女都在一起。他们带个相好的来绕几天，说什么都避开我们，表面上最规矩，实际上有行动，大多数都是一对一配着出来。

可以看到，无论从文献记录到亲历绕三灵的村民，以及笔者的田野观察，都反映出结情人是一些人绕三灵中的重要内容，其中所隐含的婚外的性也成为内部心照不宣的事实。绕三灵就是"那些'老倌倌'和'老妈妈'会在这个节日里'birt sait bairt vux'，意思是'搞私事'"。②一位在本主庙帮进香的人写表上表的老人说："风流是人们自己做的但是把这种事情推脱给菩萨，敬香是给爱玩爱笑的人提供风流的机会了"，因而"绕三灵"中人的风流与本主神的风流之间存在密切关系。在白族人有关本主的故事中，有许多故事涉及本主神的"偷情"，如洱源河涘江的《白官爷》、鹤庆《风流的东山老爷》等，而绕三灵之"风流"的由来与中央本主段宗膀和马久邑的卖酒少妇"偷情"的故事有直接关系。被供奉在神都的中央本主段宗膀有"五百神王"之称，然在一些民间故事中，其身世有多种说法，其中之一说他是"大姑娘所养"，即无父亲的私丫子。后来他立了战功，死后成了本主神，被南诏王封为"灵镇五峰建国皇帝"，正要到庆洞去就任神都的大本主，但他的弟弟比他狡猾，

① 〔英〕奈杰尔·拉波特、乔安娜·奥弗林：《社会文化人类学的关键概念》，鲍文妍等译，北京：华夏出版社2005年版，第197页。

② 梁永佳：《地域的等级：一个大理村镇的仪式与文化》，北京：社会科学文献出版社2005年版，第163页。

先到神都当了本主。段宗膀只有做了上阳溪的本主。^① 民间故事还说做了本主的段宗膀与马久邑的卖酒少妇有一段风流韵事："从前，马久邑有个人才美貌、性格开朗的卖酒少妇，她天天背着酒坛走村逛寨去卖，几乎走遍了大理三百六十多个村寨。后来，她卖酒只跑上阳溪，别的村寨再也不去了。原来她和段宗膀暗暗相好了，天天眉来眼去，舍不得离开他。可是，卖酒少妇天天跑上阳溪，生怕别人觉察，惹出是非。两人便约定，每年农历四月二十三'绕三灵'会期间，由段宗膀光明正大地到马久邑和卖酒少妇相会一次。因约会时间相隔太长，两人心里老是相互惦念着。"^② 后来段宗膀帮马久邑村降雨解旱灾，被村民接到马久邑村作本主，与卖酒少妇就天天相处在一起，也"不再牵肠挂肚了"。正是这一神与人之间的"偷情"规定了绕三灵的路线要从中央本主所在的庆洞神都到卖酒少妇所在的马久邑，也确定了绕三灵中结"jiani（情人）"的基调。这个有关中央本主段宗膀的故事最具复合性，具有象征意义。故事将私丫子的身世、婚姻外的性等被白族社会惩戒的事件都复合到这位最大的中央本主神身上，赋予他可以施法术降雨和与少妇偷情的特殊能力与身份。故事的隐喻传达出本主神可以不受时间限制与未婚的、已婚的异性人或神发生"jiani（情人）"关系，而人却不能像本主神那样在任何时间都能与婚外异性发生"jiani（情人）"关系。但白族社会性的"阈限"机制规定在绕三灵游神仪式的特定的时间内，神能为之，人亦可为，而且人只能在此特定时间内发生婚外的性。因而，第一天拜神都，来参加绕三灵的众信男善女到了庆洞神都叩拜了这位风流的中央本主就如进入了通过仪式，意味着可以从婚姻内的性进入到婚姻外的性阶段，就如人的通过仪式，从一个生命阶段进入到另一个阶段。随着绕三灵仪式过程中时间与空间的转换，日常生活中被排斥、禁止的婚姻外的性转换为社会认可的性，通过这一特定的仪式时间与空间，个体与婚姻内的性发生分离，与人的属性发生分离，表明人可以来做神所做的越轨性事不但不会害羞或有负罪感，而是充满神圣感。婚外的性被组织为间歇性的发生，社会和成员个体对性的控制处于一种模棱两可的状态。阈限阶段是仪式过程中的核心所在，因为它处于"结构"的交界处，是一种在两个稳定"状态"之间的转换。

其次，这一机制规定婚姻外的性可以在特定人群身上发生，如婚后不能怀孕的妇女，也包括尚未育出儿子的妇女或者希望多生育子女的妇女。这意味着与

① 杨政业：《"中央本主"——段宗膀》，载杨政业主编《大理丛书·本主篇》下卷，昆明：云南人民出版社2004年版，第583页。

② 杨政业：《白族本主传说故事》，昆明：云南人民出版社1999年版，第141~142页。

生育和继嗣有关的性可以从婚内延伸到婚外。一周城的老太太说："'绕三灵'是风流会，因为有的女人不会生娃娃，在风流会上就会有娃娃。一般都是活泼开朗，爱玩爱笑的人来参加绕三灵，古辈子就传下来的传统。"对白族社会，男女两性间发生的性关系更重要的是要为满足农业社会对子嗣、姓氏、宗族香火的延续。出于生育和子嗣考虑，性的组织在白族社会是与其他相关的招赘、过继等婚姻、继嗣制度相互配合加以运用的多种机制之一部分。在许烺光的《祖荫下》一书中，"父子轴"是喜洲人亲属关系的核心，①其他所有的关系都是父子关系的延伸或补充，或是次之于父子关系的关系，这确定了白族社会重子嗣的文化基调。挖色高兴村一老人说到自己祖上曾生育了13个孩子，但只养活了3个。费子智（Fitzgerald）在《五华楼》中认为"由于流行性麻疹、猩红热以及伤寒，儿童的死亡率原来已经很高，但不合理的膳食改变导致消化系统紊乱，使夭折的儿童更多"，②在婴儿高死亡率的前提下生育神对白族人是非常重要的。白族社会有众多掌管生育的祀神，庆洞神都的阿太、三霄圣母，海东高兴村的老太圣母，以及九天卫房圣母，送子娘娘、子孙娘娘等，许多掌管生育的祀神遍布每个村落的本主神庙中，满足白族社会对子嗣的诉求。绕三灵需经过的桑林谷"自然形势非常像女性的生殖器"，③绕三灵游神中的两名巫觋，手执柳枝，戏谑逗唱，还要边走边舞，桑林舞中的"脚勾脚，心合心，背靠背，胯合胯等肢体动作表现出交媾状。手执的柳枝是男根的象征，柳枝上用红线绸拴挂着多籽的葫芦象征母腹和子孙繁衍，而红绸则象征潮红"。④从唱曲子到跳桑林舞，都有性的暗示，在求子嗣的前提下，这些性暗示可以表达出来。河涘城村那位段姓老人还谈道：

> 绕三灵最中心的内容就是，以前你已经结婚了，好几年没有娃娃，然后去一次香火，回去就怀孕了。主要是为了这点，每个寺庙去磕头烧香，说好话，供给他好肉好鱼，然后嘛就在外面怀上了，家里面也晓不得。以前是专门有一条路，

---

① 许烺光：《祖荫下：中国乡村的亲属、人格与社会流动》，王芃、徐隆德合译，台北：南天书局2001年版，第54页。

② 〔澳〕费茨杰拉德：《五华楼——关于云南大理民家的研究》，刘晓峰、汪晖译，北京：民族出版社2006年版，第133~134页。

③ 李正清：《白族"绕三灵"的起源和性质》，载杨政业主编《大理丛书·本主篇》下卷，昆明：云南人民出版社2004年版，第521页。

④ 赵寅松主编：《白族文化研究》（2002），北京：民族出版社2003年，第227页。

万花溪那里，专门就叫绕山林路。以前刚开始有这个节日的时候，人很少，山里虎豹也多，山里面就方便搞这些事情了嘛。他做了这些事情就不回去说，把佛门口的香火带回去一包，拿到家里就把这包香灰灰供起，就说是赏给我们儿子了。

从大理坝子到鹤庆、剑川，白族聚集地可以求子的节日从正月到八九月不间断，足以让需要生育的妇女获得受孕机会。所有的求子活动都与拜神朝圣联系在一起，绕三灵所经的河涘城有仙都之称，村中的龙母祠，还有附近的八母庙，都是掌管子孙的神。沙村的杨姓奶奶说："妇女生孩子前要去河涘城敬，要去'破育'，生孩子的时候就会顺利一点。"剑川石宝山阿姎白膜拜，更具有赐子孙的生育意义，石宝山歌会当地人美其名曰"白王纵民三日"。

这些以求子嗣为主旨的朝圣也同样具有"阈限"功能，正如特纳（Turner）所界定的"阈限常常是与死亡、受孕、隐形、黑暗、双性恋、旷野、日食或月食联系在一起"。[①]以生育和人口繁衍为目的的性爱是被许多文化所鼓励的，"性就处于人口这一政治、经济问题的中心"。[②]对于男女社会成员来说从青春期、结婚、生育到死亡，人生多种角色的多次转换须经历多次通过仪式的阶段，生育儿女成为人父、人母也是通过仪式中重要的一环。若婚姻内的性丧失生育功能，不能保证香火的延续，就需要有一机制让不能生育的性获得让渡。参加求子仪式的女性在祭拜了生育神后，进入"阈限"阶段，得以与婚姻内的性发生分离，进入到性归属的模糊状态，经过"阈限"阶段从没有生育能力的性对有生育能力的性的让渡，使参与求子的女性得以实现从未怀孕到受孕生子的转换，也意味着妇女完成从为人妻向为人母的新的生命仪式过程，获得新的社会角色。出于生育目的的性"越轨"也在特定的时间和场景被社会接纳。

三、Carnival（嘉年华）般的"绕三灵"

白族社会的"绕三灵"场面宏大，"参加的群众成千上万，穿得花花绿绿、浓妆艳抹的青年男女和老老少少排成十多里的长蛇阵"。[③]庆洞村民说绕三灵是仅

---

① 〔美〕维克多·特纳：《仪式过程——结构与反结构》，黄剑波、柳博赟译，北京：中国人民大学出版社 2006 年版，第 95 页。

② 〔法〕马歇尔·福柯：《性经验史》，佘碧平译，上海：上海人民出版社 2000 年版，第 19 页。

③ 杨宪典、杜乙简、张锡禄：《大理白族节日盛会调查》，载《白族社会历史调查》（三），昆明：云南人民出版社 1991 年版，第 154 页。

次于大理三月街的一个盛会，每年参加会的有五六万人。当地人认为绕三灵就是白族的狂欢节、情人节，老老少少狂欢三天，当然那些寡居或鳏居的人们自然也会参与其中。嘉年华（carnival）般的狂热气息弥漫在"绕三灵"盛会中，语言的戏谑，狂欢的氛围，放纵自己，"不打不骂不风流"，表现出如马科斯·格拉克曼（Gluckman）等学者在"阈限"中所看到的"在激烈的狂欢和无法抑制的行为当中，存在对正常礼节和等级的叛逆"，①突破了白族社会在日常生活中建立起来的一系列等级和秩序，包括人与神的等级界限，婚内的性与婚外的性间的界限，甚至还蕴含非婚生子合法继嗣与婚生子合法继嗣间的界限。②这种"阈限"的机制将"性"处理为一个独立体，将神与人，男人与女人"性"的越轨、性的让渡和叛逆有条件地合法化。

更有意义的是，这些叛逆仪式"代表着重建日常分层关系的前奏"，③"阈限"之后，人们又回到了有秩序的社会生活常态中，所产生出的结果，无论是对神的虔诚、男女间的情感，或是生产出的子嗣，都被重新整合进白族社会文化体系中。可以确定的是，"一个经历过通过仪式的人，前后已经不完全一样了。通过仪式是一种'过程'的戏剧，而不仅仅是些循环的事件。它们标志着时间的延续，以及既往传统和一代代的延续"。④朝圣结束，白族人又回复到害羞的文化机制中。尽管维克多·特纳（Turner）不主张像杨庆堃那样强调"社会生活与朝圣这一完整过程之间的对立关系"，而是认为一旦"朝圣演变成为组织完备的群体活动……朝圣便成了正常生活的一部分"。⑤从"绕三灵"的社会脉络来看，白族人性的阈限既表现出与正常生活的对立，又能将性的"阈限"机制与社会常态下的结构

---

① 〔英〕奈杰尔·拉波特，乔安娜·奥弗林：《社会文化人类学的关键概念》，鲍文妍等译，北京：华夏出版社2005年版，第197~198页。

② 以往海东一带有"打得子"之俗，凡生有长子之家，正月间背着新生儿，带上供品，到本主庙、崇佛寺和高兴村的弦德圣母庙去愿。再拜谢寿高德重的老人，手握拳头轻轻向跪着的孩子生父背上打三下，祝多子多福。而村落中的年轻人则用松果、柏果等追打得子的男人。白族社会婚前求偶文化中的性对于婚姻内的子嗣合法性是一严重威胁，"打得子"之俗要解决的是婚前的性和所生育子女如何得到合法继嗣的问题。通过一个公众惩罚的象征仪式，获得子嗣、财产继承的可被集体认可的契约。

③ 〔英〕奈杰尔·拉波特，乔安娜·奥弗林：《社会文化人类学的关键概念》，鲍文妍等译，北京：华夏出版社2005年版，第197~198页。

④ 〔英〕菲奥纳·鲍伊：《宗教人类学导论》，金泽、何其敏译，北京：中国人民大学出版社2004年版，第189页。

⑤ 〔美〕维克多·特纳：《戏剧、场景及隐喻：人类社会的象征性行为》，刘珩、石毅译，北京：民族出版社2007年版，第200~201页。

很好地整合，并将其制度化和固定化，人们在朝圣与性的阈限机制中获得了共同的情感。无疑，白族社会的绕三灵，已经具有了阈限过程应具有的三个主要要素：第一，圣事的交流。第二，奇拼怪凑的组合游戏。第三，培养共同的情感。

当然，白族人不是特纳笔下的恩丹布人，或是西方基督教的圣本笃修道会社区中的人群，会在"阈限"阶段表现出性节制，[①]与此相反，白族社会中性的"阈限"机制却表现出性的非节制特点，朝圣中性的安排方式形成了白族人独特的性经验，这是白族人在特定历史过程中被结构出的行为逻辑。历史上白族社会有关性的组织和安排形成与汉人相异的文化机制，并一直被汉人的主流文化视为"奇风异俗"而要加以改造。白族人信奉阿吒力密教，施行"男女双修"的修行实践，[②]宗教与性的结合有信仰的基础，却被汉人官员视为"假托事佛祈禳，召集良家妇女宣淫坏俗"，许多寺庙也被冠之以"淫祠"而被取缔。[③]清代张泓《滇南新语》记录了剑川沙溪、甸尾一带土著夷民的夜市，"悄悄长昼，烟冷街衢，日落黄昏，百货乃集，村人蚁附，手燃松节，曰明子，高低远近如萤如磷。负女携男，趋市买卖。多席地群饮，和歌跳舞，酗斗其常，而籍此以为桑间濮上，则夷习之陋恶也已"，包含性越轨可能的夜市和狂欢，是不识衣冠礼义的夷人的陋恶之俗，是有关风化之大事。经过官员们的努力，"乃首禁之，立为调教，示以男女有别……民初不以为便，愈月而夜市绝，日中尽列阛阓矣"。[④]明代以来，性的组织一直是汉人文化政治的一部分，与汉人有差异的性行为方式和性机制，都是汉人文化政治加以改造的内容。如果用科恩所认为的"一个群体的族性是通过一年一度的聚会，他们的一些成员表演一个舞蹈和一个仪式来表明他们自己"[⑤]来理解历史过程中的这些事件，则汉人对白族人有差异的性文化的改造就具有了消弭这一群体族性意识

① 〔美〕维克多·特纳：《仪式过程——结构与反结构》，黄剑波、柳博赟译，北京：中国人民大学出版社2006年版，第104~108页。

② 沈海梅：《中间地带：西南中国的社会性别、族性与认同》，北京：商务印书馆2012年版，第381页。

③ 关于"淫祠"学界普遍认为指"不合礼义而设置的祠庙"，作"去色欲"的解释。但在该语境中应当有"淫乱之祠"的含义。《明实录·武宗实录》卷二十三载：正德二年（公元1507年）二月壬辰，巡按云南御史陈天祥上书言："云南有阿吒力、朵兮薄二教……假托事佛祈禳，召集良家妇女宣淫坏俗……乞敕所司削其官，追其印，摘发该管官处承当军民差役，庶淫丑之俗可以少革"。

④ （清）张泓：《滇南新语》。

⑤ 〔挪〕T.H.埃里克森：《族群性与民族主义：人类学透视》，王亚文译，兰州：敦煌文艺出版社2002年版，第43页。

族性、性\性别政治

的意义。在明清以来的历史文献中也难以见到有关"绕三灵"的相关记录，直到清末民初，白族文人杨琼不仅亲历其中，且留下的《滇中琐记·绕山林》描述了绕三灵之盛景，被白族学者视为不可多得的"近古、近真的记录"。① 可看到在汉人的文化政治之下白族人的性被组织为受抑制的性，白族社会先前固有的性只能作为"阈限"的内容，组织进社会群体的共同历史记忆中，作为自己文化身份的标识，一直隐约闪现在一年一度的绕三灵和朝歌会、求子等白族民间社会活动中，在对中央本主神、生育神的膜拜掩盖下仍然被有限度的存留下来，得以一代代实践，表述了洱海区域的白族人对自身传统文化体系的集体性认同。特纳认为朝圣具有共同体这一属性，并可分为三种类型：存在的或自发性的共同体，规范性的共同体和意识形态的共同体。② 在"嘉年华"般的"绕三灵"朝圣过程中，当参加朝圣的村民需要留宿沿途要经过的庆洞、河涘城村民家，得到他们的照顾，就在"朝圣者之间、朝圣者与沿途给予自己帮助的民众之间（结成）最为独特的社会纽带"，白族人的"绕三灵"朝圣便具有了"规范性共同体（normative communitas）"的特质，正如特纳（Turner）所认为的"朝圣为每一位香客准备了足够的空间，使他能够短暂地远离自己与生俱来的各种社会限制和义务，但这一空间也只是一个向公众展示的舞台，朝圣者必须借助这一舞台并通过自己的言行向更为广泛的宗教、政治和经济秩序当众表示自己的忠诚和敬意"。③ 当然，作为一种被压抑的性经验，"绕三灵"中性的阈限不可能成为"日常生活的一部分"，④ 仍然只能与社会生活对立，只有在"绕三灵"一年一度"嘉年华"般的氛围中通过非节制的方式得到呈现。

访谈中，庆洞的前任赵书记谈到："神像在'文化大革命时'都被毁掉了，现在要以绕三灵为主申报文化遗产。'绕三灵'就是大理的狂欢节了嘛，你唱也好，跳也好，拜佛也好，都有。唱情歌也好，对情歌也好，随便。大理人不分大小，

---

① 李正清：《白族"绕三灵"的起源和性质》，载杨政业主编《大理丛书·本主篇》下卷，昆明：云南人民出版社 2004 年版，第 520 页。

② 〔美〕维克多·特纳：《戏剧、场景及隐喻：人类社会的象征性行为》，刘珩、石毅译，北京：民族出版社 2007 年版，第 200 页。

③ 〔美〕维克多·特纳：《戏剧、场景及隐喻：人类社会的象征性行为》，刘珩、石毅译，北京：民族出版社 2007 年版，第 210 页。

④ 〔美〕维克多·特纳：《戏剧、场景及隐喻：人类社会的象征性行为》，刘珩、石毅译，北京：民族出版社 2007 年版，第 210 页。

狂欢三天"。改革开放以来，白族人对自己有差异的传统风习更坦然了。随着大理地区旅游工业的兴起，这些仪式和有差异的性组织方式，获得了更大的表演诉求空间，并有可能再次作为少数民族"他者身份的展示"，就如加拿大学者科罗西（Anouska Komlosy）在西双版纳傣族社会中发现的，泼水节 carnival 式的狂欢被赋予了当地人与游客和其他外来者的区分能力。[①]白族社会贯穿在绕三灵等活动中的性的"阈限"无论是作为一种历史记忆、生活样态或是文化展演，都在强化与汉人和外来者的区分，从而也具有了族性的意义。

（原文载《民族研究》2009 年第 5 期，本文略有删改，有兴趣的读者可查阅原文。）

———————————

① Anouska Komlosy，"Procession and Water Splashing：Expressions of Locality and Nationality during Dai New Year in Xishuangbanna"，Royal Anthropological Institute 2004. J. Roy. anthrop. Inst. (N.S.) 10，pp351~373.

想象的社区、性的政治与权力对应体：
曼底傣泐人的信仰女神与男性宗教实践者

导　言

自埃德蒙德·利奇（Edmond. R. Leach）开始他在缅甸高地的研究，就赋予了东南亚研究在修正社会人类学理论，或甚至重构新的理论框架方面的意义。一些在东南亚相邻地域的研究，如威廉·斯更纳（G. William Skinner，中文名施坚雅）在中国的研究，赫伯特·菲利普（Herbert P. Phillips），查尔斯·凯斯（Charles F. Keyes）以及坦拜亚（Tambiah，S. J.）等在泰国的研究，乔治·孔多米尼斯（Georges Condominas）在老挝的研究以及莱曼（F. K. Lehman）在缅甸的研究等等，都对民族志的理论与方法的发展贡献出丰富的素材和经验数据。正如施坚雅所评论的：
“他们所反映的不仅仅是传统人类学所关注的主题——亲属制度、宗教、认知以及社会组织，也关注社会阶层、族群性、职业分化以及政府结构。”[①]这些在东南亚进行的区域研究也形成了关注宗教与神灵祭祀仪式的表述风格与文化阐释范式。如 A. 托马斯曾经断言“泰人男性传统上更加专注于宗教和政治官僚角色，而女性却在经济方面更占主导地位。他把这种性别模式同佛教信仰和价值观关联起来，认为二者都在佛教仪式中得到显示并通过仪式得到内化。”[②]而乔治·孔多米尼斯（Georges Condominas）却看到“老挝村落神灵信仰世界的两极：佛教与村落神仪式。前者显示出在东南亚历史上占主要地位的文化的断裂方面，而后者却表明文化的连续性方面。”[③]

日本学者西格恒树塔纳倍（Shigeharu Tanabe）通过对中国西南西双版纳傣泐

---

① 　G. WilliamShinner and A.T.Kirsch，ed. 1975 “Change and Persistence in Thai Society：Essays in Honor of Lauriston Sharp”，Ithaca：Cornell University Press. pp17~18.

② 　G. William.Shinner and A.T.Kirsch，ed. 1975 “ Change and Persistence in Thai Society：Essays in Honor of Lauriston Sharp”，Ithaca：Cornell University Press. p20.

③ 　G. William.Shinner and A.T.Kirsch，ed. 1975 “Change and Persistence in Thai Society：Essays in Honor of Lauriston Sharp”，Ithaca：Cornell University Press. p22.

人的宗教仪式发展了西方学者对村落神仪式的研究。他运用马克思和恩格斯的早期著作《德意志意识形态》中的"虚幻社区（Illusory Community）"的概念[1]，在基于对云南省西双版纳傣泐人的村落神信仰的基础上，对傣泐传统政治制度进行分析，并对概念进行验证。在考察神灵赕仪式与傣泐宗教和政治的关联后，Tanabe 认为："不同类型的社区在神灵仪式方面的象征表现可被根本地理解为合法性权威的政治术语的一部分。论文对中国云南傣泐社会中的村寨神仪式的讨论，认为在家户、村落社区和国家间存在的政治—经济关系。"[2]

然而，如果我们把有关族群性的讨论考虑进去，并用安德森（Benedict Anderson）的"想象（Imagined）"的概念来进行分析，神灵赕仪式在当代傣族社会的意义恐怕还要超越 Tanabe 所理解的象征表述。安德森认为，民族共同体是想象的，"因为即使是最小民族的成员，也不可能认识他们大多数的同胞，和他们相遇，或者甚至听说过他们。然而，他们相互连结的意象却活在每一位成员的心中。"[3]甚至，如果我们用社会性别的分析视角把"想象"与"真实"的社会文本都考虑进去，这一概念就会变得更加复杂。因此，这篇论文将在西双版纳曼底傣泐社会的田野研究基础上，重新考虑不同的阐释。在曼底，村民们通过想象社区的构建来确定他们的族群认同，而对社区的想象却是通过贯穿于日常生活中的神灵赕和竜仪式来增强的。通过该项研究，揭示男人、女人间跨越真实社区与想象社区的性政治关系。

一、想象的社区：村落历史与社区建构

尽管有《泐史》记录了西双版纳傣泐族群的发展历史[4]，但作为云南西双版纳州勐腊县的一个傣族自然村落，曼底傣泐人的族群认同是同村落历史紧紧联系在一起的。据村民口述，村落历史可追溯到一百多年前。村民的记忆叙述对于曼底村落历史是有意义的。通过叙述，村落中的每个人、每个家户都被关联到村落历

---

① 关于该词，在中文里有多种译法，如"虚幻共同体"，或"虚假集体"等。采用该译法，主要是强调宗教信仰中的神灵等级世界是一个由人们想象出来的社区。

② Shigeharu Tanabe：(February 1988) "Spirits and Ideological Discourse： The Tai Lü Guardian Cults in Yunnan" Sojourn，Social Issues in Southeast Asia 3.1 p1.

③ 〔美〕本尼迪克特·安德森：《想象的共同体：民族主义的起源与散布》，吴睿人译，上海：上海人民出版社 2003 年版，第 6 页。

④ 参见李拂一：《泐史》、江应樑《傣族史》、黄惠昆《从越人到傣人》等著作。

史中，不同版本的移民故事描绘出这些来源地不同的村民们怎样整合进社区，同时也记录了整合过程中对原有认同的记忆。

波淘光家是最早建寨的6户人家之一。波淘光说：曼底最早定居的居民是从老挝伍德一带迁来的，原来伍德就是西双版纳的一块地方，法国人进来以前属中国，现在属老挝伍德县。祖上搬到在这里居住已有一百多年了。关于早期迁徙的原因，有的不甚清楚。但寨中有老人说："我们叫自己为水傣，水傣是西双版纳的排名字，在傣话中称Dainang。以前为老挝的土司头人服侍鱼塘，鱼塘干去挑水，有的就逃跑，有两个来到西双版纳，因原来是挑水的，就称水傣，名称从老挝来。"关于此故事，应当是"老赶难"的翻版，[①]故事把族群迁徙与傣族名称由来联系在一起，更证实了曼底早期居民的傣渤族群身份。最终与"傣讷""傣绷"等其他傣族分支相区别。

波淘望么家是第二批搬进曼底的家户，回忆起此事，他说：听老人说是从缅甸勐很那里搬来的，主要是打仗逃出来，像华侨一样。来时弟兄两人一起来，弟弟搬到了曼路（靠近象明乡政府的一个傣族村），哥哥来到了曼底。那时，村中只有6户人家。后来，我祖上在缅甸的弟兄也搬来曼底上门，管着这里的倚邦土司头人还划给他们土地，还生得了双胞胎，到现在有孙孙多少代了，已搬来110年左右了。村落因有新居民的落户而得到扩展，傣渤族群也在认同中得到壮大。

然而，一些家户的移民故事听起来就不那么幸运了。18世纪以来，居住在攸乐山的攸乐人开始被载入汉文史书中，并以种植茶叶而闻名。因1941年的"攸乐之乱"，[②]曼底部分早期居民的原有居住地被破坏，在激烈的冲突中，这些势单力薄的人群打不过比他们更为强悍的攸乐人，不得不开始搬迁。波淘章柄回忆道："我们的祖辈从曼那蚌搬到曼边，从曼边到大曼妹，从大曼妹又到曼满，继而到了曼囊得、曼板、曼罕光。"直到搬迁至罗梭江的冲积台地曼底，稍平敞的地势

　　① 西双版纳流传着"老赶难"的故事，即"被水战败的老挝人"。"相传勐老（老挝）有一个坝子，坝子中有一个池塘，池水满了人民就要染瘟疫，池水泛滥就要淹没地方。有一年雨季，土司强迫人民把池水撇干，天雨不止，池水不仅撇不干，反而上涨，人民都纷纷逃往西双版纳。"载江应樑《近代的傣族土司及其政治制度》，载《江应樑民族研究文集》，北京：民族出版社1992年版，第526页。

　　② 1941年10月至1943年4月，"为了反抗国民党地方政府的残酷压榨，在操腰的领导下，团结哈尼、瑶、汉等族人民，同国民党地方政府的军队进行了英勇斗争，最终迫使云南省地方政府把车里县长撤职查办，3年内未在基诺山征税"。杜玉亭《基诺族》，载《中国大百科全书·民族卷》，北京：中国大百科全书出版社1986年版，第190页。

和有小河环抱，才逐渐定居。可以想象，这次早期的族群冲突对于曼底傣泐人的震撼有多大，以至至今仍存留在他们的记忆中。一方面，早期的族群冲突无疑是唤起族群"群体意识"的兴奋剂，它留在了因失败而痛苦的群体记忆中，族群认同在这种对抗中得到表述。另一方面，被打败的人群在不断迁徙后搬进了曼底，尽管尚无共同的祖先观念，但以共同的语言为纽带，在得到认同的前提下而被接纳并得以定居下来。

尽管他们似乎没有共同的祖先，这些有文化差异的不同人群在过去的一百年间渐渐整合在一起。今天，他们是共同分享社区空间，用同一种语言进行交流，具有同样的认知，拥有共同的群体利益，可以共享文化的聚合体，通过意识表现出来的内在文化是如涂尔干所认为的"机械连带式"[1]的统一。这与共同祖先信仰是产生族群认同基础的论断并不一致。[2]

在促进认同产生的各种要素中，有两个最基本的要素是应当加以考虑的。其一是由政治体系推动的村落社区的联结；其二是由共同信仰带来的村落社区整合。

14 世纪以来，中国帝国就通过土司制度下的车里宣慰司对西双版纳的傣泐人进行统治。"召片领"是车里宣慰司最高行政首领，在傣语中为"广大土地的主人"，拥有西双版纳的田地山水。各村寨都得为召片领承担如扫寺庙，养母牛，挑水，甚至架火、点灯、端洗脚水等各种劳役[3]。傣族的政治体系建立在"勐"的基础上，通常每个勐统辖一定数量的村寨，从 10 到 30 不等。勐的统领称为召勐。而村寨中还有波曼、叭、咋、先来负责村寨事务，如收税、安排土司家的劳役或修筑道路和灌溉系统等等。在傣族召片领统治的封建时代，劳役一直是傣民们的负担。"在 1948 年，25 个勐的 19145 个家户共为召片领服劳役 277600 天，平均每户服劳役 15 天"。[4]作为召片领的领地，曼底村民自然也亲历了召片领的劳役。对这段服劳役的经历，一些 60 多岁的村民似乎还记忆犹新。"新中国成立之前，

---

① 〔美〕乔治·瑞泽尔：《当代社会学理论及其古典根源》，杨淑娇译，北京：北京大学出版社 2005 年版，第 15 页。

② E.R. Leach on Kanchins and Shans： "Kanchins and Shans are mutually contemptuous of one another"， but Kachins and Shans are deemed to have a common ancestor for all that". (Leach，1964，p17)

③ 王连芳：《王连芳云南民族工作回忆》，昆明：云南人民出版社 1999 年版，第 74~75 页。

④ Shigeharu Tanabe： (February 1988) "*Spirits and Ideological Discourse： The Tai Lü Guardian Cults in Yunnan*" Sojourn， Social Issues in Southeast Asia 3.1 p6.

我们要去景洪给召片领点灯，寨中一个月去一个人，就像现在的打小工。白天割草，喂马、喂猪，晚上用香油点灯，油干了加油，天亮把灯吹灭。饭是给吃的，就是不得好好睡觉。召片领家里养马，养大象，他去哪里是要骑大象的"。

20 世纪初，民国政府创设思普沿边行政总局于车里宣慰司，同时，土司制度继续沿袭。民国时期的车里宣慰司下辖勐、火西等行政单位。勐的行政长官称"召勐"，并沿袭明清办法封为土千总、土把总、土便委、土目等职①。1913 年，设第六区行政分局于易武，旋移治倚邦，领倚邦、易武、整懂三土把总及弄得土便委之地。曼底傣泐寨由倚邦土把总统管，直至 20 世纪 50 年代前，担任倚邦召勐的是汉族曹姓家族。"清雍正年间，曹当斋因军功授土千总职。子秀隆等承袭土把总。"② 一直承袭下来，曹仲禹是新中国建立前的最后一任土把总。对于曼底的村民，那段岁月逝去，留在记忆中的就是每年每个家户中的男子都得步行几十里山路，挑米、挑柴送给远在倚邦的召勐曹仲禹，为此他们吃了很多苦。由于召勐是汉人，曼底傣泐人自然就成了汉人管辖下的被统治人群，二者间统治与被统治，剥削与被剥削的阶级对立充斥于族群认同的区分之中。同时，由于曹家与勐养的傣族土目保持着联姻关系，尽管做召勐的是汉人，但做召曩（召勐夫人）的却仍有傣族，③ 于是，族群认同又在这种情感归属中找到了支点。

西双版纳傣族的政治体系，无论是帝国时期的召片领土司制度还是现代民族国家体制下的管理机构，都植根于周期性的劳役或劳务摊派，把曼底从一个自然村落转变为需要进行公共事务管理的傣族社区，村民及家户也在轮流的服劳役中建立了对社区的归属。

曼底傣泐人的另一认同动力来自于全民性的南传佛教信仰和共同的村落神信仰。在曼底，缅寺是最神圣的地方，坐落在进入村落的河谷山坡的台地上。按曼底傣泐人的理解，缅寺的作用在于与各种鬼斗争，镇鬼、辟邪，为活着的人联系死去的家人，把活着的人对死去亲人的追思、祭奠告之亡人，安抚鬼魂，确保鬼魂不来害人以确保活着的人的安康。尽管曼底在初初建寨时期时常处于流动迁徙中，但每到一地，大庙（缅寺）是不能少的，即便是十分简陋的草房寺庙。1986 年，

———————

① 林超民：《云南傣族土司制度的终结》，载《民族学通报》第一辑，昆明：云南大学出版社 2001 年版，第 335 页。

② 江应樑：《近代的傣族土司及其政治制度》，载《江应樑民族研究文集》，北京：民族出版社 1992 年版，第 511 页。

③ 寨中还有一种说法，曹仲禹的姐姐嫁给勐养土司官，称曩勐养。

随着宗教信仰自由重新恢复，缅寺恢复招收第一批小和尚，僧阶等级逐步确立，有经过教育的沙弥（小和尚）受了"具足戒"，升为宾都（佛爷）。缅寺有了佛爷，就有了寺庙的主持。佛爷不仅要管理好缅寺所有财产，承担起为沙弥们讲经说法的教育重任，规诫他们的行为，而且是所有缅寺或家户"赕"仪式的组织、实施者，沙弥们也在一次次赕的宗教活动中得到实践。"赕"的含义就是拿东西去祭献，傣泐人中有多种赕的仪式，如 Danhen（家赕），Dansuzaida（赕出生的根），Danhaogubi（为病人赕），Dansanhan（在缅寺赕）等。每年傣历新年、"关门节"、"开门节"等都要在缅寺举行盛大的赕仪式。

在西双版纳傣泐人的宗教信仰体系中还有村寨神信仰，它以祭祀村寨神的竜仪式为主要表现形式。而祖先崇拜在傣泐人的信仰中，也显得十分重要。傣泐人的村寨神信仰由三个等级的神灵来组成，即 Dubula Meng（勐神），Dubula Ban（寨神），Dubula Hen（家户神）。

西双版纳曼底傣泐人的信仰与孔多米尼斯（Condominas）在老挝乡村所观察到的情形相似："这两种可参照对比的宗教倾向组成了互补的整体：佛教把村民同普遍秩序的文化机制关联起来；而村落神灵祭祀又能把个人与日常生活中鲜活存在的地方自然秩序联结起来。"[1]村寨神的概念，就如塔纳倍（Tanabe）所认为的："在傣语中称为 phi ahak，指代超自然的神灵可以保佑一定区域内的人、庄稼、牲畜和所有财产。这样的神灵与称为 phi 的恶意、反复无常的神灵形成鲜明的对比。还有一种巫鬼，称为 phi ka 至于其他傣族，村寨神被有等级地区分为一定的相关的社会单位，即家户神 (phi hoen)，保护每个家户，村寨神 (phi ban or phi soe ban)保佑村落社区的人们，勐神 (phi moeng or phi soe moeng) 是勐最高的神，掌管区域内的生育和康乐。"[2]

曼底的守护神系统与塔纳倍（Tanabe）描述的非常相似，村落社区居民的日常祭祀就同这三种有等级的神灵联系在一起。用竹篾编成的圆形呈太阳光芒状的竹篾片被认为是家户已故男性祖先神灵（Dubula Hen）的象征物，通常放置在主人卧室内床头顶上方的祖先牌位架上，它应当靠近傣泐人竹楼内的骚欢柱（男柱）。

① Georges Condominas： 1975 " Phiban Cults in Rural Laos"， "Change and Persistence In Thai Society： Essays in Honor of Lauriston Sharp"， edited by G.W.Shinner and A.T.Kirsch. Ithaca： Cornell University Press.p22.

② Shigeharu Tanabe： (February 1988) "Spirits and Ideological Discourse： The Tai Lü Guardian Cults in Yunnan" Sojourn， Social Issues in Southeast Asia 3.1 pp8~9.

在搬迁、年节时进行拜祭。Dubula Ban 是村寨公共的寨神，它被认为同村寨有较密切的关系。村民在寨中紧挨缅寺的地方建了竜祀，每年都要举行竜仪式进行祭祀，全体村民共同参加。Dubula Meng 勐神是区域神，是指建勐时功勋卓著的祖先，由附近的曼塞、曼路等几个傣渺寨供奉。

埃德蒙得·利奇认为："通过仪式来象征化的结构是被社会所认可的在个体和群体间适当的关系"，因而，"仪式的表演就具备了把参与的所有群体整合为一体的功能"。[①]曼底傣渺人对寨神 Dubula Ban 的竜仪式弱化了家户神的差异而增强了全体村民对村落社区共有神的认同。而对勐神的信奉则密切了村落间的联系，把傣族建立在勐基础上的政治关联到召片领的土司制度中，甚至还有国家政治体系中。

二、一个例外：曼底傣渺人的信仰女神（Nangpenghiu）

村寨神信仰是东南亚社会中的普遍现象，在傣渺人中，村寨神信仰包括勐神 Dubula Meng 和寨神 Dubula Ban 两类，在每年 5 次竜的祭祀活动中，要杀鸡祭，尤其傣历 9 月的大竜时，要杀牛祭，对两类神都要竜。而每 4 年逢大竜时，勐神所管辖的各村寨还要联合竜。正如 Condominas 所描述的，"村寨神"是指"爱护这个村落"或"保护这个村落的神灵"。[②]Dubula Ban 是村寨公共的寨神，它被认为同村寨有较密切的关系，在村寨的建立、发展历程中有过特殊的作用。曼底的村寨神名字叫 Aihampxiang，是像在东南亚许多傣村落那样的最早定居的男性建寨者。安寨子时为大家做好事，得到大家拥护，又被尊称为 Suwannandiham。

能成为 Dubula Meng 被村落加以供奉的往往是建勐时功勋卓著的祖先，勐神通常被认为是由召片领时期担任的召勐级别的官员在去世后变成，波陶望么说："土司、头人心好死掉变成神"。能担任召勐的官员都是男性，因而能做 Dubula Meng 的通常都是男性。然而，管理曼底的 Dubula Meng 却是一位女神，名字叫 Nangpenghiu，又被尊称为 Nanggangteladishuai，是寨子最大的神。她不仅管理曼底，也管理着附近的曼塞、曼路、茫佩等傣渺寨，并同时为几个村寨供奉。这些村寨

①　E.R. Leach：1954 "Political Systems of Highland Burma：A Study of Kachin Social Structure. London：University of London"，G. Bell and Sons，LTD. pp15~6.

②　Georges Condominas：1975 "Phiban Cults in Rural Laos"，"Change and Persistence In Thai Society：Essays in Honor of Lauriston Sharp"，edited by G.W.Shinner and A.T.Kirsch. Ithaca：Cornell University Press. p255.

都流传着关于这位女神的传说。

相传有个叫Nangpenghuang的女人，有一年，一头大象王带领群象到田里吃稻谷，别家的都不吃，只吃她家的，把她家田里的稻谷都吃完了。她哭着喊着把嗓子都喊哑了，到曼底口渴了，喝了大象脚印中的水而怀孕，生下了Nangpenghiu。长大后Nangpenghiu向妈妈问自己的父亲是谁，妈妈说是头大象。为了见到父亲，Nangpenghiu历尽千山万水寻找父亲，也留下了许多今天都还在使用的地名，如她迷路的地方叫Nalongba，她的身体和头发流经被石头挡住的地方叫Hannangang等等。Nangpenghiu是一个美丽无比的女子，从她的名字就能知道她长着绿颜色的长长的头发，肌肤雪白。因为她的美丽使得曼底很有名气，附近的许多傣泐村寨的人都爱慕他，希望能得到她。为此，这些村寨联合起来攻打曼底，曼底人专门挖了很深的壕沟来防御他们的进攻。至今，曼底河对岸树林中的壕沟还依稀可见。这场战争似乎还蔓延到了相邻的曼赛，在曼赛的古树上，刻印着的刀剑残痕还依稀可辨。

有一天，Nangpenghiu 在河里洗澡，防备松懈的曼底被攻破，在残酷的争斗中，Nangpenghiu 被杀死，他们肢解了她的身体。据说，得到她的手的寨子以后生的小孩手会长得漂亮，得到腿的腿漂亮，得到哪个身体部位那个身体部位就会长得漂亮。Nangpenghiu 虽然死了，但是她的魂升上了天，变成了天才人，住在曼底河边的 guangjing（竜山）里。有时，她也会到曼赛的 guangjing（竜山）里住，保佑着曼底和其他相邻村落。竜山也因有她在而充满灵气，山里的一草一木都不能砍伐，因而树木显得格外葱郁。

显然，传说故事的隐喻并不仅限于女神美丽的身体，而是应该指向身体各部所象征的田地、森林、食物以及在稻作农业社会中所需要的各种自然资源。[①]甚至，还应关联到女神所具有的超人的神象血缘，以及因之而承袭的涵盖几个村落的土地拥有权（这在因她而命名的沿用至今的地名上反映出来）。女神美丽的身体应当是土地的化身，同样地，传说中村落间为获得女神的争战也暗含着曼底、曼赛等村落在历史上曾经发生过为争夺土地与其他村落间的战争。正如凯斯（Charles Keyes）所分析的"佛教的经书与仪式把妇女直接对应为孩子的母亲而原始宗教视

---

① 关于传说中女神的母亲 Nangpenghuan 饮大象脚印中的水而孕，限于篇幅，本文暂不对这类"感生神话"作原型分析。

妇女为宗教的孕育者。"① 可见，作为一种象征性资源，通过女神故事叙事的造神，像男性的家户神、寨神一样，女神 Nangpenghiu 已经被整合进曼底有等级的想象的社区中，作为区域性的最大的神，在一次次的神灵竜仪式中被村民所供奉。在这个想象的社区中，村寨女神一样拥有神力，受到村民的敬畏。寨中的人都尽量不到竜山里去，妇女们觉得那林子很可怕，会有鬼，都不敢去。人们也不能在山脚或林里撒尿，否则就是对神灵的亵渎，必会遭到神灵的惩罚。寨中许多人都知道有这类故事，且他们相信这样的事真的会发生。可以说，在曼底想象的神灵信仰社区里，女神是有权力的。

女神传说的意义在于在曼底傣泐人想象的神灵信仰中，已经不再是从家户神、村寨神再到勐神都是男神的性别模式，而是呈现勐神（女性），村寨神（男性），家户神（男性）的神灵性别模式。这样，村寨信仰女神及其权力与威望的存在打破了许多学者所观察到的傣泐人想象世界中男性为主宰的政治体系，赋予了曼底想象社区神灵政治独特的性别结构，也突破了由 Tanabe 在傣泐社会所观察的在真实与"虚幻"社区间的平衡与对应，即"他们被视为由一定的等级秩序组织起来，每一层级都与他们所代表的家户、母系血亲、村落社区和更大的政治体系相对应"。② 但是，如果我们考虑到曼底神灵系统中的独特性别关系，就会发现 Tanabe 所认为的对应决不就会在曼底真实社区里自然而然地发生。至少，从社会性别的分析视角来看，曼底女神 Nangpenghiu 存在的象征意义已经衍生出可超越 Tanabe 所界定的更加复杂的社会关系。

三、男性宗教实践者

通过公共事务的管理，曼底傣泐社会的父权制特征已经定型。而男性统治在社区宗教事务中表现尤其突出。在曼底，从小乘佛教的缅寺管理，到村寨神的竜仪式，再到家户神的供奉，都是由男性宗教实践者来实现的。这些宗教实践者由以下几类人组成：一是世袭的管理村寨竜神 Dubula 的 bomo，又被尊称为老菩萨；二是管理村落世俗事务的"四大长"；三是管理小乘佛教缅寺的佛爷及和尚。

① Charles F. Keyes：1986 "Ambiguous Gender： Male Initiation in a Northern Thai Buddhist Society"， Caroline Walker Bynum， Steven Harrell， and Paula Richman， eds. Gender and Religion： On the Complexity of Symbols. Boston： Beacon Press. p86.

② Shigeharu Tanabe： (February 1988) "Spirits and Ideological Discourse： The Tai Lü Guardian Cults in Yunnan" Sojourn， Social Issues in Southeast Asia 3.1 p1.

"四大长"由四位有威望的男性成员组成，即村民小组长、竜神管理bomo、看日子的缅先生和念祝福辞的波陶。除了村民组长，其余三人都是村落中最主要的男性宗教实践者。

在曼底所有对村寨神竜的仪式上，不能缺少一个核心人物波么，村民又称他老菩萨，或竜的管理。仪式中的波么被认为具有超乎常人的能力，只有他能联系竜神，或者说只有通过他之口念叨的咒语才能为竜神听见，因而只有他才能主持整个祭祀仪式。波么年轻时从父亲那学会了如何管理竜神，父亲去世后他承担起了管理竜神的职业，而他的祖父也是寨中竜神的管理，因而他是世袭的宗教职业者。除了上竜时得他去主持仪式，平日里，波么要做的事就是管理竜祉，他每天都要去祭拜竜神，把村民们供奉给竜神的蜡条放到竜祉上，为出远门的村民祈祷平安、顺利。因为他是寨中联系竜神和村民的重要媒介，自然在村民中享有威望。凡是他参与的村民的家户世俗活动，都被奉为上宾。

"波赞"，在汉语中称为"缅先生"，是傣泐社会对受过良好奘房教育，最有知识的人的尊称。波赞通常在缅寺做过 bingdu，即大佛爷，识傣文，熟读小乘佛教的经典，知晓傣族历法知识，还俗后被村民推选出来为村民服务。波赞不仅要掌握包括历法、择吉日、小孩命名、为新房立柱写符章等在内的傣族传统的文化知识和世俗事务操办方式，还需参与家户做赕等佛教宗教仪式的实践。若有的家户中有人生病或认为家中不顺利则会请求缅寺僧众到家中做赕（Danhen），因为他们认为一定有鬼在家中作祟。在家户赕中，缅先生首要做的是经过他念咒语，把各种鬼从家户中赶出去。然后，通过佛爷和沙弥念经让各种鬼永不再来，家户以此得到安康。因缅先生的宗教实践关乎曼底每个家户，自然成为曼底举足轻重的权力人物。

在曼底，村社重要的世俗事务都是围绕人的生命周期而展开的，如新出生的小孩满月，结婚栓线，盖房子，贺新房，丧葬等等。会念祝福辞的波陶，也是曼底傣泐人中掌握民间知识最多的人。在新生婴儿满月栓线的仪式上，念祝福辞前，缅先生会把新生儿的出生年月日和名字用傣泐文写在一块红布上，然后交给念祝福辞的波陶，[①] 波陶先把新生儿的名字和出生年月日念出来，接着像念经一样把所有希望小孩平安、健康的祝福的话念出来告之天地、祖先神灵，来赐福给他或她，

---

① 2002 年我在曼底做田野研究时，念祝福辞的波陶是波陶望么。当我 2006 年再次回访时，他已经去世。

让新生儿平安成长。冗长的祝福辞念完后，所有亲戚和参加满月仪式的人为新生儿送上钱或其他礼物，然后所有的人为新生儿拴线，把一条细的白线拴到婴儿的手腕上。他们认为，给小孩拴了线，就拴住了他或她的灵魂，把灵魂拴在小孩的身上，就不会生病，就能健康成长。拴了线的婴儿就意味着成了一个有灵魂的人了。在整个仪式中，波淘望么的作用是很大的，所有祝福的话语都是从他的口中说出，他的祝福辞念得好坏关系着小孩的成长。

在信奉小乘佛教的傣泐社会中，僧俗事务间的界限是严格区分的，尤其是缅寺中的僧众不参加村民的世俗事务。佛爷及小和尚的活动被限制在缅寺中，不能任意回到寨中，除非在清晨去领取家户施舍的饭菜，或是有家户请缅寺僧众去做赕。

一年中，发生在缅寺内的活动除了傣历新年的头一天老年村民到缅寺去除尘，协助佛爷和尚们为供奉的佛像沐浴、更衣、冲洗缅寺外，傣历新年一早，村民把节日期间制作的食物毫糯索送到缅寺，带上蜡条、清洁的水、细长的白线，以及织好的筒帕参加新年伊始缅寺里举行的隆重的赕仪式。这一仪式主要有两重含义：为新生命到来的祝福和对亡灵的祭悼。因而凡有新出生婴儿的家户都要在缅寺门外用河沙堆出塔的形状，放上婴儿穿过的衣服，再把白色细线的一头连结到沙堆上，从缅寺外一直延伸进缅寺内，另一头连结到供奉的佛龛上，这意味着小孩的灵魂、生命同佛联系在一起，会得到佛的庇护。对于新近死了亲人的人家，这一天也是他们寄托对亡人哀思的时刻，他们在缅寺外大鼓下放置好饭、菜等祭品，宾都与沙弥为他们念几句经文，并敲响大鼓以表示已祭奠了亡灵。村民们说，我们傣族没有坟，我们拿东西到缅寺里赕，就像汉人在清明节去上坟一样，都是献给死人的。当村民们回到寺内坐定，由缅先生和执法扇的佛爷以及众沙弥开始为信徒授五戒。然后村民到缅寺外堆沙，泼上表示吉祥之水。

此外，一年中缅寺内最隆重的活动要数"毫瓦萨"（Hao vassa 雨安居）、"俄瓦萨"（Uok vassa 出安居），又称"关门节"或"进帕萨""开门节"或"出帕萨"。每逢傣历9月15至12月15（约公历7—10月之间），举行盛大的进帕萨仪式，举行比傣历新年更为隆重的祭祀祖先、祭悼亡灵的赕。在的进帕萨期间，进入参定修行的阶段，缅寺中的佛爷不得离开寺庙，村民的所有结婚、建房等世俗活动停止，成年人每隔7日进缅寺住一宿，听佛爷讲经。历时3个月后，又开始出帕萨，结婚喝酒、建房起屋又开始照旧。毫无疑问，佛教活动既与人们的世俗生产、生活结合在一起利于专心从事生产劳动，又同时规范所有信徒的世俗生活。即便出了帕萨，每逢初一、十五的晚上，缅寺中那面硕大的牛皮鼓就会被敲响，浑厚、急促的咚咚声回荡在寂静的村寨上空，传递出缅寺以及小乘佛教信仰系统权力的威严。

与这些有权力的男性宗教实践者相反，女性很少在社区公共宗教事务中获得更有意义的角色。小乘佛教教义中的女性既不能像男子那样接受奘房教育，又不能像藏传佛教那样可以出家为尼姑，也不能在日常生活中主持任何形式的宗教仪式。凯斯在泰人社会观察到："佛教的仪式都只是为男性的；而不是为女性。作为佛教徒，女性主要从她们所成长的家庭中获得信仰意识。"① 可见，从小乘佛教在缅寺中的各类赕仪式，到村寨神的各种竜仪式，都通过男性宗教实践者来实现，并建构出各种与月经有关的禁忌，② 将妇女排斥在各种公共的宗教仪式之外。而参与建构的，并不只是凯斯所认为的小乘佛教信仰，从曼底的情形看，还应包括村寨神信仰的宗教实践。

四、性政治的表述

美国女性主义者凯特·米丽特（Kate Millett）在对英语文学作品中大量性描写进行审视后，提出"是否能把性的关系视为一种政治？"的问题，并主张"政治"不只是包括会议、主席、政党等事物的狭隘领域，而应该指"人类某一集团用来支配另一集团的那些具有权力结构的关系和组织"。③ 政治的本质是权力，"男人以天生的权力对女人实施的支配"，④ 因而，人类社会的一个性别人群对另一个性别人群的统治就是性的政治。"性政治"的概念，不仅让我们获得对政治概念的新理解，也会带来对不同社会文本、不同情形下所呈现的不同形式的性别关系的新分析视角。曼底社会在村寨神祭祀的竜仪式所呈现的男人和女人间的性别关系为我们提供了认识在宗教领域所构建的更加复杂的性别关系和性政治的案例，

---

① Charles F. Keyes：1986 "Ambiguous Gender：Male Initiation in a Northern Thai Buddhist Society"，Caroline Walker Bynum，Steven Harrell，and Paula Richman，eds. "Gender and Religion：On the Complexity of Symbols". Boston：Beacon Press. p69.

② 在曼底，女人在月经期间不能进入缅寺，不能靠近村寨神竜祀。也不能把被经血所浸的纸或布丢到河的上游，以免污染了下游的水。若用被污染了的水洗菜送给缅寺，则会亵渎神灵，会遭到惩罚。

③ 凯特·米丽特：《性的政治》，钟良明译，北京：社会科学文献出版社1999年版，第36页。

④ 凯特·米丽特：《性的政治》，钟良明译，北京：社会科学文献出版社1999年版，第38页。

在这里，宗教既是如涂尔干所认为的是社会关系的延伸，也可以是如克利福德·格尔茨所认为的是象征和仪式行为作为社会生活之隐喻的方式方法。[1]

曼底人总是按自己的需求方式来想象竜神。开始时，村民们认为让勐神Nangpenghui居住在竜林里太孤单了，且去竜林祭祀不方便，希望她住得更挨近村落。就在寨中紧挨缅寺的地方建了竜祠。最初用木桩、茅草盖成，并举行了隆重的仪式请她入住。据说，在老菩萨念经时，人们真的看到有一道亮光从竜林中飞出，落到竜祠上。后来当村民都住上了新瓦房，又想着用砖头、水泥、瓷砖为他们的Dubula翻建了更漂亮的新家。这个新家的形状就像是微缩的两幢彼此相邻相连的傣式竹楼。因而新家不仅住着勐神Dubula Meng，也住着寨神Dubula Ban。Dubula Meng住在左边，Dubula Ban住在右边。尽管这两个神不是一家，也有不同的性别，他们希望美丽的女神Dubula Meng能陪伴村寨男神，就像人一样，一个男人要有一个女人相伴，一个女人也要有一个男人相伴，这样，两个神合在一起，才更有神力，更能保佑曼底人。[2]

白色瓷砖镶嵌的竜祠显得真是漂亮，就像村民建好新房都要有贺新房来庆祝，竜神刚建好的新家更是要举行盛大的仪式来庆贺。波么择定好日子，全体村民都被动员起来。头一天，一男性村小组长已组织了一群中年妇女到山上采来芭蕉花和野菜，为第二天的祭竜做准备。祭竜这天一大早，负责做饭的男性组长已带着几个男人在杀牛、杀猪，中年女人在波么家的竹楼下忙着杀鸡、摘菜、洗碗。老年妇女带上蜡条和钱，为祭祀捐钱，缅先生和村中的会计在收钱记账。波么则把准备好的蜡条、装有竜神喜欢的槟榔的银盒子，装有酒的酒壶放到竜祠上。然后在竜祠前摆放好要献给竜神的糯米饭、牛肉、猪肉、鸡、鱼等各种食物。上午10:00左右，祭竜仪式开始了。仪式的第一阶段就是请竜神。波淘么跪在神祇前，开始用拣米粒的方法来验证竜神是否到来。波淘么跪在竜祇前，高举双手捧着一小竹篾篓，不时地摇晃它，口中叨念着请神咒语，然后从篓中抓出一小撮米，放到掌心中小心地数米粒数，如果米粒不能成对，且配成对的所有米粒不是偶数，则说明竜神还没有来。波么就继续重复这个动作。在波么拣米粒请神的同时，两

① 〔英〕菲奥纳·鲍伊：《宗教人类学导论》，金泽、何其敏译，北京：中国人民大学出版社2004年版，第25页。
② 当2006年我再次回访曼底时，这一两神合龛的竜祠在经过两年的实践后被认为无效而已被拆除重建。关于此事，将有专文讨论。

位装扮漂亮的妇女在男性宗教实践者的引领下向神祇磕过头后，手拿麦克风跪在竜地的围墙外，唱起舒缓的调子，其大意是代表村民告请竜神。男人们认为女人的歌声是悦耳的，就像男人们喜欢女人的歌声一样，竜神也喜欢听女人唱歌。悦耳的歌声让竜神无法拒绝就会到来，而能用歌声打动竜神的女人会得到好运。竜祉围墙内，竜神相关的其他32位神也被邀请来参加祭竜，且为每一位神准备好了食物敬献给他们。米粒拣不对，则唱歌的还要继续唱，波么还要继续拣米粒。人们都注意着波么的手和手中的米粒，等待着竜神的到来。终于，就在第二个依哨开始唱歌时，波么拣到了14对米粒，都是偶数，预示着竜神来了。波么点燃蜡条，首先跪拜、磕头。他起身后，寨中的男人依次前去面向竜神磕头。磕头毕，当所有的供品被拿走，祭竜神的仪式就转入全体村民参加的以吃喝、歌舞等娱乐为主的娱人阶段了。

以上可看到，从祭竜仪式的准备，村民的劳务分工，到仪式中的每一阶段以及全体村民的欢愉，曼底傣渤社区的公共权力都关联到这场盛大的仪式中。因而，这场仪式也应该成为我们检审曼底傣渤社会性别间权力关系的场域。在竜祉建造过程中，寨中的老年咩陶用水桶提沙、提水，爬上一段坡地，运到竜祉。中青年的咩肖和年轻的依哨也是担水、担沙。祭竜时，除了唱歌的两位妇女，竜祉上都是男性村寨成员。而年轻的依哨和咩肖们因被分派的任务是唱歌、跳舞，都忙着在家中为下午仪式结束后的表演精心梳妆打扮。性别间的权力关系在经过以男性为主的社会机制运行后，已经把村寨全体女性配置在次要的、无足轻重的位置上，甚至想象社区中神灵世界的等级秩序也可能在这种机制的作用后被僭越。当由男性村民统领的宗教实践把勐神与寨神的神祇合并，这意味着以男性为主的宗教实践者有可能用男性的意愿和男性寨神的意愿来代替女性勐神的意愿。这在祭祀竜神时表现得最为突出。如男性宗教实践者根据自己的心理需求认为女人的歌声悦耳动听，于是断定勐神和寨神也喜欢听，于是即便在请女性勐神的祭祀时也总是安排年轻漂亮的傣渤女子来唱歌，以用她们的歌声来吸引竜神。这种用女性的歌声来吸引女性神的做法，似乎并不符合曼底性别关系中异性相悦的逻辑，而这实际上就是用男性或男性寨神的意愿来取代女性勐神意愿的表现。当建立在男性统治基础上的政治与男性宗教实践者合谋，便虚拟了女性勐神的权力，这便构成了曼底跨越想象与真实社区、跨越女神与男性宗教实践者间的性的政治。

结　语

在曼底由 Dubula Hen，Dubula Ban 和 Dubula Meng 组成的神灵信仰体系中，构成了家户神、寨神、勐神的等级秩序，这是他们想象社区中的等级体系。而且正如一些西方学者如 George Condominas、Shigeharu Tanabe 等所认为的[①]，这种等级来自于现实世界中历史时期召片领时代傣泐社会中召片领——召勐——召翁——召庄构成的社会等级，这种等级通过傣泐人对家户神、寨神、勐神祭拜的宗教实践反映出来。当然，权力也在曼底政治体系与神灵信仰之间形成了对应关系。然而，建立在傣泐男权社会基础上的权力等级，也在性别间划分出了界限。从最小的家户神单元到范围最广的勐神，都同傣泐社会中的男性家长和男性统治贵族紧密结合，构建出以男性为主体的权力政治。反映在曼底的现实社会文本中就是女性在公众领域的权力缺失。

因而，若对曼底跨越想象与真实间权力的对应关系作社会性别的审视，就会发现想象社区与现实世界中的权力也并不是像 Shigeharu Tanabe 等人所认为的完全对应。至少，在这里，想象的权力世界中还有 Nangpenghiu 这一女性神的存在，而在现实的社会文本中却难以找到她的权力对应体。曼底的女神信仰与现实政治体系的权力难以产生对应，想象社区里女神的权力因在现实世界找不到她的对应体而最终被虚拟了。

男性统治是普世性的社会文本，男性宗教实践者操纵女神权力是跨文化中的普遍现象，正如曼底个案所反映出来的，"神话与仪式既可以看作生态的和社会的现实部分的反映，也可以看作为其提供合法性的理由"[②]，这样的事例同样反映在卡罗琳·汉弗瑞（Caroline Humphrey）所观察的蒙古社会的宗教与政治领域中。"女神 Tara 被信奉为有超自然的神力，但是，在大多数宗教实践的权威形式中她又被僧侣们加以创造、改变和获取"，因此，"在寺庙的实践中，女性神的形象无疑是受人喜爱的，但在实践者的意识里竟是可能被抹去的。"[③] 所以，性别间复

---

① 　Georges Condominas："A Few Remarks About Thai Political Systems"；Shigeharu Tanabe："Spirits and Ideological Discourse：The Tai Lü Guardian Cults in Yunnan" Sojourn, Social Issues in Southeast Asia 3.1(February 1988)：1~25. 以及 Dr. C.Pat.Giersch 的评述。

② 　〔英〕菲奥纳·鲍伊：《宗教人类学导论》，金泽等译，北京：中国人民大学出版社 2004 年，第 147 页。

③ 　Caroline Humphrey：1997 "Genres and Diversity in Cultural Politics：on Representations of the Goddess Tara in Mongolia"，Inner Asia. pp37~9.

杂的权力关系会纠缠在宗教想象、仪式实践与象征的丛结之中，也会延伸到女神与男性宗教实践者跨越想象与真实的性别关系之中。

（原文载《广西民族大学学报》2009 年第 1 期。）

族性、性\性别政治

族群认同：男性客位化与女性主位化

——关于当代中国族群认同的社会性别思考

一、国外学者的观察

在全球化的背景下，越来越多的西方学者不断踏入中国少数民族的"田野"，获得更多的第一手资料。中国少数民族丰富的文化多样性资源不仅为国际人类学界提供了许多新鲜的民族志素材，也为人类学家个人学术生涯的提升提供了有益的帮助。他们的研究，正在改变以往西方人类学领域的中国研究只关注台湾、香港地区或大陆汉人社区的学术传统，成为国际人类学界讨论的重要话题的一部分，并在某些领域突破了传统的学术疆界。只要我们浏览一下学术期刊如《亚洲研究》以及近两年亚洲研究年会的参会论文，或者近些年出版的学术著作，就会发现中国少数民族研究在西方人类学界呈现出发展势头，并且，涌现出一群有学术影响力的学者。如20世纪80年代就进入中国少数民族地区做研究的学者斯蒂文·郝瑞（Stevan Harrell）、易莎·沙因（Louisa Schein）等已成为美国当今人类学领域中国少数民族研究的领军人物。郝瑞曾到四川凉山等彝族地区做田野，主编了《中国少数民族边疆的文化遭遇》（Cultural Encounters on China's Ethnic Frontiers），《中国西南彝族研究的视角》（Perspectives on the Yi of Southwest China. University of California Press. 2001）等学术论文集。到2004年，又主编了中国族群研究丛书。该丛书由华盛顿州立大学出版，包括了几本有实力的专著和论文集，如《客居的人：中国及周边客家人的认同》《熟悉的陌生人：中国西北穆斯林的历史》《成为中国人的课程：中国西南的少数民族教育与族群认同》《成为中国西南族群的方式》《对中国多族群边疆的统治》等①。同时，再加

---

① "Studies on Ethnic Groups in China"，Henry M. Jackson School of International Studies，University of Washington Press Seattle and London 2004.Edited by Stevan Harrell，"Cultural Encounters on China's Ethnic Frontiers" Edited by Nicole Constable，Guest People："Hakka Identity in China and Around" Jonathan N. Lipman，Familiar Strangers："A History of Muslims in Northwest China" Mette Halskow Hansen："Lessons in Being Chinese：Minority Education and Ethnic Identity in Southwest China" Edward J.M Rhoads; Stevan Harrell："Ways of Being Ethnic in Southwest China" Edited by Morris Rossabi，"Governing China's Multiethnic Frontiers." etc.

上在国外接受多年人类学教育的一些华人学者，如施传刚、蔡华、杜杉杉等也不断在英语世界出版有学术著作或篇章发表，因而，藏、蒙、回、彝、摩梭、苗、拉祜、瑶、傣-泰研究等领域显得相对活跃。所应看到的是，中外学者在对中国少数民族进行研究时所运用的视角、所持有的观点和所获得的理解是不尽相同的，然而，他们在中国少数民族社会所进行的田野考察以及所获得的考察结果却是可产生学术对话的基础。

美国人类学者路易莎·沙因（Louisa Schein）自20世纪80年代以来对贵州西南部西江苗族社区进行考察，已撰写并相继出版了《少数民族管理：中国文化政治中的苗族与妇女》（*Minority Rules——The Miao and the Feminine in China's Cultural Politics*，Duke University Press，2000.）、《中国苗族的纺织品》（*Miao Textiles from China*，Seattle，Washington University Press 2001）等关于苗族研究的著作和篇章。在其《中国的社会性别与内部东方主义》一文中，通过对中国少数民族妇女形象的观察和分析，来审视中国民间文化与政治权力的关系。她在考察中看到一些现象，在西江苗族加工有差异的文化的过程中，"苗族精英男性不仅把由他们的女人所体现的民族文化提供给汉人消费，而且还热衷于把一些仪式客体化，在其中他们自己也合谋表演了他们的'传统'"[1]。苗族男人参与了这种商品化和客体化的合谋，甚至扮演了文化掮客的角色，并完成了"自我客体化"[2]。

西江苗族存在的现状不过是当代中国族群认同实践中所展示的社会性别关系的一个小小实例。20世纪80年代，美国人类学家郝瑞（Stevan Harrell）对四川南部的攀枝花、盐边、平地、平江、米市等彝族社区也进行了有关族群认同的考察，在对米市马托洛村村民彝汉语言文字能力进行分性别和年龄段的统计后，发现了一些有趣的类型。"就性别来讲，男性无论在什么年龄段大都为非文盲，既懂彝语彝文，又能说汉语。对于女性来讲，能说汉语的年轻妇女虽然要比她们的母亲辈或祖母辈要稍微多些，但她们中的大多数仍然是文盲，只能说彝语"[3]。郝瑞的研究同样也反映出中国西南多族群社会中的男人、女人在掌握本民族语言或汉语

---

① Louisa Schein："Minority Rules：The Miao and the Feminine in China's Cultural Politics，P159. Duke University Press，2000.

② 〔美〕路易莎·沙因：《中国的社会性别与内部东方主义》，康宏锦译，载马元曦主编《社会性别与发展译文集》，北京：生活·读书·新知三联书店2000年版，第114页。

③ 〔美〕Stevan Harrell：《田野中的族群关系与民族认同——中国西南彝族社区考察研究》，巴莫阿依等译，南宁：广西人民出版社2000年版，第163~164页。

使用能力上的性别差异。这种在语言使用能力上的性别差异现象还有很多，如从事少数民族语言教育研究的毕丽丝（Elizabeth Billard）女士在云南剑川石龙村推行白汉双语教学时也发现，在石龙村"女人的汉语没有男人那么好，另外，不会说汉语的女人分布在每一个年龄群体"①。

澳大利亚学者科林·麦切拉斯（Colin Macherras）从事中国少数民族文化研究多年，尤其对中国穆斯林有较深入的研究，并在中国许多少数民族地区进行过考察。在其《中国少数民族文化：自1912年以来的认同与整合》（*China's Minority Cultures: Identities and Integration Since 1912*，New York，ST. Martin's Press 1995）一书中提到，尽管中国男性僧侣控制着宗教的权力结构，但无论是在西藏，内蒙还是宁夏，云南，他所看到的朝圣的香客大多数是妇女，认为"这显示出少数民族妇女在信仰宗教和从事宗教活动方面甚至比她们的男人们更挚着更热心"②，同样，他也看到"在被访问过的每一个少数民族地区，都显示出妇女在学习汉语方面没有男人那么快，更坚持使用本民族的语言"。对于少数民族语言使用在性别间的差异，科林把其归结为"语言知识上的性别不平等"，主要是"女孩从学校退学要早一些，相应地所得到的汉语教育就少一些"，因而认为"这可能意味着，至少从对自己语言的尊重上说，同男人相较，在维系少数民族身份上，妇女将起着比男性更重要的作用"③。

可见，许多学者在观察中都看到了少数民族文化在语言、宗教、教育等文化表现上存在普遍的性别差异，但很少有学者看到族群认同实践与这些性别间文化差异的关联，社会性别间的文化差异及产生差异背后的制度性要素并未得到根本性检讨。把社会性别的视野引入族群认同分析，可以获得对中国少数民族研究的新认识。

二、曼底傣泐人的经验："时髦的男人"与"守旧的女人"

2001年1月至6月间，我开始了一项关于社会性别与中国西南族群文化的人

---

① 〔澳〕毕丽丝：《白汉双语双文教学实验项目的介绍》，作为参会论文载《南诏大理历史文化国际学术讨论会论文集》（尚未公开出版），大理，2002年10月，第545页。

② Colin Macherras："China's Minority Cultures: Identities and Integration Since 1912，" P121. New York，ST. Martin's Press 1995.

③ Colin Macherras："China's Minority Cultures: Identities and Integration Since 1912，" P145. New York，ST. Martin's Press 1995.

类学研究，并多次前往曼底，对这个云南省西双版纳傣族自治州勐腊县象明彝族自治乡所辖的曼底傣泐村寨进行田野考察^①。在田野点，也看到一些同上文所述较为类似的情形，只不过在这里更为直观的，可从曼底傣泐男人、女人变化中的服饰上表现出差异。

走进曼底，最能让人感受到这里还是典型傣族社区的除了一户户的竹楼，就是这里生活着的人，尤其是身着色彩艳丽筒裙的傣泐妇女。傣泐女装通常是紧身上衣，外加一件对襟圆领窄袖衫，下身穿长及脚的筒裙，因要劳作，裙内通常还穿黑色紧身健美裤，腰间系腰带，挑负行走时常常把筒裙前部分摆起系在腰间，以便于大步快速行走。脚穿拖鞋或普通塑料平底凉鞋。挽发髻于脑后，夹上发卡，或把方巾挽的发髻里。平时劳作时，喜欢用花色方巾包头，认为这样可以挡灰尘，也可避免头部直接在太阳下曝晒。女装颜色通常都比较艳丽，大红、大黄、大绿、大紫为主要底色，也穿各色搭配的花面衣裙。近几年流行女装上搭配装饰物，如在红色衣裙的领口、襟口、袖口、裙边等部位搭配上黄色或其他色的褶皱花边或机织花边、花朵等。节日期间，傣泐妇女对穿着更为精心。脸上涂上粉，描眉，涂上鲜艳的唇膏，头发被高高地挽起，各色发卡和装饰的绢花插满头，花团锦簇。有的脚上也穿上了高跟皮鞋，戴上金、银制耳环、手镯，经济条件好的还会戴上金项链，腰间系银腰带。老年女装则多为白色等淡浅色上衣，黑色等深色筒裙，头上包上棉质毛巾，发髻上插上老辈人传给的银制发簪。尽管曼底傣泐女装从 20 世纪 70 年代或更早期的棉布面料，手工缝制，发展为今天的化纤面料，机器缝纫；裙的长度从膝下增长至脚背；生活条件改善后，冬天会在傣族衣裙外穿上了毛衣、西装上衣，甚至棉衣，筒裙的色彩更多样化，装饰品更丰富了。但对襟紧身上衣与筒裙这种女装样式却在傣族妇女中一直保持下来，发式仍多是保持长发挽髻的传统。面对日新月异的时装潮流，曼底傣泐妇女却不为所动。她们认为还是自己的衣服好看，寨中每个女人，从小孩到老人，无论是日常劳作还是节日、出行，每天都穿着傣装。可见，到目前，传统的傣族女装在曼底仍占据绝对主流的位置，还不用担心外来服装对她们产生影响，会让她们放弃傣装。

同这些"守旧"的曼底傣泐女人相比，男人的情况就大不一样了。我们翻开 20 世纪七八十年代的出版物，关于傣族男子服装，得到如下描述："男子服装上

① 本文的田野研究得到福特基金会中国社会发展研究基金的资助，在此致以谢意。

族性、性\性别政治

着无领对襟或大襟小袖短衫，下着长管裤，多用白布或蓝布包头"①。如果要了解更早期的傣泐男装，就只有依靠口述了。曼底的老人说："以前，我们男人像女人样，头发是长长的，挽在头顶，那时，男人到江里捕鱼要闷水，头发长了是不方便的，有的就把头发剪了。身上穿用棉花织成的布用手缝的衣服，是白颜色的，从中间开口，裤脚大大的"。可是，以上所有关于傣泐男子服装的描述，我们早已不可能在曼底看到了。

实际上现在所能看到的曼底傣泐男人的服装是很"时髦"的，中青年男子上身穿件 T 恤，或者衬衣，无论劳动还是过节都穿同样的衣服，只不过劳动时穿的衣服旧一些，节日里的新一些。裤子是普通的西裤，而这几年城市里流行的棉质休闲男裤，也很快穿在年轻岩抱（年轻未婚男子）和波肖（年轻已婚男子）们的身上。确切地说，现在曼底男人穿的服装是市场上卖什么，他们就穿什么。寨子近两年刚刚开了两家小卖部，其实里面能买的东西十分有限，但我们居然能看到包装精美的棉质男式内裤在这里出售，包装纸上是体格健美的西方白人男子穿着内裤做的广告。据商店主人介绍，这种内裤很好卖。可以说，曼底男人对传统傣族服装的背离是很彻底的，这种背离甚至是从里到外的。时髦的曼底男人既看不上她们守旧的女人去帮他们从集市上买回的衣服，更不可能再让女人为他们做衣服，于是形成了心照不宣的规矩：男人的衣服男人自己到集市上买，自己决定买什么样的衣服，女人的衣服也是如此。家里男孩的衣服多由父亲去负责买，女孩的归母亲管。因而社会化中的孩子自然也就沿着父母服饰所表现的差异轨迹成长：男人越时髦，女人越守旧。

时髦的男人与守旧的女人，在曼底不仅仅是通过服饰表现出来，在生计方面，我们也能看到类似的情形。一个传统的曼底傣泐男子被要求具有如下技能以谋取生计：能知晓农时，并把每个季节需要栽种、收获的农事放在心上，定期安排家人的生产劳动；能在稻作生产中熟练地驱牛犁田、耙地，耙得越深则庄稼才能长得好而获得好的收成；能在树林里挑选出好的栋梁之材并知道如何来利用它，他能砍伐树木、竹材来建房安家，并能动手扎大量草排做屋顶或备更换；以往他还必须是出色的猎手，能知道各种野味的行踪，能下扣子设陷阱捕获猎物；他能制作常用的木、竹类生活用具，如能把竹子砍削成竹篾，用来编制凳子、鱼

① 云南省历史研究所编著：《云南少数民族》，昆明：云南人民出版社 1980 年版，第 76 页。

篓、竹篾笆等器物；能织渔网并能到江、河中捕捞鱼、虾；能饲养好耕牛以保证犁田时有劳力。

而一个妇女被期望具有采集能力，她能在森林里发现并鉴别不同种类的野菜、果子、竹笋、野生菌类，能在河水里捞起青苔并漂洗干净，尽可能又快又多地在河滩的石头底下找到知了的幼虫，或其他的昆虫，这需要经验积累。每天天还不亮，家中的主妇就早早起床，把火塘的火烧起来，把所有水桶装满水，把泡了一夜的糯米洗净放到木甑里蒸熟，再把米饭倒出用扇子扇凉，以保持糯米饭可口的硬度，这样就准备好了一天的主食；她能把吃不完的竹笋、蔬菜腌制起来，做成美味的酸笋和腌菜，也能把吃不完的肉类烘烤干或腌制起来，做出美味的食物。当忙完了所有的家务，在男人出去聊天、串门或玩牌娱乐时，她得坐到织布机上，开始了总也织不完的织布的活儿，在吭当吭当的织机声中等待着夜深还未归的男人。为了能织出传统的傣锦，她知道如何把收获的棉花纺成线，再把线上浆，晒干，她也知道如何把线放到织机上，如何使用梭子，用不同颜色的线织出大象、塔、树、花草等图案。有了她的辛勤劳作，一家人睡觉所用的垫子以及好客的主人为客人准备好的约二三十床垫子、床单就有了着落，那是传统意义上家庭财产的一部分，家中的女儿也将有体面的嫁妆，将来盖了新房子搬家时这些垫子能堆满院子，展示在所有村民面前，得到全体村民的赞许，而主妇也赢得了作为一个傣泐女人所应享有的体面。传统生计模式中的傣泐男女，在生产、生活中相互依存，建立了两性间互补的经济联盟。

在多变而又多样的现代性背景下，要看到一成不变的生活是很困难的了，曼底也在发生着许多变化。20 世纪 80 年代中期，包产到户的曼底人家开始在坡地上种植橡胶树，通过卖胶，他们获得了比种粮食更多的经济收入。随后，他们又开始在胶林、坡地上种植砂仁，都获得了很好的收益。生活开始富裕起来的曼底人有了更多的要求，全寨集资二十余万元架通了电线，有了电，许多人家从勐仑镇买回电视、VCD 机和流行音乐的、香港武功和警匪动作片的影碟，尽管在我进行田野考察期间曼底还不能看到电视节目，但他们也一样从看 VCD 中得到娱乐。因为这，男人们也不用在天黑后就到村口波淘么家楼下吹牛，打发时间。对于妇女，没电时晚上就在火塘边拉棉花、绕线，或点上煤油灯织布，有了电照明，织布更轻松了。

到 1999 年，曼底人修通了到勐仑镇的路，立马有家户买了拖拉机开进寨里，从那时起，曼底人可以不用为到镇里赶街而走四个小时山路，吃不完的粮食可以运到镇里卖掉，也可以一次就买回更多的生活必须品。很快，男人们发现拖拉机太耗油，而摩托却又轻便，又省时，还很经济，于是寨子里一下子又多了许多辆摩托和正在学驾驶摩托的男人，他们骑着摩托到镇里谈生意，做买卖或是去娱乐消遣。男人们的活动空间霎时开阔了许多，能做的事情也更多了。如今，手扶式犁田机也开进了曼底的水田里，男人们在学着怎样来用它犁田，饲养多年的水牛失去了往日的生计意义，只有为数不多的人家还在养牛以等待着用它来换回犁田用的拖拉机。开拖拉机、骑摩托、用手扶式犁田机成为曼底男人需要掌握的新的生活技能，同时他们正努力学习经商、做生意这种新的生计方式。对于妇女，路修通了，增加了家庭的消费开支，需要有更多的粮食出售以换取更多的钱，妇女们把更多的时间与精力花在多种点玉米，多种点砂仁上，也变得更忙碌。变化中曼底傣泐人，在生计性别分工上就产生了一种可能性或趋向：男人承担起了把物质产品转化为货币的工作，而妇女则仍从事传统的物质产品的生产。关键是，男人们所获得的驾驶摩托、拖拉机等技能也使他们显得更加"时髦"，而妇女仍然无缘与这些"时髦"的东西为伍，更加深了她们"守旧"的刻板印象。

三、男性客位化与女性主位化

20 世纪 60 年代，语言人类学家派克提出了人类学描写的"族内人"（insider）和"外来者"（outsider）不同视角对其思维方式、描写立场和话语表达的影响等等。从这个理论支点出发，派克借用语音语言学术语创造了主位 / 客位（emic/etic）的描写理论。主位（emic）被认为"是文化承当者本身的认知，代表着内部的世界观乃至其超自然的感知方式。它是内部的描写，亦是内部知识体系的传承者，它应是一种文化持有者的唯一的谨慎的判断者和定名者"[①]。与主位相对，"客位（etic）则代表着一种外来的、客观的"科学的"观察，它代表着一种用外来的观念来认知、剖析异己的文化"[②]。尽管人类学界对派克主位 / 客位（emic/etic）的描写理论的理解曾存在分歧与质疑，但这一新认识论所表现出的力量却在推动人类学朝着更

---

① 〔美〕克利福德·吉尔兹：《地方性知识——阐释人类学论文集》，王海龙等译，北京：中央编译出版社 2000 年版，《导读》第 17 页。

② 〔美〕克利福德·吉尔兹：《地方性知识——阐释人类学论文集》，王海龙等译，北京：中央编译出版社 2000 年版，《导读》第 17 页。

为"科学"的方向发展，也在民族志的研究实践中被运用，产生一定分析效果。女性学者琳达·斯通（Linda Stone）在尼泊尔进行人类学研究时，刚开始她在村中看到一个小男孩粗暴地摇动他奶奶，并冲着他奶奶尖声大喊："停下来""滚开"！如果按照琳达自己的文化背景来对此情景进行阐释，很快就可以假定她目睹了一场出乎预料的家庭争吵，然而，这只是她的客位判断，或者说只是一个外来者的观察。而从族内人的立场，这个小男孩家中所有的人都相信因恶魔缠身他的奶奶才生病，男孩其实是在对着奶奶身体内的恶魔叫喊，让恶魔离开。因而在族外人客位视角下的家庭争吵在主位立场看来却是为了治疗疾病①。可见，即便以善于批判传统学术著称的西方女性主义人类学者，也强调有关社会性别的研究在具体场景下不仅要提供客位的探讨，还要获得对主位观点的理解。

然而，需要进一步明确的是，对派克主位／客位的理解，人们并没有仅停留在"族内人"和"外来者"二者对立的固定层面上，认为在一些具体的场景下不仅二者的身份是可以变动的，或者，他们的眼界也可以从自己固有的身份上游离开来。在某种特定情形下已被确立的客位身份，也会"滑向主位视野"②。因而，"外来者"可以通过"钻进土著人的脑中"③，获得"文化持有者内部的眼界"④，正因为此，格尔兹所倡导的文化"深描"才会变得更有实际意义。同时，我们还应看到，"族内人"也不会"被动"地永远把自己视为"族内人"，即便在"族内人"内部，他们的身份也不是固定不变的，也一样有可能发生分化，会从其已有的主位身份上游离开来，也就是说，主位、客位的身份是流动的。

美国学者郝瑞（Stevan Harrell）不仅从主位／客位的范畴出发获得了对中国"族群"与"民族"概念更多层面的认识⑤，认为中西文化在理解"族群"与"民族"这两个术语内涵时存在着主位与客位的差别，民族是由国家认定的客位分类。中

---

① Linda Stone and Nancy P. Mckee："Gender and Culture in America." .P5 .Prentice– Hall， Inc. 1999.

② 〔美〕斯蒂文·郝瑞：《田野中的族群关系与民族认同——中国西南彝族社区考察研究》，巴莫阿依等译，南宁：广西人民出版社 2000 年 8 月，第 271 页。

③ 〔美〕克利福德·格尔兹：《文化的解释》，纳日碧力戈等译，王铭铭校，上海：上海人民出版社 1999 年版，《译序》第 13 页。

④ 〔美〕克利福德·吉尔兹：《地方性知识——阐释人类学论文集》，王海龙等译，北京：中央编译出版社 2000 年版，第 73 页。

⑤ 〔美〕Steven Harrell：《从族群到民族——中国彝族的认同》，载巴莫阿依、黄建明编《国外学者彝学研究文集》，昆明：云南教育出版社 2000 年版，第 5 页。

国的民族识别，"把客位分类标准化与具体化，其结果是划定了55个少数民族"①。同时，郝瑞也注意到了主、客位关系中的流动性，并且用这种流动的主、客位关系来审视当代中国的族群认同实践，认为"随着越来越多的少数民族展示与表达自己的族群意识与认同，原来从客位出发的以国家为语境的静止不变的民族分类系统已经滑向主位的视野"②，"已经成为主位的族别"③，"在过去的四十年中，彝人已经变成了彝族，作为与其他相邻地方人群相区别的族群意识，也同民族意识混合以与汉族、藏族、哈尼族、苗族等民族相区别"④。郝瑞所代表的西方学术对当代中国族群认同理论与实践的审视与分析是解构性的，在中国学者中引发讨论。

然而，需要在这里指出的是，在社会性别研究得到发展的今天，无论是作为主位或是作为客位的族群／民族，在讨论其认同实践时，归根结底必须回复到有性别区分的活生生的社会人群上，决不能再像传统学术那样把人视为一个个超越性别区分的抽象物，或者用男人来统代包括女人在内的所有的人。在社会性别的视角下，我们不可能把族群含混地假想为没有性别区分的人群存在，如果中国族群认同实践真正存在从客位滑向主位的事实，正如前文我们在贵州西江苗族、凉山彝族以及曼底傣渤人中看到的情形，那也是有性别区分的。在微观的考察中，我们会看到，"族内人"主位身份的游离往往在男女两性间表现出行为差异，许多民族志的经验反映出这种情形会通过不平衡的性别关系表现出来，在男人、女人两大社会人群上发生明显分化，特别是，在男性成员身上表现出游离的、客位化的倾向。在中国多族群格局的背景下，这种主位／客位身份在性别间表现出的差异性，直接影响着男性、女性在族群认同中的实践方式、倾向和行为。

如果借用派克的概念来对上文提到的一些现象加以分析，西江苗族男性的"自我客体化"，就是男性把自我当成游离于自身族群文化认同之外的客体，采用客位的立场，用客位的视角来看待自身所属的族群、族群认同和族群性，其实质是

---

① 〔美〕斯蒂文·郝瑞：《田野中的族群关系与民族认同——中国西南彝族社区考察研究》，巴莫阿依等译，南宁：广西人民出版社2000年版，第266页。

② 〔美〕斯蒂文·郝瑞：《田野中的族群关系与民族认同——中国西南彝族社区考察研究》，巴莫阿依等译，南宁：广西人民出版社2000年版，第271页。

③ 〔美〕斯蒂文·郝瑞：《田野中的族群关系与民族认同——中国西南彝族社区考察研究》，巴莫阿依等译，南宁：广西人民出版社2000年版，第271页。

④ Stevan Harrell Edited：*"Perspectives on the Yi of Southwest China"*. P8. University of California Press. 2001.

产生了族群认同实践中的男性客位化。在这里，男性客位化是男性族群自我认同与自己的主位身份分离而产生的结果。郝瑞在四川南部彝族地区所观察到的语言运用在性别上表现出来的差异，也说明当彝族男子掌握了稍好的汉语使用程度而更容易从其主位身份上游离出来，在族群身份上表现出了客位化倾向。而就像米市的彝族妇女缺乏说汉语能力一直保持说本民族语言一样，这类与族群身份分离的情况却通常较少发生在妇女身上。同样的，毕丽丝女士在剑川白族人中看到的不同年龄段白族妇女都在普遍使用白族语，依然保持着明显的作为白族的主位身份。在贵州西江苗族社会，至少还是女人最能体现他们的民族文化，被作为少数民族的特征来看待。因而这也意味着女性自我族群认同与自己的主位身份往往是一致的，或至少二者分离倾向并不明显，它更多显示出女性在族群认同中保持主位身份的特点。这些，正应验了科林分析的"在维系少数民族身份上，妇女将起着比男性更重要的作用"[1]。于是我们可看到一个基本的族群认同实践的性别图式：

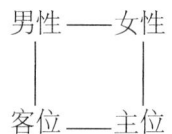

在这里我们似乎仍落入男性与女性相对，客位与主位相对的二元对立的老套路中，但我们不得不承认，这种男性客位化，女性主位化的二元对立模式是20世纪50年代民族识别以来一直在中国族群认同实践中存在的社会性别模式。像种族、阶级、阶层一样，族群和性别也是对人群进行社会分析的基本范畴，当我们把社会性别的视角运用到族群认同实践的分析中，它能使我们看到族群认同实践存在着通过男女而反映出来的差异性，以及男性客位化与女性主位化的认同实践规则，这一规则在当今中国族群认同的实践中通过多样的方式表述出来。曼底傣泐人所获得的"时髦的男人"与"守旧的女人"的经验，不过是族群认同中通过男人、女人表现出的差异以及与族群文化符号相背离的最直观的一个层面[2]，但它已足以

① Colin Macherras: "China's Minority Cultures: Identities and Integration Since 1912, P145. New York", ST. Martin's Press 1995.

② 在我进行田野考察的曼底，路修通后正在发生的社会文化变迁中的许多现象，如市场经济的观念介入后男人开始从上门到娶妻等，也以更隐性的方式表述着曼底傣泐人正同传统地附着在他们族群身份上的文化符号发生背离。现代性成为一种新兴力量又在加大社会性别行为间的差异，继续推动着族群认同的社会性别实践朝着男性客位化和女性主位化的方向发展。碍于篇幅，难以把这些现象都放入本文加以讨论。

反映出男性客位化和女性主位化的事实。如果看到了族群认同中的这种性别差异，我们会发现，"原先族群的主位分类与国家民族识别的客位分类两相分离的情形"，在当代中国的族群认同实践中并没有像郝瑞所认为的那样，"走向两者相融合的历程"①，而是呈现出男性客位化，女性主位化的趋向。

四、客位化、主位化背后的性别权力关系

环顾一下聚居于中国西南乃至其他地区的众多族群，当今"时髦的男人"，"守旧的女人"这类现象实在是太普遍了。除了现在为迎合旅游业发展的需要而创造出的男性民族工作服，有多少少数民族男人还在穿他们的传统民族服装？这只是一个简单的现象吗？服饰既是性别区分的标志，又是民族文化的载体，同时还具有审美功能。那么，如果从审美的角度看，仅仅是因为审美情趣的改变就让男人们放弃了本民族的传统服饰吗？在曼底，傣泐男人们对女人服装有一个总体的评价：好看。而且，男人们并不希望他们的女人改变傣族服饰，在他们看来她们应该继续穿。可问题是，男人们自己还是放弃了本民族的服装。这一切是怎么发生的？在老人的口述中，他们回忆："六几年时县里让我们曼底出工去修思茅那边的路，男人还穿着以前那样的衣服，穿去么人家看见笑我们。后来寨子里有人买了汉人衣服穿，开始时整个寨子只有一套，平时都舍不得穿，哪个要去乡里或去赶街，就去跟他借了穿，回来洗干净赶快拿去还。现在想来，还十分好笑"。

我们企图整理出曼底男人服装发生变化的轨迹：20世纪60年代，傣族男子对傣族服装产生离异的倾向，动因是同外界接触增多，在与其他服饰如当时干部们穿的绿军装，蓝色中山装等主流服饰对比下，使得男人们对自己的着装觉着害羞和不满意，他们希望与大多数人一样，即趋同心理促使他们对主流男式汉装产生认同，在心理上发生转向，继而在市场为他们的意愿提供相应的物质条件后，一定在曼底男人中展开了一场相互攀比的穿汉装的改装运动，就像现在家家攀比买拖拉机、摩托一样，现在出现的时髦男人就是那时改装运动的结果。改装，对于曼底的傣泐男人来说，免除了外出如到乡、镇时因着装的异样而要面对的讥笑与窘迫，并期望因着装的一致而在做买卖、与人交往时尽可能地不被区别对待，尽力消除因服装差异而同外界的隔阂。因而曼底傣泐男人的改装不仅仅只是因审

---

① 〔美〕斯蒂文·郝瑞：《田野中的族群关系与民族认同——中国西南彝族社区考察研究》，巴莫阿依等译，南宁：广西人民出版社2000年版，第271页。

美趋向发生变化而采取的行为，在其背后还有许多隐含的意图，更重要的，我们还应该看到，这些意图的表述背后，表明改装在同国家政治发生关联。

新中国成立后，1950 年 2 月，西双版纳全境解放，"为保障各少数民族实现民族平等，实行民族区域自治，发展少数民族地区的政治、经济、文化事业，促进各民族共同发展繁荣"[①]，新兴的国家政权亟需在民族地区完成民族识别的任务。1953 年，国家根据全国第一次人口普查中自报登记的民族名称，经过识别和归并，确认了 38 个少数民族为单一民族，傣族也被列入这第一批经过识别的民族名单中。在整个民族识别工作的进程中，对傣族的识别工作进行得比较顺利。根据刘岩先生的记述，"50 年代国家对境内少数民族进行民族识别，经过调查研究，与本民族协商，为了尊重少数民族的自称而确定为'傣族'"[②]。主要是按照斯大林的民族定义，傣族可作为单一民族的文化特征十分明显，像傣族的语言、共同的聚居区等重要的文化特征那样，包括服饰、民居、饮食、信仰系统等文化要素在内的文化特征成为傣族识别的重要标识。服饰作为重要的显性文化特征在当时让傣族男女获得其族群身份，其所起的作用是显而易见的。傣族识别工作为 1953 年 1 月西双版纳傣族自治区成立奠定了基础，1955 年改为自治州，民族区域自治在西双版纳实施。同年，在"和平协商"的原则指导下，西双版纳傣族地区也像许多少数民族地区一样进行了民主改革和社会主义改造[③]。

通过民族识别，民族区域自治和民主改革，曼底傣泐人的历史进一步整合进新中国的历史中，傣泐社会同国家政治发生了更密切的关联，曼底人获得了更多的参与国家及地方事务的机会与体验。然而，正如前文曼底人的自述，在曼底往往是男人获得更多的机会参与到地方或国家的公共性事务中，通过政治的途径与外界发生的联系明显多于女性，有个别男性甚至开始在基层政府工作，成为国家干部。可见，新中国建立之初，少数民族社会在同国家政治整合的程度上，显然在男人、女人间存在着差异。同女人相较，男人们在更大程度上被新兴的国家政权及自治的地方政治吸纳，卷入到一体化的进程中，相应地，国家政治对男性成

① 王建民、张海洋、胡鸿保：《中国民族学史》下卷，昆明：云南教育出版社 1998 年版，第 107 页。

② 刘岩：《傣族》，载杨福泉等主编《云南少数民族概览》，昆明：云南人民出版社 1999 年 7 月版。

③ 《民族问题五种丛书》云南省编辑委员会编，《傣族社会历史调查》（西双版纳之二），昆明：云南民族出版社 1983 年 12 月出版，第 69~70 页。

员的改造也要超过女性。也正是在这样的背景下，不仅曼底男人的传统服装在发生急剧变化，在中国许多少数民族地区，男人们的服装开始与传统民族服装发生普遍性背离。因而，发生在曼底傣泐男人身上，同时也发生在许多少数民族男性成员身上的改装运动，既是国家新政治体系下性别间权力不对等关系的体现，又是这种性别间权力不对等关系的结果。今天，像许多少数民族男人一样，曼底傣泐男人们身穿汉装或西装，与世界大部分男人一道，自如地享受着人类物质文明进步带来的所有成果，并享受着所有不断更新的创造。当反映在曼底傣泐男人身上需要体现的作为族群标识物的文化要素在变迁中丧失，变迁的意义对于男人而言就是越来越丧失本来应该附着在他身上的文化特性，从传统意义的傣泐男人越来越变成男人而不是某某族别的男人，他们只不过变成全球化背景下普通男人的一分子，其结果意味着男人们在族群认同中的身份更加客位化。改装，无疑给曼底傣泐男人带来过好处，但结果却把国家所赋予的傣泐男人的族群身份掩盖了，并标志着傣泐男性服饰作为族群识别的功能已经丧失。

在族群理论的讨论中，许多派别如弗里德里克·巴特（Fredrick Barth）的"族界理论"①，范·登·伯格（Pierre L.Van den Berghe）的"原生论"②，或本尼迪克特·安德森（Benedict Anderson）的"想象的共同体"③，都在强调文化在族群认同中的作用。在某些文化中，至少在中国多族群聚居地区，人们不会怀疑服装也是族群的"符号"或"象征"，所具有的作为族群标识的功能④。当代表族群身份的服装在傣泐男人身上发生变化，某种程度上说，它也是族群意识、族群认同发生变异的征候，它反映的是男人们在族群认同中潜在的客位化事实。作为变动过程产生的结果，它加大了男女性别间社会的、文化的差异，也增强了性别间的二元对立文化特征。"时髦的男人"与"守旧的女人"，作为一种现象的存在和经验的事实，它也在打破传统服饰中男女性别服饰均衡的文化规则，重新构建出族群服饰性别不均衡的模式。这种模式的建立是以男性通过国家政治而获得了比女性更多的权力为前提的。在这种不对等的性别权力关系下，服饰作为族群认同的文化符号被固定到他们的

① 纳日碧力戈：《现代背景下的族群建构》，昆明：云南教育出版社2000年版，第62页。

② 参见庄孔韶主编：《人类学通论》，太原：山西教育出版社2002年版，第346页。

③ 〔美〕本尼迪克特·安德森：《想象的共同体：民族主义的起源与散布》，吴睿人译，上海：上海人民出版社2003年版，第5页。

④ 向翔、龚友德：《从遮羞板到漆齿文身——中国少数民族服饰巡礼》，昆明，云南教育出版社1991年版，第11页。

女人身上，让女人承载起了族群文化传承的重任，并使她们的主位身份更为牢固。

从曼底傣泐人的经验来看，我们还应注意到，族群认同中与主位身份、客位身份相关联的要素是多向度的。正如华语世界重要的社会科学家金耀基先生在其《现代性论辩与中国社会学之定位》一文中转引史马脱（B. Smart）的观察，认为："现代性之终结，最好用来指西方现代性之终结，或者，温和地说，西方现代性之终结已经在望，西方已经随着一种疲惫之感达到'巅峰'，但在东亚及世界其他地方却没有一点疲像，他们都正在追求自己国家和文明的带有混合性的现代。"[①]曼底就是这样一个正在追求着现代性的普通的傣泐村寨，现代性在这里带来的性别生计分工差异，反映出现代性对傣泐男女有不同的意义。在追求现代性的过程中，尽管妇女们可以从一些繁重的家务劳动中解脱出来，但妇女并没有像男人那样获得新的生存技能。现代性所赋予男女新的生存技能上存在差异，男人被赋予了更多的技能，有助于把男人从传统的生计角色中解脱出来。传统生计中的性别互补到现代性介入后男子游离出原有的生计角色，妇女却仍在维系传统的生计角色。同时，生产与销售的分离使得资源在两性间的配置产生新的不平衡，其结果是使妇女在生计上似乎变得更依靠男人了，因为在市场经济的时代，在他们看来所有的生产只有在转化为金钱后才变得有意义。当一个傣泐男人已不知道怎样驭牛犁田，可以说他已不是传统意义上的傣泐男子了，新的劳动技能以及现代性又掩盖了作为传统傣泐男人的标识，现代性在抹杀族群性的个性要素。族群认同被组织在权力体系之中，社会人群中的权利关系使妇女成为文化传统的载体与表述者，仍然保持着其主位身份。现代性是男人获取权利关系转化的重要因素，并成为一种重要力量在推动着少数民族社会中的男人、女人向着男性客位化与女性主位化倾向发展。总之，男女两性间经济的、政治的诸多权力划分的不均衡，是产生男性客位化与女性主位化现象的根本要素。

在西方学者的民族—国家分类中，中国属于有核心共同体的民族－国家范畴[②]，伴随着现代社会的到来和民族—国家的建立，国家政治就进入到族群认同的构想之中。如果像格兰特·伊文斯在讨论族群性与国家的关系时所指出的"某一

① 金耀基：《现代性论辩与中国社会学之定位》，载马戎、周星主编《二十一世纪：文化自觉与跨文化对话》（一），北京：北京大学出版社 2001 年版，第 360 页。

② Martha L. Cottam, Richard W.Cottam: "Nationalism & Politics: The Political Behavior of Nation States". P83. Lynne Rienner Publishers, Inc.2001.

族群不会因为它自身而存在，一个族群只有在同其他族群的关系中才有意义。族群关系通常也是一种权力关系，因此，应该被视为多数人与少数人的关系，统治人群与被统治人群的关系，无论过去还是现在，只有国家才能够把大多数人的意愿强加在少数人身上"①。族群关系是一种权力关系，男女两性间的社会性别关系也是一种权力关系，如果像女性主义学者凯特·米丽特所主张的那样把人类社会的一个性别人群对另一个性别人群的统治也称为政治，即"性的政治"②的话，那么，族群认同也被组织在包括性别在内的各种权力体系之中，交织在当代中国族群认同实践中的性别关系，也是一种性的政治。

2002年傣历年前，当我再次回到曼底，发现曼底年轻小伙子岩抱们的头发又有了新变化。像城市里许多年轻人正在追求的时尚那样，他们中的几个把头发染成了金黄色，且自己感觉良好。而从年轻的傣渤女子依哨们的评价来看，她们似乎还不太能接受岩抱们的这种标新立异。显然，年轻的岩抱们对外界大众流行文化接受的程度已大大超过他们的父辈，毕竟他们生活的时代已不仅仅是汉化的时代，他们生活在一个更为广阔的全球化背景下，性别间的权力关系又将以新的表述方式在另一种场域中展演。

（原文载《民族研究》2004年第5期。）

---

① Grant Evans Editor："Asians Culture Mosaic： An Anthropological Introduction"．P244. Simon &Schuster (Asia) Pte Ltd. 1993.

② 〔美〕凯特·米丽特：《性的政治》，钟良明译，北京：社会科学文献出版社1999年版，第37页。

民族国家与归属的性别政治

——基于云南民族识别的讨论

中国是由多民族共同组成的民族国家，1949 年新中国成立后，国家通过 20 世纪中期的"民族识别"与民族划分工作，明确了各民族的"正式名称"。同时，国家明确以法律、规章的形式将普通民众的民族身份确立下来。在此基础上，少数民族身份及其相关的权利、地位获取与维持构成了中国民族国家政治民族政策制度化的主要内容。

一、民族识别与中国民族国家形塑（shaping）

进入近代以来，随着中国帝国体系的瓦解，中国历史进入到民族国家（Nation-state）的体系中。尽管安东尼·D. 史密斯（Anthony D. Smith）认为"严格地说，只有当一个族裔与文化单一的群体居住于一个国家的疆域内，而且那个国家的疆域与那个族裔与文化单一的群体所居的疆域相互重合时，我们才可以把这个国家称为'民族国家'"，[①] 然而，这种理想化的"民族国家"标准定义在实际中存在若干偏差，大多数国家具有族裔多元性特征。民族国家与民族国家出现前的国家相较，所呈现的不同特征在于民族国家是对特定领土行使主权的组织，其核心观念是疆域概念和主权概念。民族国家最重要的特征是一个国家在什么程度上在经济、社会和文化生活中使用民族团结作为国家的政策，因而民族主义是支持民族国家型构的重要观念形态。安东尼·史密斯（Anthony D. Smith）概括了民族主义六个方面的基本主张，诸如"世界是由不同的民族所组成，每个民族都有它自己的特征、历史和认同"，"民族是政治权力的唯一源泉"，"为赢得自由，每个个人必须从属于某个民族"等都是其中的"核心原则"。[②] 在许多民族国家借

---

① 〔英〕安东尼·D. 史密斯：《全球化时代的民族与民族主义》，龚维斌等译，北京：中央编译出版社 2002 年版，第 103 页。

② 〔英〕安东尼·D. 史密斯：《民族主义：理论、意识形态、历史》，叶江译，上海：上海人民出版社 2006 年版，第 23 页。

助现代国家系统来诞生民族国家的过程中，从民族主义的核心概念中衍生出三个基本理想：即民族自治、民族统一和民族认同。①因而，当1949年中国共产党完成了民族主义革命，所需要建立的就是这样一个负有民族主义理想的民族国家，国家的建设与完成民族国家构型几乎是同步的。在这一过程中，新诞生的民族国家领导了一系列将边疆少数民族整合进民族国家的工程，每一项工程都与民族主义的民族统一、民族赋权、民族自治和认同培养相关。

1950年，中央政府派出访问团探访边疆少数民族上层、民众传达毛主席的关怀，毛主席为慰问团题词"中华人民共和国各民族团结起来"，周恩来题词："中华人民共和国境内各民族一律平等，团结互助反对帝国主义和人民公敌，实行少数民族的区域自治和人民自卫，尊重民族宗教信仰和风俗习惯，发展经济文化，使中华人民共和国成为各民族友爱合作的大家庭。"②民族团结是这些题词中的关键词，题词也同样表达了民族统一和民族平等、民族赋权等民族主义的核心原则，被访问团制成条幅和锦旗作为礼物送给各兄弟民族，民族团结的政策和民族主义的理念通过实物传递给边疆少数民族。中央慰问团下设三个分团，第二分团赴云南，由生物学家夏康农教授任团长，王连芳任副团长。据《王连芳云南民族工作回忆》，访问团历时10个月的访问行程2万公里，访问了云南省的9个专区和42个县（含设治局）。③访问团是毛主席派来的代表，访问团把毛主席像送到边疆少数民族中，传达毛主席对边疆人民的关怀，消减民族间的隔阂和歧视。那些开始被拒绝后来却被视为神像挂在家屋中的毛主席画像，奠定了今日许多少数民族毛泽东信仰的民间信仰形式。访问团深入少数民族地区宣传党的民族政策，调查各族群众的真实愿望和要求，同时多方面了解民族情况为国家民族工作决策提供依据。在西双版纳，"访问团带来了边疆人民需要的东西。他们赠送给各族群众的礼物是盐巴、针线和花边"。④在有的地方，访问团送去布匹、食盐等生活

---

① 〔英〕安东尼·D.史密斯：《民族主义：理论，意识形态，历史》，叶江译，上海：上海世纪出版公司2006年版，第24~25页。

② 《云南民族工作40年》编写组：《云南民族工作40年》（下卷），昆明：云南民族出版社1994年版，第5页。

③ 王连芳：《王连芳云南民族工作回忆》，昆明：云南人民出版社1999年版，第8页。

④ 王松：《建立西双版纳傣族自治州的回忆》，载云南省政协文史资料委员会编《云南民族工作回忆录》（三），载《云南文史资料选辑》第48辑，昆明：云南人民出版1996年版，第32页。

品，以及粮食、耕牛、锄头等生产工具，有助于少数民族发展生产生活。中央与边疆，汉人与少数民族，各少数民族之间在民族国家的旗帜下"团结"在一起。

1950 年 10 月 1 日，中华人民共和国成立一周年，首都北京举行盛大庆典，中央组织全国少数民族代表到北京观礼，云南省人民政府组织了由 53 人组成的国庆参观团，大多为少数民族的上层人士，包括了傣族、回族、哈尼族、彝族、白族、纳西族、怒族等民族的代表。① 实际上，到北京参加国庆观礼的云南少数民族参观团人数远比政府组织的人数要多，据一些回忆资料，仅云南普洱区还有"傣、佤、拉祜、哈尼、布朗、傈僳、汉等族代表 34 人参加西南民族代表团赴京"。② 此后还有不同批次的少数民族被组织到内地参观，如佤族聚居的西盟"又先后组织大小头人 168 人到昆明、北京等地参观学习"。③ 据统计资料，"从 1950 年至 1954 年，云南省人民政府先后组织了 45 次包括各民族各阶层代表 4170 人的代表团、参观团到北京观礼和到省外各大城市参观学习"。④ 这些到北京参加国庆大典的民族参观团，在北京受到毛主席和党和国家领导人接见，佤族头领拉猛说："在北京每天都有几千人集会欢迎我们，小鼓打得叮叮咚咚，儿童见了我们喜欢得跳起来，到处把我们当贵宾一样欢迎"。⑤ 国庆阅兵展示的现代化的军备力量和参观北京、上海、南京等有现代化工业的地区，让少数民族上层和民众有机会了解国家的强大，参加观礼的少数民族代表团"大开了眼界，增长了见识，认识到祖国幅员广大、土地富饶，民族、人口众多，在共产党领导下，人民力量强大"。⑥ 观礼活动和到内地参观，是有意义的工作，有效地影响了少数民族上层人士对新兴中国政权的归属倾向。

---

① 《云南民族工作 40 年》编写组：《云南民族工作 40 年》（下卷），昆明：云南民族出版社 1994 年版，第 9 页。

② 唐登岷：《民族团结万岁》，载云南省政协文史资料委员会编《云南民族工作回忆录》（三），载《云南文史资料选辑》第 48 辑，昆明：云南人民出版 1996 年版，第 25 页。

③ 张一飞：《西盟佤族直接过渡到社会主义社会》，载云南省政协文史资料委员会编《云南民族工作回忆录》（三），载《云南文史资料选辑》第 48 辑，昆明：云南人民出版 1996 年版，第 76~77 页。

④ 《云南民族工作》编写组.《云南民族工作 40 年》（上卷），昆明：云南民族出版社 1994 年版，第 129 页。

⑤ 唐登岷：《民族团结万岁》，载云南省政协文史资料委员会编《云南民族工作回忆录》（三），载《云南文史资料选辑》第 48 辑，昆明：云南人民出版 1996 年版，第 26 页。

⑥ 唐登岷：《民族团结万岁》，云南省政协文史资料委员会编《云南民族工作回忆录》（三），载《云南文史资料选辑》第 48 辑，昆明：云南人民出版 1996 年版，第 27 页。

回到云南，普洱区代表团各民族共同签刻《民族团结誓词》，立青石于当时思普区首府宁洱县东城外的红场上："我们二十六个民族的代表，代表全普洱区各族同胞，慎重地于此举行了剽牛，喝了咒水。从此我们一心一德，团结到底，在中国共产党领导下，誓为建设平等、自由、幸福的大家庭而奋斗。此誓。"[①] 表达了边疆少数民族在民族主义动员下加入民族国家的意愿。1951年2月5日在车里宣慰府曼空掌佛寺召开车里县民族团结誓师大会，据召存幸口述，"那天早上，车里县100多大小头人和佛寺的主持人都集中到会议地点，围观的群众有上千人，十分热闹。会议开始，先赕佛水，接着县委、县政府领导余松同志讲话，举手宣誓。在众乡亲面前，我跟着上台代表宣慰使司署议事庭，代表大小头人，代表西双版纳各族人民在大会上讲话，举手发誓：永远跟着共产党，建设社会主义新边疆。接着与会代表人人共饮咒水，喝鸡血酒，宣读誓词。百姓和土司头人看到我这个议事庭庭长、民族上层人士都带头宣了誓，也就安定了心，立下了跟共产党走社会主义道路的志向。大会召开了以后，出现了民族团结的新局面，之后再也没有发生过民族叛乱、分裂祖国的事件"。[②] 那些居住在偏远深山中的少数民族群众，还通过电影放映队看到了《1952年国庆节》《解放西藏大军行》等纪录片，[③] 也同样展示了新中国的强大。因而，新兴民族国家的构型一方面是出于民族主义的基本主张的需要，另一方面又建立在少数民族对现代民族国家的想象与认同基础上。最根本的，现代民族国家是边疆少数民族对新中国产生认同的基础。

中国的民族区域自治是在国家统一领导下，各少数民族聚居的地方设立自治机关，行使自治权的一项基本政治制度。1951年，云南根据中央的部署，抓紧推行民族区域自治工作，5月12日，云南省第一个民族自治县——峨山彝族自治县成立。6月，根据西南民族事务委员会《关于西南少数民族地区应实行民族区域自治及建立民族联合政权的意见》下发《云南省少数民族地区各级政权机构组织暂行条例（草案）》，[④] 有关民族区域自治筹备的工作在全省推开。1952年5月，

---

① 唐登岷：《民族团结万岁》，载云南省政协文史资料委员会编《云南民族工作回忆录》（三），载《云南文史资料选辑》第48辑，昆明：云南人民出版1996年版，第24页。

② 云南大学民族学专业2007级硕士研究生谢思对西双版纳老州长召存幸的访谈整理。

③ 金卓桐：《怒江峡谷放映忙》，载云南省政协文史资料委员会编《云南民族工作回忆录》（三），载《云南文史资料选辑》第48辑，昆明：云南人民出版1996年版，第284页。

④ 《云南民族工作》编写组：《云南民族工作40年》（下卷），昆明：云南民族出版社1994年版，第18~19页。

省委派出工作组协助宁洱地委和专员公署开展建立西双版纳自治区的工作，地委和专员公署专门成立了筹备委员会。在广泛听取各族各界代表和有影响人物的意见后，就自治区的民族组成、行政区划、政府委员名额分配和自治机关驻地等问题进行充分协商，做到"各族愿意，群众满意，上层同意"，然后才报经国务院批准，于 1953 年 1 月 24 日正式成立了西双版纳傣族自治区，傣族召存幸当选为州长，这是云南省最早成立的民族自治州。1956 年 11 月大理白族自治州成立，到 1958 年 4 月楚雄彝族自治州成立，云南省共成立 8 个民族自治州。20 世纪 90 年代，云南省共成立 29 个民族自治县，197 个民族乡。① 这是建立新的民族国家最具有政治意义的工作，体现的是赋权少数民族的民族主义原则。一批民族区域自治地方先后建立，亟需可在少数民族地方开展民族工作的民族干部，1951 年 8 月，创办了云南民族学院，其目标一是招收民族青年，培养民族干部；二是集中当时在民族地区工作的领导干部来学习民族政策。第一期招收 685 名学员，"学员出身有农民青年、奴隶，也有年轻的土司、贵族子弟、山官、头人和阿訇、海里凡，还有小凉山的奴隶主等"。② 据"云南民族网"资料，仅 3 年时间，云南民族学院为边疆民族地区输送了 1476 名各族干部。这些经过马克思主义民族理论教育的少数民族干部成为边疆民族地区政治整合的中坚力量。

1953 年，新中国开展了全国第一次人口普查，登记下来的民族名称，多达 400 余种。其中最多的是云南，有 260 多种。③ 因而在推行民族区域自治过程中，云南民族工作碰到的最大问题是如何保证所有不同的少数民族都能平等地得到政治赋权。1952 年，中央派遣语言学家傅懋勣到云南主持民族语言调查、语言系属研究和文字改进工作，为民族识别工作培训语言研究学者。1954 年 5 月 15 日，云南民族识别研究组成立，汇集中共云南省委统战部、省民委及语文组、中国科学院语言研究所、中央民族学院研究部、云南大学、云南民族学院、昆华医院等 7 个单位共 46 人。6 月 2 日，分成 7 个组进行工作，至 7 月初完成第一阶段工作，共识别研究了 29 个民族单位，提出识别意见。8 月初，开始第二阶段工作，10 月结束，进行了以彝族支系为中心的识别工作，共 39 个单位。至此，全省初步确定

① 《云南民族工作》编写组：《云南民族工作 40 年》（下卷），昆明：云南民族出版社 1994 年版，第 577 页。

② 王连芳：《王连芳云南民族工作回忆》，昆明：云南人民出版社 1999 年版，第 184 页。

③ 林耀华：《中国西南地区的民族识别》，载《云南社会科学》，1984 年第 2 期。

了彝、白、哈尼、傣等 21 个少数民族，经中共云南省委、人民政府同意，由国家民委正式列入全国少数民族族别。①云南民族识别的工作从 1954 年开始，到 1979 年 5 月 31 日国务院批复同意正式确定基诺族为一个单一的少数民族，云南民族识别工作告一段落。但还有一些民族尚未得到识别，如苦聪人、克木人、莽人等。1987 年 8 月，云南省人民政府批准省民委关于"苦聪"人恢复拉祜族称谓的报告，同意从 1987 年 8 月 9 日起，全省苦聪人恢复拉祜族称谓，②将苦聪人归入拉祜族。时隔 22 年之后，2009 年 5 月 11 日根据国家民委《关于云南省克木人和莽人归属为布朗族的复函》精神，云南省政府正式分别对红河州和西双版纳州政府相关请示进行批复，同意将莽人和克木人归属为布朗族。③民族识别是新兴的民族国家建立过程中产生深远意义的重要事件，民族国家中每一位成员的身份由此被重新确认、重新管理和重新利用，并用民族（Nationality）身份来统代公民（Citizenship）身份。少数民族的民族区域自治和政治赋权都建立在民族识别的基础上，构成了民族国家政治制度的关键特征。正如学者所看到的"民族已经被制度化为社会—政治系统中最基础的单位"。④因而，可以说民族识别及其产生的集体认同最终成功型塑了中国民族国家样态。⑤

二、民族识别与归属政治

民族识别是新中国建设民族国家的核心内容之一，尽管国外学者就民族识别

---

① 《云南民族工作》编写组：《云南民族工作 40 年》（下卷），昆明：云南民族出版社 1994 年版，第 51 页。

② 《云南民族工作》编写组：《云南民族工作 40 年》（下卷），昆明：云南民族出版社 1994 年版，第 275 页。

③ http://www.yunnan.com.cn/2008page/yn/html/2009-05/12/content_360666.htm

④ Bin Yang "Central State, Local Governments, Ethnic Groups, and the Minzu Identification in Yunnan (1950s-1980s)", Modern Asian Studies, 2009. Vol. 43, Issue 3, p 741~775.

⑤ 需要说明的是，除民族识别和民族区域自治外，有许多要素在民族国家建立的过程中发生作用。以云南为例，土地政策、提供种子、耕牛等生产工具恢复生产、废除半开、银元使用统一货币等都是民族国家构型过程中发生作用的要素。

形成若干讨论，① 并对民族识别的含义与意义形成诸多认识，如民族识别是由国家领导下的在人口统计事业上"有创造力的社会工程"，或者是"创造出一套民族分类的方法论"② 等等。然而，民族国家是对特定领土行使主权的组织，其核心观念是疆域概念和主权概念。是指由人口、领土、政权和主权所构成的政治共同体。民族国家的构型需要确立领土的归属和全体国民新的政治归属，领土的归属可以通过主权国家的边界谈判来划定疆界，原来领土上生活着的居民也需要通过身份的重新认定来获得对主权国家的归属。其实，在中国，划定疆界的工作早在清帝国时期就已开始，并一直持续到民国政府甚至到共产党领导的中华人民共和国。对生活在中国领土上的居民其身份认定在民国政府时期也陆续展开，汉人归属于民国并无太大异议，汉人中的客家人也在这时期完成归属身份。而少数民族的归属问题则表现出复杂的状况。新中国成立初从事民族工作的干部发现，少数民族只知道自己是某某地方的人，如芒市人、西蒙人……"在概念上却不完全清楚自己是中国人"。③ 在我的人类学田野点西双版纳的曼底傣泐人村寨，村民告诉我在他们的语言中，"中国"一词的意思是汉人的国家。从中华民国到中华人民共和国，在政权更替之际，当 1950 年国共两军在云南的边境地区对峙，这些居住在边疆的少数民族，尤其是跨境而居的民族，他们的归属或不归属对于新兴的民族国家有着特别的意义，可见，就云南的情况来说，国共两党政权更替与民族成分的重写划定之间有着密切关系。故此，需要指出的是民族识别的实质是一种归属政治（the politics of belonging）的建构，通过族群分类来建立少数民族对新的民族国家的归属。在英国学者大卫·余娃（Nira Yuval-Davis）看来，归属（belonging）是指一种情

① 有关中国民族识别的研究，近些年在英语学术中出现了一系列篇章，可参阅 Hsieh Jiann："The CCP's Concept of Nationality and the Work of Ethnic Identification Amongst China's Minorities"（Hong Kong：Institute of Social Studies，The Chinese University of Hong Kong，1987）：1. Kevin Caffrey："Who 'Who' Is，and Other Local Poetics of National Policy，"China Information 18 (July 2004)：243-274; Stephane Gros："The Politics of Names，"China Information 18 (July 2004)：275-302; Collin Mackerras："Conclusion：Some Major Issues in Ethnic Classification，"China Information 18 (July 2004)：303-313; Thomas S Mullaney："Ethnic Classification Writ Large，"China Information 18 (July 2004)：207-241. Bin Yang："Central State，Local Governments，Ethnic Groups，and the Minzu Identification in Yunnan (1950s-1980s)"，Modern Asian Studies，2009. Vol. 43，Issue 3，pp 741-775.

② Thomas S. Mullaney："Ethnic Classification Writ Large：The 1954 Yunnan Province Ethnic Classification Projects and Its Foundations in Republic-Era Taxonomic Thought"，Journal of China Information，2004，Vol. 18. Issue 2. pp207-241.

③ 王连芳：《王连芳云南民族工作回忆》，昆明：云南人民出版社 1999 年版，第 185 页。

感的依属，而归属政治包含了一些具体政治规划旨在用某种特定的方式来建构对某一特殊集体的归属。同时，这些规划的核心就是根据具体的准则建构和再生产归属的边界，这些具体的准则可以是多种形式的，包括了从根基性的到社会性的准则。归属趋向被理解为更为中性的词汇，在受到威胁的时候，就变成有表述力的、政治性的字眼。归属也假定了归属的边界和"我们"与"他们"的自然分界。[①] 民族归属是民族国家民族计划的一部分，沃尔拜（Walby Sylvia）认为民族计划，"旨在满足一个国家在自我认定的需求上的一系列集体性的战略规划，这包括民族主义，也可能包括其他东西"。[②] 将归属政治放到中国民族国家构型的历史语境中考察，概括起来，中国的民族识别主要通过三种途径和民族规划来完成少数民族对民族国家的政治归属，完成民族归属政治的建构。

其一，归属建立在分类（classification）基础上。民族识别就是一种对社会文化人群进行分类的工作。民族识别根据少数民族自愿申报的族群类别进行识别，但参与识别的民族工作者发现"报上来的'族称'很复杂。有的用自称，有的用他称，有的用民族内部分支的名称，还有自报的竟是地方籍贯名称"。[③] 因而，根据这些具体情况，民族识别进行的工作分两个步骤进行，"一是分清自报的名称中哪些是少数民族，哪些实为汉族；二是在确认为是少数民族的族称中，分清哪些是单一民族，哪些仅是其他少数民族的组成一部分，最后确定其民族成分和族称并以国家法律形式规定下来，保证他们享受民族平等和民族区域自治的权力"。[④] 实际上，这样的分类工作在辛亥革命后的共和时代就已经开始。正如 Mullaney 所认为的，中国共和时代的民族分类工作与新中国的民族识别，都在企图建立"标准化的凝视（standardized gaze）"。[⑤] 分类必须符合民族国家所允许的一定数量的类别，因而民族识别的民族类别只能从难以控制的 400 个削减到如魔术（magic）

① Nira Yuval-Davis: "Women, Globalization and Social Change", presentation paper for 2008 the Third Conference "Gender at the Interface of the Global and Local- Perspectives from China and the Nordic Countries".

② 沃尔拜·席尔娃（Walby Sylvia）：《女人与民族》，吴晓黎译，载陈顺馨、戴锦华选编《妇女、民族与女性主义》，北京：中央编译出版社 2004 年版，第 79 页。

③ 林耀华：《社会人类学讲义》，张海洋、王晔整理，厦门：鹭江出版社 2003 年版，第 307 页。

④ 林耀华：《社会人类学讲义》，张海洋、王晔整理，厦门：鹭江出版社 2003 年版，第 307 页。

⑤ Thomas S Mullaney: "Ethnic Classification Writ Large: The 1954 Yunnan Province Ethnic Classification Projects and Its Foundations in Republic-Era Taxonomic Thought", Journal of China Information, 2004, Vol. 18. Issue 2. pp207-241.

般的 56 个。① 最终，分类设定了归属的边界。

其二，"命名的政治学 (Politics of Names)"，② 即通过民族识别中的民族名称的重新命名来表明归属，经国家宪法加以颁定。1951 年中央人民政府发布《关于处理带有歧视或侮辱少数民族性质的称谓、地名、碑碣、匾联的指示》，因而在确定少数民族名称时对一些民族名称给予重新命名。彝族，被称为"猓猡"，后"经毛泽东主席裁定，将自称繁多的彝族各支系统称为'彝族'。鼎彝之'彝'字，不仅从汉文字义上讲具有庄重、古老之美意，而且也概括了绝大多数彝族自称的一种汉字音译"。③ 这些历史上一直被称为"猓猡"的人群，罗罗泼（lolopo）等其他人群，经过国家和汉人文化解释，获得了新的族称。族称更换也意味着这一包含一百多个支系的族群获得了新的政治归属和新的政治身份，"彝族"就是今天这 776.23 万人口共同享有的政治身份的"代码"。这种命名的情况同样也发生在历史上被称为"摆夷"和自称为"傣泐"的人群上，他们最终被确定为"傣族"。同样，洱海区域操白语的"民家"最终被确定为"白族"。国家在总结民族识别工作命名问题时强调是为"废除民族压迫制度，实行民族平等团结政策"，故将历史上"带有歧视或侮辱性质的民族称谓予以废除"。④ 然而，正如许多学者都看到的，民族识别过程中，"命名（naming）"所产生的权力政治，即命名的权力（power of naming）。⑤ 通过重新命名，来获得对命名主体——民族国家的政治归属，归属是命名政治中的核心内含。

其三，次级群体聚拢到某一民族共同体中。民族识别中的归属政治，就是将次级族群或族群分支（sub-group）聚拢归属到人口更多的主要民族共同体中。从 1954 年到 1964 年，是民族识别的高潮阶段。1954 年，中央民委派出云南民族识别调查小组。在云南 260 多个民族名称中，只有少数属于识别其为汉族还是少数民族的问题，而大量的则是属于民族支系的归并，确定其是单一的少数民族，

族性、性、性别政治

---

① 〔美〕斯蒂文·郝瑞：《从族群到民族——中国彝族的认同》，巴莫阿依、黄建明编《国外学者彝学研究文集》，昆明：云南教育出版社 2000 年版，第 8 页。

② Stephane Gros："*The Politics of Names*，" *China Information* 18 (July 2004)：275~302.

③ 《云南民族工作》编写组：《云南民族工作 40 年》（上卷），昆明：云南民族出版社 1994 年版，第 130 页。

④ 《云南民族工作》编写组：《云南民族工作 40 年》（上卷），昆明：云南民族出版社 1994 年版，第 130 页。

⑤ Stephane Gros："The Politics of Names，" China Information 18 (July 2004)：275~302.

还是其他民族的一部分的问题。其中工作量较大的是对彝族和壮族支系的归并。1954 年在云南操彝语、并拥有各自不同的他称或自称的族体约 300 万人，分为数十种支系。从语言的音位系统和语法结构以及经济生活、社会文化诸如火把节、族长制、同姓不婚、火葬遗址、祖先灵台、巫术、多神崇拜等方面看，他称或自称的"土家""倮""水田""支里""子彝""黎明""莨莪""他谷""纳查""大得""他鲁""水彝""咪哩""密岔""罗武""阿车""山苏""车苏"等数十种族体，都基本相同或相近于彝族所具有的普遍特点，因而被确定为彝族的支系，而不是单一的少数民族。把文山地区的"侬人""沙人""天保""黑衣""隆安""土佬"等不同称呼的族体，则归属于壮族支系；把"糯比""梭比""卡都""碧约""拉乌"等归属于哈尼族支系；把居住在洱源的自称"白彩"的"土家"人归属于白族支系；把"黑浦"（"摆彝"）归并入傣族支系。总之，把云南 260 多个不同族称的族体，归并为 22 个。[①] 这样的聚拢式识别，既动员了事实上的归属，还关照到了"潜在的归属可能"。[②]

如果说命名产生了命名主体对被命名客体的权力关系，聚拢式识别所产生的归并也同样产生权力关系，可以将不同次级群体的人们归属到一个更大的族体中。郝瑞在总结中国的民族识别时认为，"民族识别难以区分聚拢在彝族这一类别之下当地不同的族群"，而且，"'聚拢'带有任意性，因为总是存在另外不同的聚集族群的可能"。[③] 但无论如何，在归属政治体系下，任何一个社会人群都必然要归属于某个民族共同体，傣泐归属于傣族，罗罗泼归属于彝族，或是将归属于某个地方的不同人群合并到这个地域的主体人群中，如洱海边的不同的民家人 geduzi、gesaizi、kemozi 等都并归于白族中。这些曾经建立在地域基础上的人群都被统归到民族范畴之下，增强了族群身份归属。语言归属，宗教归属、共同祖源归属、服饰归属、社会形态归属等社会文化归属最终要体现在政治归属上。民族识别是对相关群体民族归属的确认和甄别，民族识别的过程就是建立少数民族政

① 《我国 56 个民族的识别过程》http：//hanitalan.yxnu.net/56mz/xgzl/hnmm_xdzc_zl.htm 2006-12-15。

② Thomas S Mullaney："Ethnic Classification Writ Large：The 1954 Yunnan Province Ethnic Classification Projects and Its Foundations in Republic-Era Taxonomic Thought"，Journal of China Information，2004，Vol. 18. Issue 2. pp207~241.

③ 〔美〕斯蒂文·郝瑞：《田野中的族群关系与民族认同——中国西南彝族社区考察研究》，巴莫阿依、曲木铁西译，南宁：广西人民出版社 2000 年版，第 268 页。

治归属的过程。经过民族工作者、政府相关部门、学者的 50 年的努力，完成了这一项民族工作方面的政治性学术任务，最终实现中国民族国家"55+1=1"的归属等式。① 云南 25 个少数民族的政治归属一经确定，那些世代与东南亚的山地土著共生在"Zomia"地带的族群便难以从国家统治中逃离开，成为中国 56 个民族的组成部分。

在民族国家归属政治体系之下，正如学者所看到的"只有那些有国家认定的族群才可能在中国的民族大家庭中获得作为成员的优先权"。②因而，与归属相对，无所归属是一种没有公民身份的状态，或者几乎等于无生存条件的或无价值的公民。未获得族际归属的族群并没有因此就自然会获得如斯科特（James C. Scott）所认为的逃离国家社会不被统治的艺术，也并没有呈现无政府式的浪漫。③因为没有得到识别，那些紧邻傣族、基诺族共同生活在西双版纳丛林中的克木人与"最后一个被识别的民族"——基诺族相较，已经是有天壤之别。那些生活在红河流域与越南莱州省接壤的丛林中的莽人，也没有与他们相邻而居的傣族那么幸运，因为没有民族身份而经历着不同的发展道路和发展经历。当基诺族在得到政府大力扶持下早已摆脱贫困得到发展时，克木人、莽人的赤贫状态仍然是惊人的，"2001年，莽人的人均粮食只有196.5公斤，人均经济收入282元"。④据云南地方媒体报道，"因为莽人长期没有归族，所以一直到现在都没有身份证，这也给他们外出打工、就业带来很多难题"。2009年，在继基诺族识别30年后，当国家民委将生活在红河州金平县，共有人口681人的莽人，和生活在西双版纳州景洪市和勐腊县，共有人口3291人的克木人划归布朗族时，这些多年未得到识别的人群才"终于有了归家的感觉"，最终有了政治身份的归属。并因政治身份的获得得到来自国家、地方政府的支持。莽人归族后，不仅"当地政府立即与公安机关商量，着手为18岁以上的莽人录入信息，办理身份证"，⑤还为这些有民族

① Thomas S Mullaney："55+1=1 or the Strange Calculus of Chinese Nationhood"，China Information 18， Issue 2， (July 2004)，197~205.

② Bin Yang："Central State， Local Governments， Ethnic Groups， and the Minzu Identification in Yunnan (1950s–1980s)"，Modern Asian Studies， 2009. Vol. 43， Issue 3， pp 741~775.

③ James C. Scott：2009. The Art of Not Being Governed： An Anarchist History of Upland Southeast Asia. New Haven：Yale University.

④ 杨六金：《莽人的过去和现在》，昆明：云南教育出版社 2004 年版，第 310 页。

⑤ 《云南莽人——莽人克木人归属布朗族》http://www.yncome.com/ynbl/8375.html 2009–5–21

族性、性\性别政治

- 155 -

归属的克木和莽人颁发了新编制的户口簿。云南省政府制定《莽人扶持发展规划（2008—2010年）》和《克木人扶持发展规划（2008—2010年）》。《规划》明确提出，力争通过三年（2008至2010年）的努力，切实改善莽人和克木人村寨的基础设施条件，使90％以上的农户能掌握1-2门实用技术，适龄儿童入学率达到100％，人人享有医疗卫生保健，使绝大多数莽人和克木人群众摆脱贫困，实现"四通五有三达到"(即通路、通电、通广播电视、通电话；有学校、有卫生室、有安全的人畜饮水、有安居房、有稳定的解决温饱的基本农田；农民人均有粮、人均纯收入和九年义务教育普及率达到国家扶贫开发纲要和"两基"攻坚计划的要求)的目标，达到当地中等以上生活水平，促进各民族和区域间的协调发展，为全面建设小康社会奠定坚实的基础。为保障规划的实施，政府将计划投入1亿4千万元帮助克木人和莽人发展。[①]这些新获得政治归属的民族因而才能纳入民族国家的发展规划中。

三、民族识别与归属的性别政治（Gendered Politics of Belonging）

用社会性别的视角来看，民族识别不仅仅要建立少数民族对新建立的民族国家的归属，也要通过民族识别建立少数民族女性对某一族群或民族共同体的归属，即女权主义学者如妮亚·余娃—大卫（Nira Yuval-Davis）所认为的"归属的性别政治（the gendered politics of belonging）"。[②]在女权主义讨论的种族、阶级、性别三个范畴中，妇女与民族国家之间的关系，多年来也是女权主义者关注的重要问题。沃尔拜（Walby Sylvia）主要讨论妇女在何等程度上与男人分享同样的群体认同，尤其是分享同样的民族计划（national project）。妮亚·余娃—大卫（Nira Yuval-Davis）关心"妇女以什么形式成为民族计划的一部分，尤其是妇女以不同方式但同样卷入这一计划"。[③]在她看来，宗教概念、世界主义（cosmopolitanism）和女权主义者的"抚育美德"也是归属政治建构中的一部分。[④]中国边疆各少数民

---

① 《云南省正式上报莽人和克木人扶持发展规划》，http://www.ynethnic.gov.cn/Info.aspx?infoid=2241

② 妮亚·余娃—大卫：《妇女、全球化和社会变迁》，载《思想战线》，2009 年第 5 期。

③ 沃尔拜·席尔娃：（Walby Sylvia）《女人与民族》，吴晓黎译，载陈顺馨、戴锦华选编《妇女、民族与女性主义》，北京：中央编译出版社 2004 年版，第 82 页。

④ Nira Yuval-Davis：2011，The Politics of Belonging： Intersectional Contestations，London：SAGE Publications Ltd.

族社会中的男人、女人通过民族识别建立的归属政治一道被列入新兴的民族国家民族发展的规划中。只不过，在建立少数民族社会成员与国家的关系的过程中，在男人和女人社会性别之间是存在差异的。

中央访问团成员在离开北京之前周恩来总理专门接见了一些成员，作重要指示。邓颖超叮嘱访问团成员"多多了解各族人民的生活疾苦，多多带回各族人民特别是妇女同胞的意见"，[1]表明国家女权主义者主张将少数民族妇女的解放纳入边疆民族工作规划中。然而，在实际民族工作却会面临许多困难。中央访问团制定《中央访问团的任务、工作方法和守则》，其中在《云南回族地区工作守则》中明确规定"对回民妇女态度要严肃，不要随便接谈，不入回妇房子"。在《苗瑶地区工作守则》也规定"对妇女态度要严肃，不要随意接谈"。[2]中央访问团工作守则中一再强调不随便与少数民族妇女交谈，也蕴含不单独与少数民族妇女接触，说明妇女在民族工作的族际互动中是重要而又敏感的问题，根本的原因就是少数民族妇女身份有明确的民族归属性，少数民族自身的文化已明确了本民族女性的归属身份。就回族来说，回族女性与异族男性的交往是不被他们的文化鼓励的，是被禁止的，甚至这是需要穆斯林男性要加以捍卫和保护的。就苗瑶来说，历史上苗族妇女放蛊或诱惑、贻害男性汉人的各种传说和地方志记载，已经形成了汉人文化政治对苗瑶等少数民族的刻板印象和定势判断。这些规则表明民族国家在赋予少数民族人权、政治权时，已经先验地或自动地认定了少数民族女性成员对不同民族的归属身份。民族国家在制定边疆民族整合的规划中，对少数民族妇女的态度一直比较慎重，较少去触碰，首先考虑的是将少数民族男性成员整合进各地民族区域自治政府中。

尽管有极个别的云南少数民族上层妇女作为观礼团成员参与出席了国庆观礼，[3]但少数民族国庆观礼团成员绝大部分都是各民族的男性上层，最先感受到现代国家力量和对新兴民族国家产生认同的也多是这些各民族男性成员，参加杀牲盟誓表明归属的也大多是各民族的男性上层。民族国家建立初期，亟需可在少数

---

① 《云南民族工作》编写组：《云南民族工作40年》（上卷），昆明：云南民族出版社1994年版，第126页。

② 王连芳：《王连芳云南民族工作回忆》，昆明：云南人民出版社1999年版，第304页。

③ 西双版纳勐海土司的公主刀卉芳也作为观礼团成员出席了1950年的国庆观礼，是为数不多的出席国庆观礼的云南少数民族妇女。其口述载李小江主编：《让女人自己说话——民族叙事》，北京：生活·读书·新知三联书店2003年版，第358页。

民族地方开展民族工作的民族干部，1951 年，云南民族大学第一期政治轮训班基本都是为男性准备的，685 名学员被分为甲乙两班，"甲班为民族上层学习班，乙班为各地领导干部学习班。"① 甲班课程着重解决各民族上层对国家政策的认识，消除他们的余虑，培养他们对新兴民族国家的归属感和认同感。乙班主要解决实际民族工作中碰到的问题。这些学员中鲜有少数民族妇女，到 1956 年才有少数民族优秀妇女 93 人被选送到西南民族学院和云南民族学院学习。②

少数民族女性之所以在国家建立之初难以很快整合进民族国家的规划中，有多种原因。其一，民族工作者的工作回避少数民族女性。正如上文所看到的，在《民族工作守则》中刻意不与妇女接触。国民党统治时期，一些驻扎边疆的士兵曾经调戏少数民族妇女引起边民的愤慨。因而在边疆民族地区开展民族工作都强调要尊重少数民族风俗习惯，遵守群众纪律，对违反规定涉及与少数民族妇女有关的事件都从严惩罚。1950 年曾发生"由人民政府派下去征收粮食的工作队员在曼卖兑山区因强奸布朗族妇女（未遂）而被人民政府处以枪决"的事件。③ 而且，碍于民族风俗习惯，在实际工作中，民族工作者，尤其是男性难以直接接触少数民族妇女，少数民族妇女成为边疆民族工作难以跨越的文化障碍。许多中央访问团成员从汉人地区来到少数民族村寨，对一些少数民族社会男性与女性间的社会文化差异颇有感触。王连芳的《回忆录》中提到："访问团走遍云南各地，印象最深的是少数民族妇女的勤劳能干……云南少数民族妇女都是大脚，干活、走路十分有力。"留下从事民族工作的外地汉人对云南少数民族妇女的初步而深刻印象。但这些记录只是停留在"远观"层面的印象，对少数民族女性的了解多来自当地少数民族男性干部描述。

其二，从事少数民族妇女工作的妇女干部匮乏。尽管为摆脱自己不幸的婚姻或身为丫头奴婢的苦役，有革命诉求和希望参加地方和国家政府工作愿望的少数民族妇女大有人在，但她们获得解放和参加工作的历程仍是艰难的。解放初期，针对少数民族妇女的工作多是由在革命斗争中成长起来的经过共产党教育的汉人女干部来承担的，但这些女干部的人数十分有限，而且在工作中要面临许多困难。

① 王连芳：《王连芳云南民族工作回忆》，昆明：云南人民出版社 1999 年版，第 188 页。
② 云南省妇女运动史编纂委员会：《云南妇女运动史 1949–1995 年》，昆明：云南人民出版社 1999 年版，第 84 页。
③ 刘岩：《西双版纳和平协商土改回顾》，载云南省政协文史资料委员会编《云南民族工作回忆录》（三），载《云南文史资料选辑》第 48 辑，昆明：云南人民出版社 1996 年版，第 26 页。

曾担任西双版纳景洪市妇联主任的何主任谈道：[①]

我们初来的时候，老百姓不认为我们是来干革命、干工作的，认为我们是不学好的女人，来供这些男人玩的。他们对男人还不怎么，但尤其我们区政府又只有两个女同志，男同志很多。到后来区政府只剩我一个了，他们就认为我是来供这些男人玩的是不学好的女人。有的村民还问我："这么多男人天天晚上来跟你们睡觉，你们不累吗？""你们跟这么多男人一起睡，怎么肚子不大起来"？甚至村寨中老百姓还用傣话说"咩呵麻呵召，等伦涅尔毫"，意思是"汉族女人来当官，全坝子要饿饭"。

经过一段时期的艰苦工作，才培养了一批少数民族妇女干部。到 1956 年底，"全省有少数民族干部 17468 人。其中，少数民族女干部 1971 人，占少数民族干部总数的 11.34%"。[②] 但这个时候，民族国家对边疆民族地区的整合工作，如疏通民族关系、民族识别、民族区域自治政权建设、培养民族干部和吸收少数民族参加工作等奠定基础的事项都已基本完成。到 1957 年，全国进行反"右派"斗争，1958 年在边疆及和平协商土地改革地区进行"民主改革补课"，民族地区的工作陷于混乱和停滞状态。

其三，少数民族妇女在生理和文化的共同作用下处于困难境地。到民族地区从事民族工作的干部，首先需要自我纠正长期以来对少数民族的偏见。少数民族妇女被动员到革命的队伍中来是从日常生活中的点滴开始的。西双版纳景洪市妇联主任何映芬说："以前我们叫傣族'老摆夷'，也看不起他们，后来慢慢民族关系处好了，宣传了，和少数民族妇女建立了感情了，我们也慢慢培养了一批少数民族妇女，再由他们去宣传我们妇女要团结，宣传政策。傣族妇女来例假有一张专门的板凳，是认着的，男人说那个板凳脏不坐，板凳上打着记号放在角落，让别人知道而不去坐。她们在家做活计的时候，坐在那个板凳上，下面垫着几片放着灶窝灰的笋片接着。于是你要发动妇女出门，参加我们开会简直太难了，特

①　据云南大学民族学专业 2007 级硕士研究生谢思对西双版纳前景洪市妇联主任何映芬的访谈录音整理。
②　云南省妇女运动史编纂委员会：《云南妇女运动史 1949–1995 年》，昆明：云南人民出版社 1999 年版，第 83 页。

别是在她们例假期间。1951 年开各民族妇女代表大会，有一次在勐海，那些妇女站起来以后，凳子上就到处是红的"。后来。这些汉族女干部和傣族上层的妇女用布制作了例假专用的月经带，帮她们准备了草纸，并手把手教她们使用，才把这些少数民族妇女从月经困扰中"解放"出来，妇女才被发动起来，作为社会的主要劳力，参加援藏运粮、土地改革、发展生产的运动中。

民族识别工作是当时诸多边疆民族工作，如消除民族间的隔阂和仇视、巩固边疆等工作中的一部分，"男女有别"的性别区分也在民族识别过程中有所表现。在需要与少数民族协商来确定民族名称和归属时，多征求的是各民族上层，以及有社会威望的少数民族男性成员的意见。费孝通所认为的最终的决定权在于民族代表及群众，[①] 妇女并不包括在这些"少数民族代表和群众之中"。少数民族女性能关联到民族识别工作中的，是在某些情况下主要靠她们穿着的服饰可以将某些人群识别为民族。以基诺族的识别为例，杜玉亭教授撰写的《基诺人识别报告》由五部分构成：一是"自称、他称和历史传说"；二是"语言"；三是"社会经济"；四是"社会组织和生活习俗"；五是"结论"。其中在第四部分中，这位被誉为"基诺族之父"的学者，在描述基诺人的生活习俗时提到了其民族服饰，即"基诺人男子穿的是无领对襟白上衣，妇女穿的下装是红布镶边的黑色合缝短裙……"具有基诺族特色的妇女服饰作为基诺人生活习俗之一被列进了基诺人识别的报告之中，对基诺族的识别起到标识作用。[②]

在少数民族的日常生活中，谁是与他们有差异的人很容易就能从妇女们穿的衣服上加以辨别。妇女有差异的服饰是族群和亚族群间相互区分的标志，如苗族中的青苗、花苗、白苗等就是依靠妇女的服饰颜色来加以区分的。当然，在聚拢式的识别过程中，少数民族妇女间有差异的服饰很多时候也并不起作用，如生活在孟连县的拉祜族妇女着短裙，与生活在澜沧县的穿黑色长袍的拉祜族妇女并不一样，但仍被划归为同一个民族。那些在西双版纳身着筒裙的傣泐妇女与金平一带系花腰带的傣崩妇女也不一样，但同样也被归属到傣族中。更不用说那些生活在直苴头戴五彩公鸡帽身着绣花围腰和裤装的俚俚泼与生活在凉山身着黑色长裙的诺苏妇女之间已经有天壤之别，但他们仍属于同一个民族——彝族。因而，各

---

① 费孝通：《关于我国民族的识别问题》，载《中国社会科学》1980 年 1 期。

② 方媛媛：《从巴卡小寨基诺族的"砍刀布"看纺织品与族群性》，云南大学民族学专业2009 届硕士学位论文，第 50 页。

民族内部妇女之间文化上的差异在民族识别工程中并没有被赋予意义，通过民族识别和民族认定却强化了有差异的少数民族女性分别对某一民族的社会归属和社会边界。在社会性别视角下，民族国家的归属政治确定的只是少数民族男性成员对国家的归属，少数民族女性对国家的归属是由男性成员的归属来决定的，将少数民族女性的民族身份作"自然化"的归属划分，形成了归属的性别政治。民族识别者对少数民族妇女服饰差异的忽视，已不仅仅是学者们所谓的族属划分"主体"与"客体"或"主位"与"客位"的问题，[①] 而已经是归属的性别政治的一部分。

　　民族识别中不会将所有少数民族妇女划归为一个单一民族，无论归属于哪个民族少数民族妇女都必须是有归属的。在归属的性别政治下，首先，与男性成员相较，少数民族女性与民族国家的关系是间接的，对民族国家的认识是模糊的。路南县圭山区的彝族群众把两套由妇女们精心缝制的撒尼服装献给毛泽东主席和朱德总司令，并盼望看到这两位领导人穿上撒尼人的服装。男性成员用这样的方式帮他们的女人们表达了对党的领导人和国家的感情。武定县彝族妇女毕静修，把一顶祖传家珍的海贝银帽献给访问团，要将礼物献给"北京亲人"。[②] 对民族国家的认识还是停留在用自己所能理解的扩大了的亲属关系来定位国家的想象层面。其次，与男性成员相比，少数民族女性与民族国家的关系是疏离的。因为是通过男性成员的归属身份来确定妇女的归属，少数民族妇女"自然"地归属了民族国家，却没有能进入属于"公共领域"的国家政治体系中。妇女不需要像男性那样介入政治，在各级民族区域自治政府建立之初，妇女几乎不可能像他们的男性成员那样作为干部或工作人员参加到各级自治政府中，少数民族妇女仍被放置在自己的文化中。因而归属的性别政治一方面会继续维持少数民族男性在社区和地方政治领域的固有特权，最根本的扩大了父权政治，更强化了少数民族政治对妇女的排斥。景洪市前任妇联主席在接受访谈时说："妇女被人看不起在政治中也是这样的，不能参政议政。有一句傣话说：妇女不能管理事情，她们只是头发长裙子长，不懂事。'咩么咩很捻'说妇女认不得什么事情，只晓得下巴搭在篱笆上吹牛。

　　① 〔美〕斯蒂文·郝瑞：《从族群到民族——中国彝族的认同》，巴莫阿依、黄建明编《国外学者彝学研究文集》，昆明：云南教育出版社 2000 年版，第 8 页。

　　② 《云南民族工作》编写组：《云南民族工作 40 年》（上卷），昆明：云南民族出版社 1994 年版，第 127 页。

在家里只懂得把锅瓢碗盏弄响，没有什么本事"。① 另一方面建立在中国父权制上的民族国家，作为一种新的力量，针对那些不是父权制的少数民族社会进行"父权制"标准化改造，以此重塑少数民族妇女对某一父权制民族社会的归属。云南西双版纳的傣泐人，许多世纪以来婚姻中实行"从妻居"，男性在婚后到妻子家与妻子的父母和兄弟姐妹居住在一起。其世系从孩子的命名来看只有名字而无姓氏，父方和母方的世系都得到体现。在经历民族识别和族群身份确立后面临着民族国家父系世系的政治体系的压力，不仅所有的傣泐贵族都得到了"刀"这一姓氏，一般的臣民冠之以"岩"，被男性成员代代相传，便具有父系姓氏和世系的意义。西双版纳傣泐社会取有姓氏的名字，母系在命名上的力量被削弱了，傣族妇女的归属身份更加明确。同时，父权制下的婚姻扮演了妇女族群归属的建立者角色，妇女通过文化婚姻归属于某一父权的家庭、家族和族群。没有哪个族群像居住在泸沽湖畔和永宁的摩梭人（纳人）那样其母系制下走访（visiting）式的"制度化性联盟"被组织进标准的父权制"结婚"式的一夫一妻制婚姻体系中，② 其意义就在于建立摩梭人对父权制度的归属和对被划定的纳西族的民族身份归属。当摩梭社会精英们希望从被划定的纳西族中脱离出来成为一个单一民族时，反复将母系制度和走访制"作为强有力的证据，证明他们在文化上确与纳西族不同"，③ 这时候，摩梭女人所代表文化身份又被期望看成是对摩梭人的族群归属。正如 Nira 所指出的"这种支配性的归属政治规划把妇女的角色建构成生理性的妻子和母亲，在建构女性的家庭生活、家和家庭角色的同时就等于建构起了她们的安全归属。"④ 因而，民族识别及其归属的性别政治其实质是建立一个标准的父权制民族国家，它既建立在性别身份的等级上，也建立在族群身份的等级上。

少数民族妇女在其社会文化中的角色被认为是地位低下，代表着旧社会对各族妇女的压迫，和民族的不平等。就像要推翻少数民族社会中的奴隶制、封建农奴制一样，民族国家也应承担将少数民族女性从这些不平等制度中解放出来的重

---

① 据云南大学民族学专业 2007 级硕士研究生谢思对西双版纳前景洪市妇联主任何映芬的访谈录音材料整理。

② 〔美〕施传刚：《永宁摩梭——西南中国一个母系社会的性联盟、家户组织、社会性别与族性》，刘永青译，昆明：云南大学出版社 2008 年版，第 41、133 页。

③ 〔美〕施传刚：《永宁摩梭——西南中国一个母系社会的性联盟、家户组织、社会性别与族性》，刘永青译，昆明：云南大学出版社 2008 年版，第 210 页。

④ 妮亚·余娃—大卫：《妇女、全球化和社会变迁》，载《思想战线》2009 年第 5 期。

任，通过对少数民族文化社会的改造来重新将少数民族女性关联进民族国家的计划中。然而，民族国家动员了男性社会上层也就等于动员了少数民族的全体成员，包括这些社会内部的下层男性成员和所有女性成员，因为后者是被自动地归属于他们和她们生活的社会共同体中的。在归属的政治和归属的性别政治作用下，才会产生中国西南族群认同实践中有差异的性别表述，才会产生曼底傣泐人族群认同中的男性客位化与女性主位化；产生直苴山区保保泼的族群认同等级和妇女们赛装节中的族性展示；也才会产生洱海区域不同村落间、不同生计人群间具有排斥力的婚姻选择和通过妇女的跨越洱海东西两岸的婚姻所呈现的白族人的内部边界。这些不同的族群认同实践模式都是民族国家的归属政治和性别的归属政治作用下的结果。从云南所处的边疆位置和多族群杂居的情形使得"归属""解放""平等"等概念在性别、族群、阶级、政权更替等位置中，呈现出"交叉性"[①]和更复杂的面孔。

总之，自第二次世界大战结束以来，随着亚洲民族主义浪潮的风起云涌而建立了一批新兴的民族国家（Nation-state），如印度、新加坡、印度尼西亚等。1949年新中国的成立也是亚洲新兴民族国家的一部分。从中华民国到中华人民共和国，在政权更替之际，边疆的少数民族，尤其是跨境而居的民族，他们的归属或不归属对于新兴的民族国家有着特别的意义，关乎民族国家疆界、依附于国民党残部或是境外民族政权。因而，民族识别的实质是一种归属政治（the politics of belonging），通过族群分类来建立少数民族对新的民族国家的归属，民族识别的过程就是建立少数民族政治归属的过程。男女性别差异也被组织进归属政治的建构过程中，归属的性别政治将少数民族女性的民族身份作"自然化"的归属划分，归属的性别政治重新确定了少数民族女性与民族及民族国家间的关系，旨在对有差异的少数民族社会进行"父权制"标准化改造，最根本的扩大了父权政治在少数民族社会的影响力，重塑了少数民族社会的性别关系。

（原文载林超民主编《民族学评论》第三辑（云南研究专号），云南人民出版社2010年。）

---

① 王政：《社会性别学在国内外的发展》演讲，2009年9月5日，云南省社会科学院社会性别参与式工作室。

性别、发展与全球化

东喜马拉雅山区对气候干旱的应对

——性别化的传统知识与中国云南梅里藏区的葡萄种植

引　言

在2013年，我和我的同事在云南迪庆藏族自治州德钦县进行藏民神山信仰的研究，使我能够在被最神圣的卡瓦格博山神庇护下的斯农、明永、西当和布村等藏民村落里穿行。得到我的同事藏语翻译的帮助，我们访谈了村里的藏民。我第一次到梅里藏区是在1998年，绵延的梅里雪峰、掩映在核桃树林中的藏族村落，长着青稞的农田令人印象深刻。相隔15年之后，在2013年的梅里之行里，我看到了沿澜沧江的河谷里生长出了成片的葡萄园。眼前的景观令人惊异，一系列问题涌进我的脑际：梅里藏民是什么时候开始栽种葡萄的？为什么传统的游牧藏民需要种植葡萄？遍及全省的经济作物（cash crops）种植在梅里藏区经历了什么样的历程？藏民在种植经济作物的过程中经历了什么？这样的生计变化如何影响了梅里藏民和他们的社会？葡萄种植如何影响着藏民的传统生计和分工，以及性别分工？

基于云南德钦藏族社会的田野研究，本文试图在气候变化、环境与生计持续发展的视角下，讨论这一区域许多族群和社会都在面临的气候干旱这类共同的灾害体验。持续多年的干旱，对喜马拉雅山地的环境和居民的经济发展带来一定程度影响，喜马拉雅山区不同的国家和地区在应对气候干旱时采取了不同的应对方式。在中国由政府主导的市场经济的发展和全球化的市场，为梅里藏民应对干旱和气候变化提供了动力，而女性在农业生产中承担的浇水灌溉劳作所积累的"葡萄种植用水量少，适合干旱气候条件种植"之类性别化的传统知识推动了葡萄种植业在梅里藏区的扩种。因女性劳动力都转移到葡萄种植业中，男性青壮年进入交通运输、旅游等新行业中，藏民传统的农牧生计逐渐萎缩，藏民生计更多地依附于市场。葡萄种植使得女性劳动力在市场经济中具有了创造财富的价值，女性在家户经济中的角色得到重塑，梅里藏民社会中的性别关系也在发生改变。梅里藏民的研究案例强调气候变化作为一种环境力量在影响、重塑藏民的新生计经济作物种植及其性别关系。

一、气候干旱：东喜马拉雅的云南藏区与环喜马拉雅区域的应对

云南的梅里雪山藏区、横断山、高黎贡山系及相间的金沙江、澜沧江、怒江是世界屋脊喜马拉雅向东的延伸地带，德钦梅里雪山藏区，除居住在城镇的汉人、穆斯林回族，以及相邻的怒江流域的傈僳族外，藏民仍然是这一区域的主体人群。藏民生活在从海拔 3000 米的山地到海拔 1800 米的整个澜沧江河谷区域，居住在河谷，但其生计本身就涵盖了河谷和山地的立体垂直。藏人居住在气候温润的河谷，种植麦子。夏季就迁往高山上的牧场，海拔 3500 以上是找虫草、黄连、松茸的地方。长期以来他们结合了传统的农业种植、牧业和采集业，过着"夏处高山，冬入深谷"式的农牧、采集结合的生计。用这样的生计方式，藏民可获得从河谷到山地的所有自然资源。

云南的梅里雪山藏区在自然生态、地理、地景与喜马拉雅区域广袤的雪山、冰川具有极大的相似性，表明喜马拉雅的众多山系和江河水系构成了区域形成（region formation）的自然地理基础。正因为如此，当气候变化作为环境的力量对生活于不同区域的人类产生挑战时，这些区域在面临气候干旱之类的生态环境灾害时都表现出脆弱性的共性。

进入 21 世纪以来，气候变化作为一种全球现象对人类的生存、发展进程与发展方式产生影响。IPCC 第四次评估报告显示，过去 100 a (1906 −2005 年) 全球地表平均气温升高 0. 74(0.56~0. 92)℃（ [1] 秦大河，陈振林，罗勇等 . 气候变化科学的最新认知 [J]. 气候变化研究进展，20073(2)：63 −73 ）。喜马拉雅区域是恒河、湄公河、长江等亚洲重要河流的发源地，被认为是生态意义上的"诺亚方舟"，以其文化与生态的多样性著称于世界，因而是气候、生态变化敏感区，倍受世界关注。据世界银行的报告，对尼泊尔气候趋势观察到的一些研究表明，从 1960 至 2003 年尼泊尔气温没有出现过上升，但出现了一个小而显著的变化就是增加了热夜的频率和在寒冷日子频率每年显著下降。热夜增加了 2.5 %。大气

环流模型预测，该国有可能遭受更频繁的热浪和少霜冻。[①] 地处喜马拉雅向东延伸地带的德钦，拥有雪山、冰川、峡谷、草甸、湖泊等自然景观，自然生态环境脆弱，受气候变化影响敏感。据学者对德钦县半个世纪以来气象数据的研究，认为德钦气候变化在大的趋势上与全球和周围地区同步，但总体上气温变化的趋势更为显著。德钦县近53年的平均气温、平均最高气温和平均最低气温均为升高，升高趋势最明显的是平均最高气温和年极端最高气温，增温率分别为0.54℃/10年、0.71℃/10年，增幅高于云南其他地区。云南1901－2007年全省年降水呈减少趋势，德钦53年降雨的变化主要体现在年雨日减少趋势稍明显一些，每10年雨日减少了近2天。[②] 据迪庆州的气象统计，2010年德钦县的平均气温比历年正常偏高。[③]

对于德钦当地藏民，特别是地处卡瓦格博山核心区的藏民，他们对气候变化有自己的认知和感受。明永，藏文 (me-long) 的音译，意为"镜子或明镜"。该村位于卡瓦格博山脚下。明永村据说是卡瓦格博山神铠甲上镶嵌的明镜，或说是悬挂卡瓦格博山神箭旗子（mdav-dar）上的镜子，因而取名为明永。明永村以冰川闻名遐迩，明永冰川从海拔6740米的卡瓦格博峰顶下延到海拔2700米的云南松林和针阔叶混交林带，绵延8公里，是世界上稀有的低纬度、低海拔季风海洋性山谷冰川。[④] 明永村的一些村民是从感受到的明永冰川冰舌消退现象来感知气候变化的，当地人说50年前冰川一直延伸达明永村边[⑤]，生长在明永村的藏族作家扎西尼玛长期关注这条冰川的消融变动，制作《冰川》纪录片，讨论明永旅游业发展、游客增多对冰川消融的影响。曾在卡瓦格博神山下的明永村开展田野研究的郭净教授，每次回到明永，村民都会向他说起冰川在迅速退缩。

与明永村相隔澜沧江的布村，在藏语中"布"（bang）意为怀抱，布村正对着卡瓦格博山，由于坐落在卡瓦格博神峰的怀中而得名，布村人有十几户人家，

---

① Ryan Bartlett, Luna Bharati, Dhruba Pant etc：2010. "Climate Change Impacts and Adaptation in Nepal", International Water Management Institute (IWMI) in Kathmandu, Nepal, Working Paper 139.

② 尹仑：《气候人类学》，北京：知识产权出版社2015年版，第111~112页。

③ 迪庆藏族自治州州志编纂委员会办公室编《迪庆年鉴》（2011），昆明：云南民族出版社2011年版，第287页。

④ 郭净：《雪山之书》，昆明：云南人民出版社2012年版，第82页。

⑤ 同上，第91页。

每家屋顶都有祭祀卡瓦格博山神的敬香台。天天看着卡瓦格博神山和明永冰川，村民说"天气越来越干越热，冰川都变黑了"[1]。气候变化也反映在出行上，"现在降雨少了，七八年以前，一二月份都下雨雪，近几年很少，雪山都是 2-6 月才封山，来往怒江迪麻洛和澜沧江茨中的人一二月份还可以翻山，以前十二月份就封山了"。

气候变化，气温升高，对于尼泊尔山区面临的主要环境问题是冰川融化，以及冰川融雪造成了洪灾。当然 2008 至 2009 年间的气候干旱，也使得尼泊尔农业系统经历了农作物减产，影响到数百万人的食物安全。[2] 在梅里雪山区域，气候变化对农牧为主要生计的藏民传统生计的影响是明显的，气候干旱不利于牧草生长，也不利于农业种植，布村村民说"天气变得干热，山上草少，牛瘦，奶不多"。有村民说"天气变干，地变硬了，以前一头牛可以一天犁地 2 亩，现在最多 1.5 亩，而且犁得不深"。如何应对气候干旱对农牧民生计的影响？在喜马拉雅区域各国政府、非政府组织以及村民和社区，自动的或有中长期规划战略的，采用不同的方式来加以应对。在尼泊尔，政府通过扶贫，开放市场，增加基础设施建设，加强水资源管理，通过收入多样化消减当地人口对气候变化影响和提高未来的应变适应能力。[3] 尼泊尔政府也试图通过其他工业形式的发展来应对气候干旱。20 世纪 80 年代以来，旅游作为后现代工业形式在喜马拉雅山区获得迅猛发展，与攀登打交道的喜马拉雅山区夏尔巴村民也经历着从土著山民到登山向导和导游的职业转换，旅游当地社区发展中扮演着重要角色。目前，旅游收入对尼泊尔国内生产总值的贡献达 3% 左右，占外汇收入总数的 15%。[4]

为应对气候变化，梅里雪山区域的云南藏区也在寻求各种方式来应对气候变化带来的影响。21 世纪以来美国大自然保护协会等国际非政府组织开始在梅里雪山自然保护区开展传统知识保护项目，德钦县云岭乡的红坡村，当地社区与藏传

----

① 因冰川融雪，冰川下的岩石逐渐裸露除来而呈黑色，故村民认为冰川变黑了。

② Ryan Bartlett，Luna Bharati，Dhruba Pant etc：2010."Climate Change Impacts and Adaptation in Nepal"，International Water Management Institute (IWMI) in Kathmandu，Nepal，Working Paper 139. p7.

③ Ryan Bartlett，Luna Bharati，Dhruba Pant etc：2010."Climate Change Impacts and Adaptation in Nepal"，International Water Management Institute (IWMI) in Kathmandu，Nepal，Working Paper 139. p12.

④ Francis Khek Gee Lim：2007，Hotels as sites of power：tourism，status，and politics in Nepal Himalaya，Journal of the Royal Anthropological Institute (N.S.) 13，p 725.

佛教寺院合作，开展了对神山植被的调查，寺院的活佛举行了"封山"的仪式并修建了白塔，禁止砍伐和采集山上的树木，使得这些不是神山的荒山得到了神山的"待遇"。在神山进行的藏药材种植，使得当地村民生计方式和收入渠道多样化，降低了气候变化给传统半农半牧生计带来的风险。用传统信仰来诠释现代环保理念，即神山信仰来"应对"气候变化。[①] 这类由非政府组织为主导的应用文化传统来应对气候变化的方式得到当地社区的响应，对生态环境的保护起着作用。然而，在全球化及市场经济发展的背景下的，由政府主导的以市场为导向的葡萄种植业在应对气候干旱和气候变化中起着显著作用。对村民来说，气候干热更适合葡萄种植，村民们普遍知道气候干旱有利于葡萄生长和葡萄种植。"种葡萄要太阳光，要少水，这里种葡萄还是适合的。""现在种葡萄，雨水不能多，多了就没钱了。""种葡萄一年能有个几万块，就能买东西。"

二、市场主导的葡萄种植业在梅里藏区的扩张

20世纪初在德钦的传教士从法国引进葡萄种植并教授当地人酿造，从1999年起，德钦政府就鼓励藏族农户在澜沧江与金沙江上游的狭窄河谷（Yangtse Valleys）中少量平坦坡地上改种葡萄（而非原先的大麦）。"德钦县政府把农业补贴当作经济激励进行派发，成功说服当地藏民种植了150公顷的赤霞珠（Cabernet Sauvignon）葡萄。"[②] 到2010年，德钦县葡萄种植面积达8576亩，产量1981吨，总产值达753万元。[③] 经过14年栽培，德钦县葡萄种植面积达13000亩，基地建设累计投资9045万元。2013年，葡萄产量达3792吨，实现农户收入2599.62万元，葡萄产业对种植区农户增收的贡献率达50%以上[④]。德钦葡萄种植遍及5个乡镇，成为了中国藏区种植葡萄面积最大的地区。

市场导向的葡萄种植是全球化下把梅里雪山藏民与全球葡萄酒产业之间关联

---

① 尹仑、薛达元：《藏族神山信仰与全球气候变化——以云南省德钦县红坡村为例》，载《云南民族大学学报》2013年第5期。

② 简希丝·罗宾逊：《实访云南藏区葡萄酒新产地》，（FT中文网）http://www.ftchinese.com/story/001057065

③ 迪庆藏族自治州州志编纂委员会办公室编：《迪庆年鉴》（2011），昆明：云南民族出版社2011年版，第85页。

④ 香格里拉网讯，《德钦种植葡萄13000亩》，http://www.xgll.com.cn/xwzx/2014-03/31/content_128412.htm

起来的新现金作物（cash crops）经济，梅里雪山所处的低纬度与高海拔生长的葡萄令国际葡萄酒生产商欣喜，法国葡萄酒知名品牌酩悦轩尼诗（Mot Hennessy）集团是在德钦投资葡萄酒业的国际公司，2012 年酩悦轩尼诗集团在德钦签下了 4 座村庄土地以及相应劳力为期 50 年的租用期，葡萄总种植面积达 30 公顷土地，[①] 2013 年轩尼诗集团投入资金在葡萄种植地的阿东村建起了酿造高端干红葡萄酒的酒庄。目前，德钦县有香格里拉酒业、轩尼诗酒业、梅里酒业三家葡萄酒公司种植、收购村民种植的葡萄，其中轩尼诗酒业为"围地起墙、定时定量、分组监管"的封闭式、规范化、制度化的种植管理，对葡萄田间管理者提出了一定的素质要求；香格里拉酒业则主要为"特殊时间专人监管"的管理方式，在施肥、打药等时间段由公司负责人前往村中发药并监督喷打，村民只需负责日常剪枝、浇水等活动即可。气候干旱条件下葡萄种植业帮助藏民弥补了畜牧业萎缩经济收入减少的困境，成为藏民除找虫草和松茸之外的主要经济收入。据美国博士生布兰登 (Brandan) 在德钦格则（Geze）村的研究，"在就种植葡萄的收入是否比种植核桃来源更重要这一基本主题进行调查时，有 9 户对经济作物给出定量评估。当问及是否经济作物和葡萄被认为是较重要的收入来源时，有 19 户（95％）表示肯定，只有一户（5％）表示否定。很显然，从目前来看经济作物和葡萄种植远比核桃来得丰厚"。[②]

2001 年，德钦县开始发展葡萄酒中的高端产品——冰葡萄酒。德钦县低纬度、高海拔，是中国少有的几个冬季不用埋土的葡萄酒产区之一。该产区海拔2200~2300 米，年平均温度 13℃，冬季最低气温不低于 −10℃。由于冬季日照强烈，葡萄的结冰和蒸发脱水过程往往同步进行，使得这里出产的冰酒具有独特的葡萄干风味。这里最主要的冰酒葡萄品种为赤霞珠，占总产量的 80%，另一主要品种是当地野生葡萄黑美人。[③] 摘收冰葡萄必须在低于零下 8 摄氏度的苛刻天气条件下进行，葡萄果实中的水分很少而且结成了冰，留下浓缩的高糖分浆液，成为酿制冰酒的原料。酒业内专家认为香格里拉冰酒产区堪称"世界之最"的冰酒产区，是世界上"纬度最低、海拔最高、综合自然条件最好、可开发资源规模最大、最

① 简希丝·罗宾逊：《实访云南藏区葡萄酒新产地》，（FT 中文网）http：//www.ftchinese.com/story/001057065

② Galipeau， Brendan A.， (2014) Socio-Ecological Vulnerability in a Tibetan Village on the Mekong River， China， Himalaya， the Journal of the Association for Nepal and Himalayan Studies：Vol. 34：No. 2.

③ 《中国冰酒产业：青出于蓝》，http：//www.lookvin.com/article/news/detail-29869.html

原生态的冰酒产区"。①德钦县的冰葡萄酒产业正在获得快速发展，斯农、布村等村落的藏民已经开始扩大冰葡萄的种植。

作为一种全球葡萄酒市场中的经济作物（cash crops），作为喜马拉雅山区应对气候变化的新生计，作为由政府推动以市场为主导的新的发展方式，葡萄种植业进入梅里雪山藏民社会，深刻影响藏民社会，在改变藏民社会传统生计方式，人与土地的关系以及人们在生产中的各类关系，也包括性别关系。

三、性别化的传统知识、生态葡萄种植及性别关系重塑

在学术界对传统知识（或土著知识）的认识中，通常把传统知识理解为知识——实践——信仰三者的叠加；也有学者认为传统知识包括经验知识、知识范式，或经验知识阐释的文本；当然，传统知识应该是制度化的知识或镶嵌在社会机制中的环境知识，以及这些知识的管理实践。②然而，这些基于社区和某地基础上的传统知识，对传统知识的界定，并没有关照到经验、知识和实践者主体身份，包括性别身份。在各种社会文本中，性别化的身份、情景与地位的差异所产生的性别化的传统知识尚未得到言说。在女性主义与生态环境之间关系讨论中，梅农（Menon）指出："食物采集，生命、财产和领土的保护，生养孩子，维护基本卫生标准。基于按性别分工的传统经济。这意味着，由于这些工作，妇女会被直接关联到环境议题中。"梅农进一步指出，"在环境变化时代，由于妇女在家庭和社区层面承担着提供水、食品和能源的角色，女性承担着最昂贵的环境危机代价。环境的变化，特别是自然资源和生物多样性数量的降低，以及不断恶化的环境质量，严重影响妇女的生活，增加她们的工作量，健康和社会地位日益恶化"。③因而，基于人的主体性的传统知识需要充分考虑性别差异和社会处境与环境和生态的关系。

梅里藏民基于传统神山信仰形成了气候的观念，在这一观念上也产生了对气候变化的认识，即认为气候变化是由于人类行为与神山精神力量相互影响和交流

① 《香格里拉欲建设全球最大原生态冰酒生产基地》http://jiu.ifeng.com/a/20151213/41522571_0.shtml

② Fikret Berkes, 1998, Sacred Ecology: "Traditional Ecological Knowledge and Resource Management", Braun-Brumfield, Ann Arbor, MI. p13.

③ Irene Dankelman 2010, "Introduction", "Gender, Environment and Sustainable Development: Understanding the linkages", Taylor & Francis Ltd.

的结果。① 在藏民的传统知识中，在卡瓦格博神山上打猎、砍伐树木都会激怒山神，引发暴雨、冰雹、干旱等异常气候。而就男性与女性究竟谁会惹山神不高兴的问题，有村民认为男人们惹山神不高兴的时候要多些，"他们到神山上烧香，找柴，拉肥，以前还打猎。奶奶们念念经，这样，让山神平静一些"。布村的阿密东熊爷爷年轻时候在卡瓦格博神山上打猎，是闻名的猎手，最终受到山神惩罚并幡然悔悟，组织巡山队，成为卡瓦格博神山环境保护的支持者。可见性别化的传统知识建立在有性别区分的个体体验和处境之中。

种植葡萄以前，梅里藏民传统生计中，农牧并重，男人和女人的性别分工也被组织进农业和牧业相关的劳动中。梅里藏民饲养的牲畜主要是牦牛与黄牛杂交后的犏牛，犏牛充分体现杂交优势，既能上到寒冷的高山，又能下到干热河谷，② 藏民一个家户牧业规模大小、能饲养多少头牛取决于劳动力与提供粮食饲料的可耕种土地的多少。在卡瓦格博神山怀抱中的斯农村，家家养牛，进入夏季家里的男人赶着牛群、羊群转场到海拔 3000 米左右的山林间牧场上，放牛、挤奶、打酥油，女人往牧场送粮食，在牧场上砍柴，割草并储存足够的草料供牛在冬天食用。每年 2 月至 5 月为割草季，每天至少割草一次，每次一背（筐），重量在 20~25 公斤。可供约 2 头牛食用一次（一天喂食两次），如有家户拥有 4 头以上的牛，往往会选择每天早晨上山放牛，缓解草料需求，同时也在于让牛多走动"锻炼"以改善奶质。在 5 月期间，各家户都会开始囤积草料以备冬用。在牧业性别分工中，男性是到山林、草场放牧、挤奶、打酥油的主要劳动力，饲养犏牛为藏民提供日常所需的酥油、奶渣等奶制品。然而女性在整个牧业中，也承担了割草、贮备饲料这类劳力。对藏族男人而言，割草属于女人的事，因此主要劳动力为女性（尤其是老年女性），但也并不排除会有男性一同下地帮忙割草的现象，不论男女双方劳动付出多少，男性都会把这种行为定义为"帮忙"。

澜沧江河谷中的藏民可耕种的土地十分有限，种植的粮食作物主要为小麦（10~6 月）以及玉米（7~10 月），种植的青稞、荞麦等高海拔作物，产量低，但青稞用来酿酒，用来做糌粑仍是日常生活中必不可少的食物。农业种植中的性别分工，犁地、播种、打麦子都是男人来做，栽种之后平时地里割草、浇水、收麦

---

① 尹仑、薛达元：《藏族神山信仰与全球气候变化——以云南省德钦县红坡村为例》，载《云南民族大学学报》2013 年第 5 期。

② 郭净：《雪山之书》，昆明：云南人民出版社 2012 年版，第 397 页。

子等劳动都是女人来承担。而积肥、施肥是农业中的重体力活，主要由妇女来承担。此外有限的菜园栽种的土豆、萝卜、蔓菁、豆类、白菜、韭菜、辣椒等蔬菜，也是由妇女们来负责。梅里藏区从河谷到高山立体垂直移动的农牧生计，将男人与女人安置在不同海拔的地景中，男性进行季节性的流动，而女性定居在河谷，产生出不同的具有海拔立体性差异的传统知识体系。

对于梅里雪山区域的藏民，葡萄种植是一种新经济作物，以前从来没有种过。从埋苗、打桩、剪枝、修叶、施肥、灌溉、采摘、贮藏等都需要从头学习，关键是，无论男人女人，以往从事农业和牧业所具备的传统知识，似乎都不能完全直接运用到葡萄种植业中。然而，女性在种植业业中承担着浇水灌溉的工作，并负责村落中的水资源管理和分配，如斯农村的每6户人家共享村中的一条小水渠，4条大的水渠把村落中的68户人家联系在一起。每年妇女们抽签决定放水浇灌的时间、放水家户的顺序。妇女们对气候干旱、水量变动最为敏感。而且，在浇灌麦子、青稞时知道种植哪种作物需要的水量最大，当她们种植葡萄给葡萄地浇灌水后，她们发现，种葡萄需要的水比青稞麦子还少。这种性别化的水资源使用知识，让更多的村民知道即便天气干旱，种植葡萄也不太受影响。尽管一开始政府推广葡萄种植，考虑更多的市场前景和农牧民的增收，并未考虑把种葡萄作为应对气候干旱的策略，但经过女性的栽种和取得的收益，证明气候干旱下种植葡萄是较好的应对气候变化的办法，这样基于性别化特征的传统知识为应对气候变化提供了有力的支撑，更多的村民开始选择种植葡萄，开始了劳动力转移，努力来适应葡萄种植之类的新作物经济。因而，传统知识应该建立在男人、女人不同性别的经验上，只有通过性别化的传统知识的区分，女性对环境、气候变化的感知和体验才能得到更清楚的揭示。

2013年1月19日，刚进入德钦做田野的我，在明永村旁的牛巴温泉参加了香港NGO组织社区伙伴①与卡瓦格博文化社合作的环境与健康项目培训会，晚上播放藏民自己拍摄并刚刚剪辑完的纪录片《葡萄》，我被这部讲述藏族妇女努力实验栽培不打农药的生态葡萄种植的故事深深打动了。纪录片的拍摄者是李卫红，她是一名来自佛山乡古水村的普通藏族妇女。她喜欢跳藏族弦子舞，参加草根NGO卡瓦格博文化社，得到"乡村之眼"纪录片拍摄项目的培训，并在香港社

---

① 香港社区伙伴长期在云南开展环境保护项目，在德钦发动村民种植生态葡萄。

区伙伴生态农业种植倡导影响下，一次次试验生态种植葡萄。种生态葡萄的选择基于其藏传佛教不杀生信仰，因为施化肥和使用杀虫剂会把小虫子杀死。村民们说："现在种葡萄，虽然收入明显提高了，但是农药用得太多，虫子都跑到核桃树、水果树上去了。现在的核桃产量很低，梨子、石榴都变干了。"李卫红在葡萄地里施农家肥，把核桃油、鸡蛋、烟草水调和在一起喷洒在葡萄苗上，虫子就不会吃葡萄了，可见她选择生态种植葡萄也是为保护虫子在内的生态环境。因不打农药，捕食葡萄地里的虫子也是安全的，小鸟们开始在李卫红家的葡萄地里筑巢，葡萄、虫子、小鸟共生，她家的葡萄园形成了一个有情的微小生态系统。除了在家务农外，李卫红常去帮助附近的村庄传授种植生态葡萄知识，范围包括自己的村庄古水村，还有附近的瑞瓦村、说美村、溜同江村、江坡村等社区，她说"这些村在做生态农业，大家邀请我到实地去讲解，所以多了一份工作"。2015年全村20户人家的古水村有12户要跟随她搞生态葡萄种植。像一些一妻多夫的藏民家庭一样，李卫红也组成的是一妻多夫婚姻家庭，而且两个丈夫也为他的种植生态葡萄实验提供了较充足的劳动力。李卫红的种植生态葡萄实验取得了成功，拍摄的藏民葡萄种植的纪录片也在云之南影像展获得公映，并受邀走进北京的高校放映。2013年6月5日，世界环境日，李卫红这位藏族阿妈荣获第五届"SEE·TNC"生态奖之绿色推动者奖项。[1]在当地市场经济刺激下大规模推广葡萄种植追求产量的背景下，喜马拉雅山区这位普通藏族妇女种植生态葡萄的故事无疑对妇女所期望的环境友好型的发展理念做了最好的注释。

从种植葡萄到种植生态葡萄的提升，李卫红以及佛山乡越来越多的妇女选择种植生态葡萄，她们意识到需要在单一葡萄栽培的市场效益与生态葡萄种植的生态友好方面加以平衡。这种理念植根于藏传佛教信仰，广大藏族女性作为虔诚的佛教徒，恪守不杀生的宗教教义，和对万物众生有情的佛教情感，表明藏族人的生态传统知识（TEK）呈现知识主体性的性别差异。经过妇女们的生产实践，总结出了生态葡萄种植的新知识，妇女们成为这一知识的新主体，引领着梅里藏区葡萄种植业发展的新方向。

葡萄种植在藏民村落兴起后，葡萄种植与藏民传统的农业与牧业之间既存在劳动力的转移，也带来土地使用的新模式。种植葡萄以后，青壮年劳动力都投入

① 《不用化肥农药种葡萄 藏族阿妈得了生态大奖》来源：云南信息报（昆明）http://money.163.com/13/0618/06/91KPJFU700253B0H_all.html

到葡萄种植中，放牧和割草的工作主要由老年男人和女人承担，老年人的劳动力有限，能饲养和看管的牛群数量逐渐减少，在种植葡萄的村落和家户，牧业都在萎缩，年轻人甚至不再从事放牧。布村村民说："地都种葡萄了，粮食没有，吃的草也没有，牲畜就都不养了。"新土地利用方式也把传统农业种植与葡萄种植结合，提高土地的利用率，如在葡萄地里套种麦子，在长出麦穗后收割喂牲畜。葡萄种植也建立在藏民传统的性别化的生态传统知识的基础上，并带来了新的性别分工和性别关系。在布村，男人只竖葡萄攀爬的架子，"种庄稼撒种子，葡萄地里挖地、放水、修枝、除草、打农药基本都是女人干"，藏族妇女承担起葡萄种植的绝大部分工作，成为经济作物种植的主要劳动力。布村的次仁顿珠说："我家种了7亩葡萄，现在生活好了，种葡萄，男人闲的时间多一点，总体上女人更辛苦一点。"布村在种葡萄以后，男人在外面打工，女人留在家里全权负责。"我们村子在外面开客车的就有10个，有中甸至拉萨，德钦至芒康、昌都，开农村客运面包车的有5个。"经济全球化中的性别化劳动力关系的改变和劳动力资源的再分配使得藏民生计更多依赖市场经济。

葡萄种植使得女性的劳动力在市场经济中具有了创造财富的价值，女性自己也说："还是种葡萄好，以前种庄稼也卖不了钱，人吃吃，牛吃吃，猪吃吃就没了，种葡萄一年能有个几万块，就能买东西。"当村民们用售出葡萄的钱盖起新房子，买回来新家具和液晶电视机，在藏历新年到来时为全家人添置新藏装，跳起弦子舞，品着自己酿造的葡萄美酒，畅谈生活的幸福时，藏民们感受得到女性对家庭经济的贡献也是有目共睹的。这些感知也在深刻影响着性别关系。最早种植葡萄的茨中村，几个藏族年轻人在谈论男人和女人：我们是天主教，男女平等一点，但在燕门乡以北女人对男人相当尊重，女人不准跨过男人的砍刀。我在德钦修路，听说那里的男人很被尊重。大晴天没事的时候，我们两三个小伙子，有时我自己就去小姑娘经过的小道上睡觉，把路堵住，小姑娘路过时，轻轻地把我的脚移开再走过去。茨中村不会有这种情况。市场经济的时代，女人得到了更多的尊重。李卫红生活的古水村，几乎都是女人当家。女性在家户经济中的角色得到重塑，梅里藏民社会中的性别关系也在发生改变。

女性在葡萄种植业中扮演主要的劳动力角色，承担了绝大部分葡萄种植管理收获的工作，葡萄种植和作物经济成为梅里雪山藏区妇女们的共同经济体验，改变了以往与地境的个体关系，是一种市场化条件下的人作用于自然的共同的心境。

总之，气候变化，梅里雪山区域的藏民需要适应的不只是天气、干旱、冰川融化等自然环境的变化，更需要适应的是葡萄种植这类经济作物种植所带来的生计变化，性别劳动分工、女性对家庭经济的贡献和性别关系的重塑，以及葡萄的销售和葡萄酒的全球市场，从而维系着藏民对神山的敬畏，以及和水、树木、虫子、小鸟等生命体结成的有情世界。

（本文为首次发表）

国际 NGO 项目与云南妇女发展

一、国际 NGO 在云南的发展：历时性的回顾

北京"世妇会"后，中国政府为推进社会性别主流化的承诺，在立法、建立机构、颁布和执行"中国妇女发展纲要"等方面做许多努力。"促进政府和非政府组织伙伴关系的建立"①也是中国政府做出的努力的重要方面。

地处边疆多民族聚居地的云南省，少数民族人口占全省总人口的30%以上，其文化和生态的多样性被认为有全球化的意义。同时，由于历史的或其他方面的原因，云南一直面临环境和贫困问题的挑战，因而受到非政府组织的关注。事实上，早在"世妇会"召开前，来自西方发达国家的一些非政府组织（NGO）就已开始关注云南，陆续在云南少数民族地区开展、实施了一些发展项目。"在1987—1988年间，英国救助儿童会开始在云南省开展乡村卫生员的培训""英国救助儿童会是第一个在云南正式登记注册的国际非政府组织。"②。据云南省国际民间组织合作促进会的报告，"云南省与外国社会公益性民间组织合作的第一个阶段从1986年至1992年，先后与美国'渐进'组织、英国救助儿童会、国际宣明会、乐施会、凯尔国际等6个外国和国际民间组织建立了合作项目，受援金额为282.26万元人民币。"③

处于贫困状态下的妇女一直是这些国际 NGO 项目的目标人群。如美国福特基金会资助的"妇女生育健康及发展（WRHD）"项目于 1991 年开始了福特基金会在云南建立项目的尝试，该项目广泛动员了云南社会科学界研究人员在云南澄江、陆良的四个乡开展了田野研究。该项目的目的是"要更好地了解云南省贫

---

① http://www.china.org.cn/chinese/zhuanti/beijingforum/652047.htm

② 周皓：《英国救助儿童会（中国项目部）的扶贫活动》，www.help-poverty.org.cn 中国扶贫信息网。

③ 郭竞鸣：《关于与外国社会公益性民间组织合作的几点见解》，www.help-poverty.org.cn 中国扶贫信息网。

困农业地区的妇女健康需求并制定一些新的方针来解决这些需求。"[①] 经过四年的努力，不仅以其成果《云南农村妇女的心声：生育健康需求评估》一书的出版为"95世妇会"在北京的召开献上了厚礼，而且为以后各类 NGO 项目在云南开展建立了良好的基础和运行机制。

早在 20 世纪 40 年代，芬兰"自由外国人五旬节教会"就深入云南传教。由于这种历史渊源，1994 年，"芬兰国际救济与发展机构"（a Finnish International Relief and Development Agency）重新进入云南，建立了半官方的组织 LKA，在贫困地区开展辅助教育、减少贫困、乡村发展以及健康、卫生水源救济方面的工作。[②]

"95 世妇会"以来，由于政府加强了同非政府组织的合作，有更多的国际 NGO 发展项目进入云南，再加上 1996 年丽江地震，需要得到更多的物资、资金援助和国际人道救助，也吸引了一批国际或跨国的非政府组织进入云南。

进入云南的非政府组织、国际基金会或非营利机构中英文简表（部分）

英国救助儿童会 Save the Children	云南生态工作网 Yunnan EcoNetwork
美国大自然基金会自然资源保护云南项目办 The Nature Conservancy Yunnan Representative Office	社区发展研究中心 Center for Community Development Studies
云曼发展机构 Yun-Man Development Institute	澳大利亚红十字会 Australian Red Cross
格瑞丝国际项目 Project Grace International	太平洋乡村机构 Pacific Village Institute
英国海外志愿服务社 Voluntary Service Overseas	温洛克组织 WINROCK
圣边医药 Medicines Sans Frontiers	福特基金会 Ford Foundation
国际艾滋病联盟 International AIDS Alliance	香港乐施会 Oxfam
世界宣明会 World Vision International	救世军 Salvation Army
美国人类家园 Habitat For Humanity International	英国无国界卫生组织 Health Unlimited

根据学者的研究，这些在中国的非政府组织，从与中央和地方的关系方面，可分为一是独立组织，如英国救助儿童会，他们能决定自己的项目。二是合作组织，如澳大利亚红十字会的合作方是云南红十字会，但澳方需向云南方缴纳管理

---

① 王绍贤、李涑主编：《云南农村妇女的心声：生育健康需求评估》，北京：北京医科大学中国协和医科大学联合出版社 1994 年版，第 1 页。

② Wendy Graham："The Role of International Non-Governmental Organizations (NGOs) In Promoting Civil Society in China：A Case Study". Sam Mitchell edit: Tourism and Development in Yunnan. Yunnan Fine Arts Publish House 2003. pp49~50.

费，双方独立开展工作。三是联合风险。如大自然基金会、北京人类生态及云南地方政府联合承担风险，基金由几方共同分享。从可操作层面分可分为非操作性机构和操作性机构。如圣边医药（MSF）既是一个非操作性机构，也是一个操作性机构。该机构把非操作性部分设置在香港，主要开展公共关系和基金筹募的工作，可操作部分则设置在中国大陆，如可开展健康、卫生和水清洁，以及艾滋病防治、HIV 感染和公共健康方面的项目[①]。

根据一些云南 NGO 组织的统计，自 20 世纪 90 年代以来，这些非政府组织和国际基金会在云南开展了数百个项目[②]。从该网站表格所列可看到，这些国际非政府组织项目涉及扶贫济困、生物多样性及环境保护、公共卫生及疾病防治、妇女生育健康的技术支持、自然灾害后的紧急救助、教育培训、少数民族地区学校建设、饮水、养殖、技术推广示范、小额信贷、妇女发展、土地利用和粮食保障、社区林业资源管理、住房改造等。另外，还有与农村社区综合发展相关的项目多个，以援助社区发展。从项目分布上看，几乎覆盖了云南的昆明、红河、丽江、大理、楚雄、思茅、临沧、西双版纳、怒江等州、市、县的贫困地区。

二、妇女 / 社会性别发展：国际 NGO 项目的重要目标

西方 NGO 组织相信，正是由于政府机构及其操作因腐败和低效能而难以增强公民在社会中的经济和政治潜能，使得 NGO 组织应运而生。因而，作为与政府组织相对的非政府组织 NGO（Non-government Organization），可被界定为公民社会中具有促进社会发展潜能的机构。这类机构以自助的方式，在不耗尽有限自然资源的前提下，通过各类草根组织的能力建设、经济上的赋权和生计能力的增强来满足社会的基本需求。同时，通过倡导资源配置公平性的理念改变政府的执政，创造一个能听到各种声音的良好的环境。NGO 可以有多种类型，非政府组织通过政治压力的施加来影响国家或区域发展在利益和出发点上的政策制定，这是倡导型的 NGO 所从事的主要工作。有的 NGO 则主要从事资金的招募与分配。救助型的 NGO 则对由于自然或人为所造成的各种灾难给予救助。操作型（或干

---

① 〔美〕Wendy Graham："The Role of International Non-Governmental Organizations (NGOs) In Promoting Civil Society in China： A Case Study". Sam Mitchell edit：Tourism and Development in Yunnan. Yunnan Fine Arts Publish House 2003. pp51~52.

② 详情请参见云南 NGO 网站（www.ngocn.org/ngomap/yunnango.htm）。网络实名：ngocn.org 中国非政府组织网。2005 - 03 - 23

预型）的 NGO 通过在一定区域进行长期的项目实施，对这些地区给予技术的（如健康、农业或水资源保护等）、常规的（如妇女工作、土地资源利用、信息交流等）或方法上的（如地方参与的方法培训，个人能力发展培训等）的支持[①]。

尽管 NGO 的功能只是政府行为的替代或补充，但从许多案例来看，NGO能为社会提供比政府操作质量更高而花费更少的服务，也比政府更了解一些社会人群尤其是社会边缘、弱势人群的真实需求和更好地满足这些需求。由于 NGO比较灵活的组织结构，使得他们有能力在社会不同人群中展开工作，采用不同的方法以适应不同地区不同场景下的社会经济条件而避免被项目或单一的方法所束缚。正如 Timothy Besley 在其《削减贫困的政治经济学：理论与机制》（Political Economy of Alleviating Poverty：Theory and Institution）中指出的"NGO 能更直接地提供健康医疗、金融信用、教育或食物援助的政策，而这些都是同削减贫困直接相关的"[②]。正由于 NGO 所具备的这些特征，决定了 NGO 在发展中国家的角色以及在当今世界事务中所起的越来越重要的作用。

面对全球化背景下的南北经济发展的不平衡，以及所加剧的社会性别间的贫困差异状况[③]，有学者深刻地指出这是全球化的"'贫困女性化'现象"，"是一个持久的、负担分布不均、威胁着妇女进步以及人类持续发展的目标"[④]。因而，各类 NGO 组织都把消除女性贫困，倡导性别平等发展作为工作的出发点，正如前文所指，妇女一直就是 NGO 项目的目标人群。可以看到，几乎国际 NGO 的所有云南项目都开展了各种大小不一的与妇女发展相关的执行项目。这些项目涉及与妇女发展相关的农业技能培训、增加收入的新技能、社区综合发展与妇女需求、针对农村妇女的小额信贷、妇女生育健康与医疗救助、妇女能力建设、妇女移民与维权等内容。

---

① Wendy Graham："The Role of International Non-Governmental Organizations (NGOs) In Promoting Civil Society in China：A Case Study". Sam Mitchell edit：Tourism and Development in Yunnan. Yunnan Fine Arts Publish House 2003. pp44~45.

② Wendy Graham："The Role of International Non-Governmental Organizations (NGOs) In Promoting Civil Society in China：A Case Study". Sam Mitchell edit：Tourism and Development in Yunnan. Yunnan Fine Arts Publish House 2003. p46.

③ 1995 年北京"世妇会"通过的《行动纲领》指出："当今世界上 10 亿多人生活在令人无法忍受的贫困状况下，其中大多数是妇女，多少是在发展中国家"。

④ Valentine M. Moghadam：《贫困女性化？——有关概念和趋势的笔记》，马元曦主编：《社会性别与发展译文集》，北京：生活·读书·新知三联书店 2000 年版，第 33 页。

（一）社区综合发展项目与妇女需求

　　贫困地区农民正面临儿童辍学，没有卫生饮水，缺乏基本卫生医疗设施等诸多问题，人们的生活质量处于低水平状态。美国福特基金会、世界宣明会、港澳救世军在云南农村开展了社区综合发展与区域发展项目。香港乐施会把关注持续生计，改善贫困地区生产生活条件，倡导农户参与决策，共同关注弱势和妇女作为社区综合发展项目的宗旨，在云南的澜沧、西盟等县开展了该项目。在项目的实施中不仅强调推动"新乡村运动"，推行以赋权为核心内容的参与式社区管理模式，也在项目实施中推动妇女在项目中的参与，来增强妇女自信心，积极参与社区管理等，实现行为改变，最终让妇女从家庭的角色中解脱出来，走到公共领域，甚至走上社区管理角色，解放妇女。

　　为了更好地在项目中体现社会性别意识，许多项目都加强了对农村妇女的需求评估，以更好地在项目中满足妇女的发展需求。在农村妇女需求评估方面，福特基金会的"摄影故事"项目在方法上进行了有意义的尝试。早在1993年福特基金会资助在云南实施的"妇女生育健康与发展"项目中就借助在美国妇女工作中已使用的方法，推行了"摄影故事"的活动，即让农村妇女用照相机记录下个人健康及工作的实际情况，并得以表达她们关心和希望的事，历史地记录下农村妇女想要保持和想要改变的各种情况。让只是习惯于沉默的妇女们用相机拍摄她们的生活，成为了解妇女需求，让妇女发出"声音"的重要途径。美国大自然与丽江文化与性别研究中心合作的"大河项目"，致力于经济发展和环境保护之间的平衡发展，其"水与性别"主题运用福特基金会及其"照片"活动，创造了"照片之声"的项目，所拍摄下来的影像成为获取公正信息的资源①。同时，由妇女们自己拍摄下来的许多生产、生活场景，如担水、带着婴儿在地里劳作等照片，真实地反映出农村缺乏水源、幼儿园等公共资源的问题。问题通过照片揭示出来后，在一些社区开始架水管、建幼儿园，为整个社区带来实惠，获益的不仅仅是妇女自身。

（二）妇女生殖健康、医疗救助与艾滋病防治

　　经过1994年开罗国际人口发展大会的磋商与世界卫生组织的认定，生殖健康被理解为一个包括安全、满意、负责任的性生活，生育调节，母婴保健，优生优育，防治性病、艾滋病等多方面内容的概念。人人享有生殖健康是人类共同奋斗的目标，

---

　　① Pacificvillage：《项目2：水与性别》http://www.pacificvillage.org/villagevoices/chinancta

云南在这方面仍然面临巨大挑战。继福特基金会资助的农村妇女生育健康项目之后，世界银行与云南省卫生厅、云南生育健康研究会合作，在大理州南涧县等地进行"贫困农村妇幼卫生扶贫资金的运作式研究项目"，其目的在于"降低孕产妇和 5 岁以下儿童死亡率，减少妇女、儿童的常见病及多发病，并体现妇幼卫生服务对贫困人口的公平性"[①]，即保障贫困人群中的最脆弱人群—妇女和儿童享受到基本卫生服务。通过医疗技术支持和一系列综合性妇幼保健项目活动，尝试建立以妇女为中心的贫困人群医疗救助模式。

云南是中国艾滋病疫情最为严重的省份之一，艾滋病的防治工作任务十分艰巨。这成为目前医疗领域非政府组织投入的一个热点。澳大利亚红十字会、国际艾滋病联盟、国际人口服务组织等非政府机构在云南开展了有关社区关怀及艾滋病预防的项目。联合国儿童基金会（UNICEF）在云南及周边地区开展云南湄公河区域防治艾滋病项目，培训政府官员，开发政策和人力资源，通过大众宣传提高公众意识。在注射吸毒者、女性性工作者、男男性行为者、有危险行为的青年学生以及流动工人等高危人群中开展干预项目，对艾滋病感染者提供关怀照顾。中英性病艾滋病防治合作项目（HAPAC）其最终目标是提高中国对艾滋病的有效应对能力，建立性病艾滋病高危人群的预防、治疗和关怀护理模式。所实施的"针具交换""美沙酮维持治疗"、在性工作者中的安全套发放和外展培训等项目，都取得一定成效。港澳救世军在昆明开展以教堂为基础的艾滋病的预防与关怀项目。而美国克林顿基金会也同云南建立为期 3 年的艾滋病防治项目，帮助云南进行艾滋病抗病毒治疗，并提高艾滋病实验室的管理能力和技术水平。[②]

由于性传播仍是艾滋病传播的重要途径，一些从事特殊职业的男性和从事性工作的女性都被许多项目列入研究和重点预防对象。如世界卫生组织援华性病艾滋病防治项目，就支持对云南的性工作者和安徽的长途卡车司机人群开展性病监测。云南健康与发展研究会不仅承担了由福特基金会资助，与云南省计划生育协会合作实施的性病艾滋病健康教育项目，对跨越中缅边境的高速公路筑路工地的民工和沿着公路建设从事性工作的女性展开了跟踪研究。同期，在中英性病艾滋病防治合作项目挑战基金的支持下，云南健康与发展研究会还开展了对低收入女

① 杜克琳、张开宁主编：《贫困人群医疗救助——理论、案例及其操作指南》，北京，人民卫生出版社 2002 年版，第 107 页。
② 克林顿基金会资助 云南防艾 [DB /OL] 金黔在线 http : //www.gog.com.cn

性流动人口的 STD/AIDS 预防教育项目，其总目标是探索和创建一种针对低收入女性流动人口的 STD/AIDS 预防教育模式，减少低收入女性流动人口的危险性行为，例如卖淫和多性伴，增加低收入女性流动人口对 RTI/STI 诊治服务及其他相关服务的可及性[①]。这些项目的实施在促进公共健康体系建立方面起着积极作业。

（三）农村妇女的小额信贷

对于许多发展中国家来说，公共的社会资源配置存在不公正的状况是十分普遍的，资源配置的不平衡不仅体现在城乡之间，也体现在男女两性之间。社会工作者穆哈穆德·雅纽斯在孟加拉创立"乡村银行"的故事[②]，所采取的不像普通的银行只贷款给富人、有文化的人，"乡村银行提供小额资本（平均 60 至 70 美元）帮助穷人，把每五个借款人编成一个小组，每个组员对其他组员的借款都负有责任。并且规定，每周而不是每年偿还借款"[③]。这种乡村银行模式能真正帮助贫困的人摆脱贫困。乡村银行的小额贷款模式也成为发展中国家帮助穷人摆脱贫困值得借鉴的手段，被联合国以及许多非政府组织运用到许多扶贫发展项目中。

1993 年联合国开发计划署实施了一个旨在开发一种适合于本区域的、综合的、具有示范性和参与式的扶贫方案。为此提供了 84.4 万美元的援助，主要用于技术支持，资金支持及持久农业活动。小额信贷是整个扶贫方案的核心内容。项目选择了较为贫困的云南金平县的铜厂、金水河乡，麻栗坡县的铁厂、杨万乡，作为小额信贷的示范点。截止到 99 年底，以上 4 乡累计发展了 6,047 个贷款户，还款率达 96% 以上，证明小额信贷是一种在山区行之有效的扶贫方式。随后，金平和麻栗坡县的小额信贷在全省推广[④]。

---

① 云南健康与发展研究会：《对低收入女性流动人口的性病艾滋病（STD/AIDS）预防教育——方法、问题及经验教训》http://www.yhdra.org/

② 社会工作者穆哈穆德·雅纽斯在孟加拉贾布拉村碰到一个整天都在编织竹条的妇女，为了生存，她不得不向放债人那借了 5 塔卡买来竹子编织凳子，而每天她必须把编好的竹凳卖给放债人才能赚到微乎其微的 50 比索。如果她不能找到起步所需的 5 塔卡，她便永远不能改变实际上如同债务奴隶般的地位。于是，穆哈穆德·雅纽斯从自己的口袋里拿出仅值 27 美元的钱，借给了四十位妇女，让她们开始了诸如纺织、编篮子、卖鸡蛋之类的自己的事业，直至建立了"乡村银行（Grameen Bank）"，专门借钱给这些穷困潦倒的需要得到救助的人。（同注释 17）

③ 苏珊·H. 霍尔库姆：《乡村银行》，马元曦主编《社会性别与发展译文集》，北京：生活·读书·新知三联书店 2000 年出版，第 164 页。附录：穆哈穆德·雅纽斯：《贷款给那些应得到的人》。第 181~188 页。

④ 《可贵的开拓者：云南金平、麻栗坡扶贫与可持续发展方案概况》，中国国际经济技术交流中心网，http://www.cicete.org/poverty/yunnan.htm

特别值得一提的是，在非政府组织的小额贷款项目实施后，"云南省妇女联合会及各地州妇联组织也发起了一批小额贷款项目，并在石林县进行试点，受益农户 2477 户、10027 人。"[1] 小额信贷资金为农村妇女解决了生产垫本资金，帮助她们扩大了种植、养殖规模，增加了经济收入。

（四）妇女能力建设与农村发展

在西方女性主义看来，每一种文化和社会都有一整套制度来规范男性与女性在社会中的行为，而妇女往往成为社会伦理道德规范的主要对象。比如汉族社会中男主外、女主内的传统角色分工模式使妇女把生子传宗，抚育后代视为自己的分内之事，从而放弃了妇女自主意识的追求。又如，一些傣族男子认为妇女缺乏安排家庭生产的能力，计划家庭一年中生产什么，生产多少都是男人才能做的事。而通过研究，我们发现，有的家庭就是由妇女来安排生产，并且安排得井井有条。因而，并不是妇女缺乏这些方面的能力，而是社会传统就规范了妇女不要做这类"拿主张"的事，而许多妇女也往往遵从这些观念，不去想，不去尝试，男人叫做什么就动手做什么，自然就显得"缺乏"能力。如果妇女的自主意识培养不起来，妇女自身的发展就是空谈。一些 NGO 项目官员总结道："扶贫有几个层面，对于个人，不论男女，让他们从思想意识上摆脱贫困是重要的。同时，对一些机构而言，如何改变女人从属于男人的状况是一个重要的课题。"[2]

2001 年 2 月，温洛克国际农业开发中心得到福特基金会资助，相继在云南、贵州等地启动了"中国妇女能力建设与农村发展项目"，目的在于培养直接或间接推动农村进步的妇女骨干，为农村发展培养妇女的领导才能，探索推动农村妇女进步主流化的方法。项目提供启动资金，让妇女骨干们在一年时间里深入农村或不同的社区完成个人行动计划和小组行动计划，以更好地将社会性别视角融入高校教育、农村妇女工作、基层农林政策、规划和各类女性人群的实践中。鼓励妇女骨干与男性合作，共同促进能改善所有人生活的，具有社会性别敏感性的政策、项目和实践。

---

[1] 佚名：《小额信贷在石林县试点》，云南妇联网新闻 http://www.yunnanwoman.com.cn/new1/newsinfo1.asp?id=369

[2] 李青、金黔在线记者王小梅、李丽：《营造农村妇女发展新天地》http://www.gog.com.cn/jqzt/zt0201/ca636401.htm

（五）女性移民与妇女权益维护

随着经济发展的不平衡、旅游业的发展，拐卖妇女儿童已愈来愈成了一个跨国界的问题。这些被拐卖的妇女儿童有的被迫作妓女，有的沦为乞丐或皮条客，有的则被卖到有钱人的家里作了佣人。常常会陷入无法摆脱的被奴役的境况中。

于是，一些机构围绕女性移民与妇女权益维护主题在云南开展了项目。如1999 年澳大利亚亚太移民研究网（APMRN）得到福特基金会的资助，在印度尼西亚、菲律宾、泰国和中国云南开展了"全球化时代的女性移民"研究项目。旨在讨论这些地区女性移民的动因及其移民对家庭、社区的影响①。在全球化时代，湄公河流域的女性移民与妇女拐卖问题同亚洲地区的性工业区域发展密切相关，如何在防止妇女拐卖方面有效地保障妇女、儿童的合法权益，英国救助儿童会在这方面进行了有益的尝试。南省妇联于 2000 年 8 月起执行国际劳工组织"湄公河次区反对拐卖妇女儿童"项目。该项目主旨是通过能力建设、意识提高和直接援助三个干预领域，达到预防拐卖妇女儿童的目标。

总的来说，通过 NGO 项目，非政府组织在云南开展的有关妇女发展方面的项目内容是丰富的，覆盖了《中国妇女发展纲要 2001-2010 年》所涉及的妇女发展问题的几个主要方面。

三、全球化与地方化：国际 NGO 在促进云南妇女发展中的作用及面临的问题

自 20 世纪 80 年代进入云南，国际 NGO 通过项目培育西方市民社会自我管理的理念，在改变着人们的观念、行为甚至这个社会的运作方式。在社会性别领域，一旦固有的两性不平等的制度被质疑，并在尝试加以改变，我们会意识到它将会引发什么样的社会变迁。也正是从许多已经变化着的事实中，我们看到了国际 NGO 及其项目在促进云南妇女发展中的作用。

（一）倡导社会性别平等理念，积极推进社会性别意识主流化

由西方发达国家发起的 NGO 组织及其项目进入中国时，已经经历了西方女性主义思潮的激荡与女权主义运动的启迪，必然在项目创立理念、组织方式等方

① 亚太移民研究网 Asia Pacific Migration Research Network： Female Migration in the Age of Globalization. http: //apmrn.anu.edu.au/about_apmrn/index/html

面注入了女性主义的思想和经过妇女们的斗争而取得的行动纲领的精髓。当这些思想在全球化时代通过所要实施的项目进入云南、进入中国时，它们需要面对的地方性挑战是多方面的。除了中国政府的行政管理方式，中国固有的社会性别关系和性别制度也是它们必须面对的方面。早期进入云南的农村妇女生育健康项目就明确该项目的主导原则："第一个是参与式的规划原则，即让有关的人都来参与规划。第二个主导原则是，我们深信只有妇女本身才最明确她们自己的需求并能充分表达出来，让妇女来参与规划，能更好地满足云南省农村妇女的生育健康需求。"[①] 而像温洛克这样力倡妇女能力建设的组织，更是把社会性别意识的培养放在首位。2002年温洛克在贵州培训了25名先锋妇女后，分别组成了围绕社会性别意识培养的5个行动小组，如联系农村妇女——识别农业项目中社会性别盲点行动小组，培养少数民族妇女干部——调查少数民族妇女干部参政状况行动小组等等。可以看到社会性别意识培训的主题性是非常鲜明的。这也印证了一些研究人员所指出的，在一些地方，"最早运用社会性别分析的方法主要是通过实施国际援助与合作项目的渠道引入的，是实施国际项目的一种需求。实际上，在实施项目中运用社会性别分析并不是本地项目执行者自觉意识的行为，而更多的是援助方对社会性别分析的要求，但是这却是一个良好的开端，所带来的影响具有深远的意义"[②]。

随着国际非政府组织项目的推行，其社会性别主流化的需求在中国最初产生的本土回应就是增强了人们对女性主义了解的要求，一些西方女性主义的作品被翻译介绍。同时，这股社会性别主流化的思潮也推进云南本土妇女社会性别研究机构和组织的创建。云南西双版纳妇女儿童法律健康咨询中心就是在这一思潮影响下建立起来的，成为中国最早成立的6家妇女NGO之一[③]。在95北京世妇会前，在云南已成立了"云南生育健康研究会""云南PRA工作网"等一些本土NGO组织。此后如"云南传统知识与生物多样性研究会""云南GAD小组"等一批云南本土NGO组织相继成立，成为国际NGO在云南开展项目的主要承担者或获得

---

① 王绍贤、李㵑主编：《云南农村妇女的心声：生育健康需求评估》，北京：北京医科大学中国协和医科大学联合出版社1994年12月版，第2页。

② 赵凌雪：《将社会性别意识纳入社会发展项目》http://china-gad.org/version2004/ReadNews.asp?NewsID=343

③ 王行娟：《中国第一代妇女NGO的一次反思——中国妇女NGO能力建设研讨会记要》西部女性 http://www.westwomen.org

支持的合作伙伴。依托这些研究机构、工作组织和 NGO 项目，在云南营造了开展妇女、社会性别研究的良好氛围。高校通过女性人类学、社会性别与文化等课程的开设，也力图把社会性别意识在社会人群中普及化。在政府、研究机构、高校、社会团体中形成众多与妇女、社会性别工作相关的团体，在推动社会性别主流化方面走在全国的前沿。

作为云南妇女儿童利益代表的群众组织云南省妇女联合会，以 95 世妇会的《行动纲领》为指导，制定了十年期的《妇女发展纲要》。随着国际 NGO 项目社会性别主流化的需求和项目实施中协助工作需要，云南各级妇联组织在最初非自愿的状态下被卷入项目实施中，曾经扮演着非政府组织项目在实施地的管理者、监督者以及合作者的角色。随着妇联组织的工作能动性增强，妇联组织自己运作的项目在农村、城市各类社会人群中实施，妇联组织的角色也发生了有意义的转换。一旦妇联组织从项目的旁观者转变为项目的实施者，社会性别主流化才能成为一种有更广泛群众意义的社会行动，更意味着来自于全球的发展动力与云南地方性的行动机制实现了整合。

（二）提高农村妇女能力，创造社会资源性别间公平配置的可持续机制

国际 NGO 组织通过社区综合发展等各种项目在减少农村贫困、增强妇女自信心、促进社会资源性别间公正性方面的作用是显而易见的。国际 NGO 组织的参与式运作模式要求贫困妇女从一开始就参与项目，表达她们的意愿和需求，她们的一些意愿和需求被确定为项目实现的目标之一。同时，在项目实施过程中，明确规定了以妇女为主要劳动力的农户在申报参与项目时将获得优先权。而有的项目就直接规定"对女不对男"的，妇女成为项目的主体，妇女擅长的一些生计能力如家畜饲养、纺织等得到充分体现。妇女也在承担责任的激励中增强了自信心，并激励农村妇女学习掌握更多新的生产技能，有利于妇女掌握农业新技术、提高自身的科技素质和生产经营管理能力。国际 NGO 项目对推动妇女发展不仅直接表现在劳动强度减轻、受教育机会与创业机会的增加、基本医疗卫生条件的改善、劳动技能的提高、经济收入增加等，还间接地影响妇女观念的改变、交往增加、参与意识和自主意识的增强、综合素质提高等。在国际 NGO 项目的最终评估指标中，许多项目都把妇女实际受益的程度作为评估的重要指标，通过妇女的自我

评价、社区评价以及经济指标和社会指标的评价，明确项目目标实现使妇女获得多少利益，这些项目措施注入了监督机制，力求保证妇女作为目标人群在项目实施中获益。

农业女性化和妇女贫困化是社会资源在男女两性间配置不公平的结果，是性别不平等制度化的体现。国际 NGO 项目也在力图改变不平等机制，创造社会资源性别间公平配置的可持续机制。根据一些机构的总结[①]，有的项目对项目运作中妇女的需求和妇女利益有了明确的要求，特别确定了妇女为主要受益者，并为妇女指定特别关注的几个方面，如为妇女指定了特别信贷（即妇女当家户优先分享到以养殖、刺绣、编织、小型商业等活动的小额贷款），总信贷的很大比例（达50%）用于妇女；强制要求各级项目办必须至少配有一名当地妇联的高级职员；一些专门为妇女指定的项目交由当地妇联来协调和执行（包括专门用于妇女创收的小额信贷、扫盲、农业应用技术和技能培训）等。这是要在像中国这样固有的性别间资源配置不公平的社会中推动性别主流化应该确立起来的机制，它将更加有利于保障妇女在男权势力强大的社会中获得基础性发展。

总之，通过国际 NGO 的项目把性别意识纳入宣传、教育和决策的主流，通过增加妇女的赋权，提高妇女自我发展的内动力，力图通过保障社会性别平等持续性机制的建立，使妇女在社会经济发展中获得同样的发展。然而，作为正在中国生长的国际非政府组织，NGO 模式还面临许多困难与挑战。归纳起来，主要表现在如下问题上：

（一）是国际 NGO 项目在中国的适应性问题。作为一种帮助发展中国家获得发展的西方力量，我们首先应该看到充斥于国际 NGO 范式中的传统的殖民主义意识形态。把西方都等同于文明、发达、进步，拿出资金帮助发展中国家削减贫困便成为文明社会理应承担的重任。然而项目的选取并非完全取决于发展中国家的实情，而是得取决于他们已经达到的各项数字化的所谓发展的指标，以及在参照对比中产生的"差距"，如过分强调物质主义的与富裕相对的贫困，在不对等的经济体系下转移了生产地而不加区别的对发展中国家环境恶化的指责等等。总之，在资助者与受惠者之间已经是不对等的关系了，殖民就是意识形态、经济、权力不对等体系中产生的"话语"形式。对于这种意识形态，其社会内部已有学

---

① 赵凌雪：《将社会性别意识纳入社会发展项目》http：//china-gad.org/version2004/ReadNews.asp?NewsID=343

者进行了批判与反思。

国际 NGO 组织进入中国已经有近二十年的历史，然而，如何管理这些组织至今并未形成一套有效的管理系统，国际 NGO 的地位、作用没有给出明确评价，与政府的关系没有明确界定，所有这些问题都是进入中国的国际 NGO 组织目前共同面临的难题。周皓在一份有关英国救助儿童会的报告中指出："国外民间组织在中国的合法性问题一直存在""由此也容易导致某些权力部门或个人有机可乘，贪污腐败。""一些国际雇员对中国国情缺乏了解，在与本地雇员和当地合作伙伴的沟通中遇到一些困难。"①这些问题的存在都在增加国际 NGO 组织适应中国社会的难度。

尤其是在如何适应中国社会方面，如何与政府合作已经让一些组织和项目焦头烂额和沮丧。美国学者 Sarah Tsien 在对麻栗坡县的铁厂小额贷款试点进行人类学研究后发现，联合国开发计划署的项目一直运作得非常顺利，但 1998 后，地方政府也投入资金在当地推行政府的小额贷款项目。在政府的小额贷款项目介入后，国际 NGO 的项目萎缩了，而且原来所有的规则，如额度、还贷款期限、只贷款给妇女等规则都发生了改变，最终导致还贷款率降低。该研究者认为，铁厂的小额贷款不仅是孟加拉 Grameen Bank(GB) 模式在中国的执行与运用，更重要的，"铁厂小额贷款项目已经改变了'乡村银行'GB 模式的意义，尽管这两项目有着相似的哲学基础，但孟加拉的状况却与中国的情形有天壤之别，他们的模式放到这里可能是不适宜的"②，因为中国还有比孟加拉更为强大的政府，有着比孟加拉更为复杂的社会状况。

（二）与妇女发展问题相联，国际 NGO 必须面对如何应对中国社会性别的结构性机制问题。中国社会已经在历史过程中构建出了一整套建立在男权基础上的稳固的男女两性不对等的社会性别制度，建立在父权基础上的家庭、家族和国家都是这一制度中维系这种不对等关系的宏大体系。放到亟需扶贫的农村，这个制度的势力更为强大，其中土地权中体现的性别关系尤其有代表性。土地在中国农村是最主要的经济资源，1978 年农村经济体制改革和土地承包，妇女似乎拥有

① 周皓：《英国救助儿童会（中国项目部）的扶贫活动》，中国扶贫信息网 www.help-poverty.org.cn 。

② Sarah Tsien：Money for the Villages：Yunnan Poverty and Microlending. Sam Mitchell edit：Tourism and Development in Yunnan. Yunnan Fine Arts Publish House 2003. p79.

了自己名下的口粮田和责任田。但是，由于土地承包政策强调以家庭为单位，忽略了农村家庭以男权为主的特征和男女两性人口的不同特点，在人多地少的情况下，土地承包分配权由村民自治，传统做法和习俗往往会取代男女平等的法律规定，没有体现和保障妇女享有平等的土地权，妇女的依附、从属地位在很多地方依然没有改变。农村土地权的性别问题的复杂性让我们看到，外来的国际 NGO 组织及其项目如果缺乏对中国社会性别制度复杂性的足够认识，妇女仍然难以成为这些项目的受益者。一些项目已反映出类似的问题，比如小额贷款项目最初是"贷女不贷男"是考虑到通常"妇女的责任心高于男子"，但这些项目的"基本原则"，在实践过程中，也被村民大会再次修改，比如：将整贷零还改成了整贷整还，不再区分贷款人性别。大理乐沙扶贫项目反映出：整贷零还行不通，平时大家没钱还。而且当地的家庭都是男人当家，贷款自然也贷给了男人。[①] 可见，像中国的土地权问题一样，公共资源在经过男性为主的社会机制的作用后，其实效已经远离了项目的初衷。总之，社会性别制度是一个庞大的体系，而且在中国社会仍在发挥着强势作用，如果只是靠零星的几个项目的努力，尚难以触及或改变社会性别不平等的结构性机制，如果再缺乏项目的跟进性目标，已开展项目获得的成果就更难巩固了。

此外，尽管社会性别主流化曾经一直是国际 NGO 项目的鲜明主题，但随着近几年环境与生态多样性保护主题在国际 NGO 项目中日益突出，社会性别的主题正呈现被弱化、淡化的趋向，这是值得关注的。无论如何，以上这些问题的存在都在削减国际 NGO 项目的有效性，也在远离项目赋权的初衷和宏大预想。在这方面，国际 NGO 组织还有许多经验需得到总结，还有许多路要走。

（原文载《思想战线》2007 年第 2 期。人大报刊复印资料《妇女研究》2007年第 3 期全文转载。）

---

① 邓瑾：《小额信贷：农村金融空洞化下的突破——沙乐乡的实验》，中国金融网 http://co.zgjrw.com/News/200533/XY/822118915500.html

在跨国移民理论框架下认识中国的"外籍新娘"

随着中国 GDP 的增长和经济实力的增强，越来越多的"外籍新娘"嫁入中国。婚姻市场中的"外籍新娘"已经出现在许多媒体和新闻报道中，而渐渐被中国民众熟悉。然而，中国社会中日渐增长的"外籍新娘"需要在跨国移民的理论框架下加以重新认识。

一、中国从传统的移民输出国转变为移民接收国

历史上中国一直是一个移民输出国，许多世纪以来，老一代的中国移民作为劳工移徙美国、欧洲和东南亚地区寻找就业机会和新的生计。进入 21 世纪受过高等教育的新移民们已经作为技术移民、投资者在全球化的移民浪潮中扮演重要角色。随着中国的改革开放，作为全球化中的"世界工厂"和新兴经济体，中国也在吸引数以百万计的全球移民，中国正在成长为一个移民接收国。北京的望京"韩国城"，上海古北的"日本城"，浙江义乌的"中东街"，广州非洲裔的"布鲁克林"区和云南大理的"洋人街"，这些各具特色的国际移民社区成为中国城市发展中的新景观，标志着中国跨国移民时代的到来。[1]

据新华社报道，2007 年常住上海的日本人首次超过常住在纽约的日本人，[2]上海成为日本人在海外最大的移民社区。据公安部出入境管理局统计，2009 年，外国人入出境共计 4372.7 万人次，来华外国人中，观光休闲 1013.3 万人次，访问 387.1 万人次，服务员工 227.3 万人次，会议商务 136.6 万人次，其他入境目的 330.4 万人次，[3] 其中，服务员工一类包括了在各类跨国公司中来华从事各类工作

---

[1] Shen Haimei: "Inflow of International Immigrants Challenges China's Migration Policy", http: //www.brookings.edu/opinions/2011/0908_china_immigrants_shen.aspx#_ftn10, September 08, 2011.

[2] 陈建军：《常住上海的日本人总数首次突破 5 万，为 10 年前的 6 倍》，http: //world. people.com.cn/GB/13954620.html

[3] 2009 年入境旅游外国人人数统计（按目的统计）http: //www.mps.gov.cn/n16/n1237/ n2131945/2287077.html

的外国人。

2010 年中国第六次全国人口普查首次将居住在中国的外国人纳入人口统计，据"六普"数据，"在这次普查中，居住在我国境内并接受普查登记的香港特别行政区居民 234829 人、澳门特别行政区居民 21201 人、台湾地区居民 170283 人，外籍人员 593832 人，合计 1020145 人。"[①] 其中外籍人员 593832 人，数据只是反映接受普查的外籍人员，比实际居住在中国的外国人人数少。

表1　第六次人口普查居住在中国的外籍人员数量排在前10位的国家

排名	国家	人数	排名	国家	人数
1.	韩国	120，750	6.	加拿大	19，990
2.	美国	71，493	7.	法国	15，087
3.	日本	66，159	8.	印度	15，051
4.	缅甸	39，776	9.	德国	14，446
5.	越南	36，205	10.	澳大利亚	13，286

（根据中华人民共和国国家统计局发布的统计数据制作，2011年4月29日）

从表 1 可看到，在中国的外籍人员数量排在前 10 位国家中，来自欧美国家和来自亚洲国家各占一半，来自韩国的外籍人口名列榜首。其中来自东盟国家的缅甸和越南位居第四、第五，对于与这两个国家接壤的云南省，这是比较有意义的数据，可以说，这是云南省作为 GMS 开放前沿 20 年和国家面向东盟开放的桥头堡工程产生出的结果。

自1992年以来,云南省发挥区位及资源优势,积极参与GMS(大湄公河次区域)合作，周边的越南、老挝、缅甸、泰国等 GMS 国家已成为云南省最重要的经济合作伙伴，GMS 国家在政府合作机制建立、交通等基础设施建设、石油、鲜花等商品的进出口贸易和橡胶、花卉、甘蔗等鸦片等替代种植以及农林科技合作等领域展开合作。目前，云南至老挝、越南等大湄公河次区域国家的国际公路运输线路已开通 16 条，为边境地区人员和货物往来创造了便利条件。这些合作与交流，不仅进一步加快了与东南亚各国的经贸往来，随着商品、货物的流通，也增加了大

---

①　中华人民共和国国家统计局《2010年第六次全国人口普查接受普查登记的港澳台居民和外籍人员数据》，http://www.china.com.cn/aboutchina/zhuanti/zgrk/2011-05/30/content_22671678.htm

湄公河次区域国家间居民的跨国流动与交往。^①在大湄公河次区域合作的基础上，2009 年 7 月，国家主席胡锦涛考察云南后提出把云南建成中国面向西南开放的重要桥头堡。2011 年 5 月 6 日，国务院印发《国务院关于支持云南省加快建设面向西南开放重要桥头堡的意见》，5 月 30 日，云南桥头堡建设正式启动，云南面向东南亚开放的态势正在形成，受其推动，未来几年东盟各国面向中国的人口跨国流动还将进一步上升。正是由于云南作为桥头堡的地缘优势，在第六次全国人口普查中，有 47396 位外籍人员居住在云南省，云南省成为中国外籍人数排在前十位的省份，继广东、上海、北京、江苏、福建等省、市之后位居第六。^②

二、移民女性化与亚洲女性跨国移民内流中国的动因

跨国移民，又称国际移民（International Immigrants）指"系离开本人之祖籍国或此前的常住国，跨越国家边界，为了定居目的而永久性地或在一定时期内生活于另一个国家的人。"^③国际移民组织《世界移民报告（2010 年）》指出，这类"生活在非本人出生国的跨国移民"，2000 年时在全世界范围内有 1.5 亿人，到 2010 年移民人数已经达到 2.14 亿，并预计到 2050 年时，移民的人口数将超过 4 亿，达到 4.05 亿。^④随着经济全球化进程的加速，女性移民成为国际移民的一个重要组成部分和新的发展趋势。澳大利亚学者斯蒂芬·卡斯尔斯（Castles）认为，移民的女性化是当代移民的一个趋势。^⑤联合国社会发展研究所（UNRISD）的报告显示跨国移徙者当中的女性比例不断攀升，2000 年 49% 的移民是妇女。^⑥在亚洲地区的一些国家，女性移民总数超过男性，有的国家如印度尼西亚，女性移民达 70%。^⑦特别是 2000–2003 年间，"从印尼到国外务工的人员中，女性占

①　云南积极参与 GMS 合作，建立全面合作机制 http://yn.xinhuanet.com/gov/2012–09/17/c_131854571.htm

②　中华人民共和国国家统计局《2010 年第六次全国人口普查接受普查登记的港澳台居民和外籍人员数据》，http://www.china.com.cn/aboutchina/zhuanti/zgrk/2011–05/30/content_22671678.htm，2011–05–30。

③　国际移民组织（IOM），Key Migration Terms，http://www.iom.int/jahia/Jahia/about-migration/key-migration-terms/lang/en#Immigration

④　国际移民组织 (IOM)，World Migration Report 2010，Foreword，pXIX.

⑤　李其荣：《全球化视野中的国际女性移民》，载《社会科学》2008 年第 9 期，第 15 页。

⑥　联合国社会发展研究所（UNRISD）：《男女平等：在不平等的世界里争取公正》，第 114 页。

⑦　美国国务院：《世界人口贩运报告（2010 年）》（Trafficking in Persons Report），p34.

79%"。^① 正如学者们所看到的，最近 20 年亚洲女性移民人数之多是前所未有的。^②

从中国 2010 年的第六次全国人口普查数据显示，居住在中国境内接受普查的外籍人员 593832 人，其中，男性为 336245 人，女性为 257587 人，流入中国的女性占外籍人员的 43%。

全球化时代的跨国移民呈现移民女性化的特点，中国也成为亚洲女性移民的目的地国家。亚洲女性移民在中国劳动力市场和婚姻市场中扮演特殊角色，继台湾、香港之后，菲律宾女佣进入北京、上海、深圳，为新兴的中国富人家庭提供家政服务。而人口出生性别比一直居高不下的陕西、河南、安徽、广东等省份因男女性别失衡和"婚姻挤压"对外籍新娘存在刚性需求，中国女性婚姻人口短缺迫使大量中国农村的贫困光棍冒着风险从朝鲜、俄罗斯、越南、老挝、缅甸等国家购买新娘。

香港特区政府的一项调查显示，2010 年有 13.7 万菲律宾女佣在香港工作。^③2010 年香港游客在菲律宾遭劫持事件发生后，香港市民仇菲情绪加剧，一些菲律宾籍女佣被雇主解聘。许多菲律宾女佣难以在香港找到工作，而从香港进入深圳、上海、北京的新兴富人家庭从事家政服务。雇主雇用菲佣的花费年均 6 万元，许多推销菲佣的广告说雇用一个菲佣就等于同时雇用了一个家教、一个保姆和一个英文助理，菲佣能一抵三。2011 年中菲黄岩岛事件升温后，中国大陆雇用菲佣的家庭减少，菲佣没有在中国大陆的家政市场中扩大规模，许多职位被印佣、泰佣等取代。

婚姻市场中的"外籍新娘"出现在许多媒体和新闻报道中，而渐渐被中国民众熟悉。学者们也在使用此概念来分析因婚姻流入中国的这些外籍女性在中国的处境和面临的诸多问题，如有学者就广西、云南边境地区通过婚姻流入的越南籍妇女生存现状进行初步调查。^④ 或者，有的学者依照政府公安部门户籍管理所使用的"外籍流动人口"概念来描述这些人群的流动，尤其是跨国人口流动。^⑤ 显然，

---

① 李其荣：《全球化视野中的国际女性移民》，载《社会科学》2008 年第 9 期，第 25 页。

② 李其荣：《全球化视野中的国际女性移民》，载《社会科学》2008 年第 9 期，第 25 页。

③ 何裕华等：《广州地下菲佣市场调查》，http://news.xinhuanet.com/fortune/2011-01/10/c_12965083_3.htm

④ 周建新：《中越边境跨国婚姻中女性及其子女的身份困境——以广西大新县壮村个案为例》，载《思想战线》2008 年第 4 期，第 1～8 页。

⑤ 参见鲁刚：《中缅边境沿线地区的跨国人口流动》，载《云南民族大学学报》2006 年 6 期，第 5～9 页。何跃：《云南境内的外国流动人口态势与边疆社会问题探析》，载《云南师范大学学报（哲社版）》，2009 年 1 期。

目前学术界或媒体所使用的"外籍新娘""跨国流动人口""外籍流动人口"等概念都不能准确描述因婚姻流入中国的外籍女性流而不动的情形，研究者将这类现象视为跨国婚姻或女性的跨国流动，不能准确分析已经在中国长期定居的跨国婚姻女性人群的移民事实，笔者认为应该在跨国移民理论框架下认识中国的"外籍新娘"。

自19世纪以来国际学术界就关注移民问题，联合国把跨国移民定义为：除各国正式派驻他国的外交人员，除联合国维和部队官兵等跨国驻扎的军事人员之外，所有在非本人出生国以外的国家定居一年以上的人口均为跨国移民。国际移民组织认为，"跨国移民是指居民跨越国境离开出生国或定居国，前往他国作短期或长期居留的迁徙。"[1] 离开原籍国或惯常居住国的人的迁移，目的是在他国永久或临时居住下来，因此，迁移时需要穿越国际边界。具体有可分为有记录的移民（documented migrant）、经济移民（economic migrant）、非正规移民（irregular migrant）、技术性移民（skilled migrant）以及临时性移民工人（temporary migrant worker）五类。[2] 20世纪80年代全球化中的跨国移民受到特别关注，在国际跨国移民研究中，有多种理论来讨论人口的跨国流动，解释移民跨国流动的动因，移民在目的地国家的身份获取、生存生计及文化适应。比如，较早时期的以莱文斯坦（E. G. Ravenstein）为代表的"推－拉"理论，认为移民并不是完全无序盲目流动的，是因为迁出地的不利因素导致的"推"力和迁入地的各种有利条件形成的"拉"力共同作用的结果。[3] 以里维斯（W.A. Levis）为代表的经济均衡移民理论，以迈克尔（Piore Michael）为代表的劳动力市场分割等理论从人口迁移的动因建构理论模型，强调个人终将寻求能使其利益最大化的国家定居，这受制于个人经济能力及移出与移入国的相关法律、政策。[4] 经济理性选择理论以Julian Simon的"西蒙原理"（Simon Principle）为主要代表，该理论把经济贡献作为移民政策的首要基本原则（Simon，1984）。而移民网络、多元文化论等理论，侧重于移民延续、

① 闫利娟：《跨国移民的国际法规范及我国相关法律的完善》，载《法制与社会》，2010年3月，第40页。
② 国际移民组织（IOM），Key Migration Terms，http://www.iom.int/jahia/Jahia/about-migration/key-migration-terms/lang/en#Immigration
③ 李明欢：《20世纪西方国际移民理论》，载《厦门大学学报》，2000年第4期，第13页。
④ 周聿峨、阮征宇：《当代国际移民理论研究的现状与趋势》，载《暨南学报（哲学社会科学）》，2003年第2期，第3页。

社会融入层面的探讨。^① 斯蒂芬·卡斯特 (Castles) 指出 "国际移民时代" 呈现移民的全球化、加速化、多样化和女性化趋势。^② 女性化的移民趋势必须重新审视女性移民的动因、移民过程、面临的问题及其法律、政策需求。

中国政府已经实施的大湄公河次区域合作以及正在建设的 "两强一堡" 工程，使得面向东南亚、南亚开放的云南省近些年成为亚洲女性移民进入中国的重要过境通道、中转站和目的地。云南省与越南、老挝、缅甸接壤，边境线长达 4060 公里，有 16 种民族跨国而居，边民通过互市、通婚流动往来密切。来自越南、老挝、缅甸等国的亚洲女性与居住在云南边境地区的各少数民族妇女一道，近些年成为这一区域跨省界、跨国界流动和跨国移民最为活跃的人群。

以往学者在讨论妇女的流动时，较多分析了妇女找工作、"务工经商" "随迁" "婚姻嫁娶" 等自愿流动的状况。根据云南的具体社会发展背景，实际上，一些妇女的流动却是由多种因素影响而被迫流动的。笔者2010年在德宏州瑞丽市调研时对生活在弄岛乡的一户傣族村民家进行访谈。户主波陶望有二子一女，其长子因吸毒而与妻子离婚，离婚后的妻子前往山东打工，后嫁到山东一农村。其女儿嫁在本村，原本与她的家人过着幸福的生活。但因其女婿吸毒，继而波陶望的女儿也染上毒瘾，夫妇俩都成了瘾君子，婚姻也难以继续维系。离婚后，波陶望让女儿到山东打工，就是希望她远离毒品，而最终戒毒。两年后，女儿戒了毒，并再婚，也嫁到山东。可见，原来这个家庭中的两个妇女都因毒品问题而从云南边境地区流动到中国内地省份。年老的波陶望夫妇与其幼子一家生活在一起，农闲时全家人以编竹篱笆为生计。因紧邻缅甸，两国边民们一直以来都保持通婚关系，像该寨子的许多年轻人一样，波陶望的幼子娶了一个缅甸籍的媳妇。然而，在我见到波陶望的幼子时，他刚从瑞丽的强制戒毒所出来一个多月，这个年轻人显得有些柔弱。他的缅甸籍妻子对他们的婚姻现状并不满意，尽管当地政府在鼓励跨国婚姻的边民到当地相关政府部门去登记结婚，但他的缅籍媳妇明确说：因不知道她的丈夫是否真的能戒掉毒，她对婚姻也没有信心，而表示自己不愿意去办理婚姻登记手续。眼里噙着泪水，这位缅籍媳妇说，将来可能会回到缅甸，或者去别的地方。瑞丽市弄岛乡波陶望家的事例反映出，女性的跨区域或跨国流动变得越来越普遍，并形成云南边境地区妇女跨省际内流与外籍妇女跨国内

① 李明欢：《当代西方国际移民理论再探讨》，载《厦门大学学报》，2010 年第 2 期，第 21 页。
② 李其荣：《全球化视野中的国际女性移民》，载《社会科学》，2008 年第 9 期。第 15~25 页。

流的"替补式流动"，即边境地区妇女内流留下婚姻空缺后，来自越、老、缅等亚洲国家的妇女跨国流入，以填补边境地区妇女流走后的空缺，长期定居而成为事实上的"亚洲女性跨国移民"群体。因而，在讨论女性的流动和跨国流动问题时，一些特殊的动因尤其需要加以特别关注：

（一）毒品、艾滋病与妇女流动

云南省是艾滋病的高发地区，云南省艾滋病病毒感染者已超过 8 万例。由于性传播途径感染艾滋病的不断上升，女性艾滋病感染者正在不断增加，男女比例已由原来的 40∶1 改变为 3.4∶1。[①]云南省边境 25 个县是毒品、艾滋病的重灾区，边境地区"艾滋病病毒感染人数不断上升，特别是女性感染者上升速度快"。[②]作为妇女应对艾滋病的策略，一方面，为避免感染艾滋病，边境地区妇女，尤其是年轻妇女通过远距离婚姻出嫁移居外地，或其他流动方式离开村落，来获得更加安全、健康的生活环境和高质量的婚姻，成为边境地区许多妇女特别是少数民族妇女的共同理想。另一方面，边境少数民族地区一些男性因吸毒和感染艾滋病，导致劳动力和生计能力下降，加重了妇女的劳动负担。许多妇女因此陷入赤贫的状况，生计难以维系而被迫离开家人、村落和她们熟悉的社区，流入各级城镇，有的远嫁山东、山西、河南等内地农村。据云南省妇女儿童工作委员会 2008 年在边境 512 个行政村的抽样调查，"共有外出人口 83259 人，女性占 26.95%"。与此相应，边境地区因疾病引发的妇女流出又诱发境外缅甸、越南、老挝妇女流入中国境内。据上文抽样调查，边境地区"在外来人口 46714 人中，女性占 53%，平均每个行政村有外来人口 91 人，平均每个行政村就有 2.3 个涉外婚姻家庭。在来自国外 7927 人口中，女性占 73.07%。她们大都因为婚姻关系嫁到边境地区"。[③]因而，女性人口流动在边境地区的人口流动中表现突出。

（二）婚姻挤压与妇女流动

中国实施计划生育政策已经超过 30 年，在中国父权制文化传统和男性偏好的现实中，其产生的最严重的（或潜在的）问题在于造成中国人口构成中的性别失衡和女性婚姻人口短缺。有学者指出在实践层面，中国的"一对夫妇只生一个孩子"

① 云南省妇女儿童工作委员会办公室：《云南妇女儿童发展规划（2001—2010 年）省级成员单位中期监测评估报告汇编》，2008 年，第 74 页。
② 云南省妇女儿童工作委员会办公室：《2009 年云南省妇女儿童工作调研报告汇编》，2009 年，第 19 页。
③ 《2009 年云南省妇女儿童工作调研报告汇编》，云南省妇女儿童工作委员会办公室，2009 年，第 21 页。

的计划生育政策实际上实行的是"一孩半"政策，①也即一些第一胎生了女儿的家庭，都要再让妇女怀第二胎，利用非法性别鉴定生育技术，想办法生育男孩。有一定数量的女婴通过非法的性别鉴定而被流产，正如美国胡德森（Valerie M. Hudson，Andrea M. den Boer）等学者在《光棍：亚洲男性人口过剩的安全意义》一书中，根据中国人口普查数据的分析所揭示的：因流产等原因，中国人口统计数据显示出 1995 年有 800，000 个女性缺失（Missing Females）。"1995 年以来中国每年消失女性人口约 100 万"，到 2020 年这些消失的 15-34 岁的女性人口将达到 33，059，694 人，那意味着到 2020 年超过 3300 万的中国男性找不到老婆，成为威胁区域安全的剩余人口。②

人口出生性别比较高的省份（2000 年）陕西（125.15）、河南（130.3）、安徽（130.76）、湖北（128.08）、湖南（126.92）、江西（138.01）、广西（128.8）、广东（137.76）、海南（135.04）。2000 年以来全国只有 1 个省份处于正常值范围，30 个省份超过 107，其中安徽、江西和陕西三省出生性别比高居 130 以上，是全国出生性别比最高的省份。2010 年第六次人口普查数据显示，我国出生人口性别比仍然保持在 118.08。③在国际学术界，使用"婚姻挤压（marriage squeeze）"概念来描述、衡量婚姻年龄人口的性别比，指可结婚的男性与女性在人口数量上的不平衡。中国持续居高的出生性别比，意味着"婚姻挤压"的问题将十分突出，而且遍及中国绝大部分省份。由于人口失衡而导致的婚姻市场短缺中，农村的弱势男性就是最主要的"受害者"。在未来的竞争中，也将是那些社会地位较低的男性，会成为因女性短缺而不得不忍受性压抑的"光棍"。④地处边疆的云南省就成为中国内地婚姻市场女性短缺的补充，近些年农村婚姻年龄女性往往流往陕西、河南、山东等出生性别比较高的省份，云南成为女性婚姻人口的主要输出大省。笔者在云南农村调研时会普遍听到村民说"村子里的小姑娘都走了"，年轻人"到

①　Wang Feng and Cai Yong："China's One Child Policy at 30 year". http：//www.brookings. edu/research/opinions/2010/09/24-china-one-child-policy-wang，September 24，2010.

②　Valerie M. Hudson & Andrea M. den Boer，Bare Branches：The Security Implications of Asia's Surplus Male Population，The MIT Press. 2004. p157.

③　中华人民共和国国家统计局《2010 年第六次全国人口普查接受普查登记的港澳台居民和外籍人员数据》，http：//www.china.com.cn/aboutchina/zhuanti/zgrk/2011-05/30/content_22671678.htm

④　张翼：《我国人口出生性别比的失衡及即将造成的十大问题》，http：//www.sociology. cass.net.cn/shxw/zxwz/t20041117_3459.htm

城里打工就是为了找个姑娘"。出生性别比较高的内地省份从云南等边疆欠发达地区买新娘、少数民族新娘延伸到买外籍新娘，巨大的婚姻需求市场形成的拉力使得女性人口的流动呈现出从边疆到内地，从境外到境内的趋势，跨国的女性替补式流动继续发生。更重要的，无论是从边境地区流向内地，还是从境外流入中国，边境地区的流动妇女往往都成为拐卖人口犯罪的主要目标人群。

（三）移民故事及女性移民在中国面临的问题

叶罕是一位缅甸籍昂族妇女，现居住在德宏瑞丽南桑德昂族村。因父母亡故早，嫁到中国前与其3个兄弟姐妹辛苦劳作，以耕作、烧炭为生计。2004年在赶摆时认识中国德昂族小伙子，觉得他帅。不久，小伙子晚上骑摩托车到缅甸就把她带到中国，留下茶叶、干鱼、钱等礼品在她家门口。按德昂族风俗，这些礼物是向叶罕的家人表明家中的女儿被小伙子看上了。按德昂族风俗习惯，中国的德昂族小伙子家请长辈在两天内到叶罕家提亲，经过商议，花了缅币10多万，人民币约6000多元钱把叶罕娶到了中国。叶罕已经在中国生活了8年，并与其中国丈夫生育了两个孩，孩子已经落了户口。叶罕在村子里生活平时都说德昂语，慢慢地能说一点汉语。叶罕有时也会到瑞丽街上卖点蔬菜。她觉得在中国生活很安定，但与缅甸相比不太习惯的方面就是寺庙少。然而，作为在中国生活的缅籍妇女，叶罕还面临许多实际的问题，最困扰她的就是像许多嫁到中国来的缅籍妇女一样，她们不能在中国落户。她说："没有户口，心里总觉得不好在。"2010以来，德宏州地方政府实施"边民入境通婚备案登记证"制度，对多年来民间普遍存在的事实婚姻予以登记，以加强对跨国婚姻的管理。叶罕说："叫我们办那个本本（通婚登记证），都是娶缅甸媳妇的人要办，中国媳妇都不用去办，我们觉得害羞了。"德宏州是艾滋病高流行地区，政府疾控部门也加强了对缅籍新娘们的艾滋病监测和干预，叶罕说："寨子会在广播上通知：娶缅甸媳妇的，都要上来抽血、打针啊。我们的名字广播上都会念着，我们也会害羞了。"

像叶罕这样的缅籍新娘从缅甸嫁到中国生活了8年，无疑已经具备了"跨国移民"定义的三个基本要点：一是跨越主权国家边界；二是在异国居住的连续性时间跨度；三是迁移的目的性。[①] 在跨国移民理论框架下定义叶罕这样的外籍新娘，她们其实就是普通的跨国移民。缅籍妇女面临的诸多不适应，有文化差异的因素，

---

① 张跃辉：《国际移民的定义与类别——兼论中国移民问题》，http://blog.sina.com.cn/s/blog_5d99c92701010u3g.html

也有来自国家法律、政策的因素。2009 年，德宏傣族景颇族自治州下辖的潞西、盈江和陇川、瑞丽四个边境县（市）20 个边境乡镇（这里不含潞西市勐戛和陇川县龙把镇）涉及中缅跨境婚姻的行政村有 107 个（含边境乡镇的非边境村），自然村 692 个，中缅边民婚姻 6520 对。其中，嫁入中国的缅甸妇女 5235 个，占边民跨境婚姻缅籍人数的 80.29%。[①] 可见，像叶罕一样，这是一个有一定人口规模的跨国女性移民人群。叶罕生活在云南省的瑞丽市，而有许多像她这样的女性却经过云南的中转，生活的足迹遍及中国内地的 30 个省份。这些希望通过婚姻移民到中国的来自亚洲多国的外籍新娘在婚姻登记、落户等合法身份获取方面面临诸多困境。

首先，按照《中华人民共和国婚姻法》《中国与毗邻国边民婚姻登记管理试行办法》的规定，没有合法的婚姻证明，外籍新娘不能落户。而要取得合法的婚姻证明，外籍新娘必须办理合法的入境手续、持有所在国身份证明、婚前健康检查证明、非婚证明。实际的问题是像叶罕这样的缅籍女性移民作为跨境而居的少数民族，边境实行的是松散的边民出入境管理，并不需要入境护照。因受到缅甸民族地方武装政府的阻挠而难以从移出国取得身份证证明（缅语称"马邦丁"），若申请需要 5 年或更长时间才能获得；有的妇女因贫困难以担负申请费用。女性移民难以取得婚前体检证明，只有到曼德勒、仰光等大城市有证明资质的医院才能取得健康证明，取证难度与成本增大。对于非婚证明，缅甸目前未明确具体的婚姻机构，缅甸公民结婚一般是通过本地有威望的长者公证，父母和当事人同意即视为正式结婚。因而，若严格按涉外婚姻管理规定办理结（或离）婚手续，多数缅甸人难以提供齐全的证明材料，致使缅甸涉外婚姻当事人婚姻证明形式多样且难以符合中方规范要求，致使婚姻当事人无法正常登记或登记合格率低，难以办理落户手续，出现了大量事实婚姻（非法婚姻）。[②] 女性婚姻移民难以取得合法婚姻登记，未登记（undocumented）婚姻状况大量存在。在德宏州边境乡镇统计的 6520 对中缅边民跨境婚姻中，已办婚姻手续的有 1102 对，占 16.90%；未办理

① 杨晓兰：《推进桥头堡建设，急需关注中缅边民跨境婚姻问题——以德宏州边境一线农村为例》，载中共云南省委宣传部等主编《社会科学专家话德宏》，云南大学出版社 2010 年版，第 313 页。

② 杨晓兰：《推进桥头堡建设，急需关注中缅边民跨境婚姻问题——以德宏州边境一线农村为例》，载中共云南省委宣传部等组编《社会科学专家话德宏》，云南大学出版社 2010 年版，第 314 页。

性别、发展与全球化

婚姻手续的有 5418 对，占 83.10%。^①。一定数量的移民女性因不能获得合法的、有效的证明，缺乏合法身份却仍然"滞留"在中国。按照国际移民组织的定义，非正规（irregular）移民指："由于非法入境或签证失效，在过境国或收容国缺乏法律身份的人。"^②这些因婚姻流入的女性移民已经成为中国社会事实上存在的"非正规移民"。

其次，中国一直是传统的移民输出国，政府部门在管理诸如外籍新娘这样的跨国移民时，相关的移民法律、政策还相对滞后。从法律层面看，中国目前尚未起草、颁布《移民法》，也无管理移民的专门机构。中国现有的较僵化的《出入境管理办法》，以出境、入境为核心对人员跨国流动的简单和割裂式规范，已经不能适应外国人出境入境和在中国居留融入的复杂情况。这需要通过《移民法》起草来解决此问题。移民法就是要通盘考虑人员的出境、入境、居留、边检、驱逐、入籍、难民、融入、跨国犯罪等跨国流动各个环节，及各环节间联系等移民问题，全面地规范人员的跨国流动。从实践层面看，一方面中国"绿卡"配额太少。自2004年颁布实施了《外国人在华永久居留审批管理办法》以来，仅有1000人左右获得了中国"绿卡"。^③另一方面，获取绿卡的门槛太高。像世界许多国家那样，中国的移民政策只接受高技术移民和投资移民。与流入中国的男性移民相较，通过婚姻流入中国的亚洲女性移民呈现低教育程度、低技术、贫穷等人口特点。在世界范围内因移民政策的性别盲点，教育程度低、低技术、穷困的女性移民通常难以跨过移民政策高门槛，取得合法身份，产生非法进入、非法延期、滞留问题。

再次，因难以取得合法身份和缺乏对这类"非正规移民"合法化的法律、政策支持，流入中国的女性跨国移民群体的人权、妇女权益不能得到有效保障。以往这些来自亚洲各国的女性婚姻移民被当成非法入境、非法居住、非法工作的"三非人员"，不仅要成天为被驱逐而担心，取得移民身份、公民身份尚缺乏现实基础，令她们感到无望。社会文化融入存在政策性障碍，女性移民权益不能受到法律保

---

① 杨晓兰：《推进桥头堡建设，急需关注中缅边民跨境婚姻问题——以德宏州边境一线农村为例》，载中共云南省委宣传部等组编《社会科学专家话德宏》，云南大学出版社，2010年出版，第 314 页。

② 国际移民组织（IOM），Key Migration Terms, http://www.iom.int/jahia/Jahia/about-migration/key-migration-terms/lang/en#Immigration

③ 张静：《2004 年以来约 1000 名外国人取得中国永久居留权》，http://www.sina.com.cn

障，有的在遭受家庭暴力时不能得到社会支持及法律保护。女性移民易成为有组织跨国人口贩卖的目标人群，人口贩卖成为继毒品、军火之后的第三大暴利行业，每年全球遭遇跨境拐卖的人口高达 80 万，其中 80% 的受害者是女性。包括云南、广西在内的大湄公河次区域各国及一些边境地区，是世界上妇女儿童拐卖犯罪高发地区，是拐卖人口的重要流出、流入和中转地。女性受害者被迫结婚或进入色情、性产业，遭受性剥削，缺乏相关法律政策保护，跨国流动妇女易成为有组织的跨国犯罪的目标人群，引发跨国移民的安全流动问题。

从国际移民现状及跨国移民理论框架来看，非正规移民（irregular）是当今全球都面临的共同问题。1999 年在曼谷召开了国际移徙问题学术研讨会，21 个与会国家一致同意采用"非正规移徙者"这一定义。这个术语自此开始得到广泛使用。[①]"非正规（irregular）移民"指由于非法入境或签证失效，在过境国或收容国缺乏法律身份的人。此术语适用于违反入境规则的移民和其他未经授权而在收容国居留的任何人（也称作秘密/非法/无证件移民或处于非正规状态的移民）。移民局称其为"非正规入境"，而不是"非法入境"，其行为仅被视为违反管理条例，而不是犯罪行为。[②]反映出国际社会对为了改变生活境遇而移徙他国的移民们，采取去罪化的倾向。据 2008 年统计，流入欧盟国家的非正规移民约为 190~380 万人，占欧盟 5 亿总人口的 0.39% ~ 0.77%，来自南欧国家的移民是欧盟移民治理的难点。正规化和驱逐出境是欧盟解决非正规移民的移民政策核心，只要有工作证明，无犯罪记录，并提供在欧盟会员国居住历史凭证，非正规移民们就可提出正规化移民申请。从 1996 到 2008 年间欧盟 17 个成员国推出 43 项合法化计划，共有 320 万非正规移民获得合法身份。同时，对非法移民，欧盟国家可拘留其 18 个月，5 年内禁止进入欧盟国家，加大对雇佣非法移民雇主的制裁。[③]美国是传统的移民接收国，当今美国的国家移民战略定位为：美国要成为全球移民首选目的地国家。美国每年有 50 万非法移民进入，约有 1200 万非法移民，只

① 联合国社会发展研究所（UNRISD）：《男女平等：在不平等的世界里争取公正》，http://www.unrisd.org/80256B3C005BCCF9/(httpAuxPages)/4237D45373744783C12572A50045812B/$file/07-d.pdf

② 国际移民组织（IOM），Key Migration Terms，http://www.iom.int/jahia/Jahia/about-migration/key-migration-terms/lang/en#Immigration

③ Diego Acosta, Handling Irregular Immigration in the EU, ISN Insights, 8 February 2011. http://www.isn.ethz.ch/isn/Digital-Library/ISN-Insights/Detail/?lng=en&id=126646&contextid734=126646&contextid735=126644&tabid=126644126646

有不到 1/5 的非法移民被驱逐离开美国。① 墨西哥移民是美国非正规移民的治理难点。美国 2001 年提出的"Dream Act 梦想法案"（即外来未成年人发展，救济和教育法），2010 获得国会通过。该法案主要针对非正规移民的第二代后裔，即 16 岁以前进入美国，完成高等教育，至少服 2 年的兵役可成为美国公民。② 可见国际上针对非正规移民管理，采用不同的政策，多数国家一般采用"合法化(legalization)"的办法解决。

总之，中国社会中日渐增长的"外籍新娘"是全球化中女性跨国移民的必要组成部分，跨国婚姻是较不发达国家女性追求向上流动的一个途径，体现女性移民跨国流动的主体性。中国是世界上的人口大国，但人口的性别失衡问题十分突出，是人口构成中的短板，而成为吸引亚洲女性跨国移民流动的巨大洼地。跨国移民问题在考验世界各政府的治理能力，墨西哥移民对于美国，穆斯林移民对于欧盟，亚洲女性移民对于中国都是同样棘手的移民问题，对中国当前的移民法律政策提出巨大挑战。《移民法》颁布、实施是中国移民问题治理的法律保障，设立移民局是移民治理的机制保障，建立包括提高绿卡配额、非正规移民合法身份取得、社会文化融入、人权保障在内的移民问题应对综合体系是移民治理的制度保障。"桥头堡"是国家政治、经济、文化战略试验区，也是法规、政策制定的试验区。云南省政府应当发挥"桥头堡"政策优势，加强地方性移民法规建设。通过移民法规的建设，"外籍新娘"才能成为女性移民，最终成为中国公民，中国对跨国移民社会问题的治理具有全球意义。

（原文载《昆明理工大学学报（社会科学版）》2012 年第 5 期。）

---

① U.S. Immigration Policy-Council on Foreign Relations，www.cfr.org/content/publications/attachments/Immigration_TFR63.pdf

② Luis Miranda，"Get The Facts On The Dream Act"，http://www.whitehouse.gov/blog/2010/12/01/get-facts-dream-act，December 01，2010.

云南桥头堡建设中的东南亚女性
跨国移民问题及相关法律政策对策 ①

一、问题的提出

历史上中国一直是一个移民输出国,随着中国的改革开放,作为全球化中的"世界工厂"和新兴经济体,中国也在吸引数以百万计的全球移民,中国正在成长为一个移民接收国。

自 1992 年参与 GMS(大湄公河次区域)合作,云南省周边的越南、老挝、缅甸、泰国等 GMS 国家已成为云南省最重要的经济合作伙伴,2011 年 5 月云南桥头堡建设正式启动,云南面向东南亚开放的态势正在形成,受其推动,未来几年东盟各国面向中国的人口跨国流动还将进一步上升。据 2010 年国家第六次人口普查统计数据,在中国的外籍人员数量排在前 10 位国家中,来自韩国的外籍人口名列榜首。其中来自东盟国家的 39,776 位缅甸籍人居住在中国,位居第四,越南 36,205 人,位居第五,这两个国家都与云南交界,地缘优势明显,也是云南省作为 GMS 开放前沿 20 年和国家面向东盟开放的桥头堡工程产生出的结果。在第六次全国人口普查中,共有 47396 位外籍人员居住在云南省,云南省成为中国外籍人数排在前十位的省份,继广东、上海、北京、江苏、福建等省、市之后位居第六。

跨国移民,又称国际移民(International Immigrants)指"系离开本人之祖籍国或此前的常住国,跨越国家边界,为了定居目的而永久性地或在一定时期内生活于另一个国家的人。"国际移民组织《世界移民报告(2010 年)》指出,这类"生活在非本人出生国的跨国移民",2000 年时在全世界范围内有 1.5 亿人,到 2010

① 感谢云南省妇女儿童工作委员会对此报告前期调研提供支持!本文应云南省东南亚南亚研究院决策咨询类稿件征集而写。遗憾的是,尽管云南省政府面对在云南境内日益增多的外籍婚姻女性"一筹莫展",一些主管官员如省统战部员颜族官员黄毅部长也对该问题的严重性表示出关切。该决策咨询报告 2012 年 11 月通过云南民族大学科技处提交给设在云南省社会科学院的云南省东南亚南亚研究院,便石沉大海,没有得到任何被采纳或被拒绝的反馈。

年移民人数已经达到 2.14 亿，并预计到 2050 年时，移民的人口数将超过 4 亿，达到 4.05 亿。随着经济全球化进程的加速，女性移民成为国际移民的一个重要组成部分和新的发展趋势。国际上学者们普遍认为，全球化时代的跨国移民呈现移民女性化的特点，中国也成为亚洲女性移民的目的地国家，来自亚洲国家女性跨国移民在中国劳动力市场和婚姻市场中扮演特殊角色，继台湾、香港之后，菲律宾女佣进入北京、上海、深圳的富人家庭，而因中国持续居高的出生性别比和日趋严重的"婚姻挤压"问题，大量中国农村的光棍却从朝鲜、俄罗斯、越南、老挝、缅甸买新娘。中国因女性婚姻人口短缺而成为吸引亚洲女性跨国移民流入的巨大洼地。

中国政府已经实施的大湄公河次区域合作以及正在建设的"两强一堡"工程，使得面向东南亚、南亚开放的云南省近些年成为亚洲女性移民进入中国的重要过境通道、中转站和目的地。云南省与越南、老挝、缅甸接壤，边境线长达 4060 公里，有 16 种民族跨国而居，边民通过互市、通婚流动往来密切。来自越南、老挝、缅甸等国的亚洲女性与居住在云南边境地区的各少数民族妇女一道，近些年成为这一区域跨省界、跨国界流动和跨国移民最为活跃的人群。2009 年，德宏傣族景颇族自治州下辖的潞西、盈江和陇川、瑞丽四个边境县（市）20 个边境乡镇（这里不含潞西市勐戛和陇川县龙把镇）涉及中缅跨境婚姻的行政村有 107 个（含边境乡镇的非边境村），自然村 692 个，中缅边民婚姻 6520 对。其中，嫁入中国的缅甸妇女 5235 个，占边民跨境婚姻缅籍人数的 80.29%。云南边境地区平均每个行政村有外籍人口 91 人，平均每个行政村就有 2.3 个涉外婚姻家庭。2010 年笔者到瑞丽市就"中缅跨境妇女拐卖"进行调研时了解到，瑞丽警方已经与内地 30 个省、自治区的警方合作遣返被拐卖缅籍妇女，说明这些来自东南亚国家的跨国迁徙妇女通过云南省的中转已经遍及中国 30 个省。2010 年"六普"统计的 47396 位居住在云南省的外籍人员，其中女性当占七成以上。说明这些来自东南亚国家的女性跨国移民具有一定人口规模。

二、东南亚女性跨国移民流入中国引发的相关问题

（一）来自东南亚多国的外籍新娘在中国进行婚姻登记、落户、农村医保等问题是困扰云南地方及省级政府多年的"顽疾"

按照《中华人民共和国婚姻法》《中国与毗邻国边民婚姻登记管理试行办法》

的规定，没有合法的婚姻证明，外籍新娘不能落户。而要取得合法的婚姻证明，外籍新娘必须办理合法的入境手续、持有所在国身份证明、婚前健康检查证明、非婚证明。实际的问题是若严格按涉外婚姻管理规定办理结（或离）婚手续，多数缅甸人难以提供齐全的证明材料，致使缅甸涉外婚姻当事人婚姻证明形式多样且难以符合中方规范要求，致使婚姻当事人无法正常登记或登记合格率低，难以办理落户手续，出现了大量事实婚姻（非法婚姻）。反映出来的就是事实婚姻普遍，婚姻登记率低，"再婚"、"重婚"存在等社会现象。难以解决的原因：

其一，对这些"外籍新娘"的认识观念陈旧、误用概念使其跨国移民的身份不明确。

婚姻市场中的"外籍新娘"出现在许多媒体和新闻报道中，已经被中国民众熟悉。依照政府公安部门户籍管理所使用的"外籍流动人口""跨国流动人口"等概念来描述这些人群的流动，不能准确分析这些因婚姻流入中国的外籍女性流而不动并已经在中国长期定居的移民事实。在国际移民组织（IOM）的定义中，"跨国移民是指居民跨越国境离开出生国或定居国，前往他国作短期或长期居留的迁徙"。这些"外籍新娘"已经具备了"跨国移民"定义的三个基本要点：一是跨越主权国家边界；二是在异国居住的连续性时间跨度；三是迁移的目的性。笔者认为这些"外籍新娘"就是生活在中国的国际移民，需要用专门的法律和政策来进行管理。

其二，缺乏国家层面的法律、政策支撑。

中国一直是传统的移民输出国，政府部门在管理诸如外籍新娘这样的跨国移民时，相关的移民法律、政策还相对滞后。从法律层面看，中国目前尚未起草、颁布《移民法》，也无管理移民的专门机构。中国现有的较僵化的《出入境管理办法》，以出境、入境为核心对人员跨国流动的简单和割裂式规范，已经不能适应外国人出境入境和在中国居留融入的复杂情况。这需要通过《移民法》起草来解决此问题。移民法就是要通盘考虑人员的出境、入境、居留、边检、驱逐、入籍、难民、融入、跨国犯罪等跨国流动各个环节，及各环节间联系等移民问题，全面地规范人员的跨国流动。从实践层面看，一方面中国"绿卡"配额太少。自2004年颁布实施了《外国人在华永久居留审批管理办法》以来，仅有1000人左右获得了中国"绿卡"。另一方面，获取绿卡的门槛太高。像世界许多国家那样，中国的移民政策只接受高技术移民和投资移民。与流入中国的男性移民相较，通过婚姻流入中国的亚洲女性移民呈现低教育程度、低技术、贫穷等人口特点。在世界范围内因移民政策的性别盲点，教育程度低、低技术、穷困的女性移民通常难以跨过移民政策高门槛，取得合法身份，产生非法进入、非法延期、滞留问题。

（二）东南亚女性跨国移民流入中国引发一系列社会问题，成为社会治理难点。主要表现在如下几方面

1. 移民身份合法性问题。

来自东南亚国家的女性跨国移民在中国缺少相关法律、政策的支持，在婚姻登记、落户等合法身份获取方面面临诸多困境。女性移民难以取得合法婚姻登记，难以取得中国户籍和公民身份，长期不能落户，已经在边境地区边民中积累了大量民怨，危及边疆稳定、国际关系和桥头堡工程的顺利实施。

2. 性别平等与人权保障问题。

这些来自亚洲各国的女性婚姻移民曾被当成非法入境、非法居住、非法工作的"三非人员"，不仅成天担心被驱逐，没有身份证而不能自由出行和流动，而取得移民身份、公民身份尚缺乏现实基础，令她们感到无望，社会文化融入存在政策性障碍。流入中国的东南亚女性跨国移民群体的人权、妇女权益不能得到有效保障，有的在遭受家庭暴力时不能得到社会支持及法律保护，被不法分子拐卖不能得到及时的法律援助，女性移民的权益在中国缺乏有效法律保护。

3. 人口拐卖跨国犯罪问题。

全球每年遭遇跨境拐卖的人口高达 80 万，其中 80% 的受害者是女性。世界人口贩卖非法获利每年百亿美元，湄公河次区域各国一些边境地区，是拐卖人口的重要流出、流入和中转地。据估计，该地区拐卖人口数量约占全球拐卖人口的三分之一。被拐卖女性受害者被迫结婚，或进入色情、性产业，遭受性剥削。缺少法律保护的东南亚女性移民易成为有组织跨国人口贩卖的目标人群。

4. 艾滋病公共健康问题。

云南省疾控部门已经开展了针对边境地区外籍妇女的艾滋病检测、哨点监测和干预项目。在此略。

5. 跨国族群身份认同与国家安全问题。

云南省与越南、老挝、缅甸接壤，16 种民族跨国而居，边民流动往来密切，跨国婚姻有历史渊源。当今世界范围，移民的全球流动对民族国家疆界和政治归

属提出挑战。流入中国的女性移民呈现多国籍、多族群的人口特征，跨国、跨文化婚姻移民与流入地社区存在种族、语言、宗教方面的巨大张力，易引发社会冲突，甚而影响边民的国家认同倾向，危及国家安全。

（三）存在的一系列问题将对国家战略实施产生负面影响

人数剧增的来自东南亚国家的女性婚姻移民对中国现有的移民政策和法律提出挑战，引发国际敏感度较高的一系列问题：

其一，妇女拐卖问题倍受国际社会关注。目前中国对女性婚姻人口的刚性需求量大，拐卖案件快速上升。中国从 2009-2010 的打拐专项行动共侦破妇女拐卖案件 12，964 起，解救被拐卖妇女 23，085。但因被拐卖案件跨国、跨省区取证、认定困难，不断增加的受害者遣返数量增加财政负担，且出现多次拐卖、多次遣返问题，中国的打击跨国妇女拐卖面临巨大困难，形势不容乐观。中国已经连续 8 年被世界反人口贩运组织列为二级观察国家名单。消除妇女拐卖犯罪不能只依靠公安部门的打拐行动，还需要从政策、法律方面入手以最终治本。

其二，妇女权益及人权保障，倍受世界人权组织关注。联合国反对拐卖人口机构间项目（UNAIP）等国际组织 2004 年就进入云南省开展防拐卖和女性人权维护的项目，已经收集相关人权状况的数据、资料。女性跨国移民人权保障问题长期得不到解决，极大地损害了中国在国际上的国家形象。

其三，一定数量的缅籍、越南籍妇女流入中国，引发周边流出国的不满，成为新的"中国威胁论"。在国际关系层面构成中国与亚洲周边国家关系发展障碍，成为影响国家桥头堡工程、中国印度洋战略及和谐亚洲建设的新社会文化因素。

三、迈向合法化的可能与路径

来自东南亚国家的女性跨国移民因缺乏合法身份留居中国，国际上使用"非正规移民"（irregular）概念来处理这些移民人群面临的问题，以同"非法移民"相区别，反映出国际社会对为了改变生活境遇而移徙他国的移民们，采取去罪化的倾向。非正规移民（irregular）是当今全球都面临的共同问题。据 2008 年统计，流入欧盟国家的非正规移民约为 190~380 万人，占欧盟 5 亿总人口的 0.39%～0.77%。正规化和驱逐出境是欧盟解决非正规移民的移民政策核心，只要有工作证明，无犯罪记录，并提供在欧盟会员国居住历史凭证，非正规移民们就可提出正规化移民申请。从 1996 到 2008 年间欧盟 17 个成员国推出 43 项合法化计划，共有 320 万非正规移民获得合法身份。美国是传统的移民接收国，当今美国的国家移民战略定位为：美国要成为全球移民首选目的地国家。美国每年有 50 万非法移民进入，约有 1200 万非法移民，只有不到五分之一的非法移民被驱逐离开美国。美国 2001 年提出的"Dream Act 梦想法案"（即外来未成年人发展，救济和教育法），2010 获得国会通过。该法案主要针对非正规移民的第二代后裔，即 16 岁以前进入美国，完成高等教育，至少服 2 年的兵役可成为美国公民。可见国际上针对非正规移民管理，采用不同的政策，多数国家一般采用"合法化（legalization）"的办法解决。这些国际上对非正规移民的法律政策对中国处理非正规移民问题有借鉴意义。

针对来自东南亚国家的女性跨国移民现状，建议云南省委、省政府在如下方面进行积极探索，出台一系列措施，最大限度地解决亚洲女性跨国移民在中国面临的问题。

（一）扩大"蓝卡"制度在边境地州试点

2010以来，德宏州地方政府实施"边民入境通婚备案登记证"制度，对多年来民间普遍存在的事实婚姻予以登记，以加强对跨国婚姻的管理。因登记证封面为蓝色，被边民称为"蓝卡"。蓝卡的作用主要在于便于地方政府统计、了解移民信息，加强移民管理。将婚姻移民与"三非"人员区分开来，获得登记的婚姻移民可在德宏州境内工作、经商、自由流动；作为基层政府凭据，为接受登记的婚姻移民提供医保等社会保障，维护移民妇女权益。获得登记的婚姻移民可享受边民的社会福利，如农村合作医疗；住院分娩补贴等。"蓝卡"是云南省边境地区地方政府在非正规移民管理方面探索出的行之有效的政策和办法，对于中国迈向非正规移民合法化的道路具有深远意义。但德宏州的"蓝卡"实施范围有限，仅限于德宏州境内，需要将这一"边民入境通婚备案登记证"制度继续推广到云南省的其他边境地州市县，将文山州、红河州、普洱市、西双版纳州、临沧市的相关县市纳入试点范围。在这些试点的基础上，倡导云南省边境地区建立统一的通婚备案制度、跨国移民入籍评价制度。

（二）在云南省十二五规划中加强跨国移民管理的法制建设和制度建设

法制建设方面，形成多学科专家、学者的工作组，与云南省人大及边境地方政府合作，起草、制定、颁布《云南省跨境移民管理条例》（试行办法）。在条件成熟时制定、颁布《云南省移民法》。在制度建设方面，在省级政府设立移民局，配备机构人员，实行公务员编制，以协调地方政府与边防的工作。

努力推动国家层面《移民法》制定、颁布、实施，是中国移民问题治理的法律保障，应按国际惯例，设立跨国移民局[①]是移民治理的机制保障，建立包括提高绿卡配额、非正规移民合法身份取得、社会文化融入、人权保障在内的移民问题应对综合体系是移民治理的制度保障。

跨国移民问题在考验世界各政府的治理能力，墨西哥移民对于美国，穆斯林移民对于欧盟，亚洲女性移民对于中国都是同样棘手的移民问题，对中国当前的移民法律政策提出巨大挑战。"桥头堡"是国家政治、经济、文化战略试验区，也是法规、政策制定的试验区。作为毒品非法贸易过境地、艾滋病流行重灾区和国家在东南亚区域的反恐前沿，近20年间云南省在《禁毒法》《艾滋病防治法》等地方性法规制定、实施方面取得突出成绩，并应用到国家相关工作中。已经积累了组织、管理和法律制定、实施的经验，制定并应用移民相关政策、法规来治理跨国移民问题刻不容缓，云南省的"桥头堡"建设应该在制定地方性移民法规方面进行积极探索。云南省对跨国移民社会问题的治理具有中国意义，中国对跨国移民社会问题的治理具有全球意义。

---

① 目前一些政府部门已设立"移民局"，主要专管水库移民、生态移民、脱贫搬迁移民等，故针对国际移民，应当在政府设立"跨国移民局"。

当代中国社会性文化现状、艾滋病流行趋势及相关对策 ①

一、当代中国社会性文化现状

中国传统文化中对性归属、性行为精密规范，传统伦理道德中有对性行为的规范，注重一夫一妻或一夫多妻为主流的婚姻生活和异性恋性关系。随着近百年来激进的革命和改革开放，传统社会在市场经济、全球化的背景下正发生急剧社会转型。中国社会中的性观念、性行为在发生深刻的变化，"在一段比较短的时间内（主要指"文革"以来）中国社会和普通大众的'性'发生了一种整体上的迅速变化"。②

中国的世界工厂地位已产生流动的 2 亿农民工，短期或长期的夫妻分居对农民工的性生活带来巨大压力；中国独生子女政策执行 30 年，B 超性别检测和选择性流产在男性偏好的中国社会造成出生性别比严重失衡，女性婚姻人口严重短缺，产生 3000 万男性光棍，性压抑、性焦虑在社会人群中普遍存在，表达男性手淫自慰的"撸"成为网络热词；新生代随着受教育时间延长，高房价带来的经济压力，结婚婚龄推迟，受教育程度高、经济独立的女性选择不婚，青年人中婚前性行为或无婚姻关系的性关系被普遍接受③；追求性自由、性愉悦、性快感的性解放社会潮流使得婚姻中的中青年夫妇难以坚守"性专一""白头偕老"等中国两性关系传统观念，而被"七年之痒""一夜情""换妻""多性伴"等性观念和性行为

---

① 该文节选自云南省第三轮防治艾滋病人民战争评估专题调查《云南省性传播预防控制障碍社会学定性调查报告》，该报告完成于 2016 年 1 月，由沈海梅执笔，调研工作由性传播控制障碍课题组共同完成。课题组访谈了政府防艾成员单位从事宣传、教育的工作人员；高校从事公共健康教学、科研的教师；相关非政府组织项目官员、社区社工、高危人群外展人员、客栈或小旅馆经营者；对男同性恋、青年学生（含少数民族学生）、流动的性活跃人群、商业性性工作者、感染者等关键人物共计 100 余人进行访谈。节选时略去暂时不能公布的课题访谈信息。

② 潘绥铭、黄盈盈：《新中国"性"变迁史：从无性文化到性革命》，凤凰网文化 http://www.cssn.cn/shx/shx_bjtj/201410/t20141006_1352027.shtml

③ 据《参考消息》报道，2012 年官方调查，调查结果显示"70% 的受访者有过婚前性行为"。

替代，中国人性的目的和功能已不再只是满足传宗接代[①]；"断袖""出柜"等同性恋亚文化在青年人中成为时尚，男男同性人群在青年学生中激增，他们的身份已被社会和大众默许。随着互联网、手机交友软件的普及，"智能型手机里的约会软件前所未有地扩大了自发性滥交（spontaneous casual sex）的选择性"[②]。

国家层面以"扫黄打非"为主要手段的性控制一次次扫荡着鼓噪的商业性性交易市场，引发网民对取缔"卖淫嫖娼"法律与道德层面的广泛争议，造成国家、政府与民众间的张力、甚至对立，反映出意识形态领域以"精神禁欲主义"为代表的性文化的主流与民众"色情化"的非主流之间对性价值观的不可调和[③]。代表主流意识形态的国家和各级政府的主流媒体仍然"谈性色变""羞于谈性"，远未能发挥性知识教育的媒体宣传、传播和普及作用。网络管理中对色情网站的清理仍未能有效阻止网民看A片，看色情碟片，许多青年从仓井空（被称为仓老师）、饭岛爱等日本动漫、影视、媒体上学习性知识、了解性技巧、感受性体验，想象自己的"第一次"，并加以模仿。现有性与生殖信息、教育及服务的供给远远滞后于青年人特别是青少年日益多元化且复杂化的需求[④]。

21世纪的中国，政府有关部门对于"性"的态度已经出现变化，潘绥铭把它总结为"四个坚持，两个放弃"：坚持"精神文明建设"；坚持"教育青少年"；坚持"扫黄"（针对各种情色品）；坚持禁娼。但是在打击对象方面，已经放弃了对于普通人的各种一般的非婚性行为（主要是婚前性行为、婚外恋、一夜情等等）的追究与打击；在打击方式方面，已经放弃了"执法必严"，而是开始走向"民不举，官不究"。尽管在主流意识形态领域在强化性的戒律与规训，却缺乏从社会治理的角度探讨性治理的方法与手段，也难以掩盖性健康在公共政策领域长久缺失的现实。

云南地处中国西南，是一个集边疆、民族、山区、贫困为一体的省份。26个民族和谐共生于此，社会文化多样性丰富，各民族间性文化存在差异。在社会急剧转型时期，各民族传统的性道德观念受到冲击，相对自由的性文化被商业利益

① 李银河：《性的七种意义》，2016年1月14日。"社会学了没"微信公众平台。

② 《世界艾滋日，约炮软件颠覆性生活，亚太青少年HIV感染人数激增》，载《华人性健康报》，2015年第12期。

③ 潘绥铭、黄盈盈：《新中国"性"变迁史：从无性文化到性革命》，凤凰网文化 http://www.cssn.cn/shx/shx_bjtj/201410/t20141006_1352027.shtml

④ 胡玉昆等：《中国青年的性与生殖健康问题亟待纳入政策议程》，载《国际生殖健康/计划生育杂志》2010年第6期。

绑架，被大众想象，性被放大和被扭曲。泸沽湖畔摩梭人的走婚民俗被游客简单性化，丽江大研古镇世界文化遗产却被建构为"艳遇"之都，少数民族及其"天真烂漫"的女性成为性消费猎艳的对象[①]。受内地多个省份出生人口性别比失衡以及婚姻挤压影响，云南农村女性通过婚姻流入内地各省，"村子里小姑娘都走完了"，在云南许多村落留下较为突出的光棍群体，找不到伴侣，他们是社会文化意义上不成功的男人，是边疆、民族、贫困叠加在两性关系中的缩影。

性健康教育资源的严重不足和教育观念、方式的严重滞后，使得云南广大青少年在性知识教育方面与内地发达地区青少年存在较明显差距。农村青年普遍缺乏安全性行为知识，婚前怀孕，未达婚龄怀孕现象时常发生，一些初中、高中女生因怀孕辍学。云南某大学一学生说，"家里的两个表妹都是怀孕后才嫁的，嫁了还没有领结婚证又离婚了，婚姻并不美满。书也没读成"。不安全性行为对女性造成严重身心损害。

云南是人口流出省份，也是人口流入省份。云南有近4000万贫困人口，流动人口年龄结构以青壮年为主，这一阶段的成人处于性活跃期，倾向于寻求性刺激。流动人口更是成为易感HIV病毒的高危人群，同时也成为HIV向一般人群传播和扩散的桥梁。2005年以来昆明市城区8所主要高校整体搬迁呈贡大学城，呈贡新区已移入20余万人口，随着泛亚铁路的修建和高铁新南站投入使用，将来移入人口将达30万，不仅成为昆明市受教育程度最高的人口分布区，也成为青年学生最大的聚居地。随着高校搬迁呈贡，在相邻的呈贡新区吴家营乡上庄村逐渐形成一个城中村，聚集着许多小旅馆、酒吧、发廊、KTV网吧等休闲娱乐场所和私人诊所、民营小医院。呈贡雨花毓秀小区是云南省教育厅、云南师范大学、云南民族大学等多所学校的教职工住宿小区，约有近4000套商品房。近年来出租屋及私人经营小旅馆大量涌现，据访谈信息，约有300套商品房用于出租，租房的多是大学城学生。这些变动使得呈贡大学城成为昆明市公共健康领域的新脆弱空间，需要加以特别关注。

二、艾滋病流行趋势

2015年12月1日世界艾滋病日，中国多省的艾滋病流行趋势报告显示，经

---

① 潘琳：《身体、生存与工作：少数民族商业性性工作者》，载沈海梅主编《医学人类学视野下的毒品、艾滋病与边疆社会》，昆明：云南大学出版社2009年版。

性传播是我国当前艾滋病最主要的传播方式。在福建省，九成半以上感染者因性染艾。[1] 湖南省疾控中心性病艾滋病科负责人称，艾滋病在男男同性恋与青少年学生中感染上升较快，已不可忽视。大学生感染上升趋势明显。[2] 作为艾滋病重灾区的云南省2015年1—10月全省报告艾滋病死亡2283例，艾滋病病毒感染者9768例，其中艾滋病病人2893例。新报告的艾滋病病毒感染者中，性传播占91.4%，较去年同期增长1.9个百分点；注射吸毒传播占7.3%，较去年同期下降2.0个百分点；母婴传播占1.0%，较去年同期增加12例；女性感染者3284例，占33.6%，较去年同期增加137例，男女比例为1.97：1；60岁以上老年人所占比例13.7%，较去年同期增长了1.7个百分点；15-24岁青年学生感染者94例，较去年同期增加了28.8%（21例）。2015年云南省艾滋病疫情呈现以下特点：

一是全省艾滋病疫情总体平稳。在逐年扩大检测的基础上，近五年新报告发现的感染者数基本稳定，死亡病例数略有下降；

二是性传播比例继续上升。2015年性传播占91.4%，较去年同期上升1.9个百分点；

三是老年人、青年学生报告数增加；

四是部分地区如西双版纳州疫情上升明显，报告感染数较去年同期增长15.3%。德宏、红河、临沧、文山、大理五个高度流行地区和人口集中的昆明市累计报告的艾滋病病毒感染者数占全省累计报告数的68.7%；

五是边境地区报告外籍人员感染数逐年增多，相当于全省累计现存活数的10.3%。[3]

最新的调查表明，性传播已经成为最主要渠道，HIV病毒的传播范围已经不断扩散至男男性交者以及女性性工作者，中国的艾滋病感染者已经不再局限于传统高危人群，而逐渐延伸至普通人群。在性传播途径的艾滋病感染病例中，男同群体成为艾滋病感染高危人群。尚红和张林琦的研究显示，中国男男同性群体中的HIV阳性携带者只有很少一部分(4.9%)对其一夜情的性伴侣告知其感染艾滋病

① 东南网新闻《福建省艾滋病人累计8490例 疫情仍呈上升态势》，2015年11月30日13：25 http://www.chinanews.com/sh/2015/11-30/7648046.shtml

② 中青在线新闻"湖南卫计委：大学生艾滋病患者8年上升37倍"，2015年11月30日06：29http://news.ifeng.com/a/20151130/46443604_0.shtml

③ 云南网络广播电视台新闻"云南存活艾滋病病毒感染者87634例 性传播占91.4%"2015年11月30日16：25 http://news.yntv.cn/content/15/201511/30/15_1180644.shtml

的实情，相比之下，配偶和固定性伴侣的知情率为 44.1%~43.9%。[①]

中国疾控中心性病艾滋病中心主任吴尊友指出："在 15-24 岁群体中，通过性传播感染艾滋病占到了 96%，男男同性性传播占到了 57%。"云南省 15-24 岁青年学生感染者 94 例，较去年同期增加了 28.8%。[②]本项目有关男男性行为人群艾滋病防控现状的报告反映出，男男性行为其性行为方式本身为中国传统道德所不容，但并未触及到法律红线。互联网的兴起和智能手机应用软件的普及，又使得男男性行为场所从传统的浴室、桑拿、公园、公厕、会所等热点公共场所，更多地退回到各自的私人领域。手机 APP 为同志（男同性恋人群的自称）交友、"约炮"、提供了前所未有的便利。男男性行为人群变得更加隐蔽，难以触及，艾滋病疫情在逐年增加，成为艾滋病防控的重点和难点。

由于年轻人对新技术的接受能力更快，互联网和移动技术不仅影响和改变同志人群的生活，也更多的在改变年轻同志的生活，尤其是针对 15-24 岁的同志群体。移动技术让年轻人活跃的同性性需求得到了很快满足和释放，有更多机会去选择接触更多的同志性伴，发生更频繁的性行为。自我认同层面和方式也有了质的转变，年长的同志通常先有心理认同到身份认同到发生性行为，而年轻同志通常在身份认同尚不明确的时候，通过交友软件早早的尝试了同性性行为，而加速了身份认同的过程。处于性活跃状态的青年男同学生群体，成为艾滋病的重灾区。

鉴于新的艾滋病流行趋势，本课题希望通过普通人群的社会学定性调查，收集一些典型性言论，梳理普通人群"高危"行为的关键节点，对性传播预防控制障碍进行社会文化解读，提供具有跨学科视角的政策建议，增强性健康领域的公共政策供给。

三、普通人群性传播预防政策建议

云南省最新艾滋病流行趋势报告显示，性传播比例继续上升。2015 年性传播占 91.4%，较 2014 年同期上升 1.9 个百分点；老年人、青年学生报告数增加。这意味着云南省的禁毒防艾人民战争，正进入一个拐点，即从以往对静脉吸毒、商

---

① 新浪网新闻：《中国艾滋病三十年，学生成重灾区》，2015 年 12 月 01 日 17：04，作者：知识分子，http://news.sina.com.cn/zl/zatan/2015-12-01/17045031.shtml

② 云南新报告艾滋病感染者逾九成系性传播：http://news.ifeng.com/a/20151130/46459636_0.shtml

业性性工作者等高危人群进行管控为主要抓手的禁毒防艾工作转向普通人群，以往由政府通过法律、强制措施进行艾滋病流行控制的模式需要转变为对普通民众进行教育的方式的调整，最终将由艾滋病政府控制进入艾滋病社会治理的新阶段。

多位接受访谈的学者、官员和社会组织的负责人表达出比较相同的看法，在男女之间、男男之间的私人性生活领域，政府的行政干预并不是最有效的手段。今后的艾滋病预防需要对全民进行性健康教育，更多带有教育性质、有说服力、可以改变人们观念、行为的一些创新方法和手段，学校更应义不容辞承担起对青年学生性教育责任。将来要开展的工作，才是真正的人民战争，全体社会成员都要参与进来。清华大学从事公共健康研究的专家景军教授在接受本项目采访时指出："吸毒、嫖娼、小姐、同性恋，前三类人群是可指令人群，政府是可以用硬性政策去管控的，而同性恋和异性恋这两个是进入私生活领域，公权力是不能介入私生活领域的。现在的行为改造跟以前防毒戒毒、打击嫖娼、小姐、铲除地下血站等手段就是完全不一样的。应该主要还是以教育为主的策略，不是以打击管控为主，管控看样子是很难的了。在私人生活中人家发生什么，政府行为怎么能去进入呢？哪怕他是两个同性恋，也没有法律的依据去干涉。在这种情况下就要调整预防的策略，现在是到了一个坎儿了，就是性渠道这一类私人领域当中的传播需要用一种什么样的方式才能预防，这就要求政府工作方式的转变，显然你是不能抓，也不能罚，用行政权力去干预看来是不行的。"

性与生殖健康是一个全球性的公共卫生问题和世界性的发展挑战，据联合国"亚太地区青年重点人群机构间工作组"在 2015 年 12 月 1 日 "世界艾滋病日"发布《青少年：亚太地区艾滋病防治的盲区》的报告指出，在 2014 年，亚太地区 15 岁—19 岁的青少年当中有超过 5 万人新感染上艾滋病病毒，占全部新发生感染的 15%。整个亚太地区至今共有约 22 万青少年携带艾滋病病毒，曼谷、河内、雅加达等大城市更是新感染人群的主要聚集地。报告称，新发感染与危险性行为的增加有关，如拥有多个性伴以及未坚持使用安全套等[1]。国际层面的艾滋病社会治理提供的经验表明，为青年人提供生殖性与生殖健康信息与服务不仅能增强其对性行为的责任感，推迟性交行为发生的时间，而且可提高避孕措施使用率，并减少不安全性行为，投资于青年人的性与生殖健康已成为国际社会优先关注的一

---

[1] 《联合国报告：亚太地区约 22 万青少年携带艾滋病病毒》，载《华人性健康报》，2015 年第 12 期。

个政策领域。① 从性健康公共政策的角度增加对青年人群风险和脆弱性的支持性环境是十分必要的。

第一，动员各种力量开展全民性健康教育。

艾滋病在性传播途径的"失控"，最根本的症结在于国家、政府、广大民众"谈性色变""羞于谈性"的文化障碍，全民性健康教育应该成为新一轮人民战争的新抓手，全民性健康教育应常态化，要终身学习。

政府及相关成员单位、广大民众都必须克服"羞于谈性"的文化障碍，以广播电视局为主导，发挥主流媒体、网络的教育功能，建立性健康知识官方平台，搜集网络大数据，根据民众咨询的问题排序，拟定相关问题并给出详细答案或建议，为全民提供安全性行为知识，鼓励个人和群体为自己的安全负责，主动采取保护措施，爱惜自身，珍爱伴侣，在正确知识指导下采用正确的性行为方式。确立性健康领域的官方话语权。

国家和地方的宣传、广电、媒体、新媒体应加大性健康宣传力度，为吸引更多青年人关注，动员在青少年中当红的娱乐偶像制作防艾宣传片，树立新一代艾滋病爱心大使。

以文体局为主导，每年开展一至二次提倡健康性生活为主题的万名市民短程马拉松体育活动；各级州市政府举办市民性健康主题广场活动、社区文化活动，引发民众关注，引导民众崇尚健康性生活。

发挥民政、卫生部门作用，在婚检、婚姻登记时增加性健康提示。

发挥老协、广电、文体部门和社会组织作用，在群众广场舞场所开展针对老年人健康生活（包括性健康）的宣讲、教育活动。

发挥社区居委会作用，承担起向社区普通人群宣传中华传统家庭伦理、传统道德观念，鼓励"一夫一妻""单一性伴"为导向的健康性生活。

第二，高校青年学生性教育正规化"政策包"。

经过三轮人民战争，云南省对青少年艾滋病知识教育已经普及，青年学生中艾滋病知晓率较高。但存在重视艾滋病知识教育，忽视安全性教育的"偏差"，在目前以性传播为主要渠道的艾滋病流行趋势下，教育部门应要"纠偏"，各学校应加强性健康教育的责任意识，积极推进全省青少年正规化的性安全、性健康

① 胡玉昆等：《中国青年的性与生殖健康问题亟待纳入政策议程》，《国际生殖健康 / 计划生育杂志》2010 年第 6 期。

教育，而且性教育应该在青少年对性开始产生好奇时就开始进行。

据东陆云大 BBS 网上调查数据显示，接受过学校正规性教育的人数占 38.8%，未接受过学校正规性教育的人数则达 61.7%，说明当前学校正规性教育是严重缺失的。[①] 一些学校现有的性健康教育没有统一的课程体系和教学内容，老师根据自己的专业知识来组织整理艾滋病和性健康的知识，角度比较多样，也缺乏稳定的师资。新一轮人民战争性教育正规化建设需要建立综合型性教育（comprehensive sex education）系统工程：

1. 性教育的出发点

教育部门和学校要纠正性教育会导致性泛滥之类错误的认识。尊重高校青年学生作为成人的性权利，在青年学生中开展性教育应避免将婚前性行为、同性恋等进行道德评判，建议教学中性教育与性道德剥离。在教学中进行谈性脱敏教育，消除对性的神秘感；建立对性的自然、科学、健康的态度；在讲解性等敏感话题之前对学生进行脱敏。

2. 性教育课程体系及学分

性教育应该包含一系列课程的体系，《青少年生殖健康与性教育》、《性社会学》、《性与人类文化》，建议公共卫生部门和教育管理部门投入资金开展高校性教育精品课程建设。建议大学新生入学教育应包含性教育内容，教育部门统一规定性教育在中学、大学授课学时数，建议大学性教育课程可获得 1—2 个学分。规定学生社团中要开展与性健康教育相关的活动，校园文化活动中须有性安全教育内容。

3. 性教育课程内容

以往青年学生的性教育课程就等同于生理卫生课、禁欲教育，综合型性教育内容不能只是像以往那样简单地说明身体的性器官，还需了解性和生殖健康的一些误解，正确理解关于性的事实；性与性别，性取向，性爱中的身体感，第一次性体验，意外怀孕，不同品牌安全套使用效果，安全性行为应具有的知识和行为，性病/艾滋病、介入治疗、反歧视与四免一关怀政策、性骚扰与性暴力等。培养更安全的性行为理念和自我保护意识，培养性健康共同担当社会责任意识，建设有尊严的、平等、健康、负责的亲密关系。

---

① 东陆云大 BBS《大学生性行为调查——现实与被想象的性》，来源于"没空"微信公众号，ID：MKData，2015-05-11。该微信平台有注册用户 2 万人，有几百位同学填写了问卷。

4. 性教育课程教材

云南省红十字会结合澳大利亚国际组织项目总结和中国实际，已开发一系列与公共健康相关的培训教材，可借鉴；云南财经大学张合川教授组织的大学生性健康教学团队多年坚持为学生讲授性健康公共课，从财大学生访谈中表现出较好的知识普及效果，可借鉴其经验并在全省高校中推广。此外，通过云南省社科项目、教育厅项目，立项一批性教育教材，编写、出版一批符合云南实际的性教育教材。

5. 性教育师资队伍

聘请国内外知名专家对高校性教育师资队伍进行教学内容、教学法培训，取得培训合格证才能授课，避免错误的知识和内容误导学生，避免因教学法不得当影响教学效果。将性教育纳入教育厅师资培训内容，每年至少举办一期性教育师资培训班，每期不少于 100 人。

6. 性教育教学法

男女共同授课、头脑风暴、性脱敏互动活动、角色扮演、同伴教育、HIV 感染者案例教学法、小组讨论、视听材料等。

7. 性教育课程效果评估（由学生和相关领域专家进行评估）

实施：从艾滋病防治经费中增加性教育经费，通过禁毒防艾多部门合作工作机制，以教育部门为主导，整合疾控部门、工青妇社会团体、红十字会、民间社会组织等成员单位和社会力量，建立以课堂教育为主，讲座、咨询、青年志愿者服务、主题校园文化活动为辅的教育、宣传模式。

高校不再是象牙塔，《大学生管理条例》中已允许大学生结婚，开放安全套企业进入高校，增加食堂、住宿等生活区安全套自动发放机、售货机摆放数量，为学生提供高质量的安全套产品和服务。

开放性健康教育社会组织进入高校，以政府购买的方式，在学生中开展防艾志愿者骨干培训、同伴教育、咨询、预防干预和提供服务。

第三，加强对青年学生的艾滋病行为监测、干预和检测，营造高校反艾滋病歧视的社会氛围，让感染学生得到有效管理和医疗救助。

据《云南省第三轮防治艾滋病人民战争中期评估报告》估计，"云南省仍有36% 的感染者和病人未被发现和得到有效管理"。目前，青年学生只是防艾的宣传对象，还没有成为防艾的教育对象、行为监测对象、干预对象和重点检测对象，是防艾工作中的薄弱环节。新一轮人民战争应将学生纳入干预和重点检测，通过新生入学体检加强检测，建立学生健康档案，并与学生的学籍管理对接。一旦学生人群中检测出 HIV 阳性，则应在保障感染学生学业不受影响的前提下，获得相关社会组织和疾控部门的干预、咨询、药物介入、心理疏导、回访等服务。营造高校反艾滋病歧视的社会氛围，让感染学生得到有效管理和医疗救助。

第四，培育性健康教育、咨询、预防干预、服务的社会组织，明晰政府与社会组织的分工，继续推行政府购买服务，培育禁毒防艾战线新的生力军。

新一轮人民战争进入面向全民、大众、普通人群的阶段，需要建立新的服务模式和工作机制。政府的防艾工作需要一个整体的调整，政府应该利用民间团体和地方性的社会组织，需要投入资金培育大量民间组织或社会组织。通过对普通人群进行性教育、信息咨询，对性活跃人群进行同伴干预等服务进行政府购买，以此来引导、规范、深化、提高社会组织的服务意识、工作技能和自我管理能力建设。目前在云南禁毒防艾领域缺乏培育社会组织的积极氛围，一些政府或社会团体主管部门对社会组织的态度不友好，认为是在与政府抢夺资源。对加入政府购买的社会组织设定入门条件，比如社会组织须有政府或疾控部门挂靠单位等，门槛太高，缺乏扶持、培养的热情，缺乏技术指导，缺乏紧迫感，没有意识到随着国际组织项目陆续撤离中国，如果没有云南本土的社会组织快速成长来填补这一服务真空，将来艾滋病疫情还有可能反弹。

艾滋病预防、干预、服务的社会组织需要补充大量愿意从事这一工作、又具备相关专业技能和工作经验的 80、90 的生力军，云南省这样的人才极为缺乏。过去十年来众多国际组织在云南开展许多项目，训练、培养了一批青年专业人才，但随着国际组织撤离和项目停运，造成大量有工作基础的禁毒防艾"熟练社工"人力资源流失，甚为可惜。艾滋病局、疾控部门应设立专项青年人才扶持资金，回笼人才，给予政策支持，鼓励他们成立社会组织，继续留在防艾阵地，承担起性教育、咨询、预防干预、服务的防艾重任，用好这批有项目工作经验的青年人才。

明晰政府与社会组织的分工，针对性传播途径控制，政府为主导整合全民健康教育宣传和社会人群的广泛动员，主导青年学生正规化性教育资金、师资、课堂教育，社会组织为辅承担性活跃学生的干预、咨询、小组活动、同伴教育、感染者服务等工作。

第五，整合现有资源，把现有娱乐场所外展社工人员预防干预对象延伸至性活跃人群。

继续加强对酒吧、娱乐场所从业人员的干预，提高社区外展社工人员的工作报酬，改善"姐妹健康亭"之类为特殊人群服务机构的工作环境，积极评价他们长期、持续的干预工作。艾滋病通过商业性性传播感染人数处在低水平表明禁毒防艾人民战争中的这支外展人员的工作是有成效的，并相应地减少了流动的农民工群体艾滋病感染人数的增长（访谈中的信息表明中低档商业性性工作者服务的主要对象是农民工）。在新一轮人民战争中，要善于利用这支外展人员的工作热情、干预工作经验、工作机制，提高他们的综合素质，经过培训，适当扩大外展人员的工作场所，从 KTV、舞厅等场所进入酒吧；拓展他们的服务对象，即干预的对象从特殊场所的从业人员拓展到普通人群，包括酒吧、KTV 中的酒客，比如通过疾控部门与酒吧经营者的合作，外展人员对酒吧乱性人群进行预防干预，为"捡醉虾"①性活跃人群提供安全套。

第六，把校园周边小旅馆、出租房，以及旅游地酒吧、客栈、青年旅馆纳入干预范围，在营运场所摆放性健康宣传册、摆放安全性生活提示语、摆放安全套，提高安全套的可及性。加强对旅游点导游的性健康及艾滋病公共健康知识培训。

近20万大学生近5年间集中搬迁呈贡，在大学城聚集数以千计的小旅馆、出租房，成为云南省性行为最活跃的区域。目前仅依靠呈贡新区管委会、呈贡县级疾控来开展相关防治工作在人力、财力等方面都远远不够，使得该区域成为云南省、昆明市艾滋病防治工作的新隐患。尤其应引起主管部门的警觉和高度重视，应在新一轮人民战争中投入更多的资源和人力及时进行跟进、治理。

云南省力争建设成为旅游强省，要纠正以往认为的在旅游目的地进行防艾宣传会影响旅游业发展的错误认识，政府有责任为广大游客营造健康、绿色的旅游环境。除了传统的旅游经典线路，新增旅游目的地数量多，新增酒吧、客栈、小旅馆数量大，相关的防艾宣传和干预要及时跟进。尤其是对西双版纳、大理、丽江之类被大众流行性文化渲染为"性开放""风花雪月""一夜情之都"的旅游目的地，旅游部门更应加强对酒吧、客栈、小旅馆、青年旅舍等场所的防艾宣传和干预，加强对游客的正面引导。把性健康知识和艾滋病流行趋势等相关知识纳

① 即把酒后意识不清楚的醉客带去开房发生性关系。

入导游资格证考试内容，通过加强对导游性健康知识培训和防艾意识宣传，旅游从业人员应多向游客进行旅游性健康安全提示。

第七，政府疾控部门应为社会大众提供更透明、更及时和更有人群针对性的艾滋病疫情信息。

调研结果反映出艾滋病流行趋势及相关信息没能及时传递给学生，没有让学生感受到艾滋病离自己很近。学生对本校，或生活区域的艾滋病感染人数有多少之类的信息比较关注，却得不到任何信息。将来疾控部门可通过进入高校的性健康干预社会组织适当扩大对青年学生的检测范围和数量，及时针对该人群发布艾滋病流行信息（不能只是12月1日艾滋病日才发布），感染者数量应通报给相关学校，有利于引起学校对防艾工作的重视并有责任及时通报给学生。作为旅游大省和正在建设的旅游强省，云南各地政府和旅游部门有责任向游客提供健康信息，通过政府手机信息平台，向游客强制推送该旅游目的地艾滋病疫情信息并温馨提示洁身自好、关爱健康。

第八，加强政府与交友软件开发商之间的合作，提升交友软件在艾滋病预防干预中的功能。

手机交友软件基于位置，用户可以扫描自身周围来寻找性伴。Blued（被网民戏称"不撸帝"）、Jack'd（戏称"接客帝"）、Growlr等都是在男同人群被普遍使用的交友软件。手机约炮软件具有及时性、随时性的特点，能快速增加性伴数量，增加了高风险行为的可能，感染人数也在软件用户之间迅速扩散，加快HIV传播。政府应加强对相关软件厂商的监管，与软件开发商密切合作，分享有关HIV的信息，并要求开发商在软件中增加安全性爱、预防HIV感染的相关知识。

第九，云南省应率先制定和完善为青年人提供适当公共健康信息、教育和服务的政策和立法，加强性健康领域的公共政策制定。

在《艾滋病防治条例》中增加手机软件开发和运营机构在必要时向政府主管部门提供相关用户信息之类的条款，便于社会组织及时进行适当预防干预，弥补政策和法律的缺位和滞后。即不失时机将中国青年的性与生殖健康问题列为公共卫生的优先领域并摆上国家公共政策的重要议程。

妇女时政问题讨论

女权主义运动下一个 100 年将走向何方？

　　100 年前，当世界女权主义者们集会哥本哈根，就像当今世界首脑们曾在那里热议气候变暖、碳排放指标、新能源，女权主义者们也在热议战争与人类解放，妇女的教育、工作、政治权利与妇女自身的解放。当德国国际工人运动活动家、国际妇女书记处书记克拉拉－蔡特金倡议以每年的 3 月 8 日定为国际劳动妇女节并获得一致通过，这是对她们以及她们的前辈在过去的半个多世纪里苦苦斗争的回报，这意味着世界女权主义者们有了共同的节日，更意味着全世界妇女在姐妹情谊的共同情感感召下团结在一起，意味着占人类人口一半的女人为了作为人的尊严、作为人与生俱来的天赋人权的尊严有了共同的诉求，有了共同的斗争目标和共同的行动纲领，这是人类历史上值得纪念的时间。100 年过去了，在人类漫漫的历史长河中，还会有下一个 100 年的到来。在今天这个 2010 年的 3 月 8 日，在这第 100 个 "三八" 国际劳动妇女节的日子，是需要来加以纪念的。纪念这第 100 个 "三八" 国际劳动妇女节不仅要共同记忆全世界妇女所走过的革命历程，更应该来思考未来的 100 年全世界的女权主义又应该走向何方？

　　我们认为下面这些是不言而喻的真理：

　　所有的男人和女人都生而平等；造物者赋予他（她）们若干不可剥夺的权利，其中包括生命权、自由权和追求幸福的权利……

——《权利和意见宣言》

　　1848 年 7 月 19 日，约 100 名代表云集纽约州北部的塞涅克～福尔斯村，召开了美国历史上第一次以女权主义为主题的妇女代表大会，通过了美国妇女解放运动史上具有深远历史意义的文件——《权利和意见宣言》，用《独立宣言》中美国殖民地人民对英国殖民者进行控诉的同样口吻，对男性统治的历史提出了尖锐的控诉：

他拒绝让她行使其不可剥夺的选举权；

他强迫她屈从于那些她没有参加制定过程的法律；

他在妇女成婚之后，让她在法律上失去公民权利；

他垄断了几乎所有的赢利工作……

这些100多年前女权主义者的声音还回响在耳际，这些曾经是女权主义者为之斗争的内容仍然在人类社会中存在，这些女权主义者为之奋斗的目标仍然应该成为今天全世界妇女为之奋斗的目标。然而，在这已逝去的100年间，不同的"主义"，不同的"话语"在重新建构着"妇女"这一整体。经过后现代思潮的洗礼，后现代女权主义者强调妇女间的差异，质疑是否认存在一个整体的、利益一致的"妇女"群体，质疑统一的"妇女"概念。1990年，全美妇女研究联合会第13届年会上，一批有色人种的女权主义者宣布集体离场，她们发表声明抨击这个联合会是由白人女性把持，只为白人女性说话，由此宣告了世界女权主义统一阵营的解体。

女权主义内部无形中已经贴上了东方、西方，发达国家与发展中国家，白人的、有色人种的，殖民地国家与被殖民国家，移民的、本土的等彰显内部边界的分类标签，作为女性群体的整体利益诉求以及温馨的姐妹情谊似乎都难以再将世界妇女们联合在一起。即便1995年在北京举办的世界妇女大会，终于在世界女权主义体系发展的尾声让中国女权主义与世界女权主义亲密接触，让世界各国的妇女聚集一堂，但也难以弥合女权主义内部的裂痕。北京世妇会怀柔会场的声音不仅传达出女权主义与"国家"和"政府"的决裂，某种程度上也在强化白人与有色人种、发达国家与欠发达国家间妇女群体的对立。结果，即便在具有发展中国家象征意义的中国北京召开的这一世界妇女的盛会，尽管达成《北京宣言》和《行动纲领》，制定了指导妇女发展和进步的纲领性文件，提出将社会性别意识纳入决策主流的战略，赋权于妇女的方针，提出与妇女发展密切相关的人权、政治、经济、教育、保健等12个关切领域的目标和行动。但对于父权制度根深蒂固的东亚社会，此次大会并没有由此获得女权主义与父权制度结构性的剥离，并没有让世界女权主义达到新的发展高度。

随之而来的全球化"时空重组"，将全球国家、地区联系在一起，世界各国的妇女被组织进新的政治、经济、社会体系中。跨国的女性移民们，无论是作为女佣、工厂中的廉价劳动力、技术移民或是婚姻移民，与自己原有的文化、社会疏离，生活在不同的国家和社会中处于碎片的、分散的状态，身份、认同在多种社会情景中摇摆和动荡。全球女权主义者尚未发展出一套理论、行动纲领来整合这些疏离妇女的主体诉求。

金融危机席卷全球，无论是职场上随着失业率上升受到直接冲击的职业女性还是那些因丈夫失业、收入锐减的受到影响的家庭妇女们，生存变成第一要务，在生计的挣扎中已无力来进行革命性的思考。同时，职业上的受挫需要在情感的满足中疗伤，即便是女权主义者也会沉醉于甜蜜的两性情感中，再也打不起精神，迸发出像她们前辈那样的革命的激情和斗志。

生态女权主义者似乎在全球事务中扮演重要的角色，与气候变暖等人类社会中需要关注的更大的主题不谋而合，迅速融入到动物保护、环境保护的主流行动中，但在成为主流的展露中不再强求作为女人这一群体自身的主张。

这一切使变动中的全球女权主义丧失发展的强劲动力，广泛的能跨越民族国家政治疆界的国际主义社会动员力量似乎还在积蓄中。自北京世界妇女大会后，尽管有"北京＋10"，甚至"北京＋15"等纪念活动，世界性的女权主义的社会运动暂时只是部分女权主义者心中的梦想。

世界体系在发生深刻的变化，全球女权主义的发展诉求需要在瞬息万变的生活情景中作出调整。全球化女权主义理论家妮亚·余娃－大卫（Nira Yuval-Davis）就提出新的女权主义"横向政治（transversal politics）"将突破以往"归属政治（ politics of belonging）"对妇女身份的界定，把全球化时代的妇女重新团结起来。（《妇女、全球化与社会变迁》，2009）在下一个100年，女权主义者应当充分利用全球化的成果，女权主义也将与 IT 等产业的结合， iglobalization 将使妇女全球网络得以发展，地方和全球的女权主义行动得以相互依存和帮助，发展出新的符合女权主义目标的新斗争领域和斗争方式。正如妮亚·余娃－大卫所言：

"现在到了全球妇女和女权主义者团结一心的时候了"。

（本文发表于 chinese sanba 沈海梅的博客 http: //blog.sina.com.cn/u/1707302581，2010 年 3 月 8 日。）

国家和政党与女性的关系

2012 年的韩国总统大选揭晓，女性候选人朴槿惠赢得总统大选，女性总统首次出现在父权制传统根基深厚的儒家文明体系中的东亚，无疑是一个迈向现代政治的进步事件。而刚刚落下帷幕的日本政治选举，女性候选人也粉墨登场，尽管被许多主流媒体讥讽为"美女政治"，但她们也同样是东亚政治竞争中的女性参与者，无疑在表明东亚女性的政治诉求。朴槿惠当选为韩国首位女总统，对于即将迈上政治体制改革的中国，无疑具有启发意义，让人们更多地思考一个国家或政党需要处理的与女人的关系。

儒家传统，核心价值是"修身、齐家、治国、平天下"，是强调男性在家、国政治中都居于统治地位的男性价值观念，鼓励女性"主内""相夫教子"生育后代，在家事上配合、辅助男性、甚至依附男性而获得成功、得到认可。父权制传统的政治基础需要建立君对臣民的权威等级，封建纲常就是其法律、伦理。父权制传统广泛的社会基础则来自于男性对女性的权威建立，男尊女卑的社会秩序。进入近代以来，经过一系列的社会运动和一场场革命，父权制传统的社会基础可以说已被动摇，但男性政治的架构却仍然是一道难以逾越的藩篱。女性是否能实现从"主家事"到"主国事"的转变是考量东亚国家是否真正步上现代政治体系的指标。而密切相关的议题就是一个现代政治意义上的国家或政党如何处理与女性的关系。

近期发生在中国大陆的因女性而倒下的官员，雷政富、单增德，一系列事件再次激起人们对女性与中国政治的关注，"情妇反腐""小三反腐"等若干反腐模式层出不穷。然而，惊愕、调侃之余，还应看到国家、政党或公众在处理、看待这些事件时，往往把这些事件看成是官员的"私人问题"，是官员个人自己没有处理好才祸及仕途，把官员与女性的关系当成官员的"家事"。实际上，这些看似"私人问题"的男女关系也是国家或政党与女性关系的一部分，这些事件恰恰反映出当今中国女性与国家或政党之间的一种"病态"关系。

中国共产党领导的革命之所以取得成功，原因之一是基于女性在反抗压迫、追求平等、谋求解放基础上与共产党达成的政治共识，故而有无数女性在血雨腥风中毅然投身于革命，从红军长征到奔向延安，或者作为普通的母亲、妻子，送子打东洋、送郎上战场。过去十年中国改革开放获得的成就，与其说是从中国人口和劳动力中得到的红利，还不如说是从女性的生育中得到的红利，其基础是女性与国家或政党达成的发展共识。然而，中国社会转型以及因财富不均衡产生的社会分化，不同利益群体难以在改革和发展方面达成共识而处于分裂中。在社会分裂中，女性与社会的分裂其影响也是不容忽视的。诸如《新婚姻法》之类的国家法律政策过于让收入微薄的女性的利益受损，造成的结果就是难以在结婚的当事人之间达成共识，增加了结婚的难度，伤害了民众的情感。同样的，在一个生育旺盛的社会，女性的生育价值被长期贬值。过于贬损女性的生育价值，或者女性的利益过于受损，也难以达成全社会的发展共识，即便国家启动开放二胎的生育政策，政府要面对的是女性还愿不愿意生育的问题。当然，在高科技和互联网时代，女性的价值早已不只是生育，女性贡献的 GDP 仍将是未来中国经济中等增长的一部分。

新中国成立，社会进步了，女性的政治诉求也得到了增长。然而，在政治角逐中，直至今日，亦无女性进入中共执政最高层。这正如郑永年分析指出的中共党内竞争中存在的性别政治。在未来中国的政治走向中，女性的政治诉求不会再是一种含蓄的表达，是国家或政党必须来面对的问题。

国家或执政党在新的政治格局下需要与女性达成共识，这些共识包括政治共识，即在充分满足女性政治诉求的前提下达成国家自强与民族复兴的共识，于此中国的强国梦和中华民族的民族复兴梦才能实现。一个国家或执政党也需要与女性达成发展共识，即充分尊重女性在职业生涯、社会生活中的平等诉求，才能实现中国人的富裕梦、幸福梦，最终实现中国梦。

不仅官员个人要处理好与女性的关系，一个国家或政党也需要处理好与女性的关系。

（该文发表于 2013 年 1 月 2 日以《国家或政党需处理好与女人的关系》为题在《新加坡联合早报》"早报言论栏目"发表。本文略有改动，有兴趣的读者可查阅原文。）

生育与社会性别平等

中共十八大三中全会后开放"单独"家庭的二胎政策，被认为政策更人性化、社会上叫好声一片。然而对于在生育孩子中担任主要角色的广大妇女，恐怕得从自己的切身利益出发来好好掂量生二胎对于自己的利弊。

毛泽东时代倡导妇女能顶半边天。在那个时代，至少在城市，鼓励妇女就业，在社会氛围中广大妇女投身于社会主义建设事业，职业为妇女带来成就感和满足感。王丹凤主演的电影《女理发师》就是社会主义时代妇女从家庭走到职场的代表。毛泽东时代提倡人多力量大，鼓励生育，在社会政策上也有所体现，比如托儿所的大力兴办把妇女从孩子的抚育中解放出来，许多机关单位的托儿所是免费的、甚至每周全托的，有专人呵护。这可以说是那个时代广大职业妇女在生育上享受到的国家福利。托儿所让生育后的妇女尽快回归到工作中，那个时候妇女们不太担心会因生孩子丢掉工作，失去饭碗。妇女生孩子、抚育孩子与工作之间冲突不明显，即便有些冲突也被社会、计划经济体制下的单位包容。整个社会没有因生孩子而歧视妇女。

纵向比之后来看看横向比。美国二战中大量男性被征召入伍，国家号召妇女参加工作，填补空缺的工作职位。二战后，男人们返回工作场所，国家就鼓励就业的妇女回归家庭，做全职太太，生养孩子。所以，国家较少在托儿所（kindergarten）、幼儿园之类的早教教育领域投入资金。整个美国，若与其发达的免费的公立小学相比，幼儿园阶段的资源是极度匮乏的，不仅数量少，而且费用高。因而在美国Babysitter（私人保姆）就一直有较好的市场需求，缓减了广大职业妇女在生育孩子和保住工作之间的纠结。然而，在美国的福利政策中，一个受雇人员向国家缴纳的税收与孩子的数量是绑定在一起的，多有孩子就可以减少育儿夫妇向国家缴纳的收入税额。比如，刚提出辞职的美国驻中国大使骆家辉夫妇育有3个子女，骆家辉因子女每年可减免收入税约3万美元。用减税的方式，美国的育儿夫妇也算是获得了一项国家的生育福利。像美国一样，为防止劳动力短缺，维持一定水平的生育率，世界各国对妇女生育都有一系列奖励政策。如欧洲多国规定妇女生产休假期间，其配偶也要强制性带薪休假一段时间，这样可消减妇女因生育与男性的差距，消弭因生育产假造成的对妇女就业、职业发展方面的不利影响。更不要说像俄罗斯等国，直接对生育孩子的妇女进行现金奖励。

对于像中国这样生育旺盛的国家，尤其在"计划生育"政策下，妇女的生育价值一直不得到足够的重视。在早先发表的文章中笔者已谈到，"过去十年中国改革开放获得的成就，与其说是从中国人口和劳动力中得到的红利，还不如说是从女性的生育中得到的红利"。因而，不能因为国家放开"单独"家庭的二胎生育政策，民众就要感恩，就急于生育二胎。其实，许多年轻夫妇对于生育二胎，也有许多理性考虑。对于社会公众，如果国家不在福利政策层面体现对妇女生育价值的肯定，诸如妇女的带薪产假、多孩家庭减税等等，就还需要对许多相关问题进行思考：

在没有夫妇双方都休产假的前提下，开放"单独"家庭的二胎政策对妇女的就业会带来什么影响？独生子女女性会不会因为二胎政策变得更加难以就业？

在政府生育福利政策长期短缺前提下，"单独"家庭的二胎政策会不会将女性从职场带回家庭，女性的社会地位如何得以巩固？

独生子女女性将会面对巨大的生育压力，不考虑生育第二胎的女性会面临什么困难？

因而放开生育二胎，我们应该对放开二胎政策对女性相关人群产生的影响有足够的认识，我们不希望看到因放开生育二胎而加大男女间的不平等。若根深蒂固的父权制度不改变，歧视女性的社会文化氛围不改变，妇女还应该为了传宗接代、为了国家的养老就去生育吗？

（该文以《女人可以用子宫投票吗？》为题在于 2013 年 11 月 30 日在《新加坡联合早报》"中国政情栏目"发表。本文略有改动，有兴趣的读者可查阅原文。）

社会性别民族志

社会性别在彝族社会

——来自云南永仁直苴罗罗泼（Lolopo）彝族村寨的个案

导　言

被忽略的与未表述的
——直苴人、艾瑞克·缪格勒（Eric Mueggler）及其《野鬼的年代》（The Age of Wild Ghost）

　　我生长在楚雄彝族自治州的永仁县城，对于那些时常在街上出现或在学校里成为我同桌的彝族罗罗泼（Lolopo）人，无论是从父母、家人的言语还从自己孩童时代的印象，我们与他们是不一样的人。记事起从父母的口中，总是在说"文化大革命"时期保皇派与造反派发生武斗，一个县革委中的罗罗（Lolo）干部被抓起来关着，结果从他的家乡引来了数百披着羊皮褂的Lolo人冲进县革委大院，要求放人。最终，这位罗罗（Lolo）头头就被放了，这是大人们喜欢谈论的事。对于生活在县委机关大院的我，除了会从大院里地震棚里的游戏和跟随大人坐上马车参加许多田间劳动得到许多乐趣外，也会偶尔从那些来机关"上访"的人那感到一丝忧虑和困惑。在孩童抹不去的印象中，机关大院里曾经来过一个女人，带着一对与我差不多大的孩子。一开始，她在吃饭的时间就到隔壁邻居家，也到过我家，找父亲和其他的干部说话，似乎在反映她的情况。没几天，这位带着两个孩子的女人就在我们所住房子的屋檐住下了，晚上就睡在屋檐下的过道上。父母一再叮嘱不要和他们说话，每次从狭窄的屋檐过道经过，我都要小心地远远地绕开他们。好几天了，也曾好奇地问过大人，这个女人是从哪里来的？为什么来这里？父母简单地说她从直苴来，有点文化，要求给她解决工作。我不知道她是不是应该有这样的要求，但似乎这是件相当困难的事情，因为她和她的孩子在屋檐的过道上睡了好几个月，觉得是相当漫长的时间。有一天，终于发现过道上那已经看习惯了的三个人不见了，大人们说他们走了，去了哪里也不知道。人们照常在工作和生活着，好像他们去了哪里、是死是活都与大院里的人没有任何关系，可那薄薄的、肮脏又破烂不堪的棉絮被单和为避雨相拥挤在一起的情形再也没有从我的记忆里消失，许多时候心里还在想着，他们应该会在哪里。直到好几年后的一天，听父亲说起，那个直苴来的女人后来带着孩子上访到了北京，最终落实了工作，在北京安了家，从孩童时就牵挂的心终于释然。然而，"直苴"的名字就与这个挣扎着的女人和她的孩子联系在一起。

30 年后，当我成长为一名学者，从事人类学的研究，读着一个美国人类学家艾瑞克·缪格勒讲述直苴彝族 Lolopo 人的民族志 The Age of Wild Ghosts：Memory， Violence and Place in Southwest China，（《野鬼的年代：西南中国的记忆、暴力与空间》，Eric Mueggler， California， 2001），就有一股抑制不住的冲动，要到直苴去。2003 年暑期，终于踏上直苴大村的泥泞小路，完成了一次并不完整的人类学短期田野。这次田野研究，与其说是在 Mueggler 田野研究后对直苴的回访，还不如说是想用自己的眼睛看到记忆中那位执着的女人曾经生活过的地方，想为如谜一般的未得到解答的抗争故事寻找更多的答案。

实际上，艾瑞克·缪格勒（Eric Mueggler）的民族志已经在理论上为我解答了这个直苴女人和她的抗争故事。这部被誉为有力的、充满想象力的优美的民族志深描作品，受到世人的关注，并被许多学者评论。如苏珊·布拉姆（Susan D. Blum）认为，该书作者"追随他的信息报告人——那些生活在云南北部被划归彝族的罗罗泼（Lolopo）人，分析了他们的神灵和人们的仪式生活，鲜活地描述了有关家户组织的若干细节，阐释了这些制度对于边远地方的意义，尤其是在1950~1960 年代破除封建迷信之前就存在。他也揭示了以往的国家政策，特别是1958~1960 年的三年"大跃进"时期的政策及其在当今仍发生着的影响，所导致的野鬼们需要通过许多仪式来安置它们的灵魂，特别是要加以驱逐"。[1] 在布拉姆（Susan D. Blum）看来，艾瑞克·缪格勒（Eric Mueggler）的研究是属于传统的人类学的田野研究，建立在地方性的脉络中，能将理论与民族志素材融会贯通，因为作者已经掌握了罗罗泼人的方言，"民族知识分子精英、汉人农民、外国学者、

---

① Susan D. *"Blum's Reviews"*， see *"the Journal of Asian Studies"* 61， no. 4 (November 2002)：1287~1310.

移民、民族工作者以及其他人都在书中呈现"，①因而这本书充满趣味。

从事中国研究的斯蒂文·桑格仁 (P. Steven Sangren) 评论说，"就材料的丰富性而言，这是我所读到的最好的民族志……它综合了文学分析和较为传统的社会科学取向的人类学。这一点值得仿效"。②香港科技大学的马健雄则在书评中非常深入地梳理了这部民族志的丰富内容，讨论的议题和特点。指出该书"给我们描绘的是一幅从几个栗泼村寨中勾勒出来的图像，让我们理解村民们如何去想像他们的世界，去想像国家、天空、海洋、群山，想像他们共享的空间、他们的房屋、他们的身体。本书最突出的特色，就是通过村民们如何利用物质和文化意义来处理'国家'从北京进入到身体的过程，帮助我们理解作为中国农村中'国家在哪里'。书中提出的中心议题是，人们如何将损失和暴力的面目安置到最为贴身的居所中？总体而言，直苴的民族志研究为我们饶有趣味地勾勒了有关居所、记忆、暴力和社群等等的问题"。③因而在有关中国少数民族社会民族志缺乏的情形下，这本书"为我们填补了这项缺失，给我们提供一个崭新的视角去了解地方社会如何想像国家，如何使用自己的阐释框架去实践自己的表达"④。像许多学者看到的那样，这本著作确实是一部出色的民族志，而被赞誉有加。然而，对这本书持有不同声音的学者也大有人在，中国学者王铭铭在讨论人类学的田野研究方法论之人类学家作为"陌生人"的身份及其表述土著社会的立场时，颇具批评意味地将缪格勒（Eric Mueggler）和他的民族志《野鬼年代》作为案例，认为许多西方人类学家对于"陌生人"身份的迷失，"在牵涉到'中国问题'时，他们大多将矛头指向中国。这改变了此前西方人类学的'中国观'，使这个新的'中国观'离他们所处的国家的自我反思相去甚远，使'陌生的中国'成为他们的批判对象，并由此失去了知识分子作为自身社会'陌生人'的身份"。⑤在王铭铭看来，缪格勒（Mueggler）的研究能够从当地人的观点看问题，形成了一种能将国家、精英、少数族群并置言说的文本模式，但从缪格勒（Mueggler）使用的"野鬼年代"这样的词语，反

①　*Susan D: "Blum's Reviews", see "the Journal of Asian Studies 61"*, no. 4 (November 2002): 1287~1310.

②　转自赵玉燕：《社会理论、底层历史与民俗研究——读埃里克缪格勒＜野鬼时代＞》http://www.pkucn.com/chenyc/viewthread.php?action=printable&tid=4702

③　马健雄的书评见《历史人类学学刊》，2004 年第二卷，第二期，第 175~179 页。

④　同上，第 175~179 页。

⑤　王铭铭：《作为"陌生人"的人类学家》，载《西北民族研究》2006 年 第 3 期，第 135~140 页。

映出知识分子自我身份定位的一种危机，作为一位西方学者，与他的"土著"站在一起时，将他与作为政体的中国"疏离"开来，成为中国的"陌生人"。因而，"他迫使自己不断地在一个中国的'边缘族群'中寻找古怪的'野鬼'观念，不断地忘却一个基本事实：对于一个'边缘族群'而言，来自远处、凌驾于他们之上的那一权力，既可以是他笔下的'野鬼'，又可以如同天神一般，有时英明，有时糊涂，有时伟大，有时缺德。缪格勒（Mueggler）之所以没有看到权力的双重可能，是因为他身处一个将所有道德凝聚于上帝的基督教传统中"。① 看来，无论是出于基督教的传统或甚至是东方学的意识形态，也会让这部精彩的民族志打些折扣。当然，人类学者自身的文化背景都会或多或少在对所研究的社会做出判断时有干预性的影响，而迷失自己的位置，这是每一位人类学家都可能会面临的问题。此外，在美国的《中国研究书评》刊物上还有名为高墨博（Gao, Mobo C. F.）的学者对缪格勒（Mueggler）的这本直苴民族志有评论，② 中国国内还有汤云、赵玉燕等对缪格勒（Eric Mueggler）的书有过书评。③ 这些评论，无论是赞誉的还是批评的都反映了这本书是值得讨论的。

对于我来说，当我准备开始直苴的田野研究，就已经清楚，缪格勒（Mueggler）的书中已经有丰富的民族志素材了，他的书可以让我按图索骥，在直苴找到我需要的话题。回到家乡永仁县，就从老同学县妇联主席的手上被像接力棒一样从县里领导传到中和乡政府，再传到直苴村委会，一路上被热情款待。在直苴村委会稍住几日，遥望着半里外散布在山坡上的村子，了解一些相关信息后，我住到我高中时的李姓同桌的家里，与她丈夫的母亲和家人住在一起。终于，我可以踏上直苴大村的泥泞小路，自然，听到直苴村民对缪格勒（Mueggler）的讨论也是不期而至的。当我开始入户访谈，闲聊中并没有确定谈话主题时，碰到的好几位村民就开始为我报告村落中以前存在过的"取西"（伙头）制度，往往谈话中时不时地就放下话题，饶有兴味地向我讲外国人"穆尔克"的事。④ 村民说几年前，有一位长着高鼻子名叫穆尔克的外国人就在直苴搞过调查，住在村中的小学校里，

① 同上，第135~140页。

② Gao, "Mobo C. F's Review", see "China Review International – Volume 9", Number 1, Spring 2002, pp. 209~212.

③ 汤芸：《从〈野鬼的年代〉看西南中国》，载《西北民族研究》，2006年第1期，第199~203页。

④ 直苴村民把缪格勒称为"穆尔克"。

也在李培生家住了一年。开始来不会打彝话（说彝话），后来简直就是精通彝话了。热心的村民还亲自为我带路，到村中小学校指给我看当年穆尔克住过的宿舍，告诉我穆尔克个子长得高大，小学校给他睡的床太短了，睡觉脚都伸不直，村民帮他用木板将床加长。村中的妇女们并不能描述这位外国人是来做什么的，只是看到他也像村子里的人一样长年累月披着一件羊皮褂，住在学校里，在周围的村子到处跑，或是在村中许多人都参加的葬礼、打跳等集体性活动上出现。与他接触得多的男性老年村民对他的来意知道得就多一些。村中李毕荣老人说："穆尔克专门收集迷信方面的东西。"除了他的研究助手主要信息报告人李培生以外，村民中对这位说着彝话的外国人了解得较多的要数文化人苏平老师。

苏老师曾经到云南省民委从事过5年的彝文研究，曾在楚雄州方志办主编的《州志简讯》上发表过文章。他知道穆尔克来自美国霍普金斯（Johns Hopkins）大学，是来做彝族研究的，苏老师也是穆尔克的重要信息报告人。他认为穆尔克收集的直苴的材料比较全，总共录了78盘录音磁带，他当时访谈的老人多数都去世了，如李志武在1995年就去世了。在他书中提到的把穆尔克领到直苴的酒疯子李云，曾被打成反革命关到劳改农场，早已亡故。苏老师甚至知道穆尔克有关直苴"ts'ici（取西）"制度的文章已经在美国发表了，关于彝族葬礼的文章美国人不高兴看，因为穆的文采华丽才给他发表的。在苏老师的印象中穆尔克是行为文明的高级知识分子。至少像苏老师这样的直苴人真的很清楚缪格勒（Mueggler）所做的工作和所从事研究的内容。

自从在一个葬礼上碰到直苴村民李培生，缪格勒（Mueggler）就决定要辞退从省里陪同他到直苴的一位省民委的对直苴和仪式不甚了解的学者，经过与县里协商同意，缪格勒（Mueggler）就由李培生陪同，成为穆尔克的研究助手。李培生老人思维敏捷，讲述条理清楚，当我坐在他家小院里，他用了整整一个上午的时间为我讲述他与穆尔克在直苴将近两年的合作。言谈中李培生老人多次表露出对穆尔克的同情与怜悯，穆尔克来到云南，在一个彝族村子做了3个月的田野，但却没有做出什么名堂，来到直苴才找到要研究的东西。作为助手，李培生不仅请来几个村中的仪式专家，由穆尔克出钱买了祭祀用的鸡，专门为他的研究做了senganie仪式，作为仪式翻译为他详细讲解每一步仪式的含义，并陪同他前往相邻的大姚三台一带的彝族村子看那里的仪式专家做仪式。李培生还是有关中国政策、直苴历史、社会等方面内容的主要信息报告人，田野中有时还要充当摄影师等（在离开直苴约3年后穆尔克再次回到直苴，作为回报，赠送了一台照相机给李培生），李培生在穆尔克的田野研究中承担了许多角色。一次肝炎病的发作更让李培生对这位美国人的健康状况感到担心，对他穷困与绝望的处境涌出更多的同情与怜悯。用自己掌握的草医草药知识，到山上找药，到中和乡政府的街子上为他配药，经过一个月的医治和条理，神奇地根治了他的肝炎病，身体健康了，"连头发颜色都不再是金黄色的了，已经转黑发像我们样的了"。为此，穆尔克告诉李培生老人他已经写了一篇报道，美国人知道了一个中国乡村的老人用自己的医药技艺治愈了美国人的肝病。疾病、求学的艰辛不时让穆尔克闪出放弃学业的念头，这是李培生老人最为担心、最同情的事情，不断给他鼓励，两人在艰苦的田野工作结下深厚的情谊。当田野结束，缪格勒（Mueggler）表示希望李培生老师能到美国去，他可以为李培生提供路费。李到美国可以自己的医术行医挣钱，或是继续与他一起做研究。李培生老人以自己不懂英语，难以在美国生活为由婉言谢绝了。无论用什么方式，无论承诺是否有实现的可行性，可看得出美国的人类学家想要回报这些穷困的帮助过他的村民。可以想见，老年孤寂的日子，穆尔克是李培生老人在远方可以念想的人。诚如《野鬼的年代》一书开篇谢辞中缪格勒（Mueggler）所言："当我在从事研究和写书时已经欠下太多的债了，这些债不是用言语能报答的。我首先对那些养育我，与我同醉、给予我无尽教诲、容忍我的怪癖、坏习惯和许多愚蠢的问题的直苴人怀有歉意。带着对他们的感激之情我才得以写完这本书，但我仍担心对于他们的友善和慷慨这样做仍然是微不足道的。"[1]当然，在谢辞中缪格勒（Mueggler）首先需要感谢的是云南省社会科学院的院长何耀华和楚雄州彝文研究所的所长刘尧汉那样的学者，对于李培生、苏平等直苴的报告人，都统统可以在谢辞中以"直苴人"这一集体的概念来代表。生活艰辛的直苴山区，田野中的人类学家总是孤苦伶仃、无以为援的境地使得土著也可以怜悯人类学者。在此我无意用这些笔墨来讨论富有同情心的土著人和"小气"的人类学家之间的故事，当田野中自己都还在用土豆来充饥的时候，也不想再来讨论人类学家的道德（ethics）旨趣。

早夭的孩子被挂到树上，"ts'ici(取西)制度"，驱鬼仪式、senganie仪式的步骤，就像与村民谈论人类学家缪格勒（Mueggler）不期而遇，我与这些话题也不

---

① Erik Mueggler: "The Age of Wild Ghosts: Memory, Violence and Place in Southwest China", Berkeley and Los Angeles, University of California Press, 2001, Press.xi.

期而遇。村民愿意将缪格勒（Mueggler）感兴趣的话题再一次在我的面前讲述一遍。我感到在缪格勒（Mueggler）两年间的穷追猛问下，直苴村民似乎都成了训练有素的人类学信息报告人了。

当我的短期田野工作结束，我不能确定说我已经掌握了直苴社会，然而，当我再来面对缪格勒（Mueggler）的民族志《野鬼的年代》，一些疑问一直萦绕在脑际：那些村落中的汉人们在哪里？民族志中缪格勒（Mueggler）似乎将所有的直苴村民都处理为罗罗泼（Lolopo）人，那些直苴村落中的汉人没有被足够地重视。尽管书中提到"大约有5%的直苴居民认为他们自己不是Lolopo人而是汉人（或者是Cepo）。许多以前是汉人的家庭在迁居到直苴后已经变成了Lolopo；那些保留汉人身份又说Lolongo罗罗语，将罗罗语作为他们的第一语言，与他们Lolopo邻居们通婚，并发现难以保持他们的汉人身份。"[1]这样看来，直苴人在说罗罗泼语的前提下都具有了彝族人的特质，相互间就不再有族性的差异。正如缪格勒（Mueggler）在书中介绍的，"这本书并不只局限于对族性（ethnicity）的讨论，或者来调查人们如何加以实践，因为相互间的差异被假定是有趣的"。但从族群理论的角度看，汉人说罗罗泼语是一回事，这些说罗罗泼语的汉人如何认同他们的汉人身份又是一回事，村中的Lolopo人又如何看待这些与他们生活在一起的汉人又是另一回事，"不局限于族性的探讨"并不能将之等同于回避族性的探讨，无论是假定的还是真实的，这些差异及其产生的意义都需要在具体的直苴社会情景中加以厘清。因而在直苴社会内部，罗罗泼（Lolopo）人和汉人相互间的区分与参照就是本书研究中的一个关注点。

一直以来西方"汉学"范式将中国当成是没有差异的社会，将不同的社会都放进抽象的"中国文化"这一概念下。在他看来，罗罗泼（Lolopo）的存在，正是可以让人们看到在中国乡村中存在的多样性的景观，存在"既不独特，也不边缘，更不中心的"样态。[2]缪格勒（Mueggler）的民族志旨在向我们描绘了民族国家对一个山区彝族Lolopo人的暴力，然而，回到这个社会的内部，我们还将看到，汉人、Lolopo人和女人都成为暴力实施的可能对象，暴力在国家、汉人、Lolopo人、

---

[1] Erik Mueggler: *"The Age of Wild Ghosts: Memory, Violence and Place in Southwest China"*, Berkeley and Los Angeles, University of California Press, 2001, p15.

[2] Erik Mueggler: *"The Age of Wild Ghosts: Memory, Violence and Place in Southwest China"*, Berkeley and Los Angeles, University of California Press, 2001, p20.

女人和男人的关系交叠的中间地带不会只有一个方向，暴力在这个社会是多面向的。尽管在缪格勒（Mueggler）的民族志中直苴被象征化为女人的子宫，直苴有"超过80位妇女被迫做节育手术同时抵制也由此形成"，① 但除了那些会做赶鬼仪式的女性仪式专家，仍难以判断在他的直苴信息报告人中有多少是妇女。中间地带的直苴，国家、Lolopo人、汉人、男人、女人都会在这一空间中呈现。当我放弃那些已经程式化的直苴仪式专家们的讲述，在村落中重新发现报告人，听到"风流"的李林、醉酒的女人，婚姻纠纷中的女人，乡村女医生的诉说，我能感到性别的失衡在这个社会也是能产生意义的。

我的直苴研究并无如德里克·弗里曼（Derek Freeman）般的雄心，要将玛格丽特·米德（Margaret Mead）的萨摩亚人拿来重新阐释，这份不完整的人类学报告希望让人们看到，直苴 Lolopo 社会也许还有尚未在缪格勒（Mueggler）民族志中得到充分表述的内容，会呈现出不尽相同的面孔。

一、彝族社会的族群认同

楚雄彝族自治州是云南省彝族人口的最主要聚居区之一，有超过10万的被称为保保泼的彝族人口就世代定居在自治州西北与丽江、大理、四川攀枝花相邻的大白草岭、昙华山等海拔3000米以上的大山中。我前往进行人类学田野研究的直苴就是楚雄彝族自治州永人县中和乡下辖的一个行政村。

中和乡下辖8个村民委员会，据2001年的统计，总人口9903人，女性人口4904人，直苴村委会管辖776户人家，由俄宜刀博、且么、俄刀、阿六诺、族召而联、者树、宜咪洗咪等23个村民小组和33个自然村组成。据2001年村委会的人口统计，整个行政村有人口2863人，男1506人，女1357人。人口在所辖各自然村的分布是不均衡的，我主要考察的大村和小村紧相邻，近300个家户的房子密密地挨在一起，几乎联成一片，集中了直苴行政村一半以上的人口。从北到南蜿蜒流过的直苴河把整个峡谷分为两半，谷底是少量的稍平整的台地和水田，这33个罗罗泼聚居的自然村就沿峡谷稀稀落落地分布在起伏绵延有一定坡度的半山腰上，或山谷间，村落往上就是高耸、苍茫的大山。一所创建于1933年的全日制完全小学，

---

① Erik Mueggler: "The Age of Wild Ghosts: Memory, Violence and Place in Southwest China", Berkeley and Los Angeles, University of California Press, 2001, p21.

一个原属供销社的简陋的商店成为联系这个大社区的中心，而作为政府基层机构的村委会则建在紧靠直苴河边，是峡谷通往山外的路口，离人们主要聚居的村落有半里路之遥。

（一）从里泼（Lipo）到罗罗泼（Lolopo）：山区中的族群认同等级

1. 彝、汉杂居村落的族群认同

在直苴人追溯村落历史时，始终把村落居民的由来与今天大姚县昙华山一带彝区的彝族人联系在一起。在村落中流传的故事说，以前直苴没有人居住，是一片大森林，树木浓密，用藤子可过河，树长满了胡须，那时的直苴河两岸都有树。大约在洪武二年（公元1369年），有居住在今大姚县三台山 Velilaba 一带名叫查里若（Chalizruo）和查拉若（Chalazruo）的兄弟俩人一同打猎，追赶逃亡的野猪来到了今天大小村所在山箐中，发现野猪在一水塘里打滚，原来是有龙水流出而形成的烂泥潭，看起来可以种谷子。兄弟二人从装弩箭的竹筒里倒出三颗谷粒，种在潭里，约定来年八月再回来看，如果能长出谷子就搬来这里住。第二年来看果真看到谷子长得很好，出穗了。于是就约了人从 Velilaba 搬到这里住，最早盖房子安家的地方被称为"tsicizuo"，就在大村的中心，以往是村民跳脚娱乐的地方。昙华、三台山一带的彝族与直苴的彝族同属罗罗泼（Lolopo），尽管直苴人认为中和乡政府所在地一带的 Lolopo 与昙华、三台山一带的彝族语言上更为接近，而直苴的 Lolopo 与他们的语言差异更大，但在国家民族识别后把彝族语言分为24个方言区，直苴 Lolopo 与昙华、三台一带的彝族都属于中部方言区。可以说这是直苴彝族把三台山视为其祖先来源地的重要前提。但在这个故事中对村落历史的叙述仍是含混不清的，甚至不完整的，或者说它只代表了村落中 Lolopo 这部分人的历史叙述系统。尽管整个直苴行政区是彝族聚居区，但也有部分汉人杂居其间。

据直苴村委会2001年的民族人口统计，在2863人的总人口中，有彝族2705人，汉族158人。就民族人口在各自然村的分布情况看，大村6个社，有彝族577人，汉族72人。汉族在其他各社分布，俄宜刀博22人，且么16人，且田5人，俄刀25人，阿六诺4人，族召而联零人。汉族在其他村民小组的分布，比刀底1人，者树35人，宜咪洗咪48人，学校2人。因而杂居在直苴汉族人口主要集中居住在大村中。在Lolopo的叙述中，并没有告诉村落中与他们共同居住了许多代人的汉人是怎样与他们居住在一起的，他们只是说汉人可能是后面才搬来的，显然，对于Lolopo来说，这些人数较少的汉人对村落的历史似乎并不重要。但作为故事的开篇，故事里的洪武年号是个有意思的文化符号，首先它应该出自于汉人社会而不是Lolopo。地处西南边疆的云南一直被认为是蛮夷世居之地，历史上陆陆续续有汉人迁入都融合到当地少数民族土著社会中。汉族大量移入云南而较好地保留其族群性，从明朝开始。朱元璋在建立明朝14年后，才派三路大军平定云南，把蒙古人的残余势力驱逐出云南。洪武十五年（公元1382年）令傅友德等"以云南既平，留江西、浙江、湖广、河南四都司兵守之，控制要害。"（《明史·兵志》），出于军事镇摄之目的，这些留成之兵成为滇云卫所中较早的戍守军户和明代早期移居云南的汉人。今天云南许多汉族的家谱、族谱、墓碑等，往往有祖籍南京的说法，"南京应天府，大坝柳树湾，争口米汤吃，充军到云南"，类似这样的话，是许多云南汉人述及家世时都会脱口而出的。甚至还有一些少数民族，也有此种说法。就像南京这一有特定含义的空间记忆情结一样，洪武的年号也成为云南移民汉人能追溯祖先历史的有特定意义的时间符号，保留在云南汉人的叙事语汇中。尽管我们尚不能根据这个故事就把直苴村落中的汉人直接同云南早期移民联系在一起，得出二者关联性的论断。而且，尽管在直苴Lolopo的叙述中尽力淡化汉人的历史与村落历史的关系，企图隐藏汉人在村落中的历史和相关联的作用，但通过洪武年号的开篇，把直苴村落的历史关联到帝国的历史叙述整体之中，它能强调村落历史的悠久和足以引起的自豪。因而无意中村落历史的叙述无疑还是揉进了汉人的痕迹，毕竟谁也无法改变村落是Lolopo和汉人杂居的事实。在日常生活中，Lolopo和汉人有许多方式来进行相互间的区分：

（1）相互参照的 Lolopo 和汉人的服装。

关于村落由来的传说故事已透露出村落中 Lolopo 与汉人间不甚和谐的关系。在以后的叙述中我们还会发现汉人往往成为 Lolopo 们讥笑的对象。在直苴 Lolopo 的语汇中用 Cepo 来专称村落中或从外地来的汉人，而用 Lipo 来称呼自己，在语汇概念有区别的使用中，必然反映出这两类人群间文化上的差异。我的 Lolopo 报告人认为在这里 Lolopo 与汉人之间的差别主要是汉人更会做生意，穿的衣服也有区别，语言上跟彝族差不多。汉彝间服饰上关于的差异的描述更适合于过去而不是当今，以往，人们自己缝制鞋子，汉人穿的鞋子鞋帮上的鞋口要缝成弯弯的月牙形，而彝族的鞋子鞋口则是剪刀口。以往，村落中的汉族妇女是裹脚的，脚大了不好，嫁不出去，裹了脚要穿绣花鞋，不去种地，也不会用头顶来背负背子和重物。汉人妇女民国以后就不裹脚了。直苴彝族 Lolopo 妇女从来就不曾裹脚，妇女是以头戴鸡冠帽，穿绣花的大裤脚裤子和系花围腰的装束而出名的，现在因制布料、绣花、挑花等工艺太耗时，Lolopo 妇女如果平日要穿这样的传统服装则会显得太昂贵、成本太高。因而除了参加生日酒、喝喜酒以及正月十五举行的赛装节外，平日里的生产劳动就几乎不穿这样的彝族服饰了，而是穿买来的已缝制好的汉式服装，且因山区气候寒冷，通常都喜欢外穿件羊皮褂，看起来彝、汉间在服装上渐趋一致。以前说 Lolopo 妇女不会绣花，现在会绣的人多了。以前 Lolopo 男子一直穿满襟服，大筒裤，有的到土改时还穿。土改后主要穿麻布衣服，60 年代才发布票，一个人给一尺四的布票，攒一年一家人可买一件布衣服。

（2）作为边界的语言。

实际上汉、彝间差异是明显的。如村落中有樊姓、李姓、张姓、顾姓、起姓、殷姓等姓氏，乍看似乎都是汉人姓氏，像中国其他许多少数民族一样，这里的 Lolopo 每个人都起一个汉族名，即便按当地习俗给刚出生 3 天的婴儿起乳名，也会给一个汉式名而基本不用彝语名字。而在这些姓氏中，像顾姓就是汉人姓氏，村落中大凡姓顾的人家都是汉族。语言方面的差异也如此，汉人之所以更会做生意，这得益于汉人在拿东西出去卖时易于与外界的人沟通，语言障碍同 Lolopo 相比要小些，更容易做成一桩买卖。在直苴彝族社区中生活的汉人，从孩童时代就具备了用彝、汉双语来说话的能力，因为在这一 Lolopo 占多数的村落中，社区内所有与人交往的语言使用的都是彝语，村民把说彝族语叫"打彝话"。社区中的汉人在家中都说汉语，但在户外的任何场所，如果汉人与任何一个 Lolopo 讲汉语是没人跟他／她搭白（当地土话，即搭腔）的，因而汉人家的小孩则必须学会说彝话，才可能建立起他从小到大的伙伴关系，任何一个成年汉人只有会说彝话，才会被认定为是直苴人。让汉人说彝话，使村落中的 Lolopo 感到十分欣喜。村中的 Lolopo 老人告诉我，20 世纪 60 年代，"四清"运动时，有从县里来的工作组住到村里，召集村民们开会，用汉语为村民们作报告，宣讲国家的政策。报告宣讲完后，村中的一些汉人竟然没听懂，反而去问 Lolopo 讲了什么。"汉族变彝族去了"，说完这个故事，在场说的人和听的人都哈哈大笑。从而让我觉得，在这里 Lolopo 人让村落中的汉人说彝话，其目的是削弱汉人对汉语的运用能力，甚至还是 Lolopo 对汉人的一种惩戒方式，也确立了 Lolopo 在村落中的话语权威。就是以这样的对立方式，长期以来一直作为直苴 Lolopo 表述族群认同的独特方式，来表述着 Lolopo 人的族群认同。

但在中国民族—国家的背景下，在这样一个彝、汉杂居社区，对于 Lolopo 的小孩来说也同样必须具备双语能力，因为在整齐划一的学校教育体系下，这些 Lolopo 小孩又得接受汉式教育，在学校中读的课本是汉语课本，教师用不太标准的普通话进行教学，即便是彝族老师也在用汉语上课。在课余，老师也被要求尽量与 Lolopo 学生用汉语交谈，老师同样会要求所有在校学生，包括彝族学生，交谈必须说汉语。因而形成了在村落中汉人小孩被迫说彝话，但学校又在迫使 Lolopo 小孩说汉语的状况。其结果，对于成长在这样族群杂居社区中的孩童，就形成了在学校、家庭与社区空间场景转换中的语言使用困惑甚至是虚伪，因为在不同的场景、对不同的人错用了民族语言来说话，会是十分尴尬的，在对方的不作应答甚至质问式的目光中发现错误再加以修正，对当事双方都会产生强烈的羞愧感。直苴人说如果用错了语言，这样就会"xiedao（害羞）了"。广播、电视联通了以后，语言障碍小一些的汉人能接受到更多信息，但对中老年未受过汉式教育的 Lolopo 人，尤其是妇女，就会产生与汉人更明显的差异，Lolopo 人遭到更多的语言压力，那意味着如果要接受现代文明，就必须学会汉语。对于年轻的 Lolopo 人并不困难，他们中许多人正热衷于唱卡拉 OK，汉语歌词并没有对他们产生阻碍。因而作为主流话语的国家汉语使用系统与作为边缘的直苴地方族群小社会，两个系统在社区中都有各自所属的语言使用"领地"，相对于社区中作为少数人群的汉人，Lolopo 语言仍是直苴社区中的主流。

（3）婚姻和求偶中的族界。

在直苴彝、汉杂居社区，彝、汉间通过日常的生产劳动，建立起相关联的人际关系，异族间的联姻也是建立社会关系的重要途径。村中的 Lolopo 说，当时汉人搬迁进直苴就是来上门的。汉族男人上门入赘，建立起与土著的 Lolopo 的婚姻关系而使汉人最终附着在直苴土地上，但族群间的文化隔阂仍是十分明显的。汉族人家普遍不愿意把女儿嫁给 Lolopo，小学校的彝族苏老师说，在我家老祖那辈，那是清朝时候的事，汉族自己的想法认为他们比我们 Lolopo 先进些，有的生产方式比我们更科学，所以一般汉族姑娘不嫁给当地彝族。我老祖的哥哥先请人去说一家汉族姑娘，那家汉族说：我是汉族，我的姑娘咋会嫁给你？他一气之下就去讨大村李家的彝族姑娘，但结婚时像汉族的习俗那样用花轿把新娘抬进了家，尽管轿子简单些，只是俩人抬的。Lolopo 祖辈们想娶汉家女子的愿望未能实现，正是由于彝、汉间文化隔阂的存在。在中国以汉人为主导的社会中，很早就形成了汉族——先进，少数民族——落后的族群区分和文化价值判断模式，无论这些汉人是居住在中原地区还是在其他任何地方，任何环境下。即便像在直苴，彝族、汉族共同生活在同一个生态系统中，从事同样的畜牧、农耕生计方式，我们既看不出汉人精耕细作的耕作专长如何在寒冷的山区得到发挥以显示出其先进性，也看不到这种专长同 Lolopo 擅长的放牧相比究竟优越多少，表现出汉族生产方式在哪些方面会比 Lolopo 更先进。因而长期积淀下来的汉人自大、自傲、自我满足心理却能让少数民族群体产生微妙的卑微心理，增大族群间的隔阂，划清族群认同中的边界。慢慢地，祖辈们不能实现的娶汉族女子的愿望也通过后生们的努力来实现了，异族通婚在直苴变得日益普遍，但这是在汉人学会说彝话的前提下才改变的，否则对于村落中怀着焦虑不安心境下的正在求偶的汉人小伙子来说，是不可能被 Lolopo 姑娘和其社会接纳的。

长期以来，直苴 Lolopo 社会中的年轻人一直以串姑娘（又称"爬草楼"）的方式来寻偶的，大凡养了姑娘的人家在姑娘适龄（十三四岁）的时候就会为她建盖一间独立的睡房，把她从父母身边分出去住，因姑娘睡房楼下通常关养牲畜，楼上堆放谷草等杂物而被称为草楼。姑娘住在草楼上等待前来走访的年轻男子，而小伙子们则一到晚上就成群相约，吹着笛子，拉着二胡、打着电筒到草楼上去与姑娘会面，谈心，这样的求偶方式在汉语中被称为"爬草楼"。如果小伙子来得多就说明姑娘受欢迎，以前父母知道有小伙子来串还会帮拴住看门的狗。有的姑娘生得好一晚上就有二三十个小伙子来串，姑娘们也会策略性的三五个人相约陪着小伙子说话、聊天，到天亮都不能睡觉。天一亮姑娘就得到田里劳动，有时就在田间地头的树下睡一会儿觉。因"爬草楼"中姑娘是否愿意把门打开与小伙子交往很关键的一步是谈心，当被挡在门外的小伙子的谈吐能力在姑娘面前得到表现，才被允许进屋与姑娘同榻而坐，在小伙子吹、拉乐器等各方面的才艺得到展露，赢得姑娘的芳心后，小伙子便会得到姑娘赠送绣花鞋垫之类的定情物，开始固定走访这位姑娘。小伙子为避免白天在姑娘家见到认识的人而 Xiedao（害羞），他们得过着天一亮就赶快回到自己的家中，晚上就与姑娘同居的日子。

曾经有一位在农村基层从事文化工作的汉族青年，深感这一求偶风俗的"奇异"，多次想去亲身体验一下"爬草楼"的奇妙，结果却每次都吃"闭门羹"，因为他不能用彝语与姑娘对话，也就不可能让姑娘把门打开。后只有央求当地彝族伙子帮忙，先让彝族伙子去叫门，好不容易叫开一家的门，让彝族伙子先进去，把火塘烧起来，煤油灯点亮，姑娘就从床上爬起来坐在床边与小伙子讲话，彝族小伙子看时机成熟了就去把等候在楼下的汉族伙子喊上来。但汉族伙子刚进门，姑娘就问是不是汉族？说完立刻躺到床上，用被子将自己从头到脚盖起来，再不拉开，这位汉族伙子只有悻悻离去。当然，这位挚着的汉族伙子并没因此放弃，而是学着像彝族伙子那样，穿上羊皮褂，学习说彝语，最终才能如愿以偿，爬进草楼与姑娘围坐火塘彻夜长谈。当然还有许多汉族小伙子并不像他这般幸运，当地人流传的一个汉族小伙子爬草楼，到了姑娘房中，被认出是汉族后，小伙子说了许多好话仍未能打动姑娘的芳心，失去耐心，出口开骂"彝族都串得我为什么串不得？"，最后竟然粗暴地将姑娘睡觉的床板掀翻。姑娘的哭声引得家中的长辈举着火把来看究竟，断定只有汉族伙子才会这样做，就愤怒地用火把来烧这位伙子，用火把才将这位汉族"不速之客"赶走，受了惊吓的姑娘只有搬回家与父母住在一起。发生在爬草楼求偶行为中的暴力不会是绝无仅有，许多住草楼的姑娘们便会二三个相约住到一起，相互照应。但彝族姑娘倾向选择彝族伙子来爬草楼，爬草楼被框定在彝族人的内部，对于居住在同一个村落，又能说彝语的汉族小伙子，却能用这样的办法找到一个称心的姑娘。至少彝族姑娘这种选择的主体性将不会说彝族语的汉族小伙子排斥在外，具有族性的意义。

这一走访式的求偶婚俗，一直被评价为是落后的陋习，包括村落中的汉族，尤其是妇女也是这样看的。当向汉族妇女问及"爬草楼"的习俗时，她们总是愤愤地说，我们汉族没有这种习惯，不像彝族那样。显然，汉族妇女对当地 Lolopo 的求偶方式表示反感。在直苴异族间联姻的过程是充满羞辱与嫉妒，排斥与接纳多种情感体验方式交织的过程，婚姻作为连接异族间交往的纽带，一方面在异族通婚后通过生育后代来加强血缘的融合以消除族群间在语言、认同等方面的对立，另一方面却又在异族间的婚姻缔结过程中强化这种对立。

（4）其他可以生成的彝汉边界。

共同生活在直苴山区的彝族与汉族，在日常生活中还有许多边界（boundary）可以生成。从住屋来分，汉人家的房门基本开左右两扇双门，有堂屋，堂屋里设有祖宗牌位，供菩萨。而彝族人家房门只有一扇单门，家户中有去世的家人就在堂屋的墙上挖出正方形小洞，洞里铺青岗树树叶，在墙上钉木桩，木桩上铺木板，木板上铺松毛，彝族人称之为"niqi"，相当于汉人的祖先牌位。彝族人只供奉三代以内祖先，"只祭三代，三代以前就丢掉"。杀猪的日子和过年时要祭献。因而家屋的空间布局很容易就可以将村落中的汉人家和 Lolopo 人家区分开来。村民还认为杀猪的方式在彝汉间也有区分，汉人杀猪，在猪被杀死后用沸腾的开水来烫猪毛，再将猪毛刮干净。而彝族人杀猪则不用开水烫，而是点一堆火将猪毛用火烧干净，再来刮法。每年农历六月二十四日火把节，尽管已经成为彝汉共享的节日，但在过节时汉人家往往将火把捆绑在很长的杆上并将杆子高高竖起，而彝族家则只是将火把放置在地上，不用杆子来竖火把。彝汉在婚葬嫁娶方面也存在许多可区分的地方，彝族人说："汉族办酒嫁姑娘，新郎、新娘在一天就送回去，我们彝族要三四天才送回去"。葬礼上，汉族人家有人去世将尸体停在堂屋里，披麻戴孝，孝子要戴帽子。"我们彝族人家人死掉是要将棺材抬到院子中，死者后家的男人们要围着棺材跳一晚上，到天亮。孝子不能戴帽子，来帮忙的兄弟们都要戴帽子"。在信仰方面，村子里的彝族有自己的 Mixi 神，被认为是彝族最大的祖宗、神灵，汉族没有，汉族也不能参加祭祀 Mixi 神。"祭神时规定要穿彝族服装，不能穿汉族服装，祭祀时不准说汉话，只能说彝话"。资源的竞争促使边界生成，汉人被排斥在神山 Mixi 神的庇佑之外。

直苴彝汉杂居的村落，不仅只有地域的意义，在这个由彝汉来填充的空间，汇集着空间中不同社会人群的心理过程，无论是参照对比还是排斥感，甚至相互间实施的暴力，都在维持空间的社会边界意义。正如西美尔（Georg Simmel）在讨论社会的空间时所看到的界线的概念在人们相互间的一切关系里都极端重要，"在这两个空间位置的一个另一个上，每一个载体都拥有一个指定给他的、仅仅由他自己填充的位置"。[①] 在民族国家与直苴 Lolopo 小社会关系下，当代表汉人的国家通过行政、教育等方式在改变彝汉间对社区空间的划定，对 Lolopo 产生挤压时，Lolopo 也会通过宗教仪式、对山脉森林的划定来对社区中的少数人群——汉人所享有的空间加以挤压。如果按缪格勒 (Mueggler) 所认为的，民族国家有力量通过"文化大革命""大跃进"那样的政治运动对 Lolopo 人的文化和社会加以改造是一种民族国家的"暴力（Violence）"形式，[②] 那直苴的 Lolopo 人也有力量通过限制汉语在村落公共场合的使用从而对村落中的汉人施以暴力。而汉族男人也会在"爬

---

① 〔德〕盖奥尔格·西美尔：《社会学——关于社会化形式的研究》，林荣远译，华夏出版社 2002 年版，第 461 页。

② Erik Mueggler, "The Age of Wild Ghosts: Memory, Violence and Place in Southwest China", Berkeley and Los Angeles, University of California Press, 2001, p252.

草楼"时对 Lolopo 女人施以暴力，暴力在这个社会是多面向的，汉人、Lolopo 人和女人都成为暴力实施的可能对象。暴力在国家、汉人、Lolopo 人、女人和男人的关系交叠的中间地带不会只有一个方向。

2. 山区中的族群认同等级。

台湾学者王明珂教授在对四川羌人社会进行了长期的研究，在一次演讲中他提及一个有趣的故事。说有汉族商人到羌人聚居地去，想买他们养的猪，就去问当地人："听说蛮子有猪要卖，不知在哪里？"当地人说："我们不是蛮子，蛮子住在山上。"当汉族商人来到山上，再问时，山上的人回答："我们不是蛮子，蛮子住在山头上。"当汉族商人再到了山顶仍然还是没有找到蛮子，因而没有人来认自己是蛮子。这是一个颇具讽刺意味的故事，从"蛮子卖猪"或当地俗话所说"一截骂一截"等现象，[①] 反映出中国少数民族族群认同中存在的等级，这类现象并不只出现在羌人社会中，我所考察的直苴 Lolopo 的社会也存在极为相似的族群认同等级。数以 10 万计的 Lolopo 从北到南散居在从金沙江河谷到大百草岭的崇山峻岭、河谷、坝子中，在 Lolopo 人中还有一个很近似的名称里泼 (Lipo) 在被广泛地使用，用来称呼居住在这一广阔范围中的彝族人群。但在 Lipo 一名称的称呼与被称呼之间却在 Lolopo 人中被赋予了特定的含义。靠近永仁县城的芝那一带的 Lolopo 人把自己称为 Lolopo，而把除自己之外的其他 Lolopo 人称为 Lipo，因为他们认为自己更靠近坝区。居住在中和乡政府一带的彝族并不认同支那 Lolopo 人给他们的 Lipo 称谓，他们更愿意把远离乡政府所在地的其他 Lolopo 称作 Lipo，而称自己为 Lolopo。被中和一带 Lolopo 称呼为 Lipo 的直苴 Lolopo 人仍然不认可 Lipo 这一称呼，因为他们要是和居住在昙华山一带的彝族比，还不算山区，在他们看来真正的 Lipo 住在比直苴人住的山还高的高山上。因而直苴彝族又把距乡政府更远的利皮埂一带的 Lolopo 称为 Lipo，把 Lipo 的称呼送给其他彝族人后，Lolopo 的称呼自然就属于直苴人自己了。但是 Lipo 在这一地区的传递还远未停止，利皮埂的彝族又认为大姚昙华山一带的 Lolopo 才应该被叫做 Lipo，而昙华山的彝族又认为与大理交界三叉河一带的彝族才是 Lipo，而三叉河一带的彝族又认为再往北与丽江交界的黄家湾一带的彝族才是 Lipo，黄家湾的彝族却说住在高山上的傈僳人才是 Lipo。这样 Lipo 的称呼一直转让到傈僳人头上才告终结，而对傈僳人，

---

① 王明珂：《华夏边缘——历史记忆与族群认同》，社会科学文献出版社2006年版，第241页。

这一称呼已没有任何意义，因为他们已不属于彝族，也不属于 Lolopo，而是另一个族群。总之，百草岭地区没有任何一个地方的 Lolopo 愿意接受 Lipo 这一名称。Lipo 的名称之所以会没人认领，根源在于彝语中把排行老二的称为 Alipo，Lipo 一词的原义有第二的含义，又被引申为落后之义，因而就像"蛮子"一词一样，在自尊心的驱使下是没人愿意承认的，而 Lolopo 一词却与其自称的名称 Lolo 相一致。因而，从 Lolopo 到 Lipo 称呼的使用与转换中，形成了山区中彝族人族群认同的鲜明等级，彝族人居住的如靠近乡镇等区位优势，居住地海拔的高低，经济的发达程度都成为划定认同等级的要素，族群认同绝不是单纯的生物性的、根基性的族群性的体现，还包含着文化的、经济的、区位的等多种要素复合的价值判断所赋予族群认同的差异和所体现的等级。

从山区中 Lolopo 认同等级中，我们还能看到在直苴 Lolopo 内部也相应地存在多样的认同层面：与村落中汉族（cepo）相对——Lipo；与永仁县城附近支那、中和一带的 Lolopo 相对——Lipo，与大姚县华山一带 Lipo 相对——Lolopo，与所有其他族群相对——彝族。因而，在直苴 Lolopo 的认同中形成了两条清晰的边界：一方面在与村落中有文化差异的汉人的区分中明确了自身作为 Lolopo 的族群身份和在社区中的主流地位；另一方面，被中和一带的 Lolopo 称为 Lipo，说明他们并不认同中和的 Lolopo，直苴 Lolopo 把昙华一带的彝族称为 Lipo，也说明他们并不认同于昙华一带的 Lolopo，这样在 Lolopo 认同等级中确立了自我身份和在等级中自身所处的地位。既同汉人相区别，又同其他类彝族人相区别，更加划清了彝族认同的边界。直苴 Lolopo 人的认同现状，也是当今中国彝族认同状况的一个缩影和所体现的层面性：彝族，是由国家民族识别后确立下来的具有政治和法律意义的民族概念，是一个宽泛的松散的更大范围内的人群认同；Lolopo，是对有一定文化差异、地域差异的彝族不同族群的能确立自我人群归属关系的概念，是彝族社会中最具实践性认同层面；Lipo，是相对于 Lolopo 更具有固定、明确区域范围的族群认定层面，是实践中最小的族群认同单元。

（二）被表演的族群身份：社会性别的分析视角

1. 直苴的赛装节。

从小就在学校读书受国家教育的苏老师在直苴全日制小学中从事教育工作已有 30 年，多年良好的教育和对地方知识的了解使得他成为直苴 Lolopo 人中有一定威望的文化精英。况且，苏老师还在省城昆明、州府楚雄居住过，为省里民族语言工作委员会和楚雄州彝文研究所工作过一段时间，主要协助研究人员进行不同地区彝族支系的语言比较研究。尽管现在苏老师已经从直苴完小退休，但对他来说就有了更多的空闲时间来从事自己一直热衷的宣扬、推广直苴彝族地方民族文化工作，而且他也擅长于做这方面的事。很长时期以来，在直苴 Lolopo 社会传统中就有一个新旧 tsici（汉语中又称伙头）的接交仪式，即每年都有 3~4 个家户被新推选为该年的伙头 tsici。在每年农历的正月初二大早，这些新的 tsici 家户与头一年的 tsici 家户间会举行一个盛大的交接 tsici 象征物的仪式，届时村中的男人会吹响芦笙，打跳来迎接 tsici。这一天也成为村落中 Lolopo 们最为欢娱的日子。当 Lolopo 人传统的 tsici 社会组织被取缔，仪式含义被冲淡了，但这一天人们的欢娱却并没有停止，慢慢地，作为一个民俗事象在直苴积淀下来，演变成很有趣的习俗。甚至，经过文化精英的再造，这一习俗演变为一个固定下来和程式化的节日，成为当今旅游市场和文化遗产运动中越来越受当地政府和游客们关注的文化品牌。当地学者特别关注这一伙头（tsici）交接的仪式与民俗活动、民族节日之间的关系，有学者认为赛装节源于直苴彝族"伙头"交接即"且和（土地神的化身）"崇拜和土地神祭祀。[①] 反映出这是"从谷种神话到青伙（qihuo）、器西（tsici）的发展过程，实际上是一个从物质实体（谷种）到形成了精神上的灵魂观念的过程，同时也是一个产生、形成、传承与稻作有关的祭祀活动过程"。[②] 这些对赛装节节日原型的分析过于强调一个节日产生本身的文化属性，却缺乏对直苴文化精英在再造文化方面的主体性和能动性的足够认识。

很长时间以来，还是每年农历正月初二，在群众性的聚会中，全村甚至附近村落的妇女们都会把一年中为自己缝制的色彩艳丽、花团锦簇的 Lolopo 盛装穿戴整齐，集中到大、小村交界沟箐的坡地上，来互相比试，展示谁的衣服最漂亮。以往这类比试服装的活动都是群众自发组织的，但在 1984 年，当苏老师从电视上看贵州的苗族寨子搞起旅游业，有玩陀螺的，有跳舞唱歌的，有买工艺品，经济收入有改善。于是开始来倡导更好地把直苴的这一群众活动组织起来，他把自己的一些设想融会进这一活动中。比如，他给这一活动取了一个更具民俗学专业性

①　杨甫旺：《民族传统节日的共生、传承和转型——彝族赛装节个案研究》，载《贵州民族研究》，2003 年第 1 期，第 106~110 页。
②　张洁：《稻作祭祀——崇拜心理——出生原型：永仁直苴赛装节演变个案》，载《楚雄师范学院学报》，2002 年第 4 期，第 58~61 页。

的词汇"赛装节"，听起来更有文化味道，也符合当时各少数民族文化复兴潮流中出现的层出不穷的新节日名称，而且既然作为节日就不再是可有可无的了。把活动的主题"赛装"突出出来必然能使节日活动更有内容，更有固定格式，也能更大地激发人们对传统服饰的关注，苏老师的最终目的是要通过赛装节这一"名片"，让外面更多的人来认识直苴，让直苴扬名，并让外面的人来直苴旅游，改变直苴的贫困面貌。可以说，这是一个弘扬地方民族文化最完美的创意，而且也似乎真正起到了这样的作用，达到了最初目的。

1984年，经过重新组织、安排并有响亮名称的第一届赛装节轰轰烈烈地登场了。当地人喜欢用热闹一词来形容当时的场面，确实如此，当时除了来自当地30余个自然村的群众外，还有许多来自大姚县昙华、三台等地的Lolopo参加了直苴的赛装节，人们看到的是Lolopo人喜悦的流露。但因在宣传上尚缺乏经验，也没有按老规矩来做，这一年的赛装节未能真正引起外界的关注。第二年，由于这项被认为能起到宏扬地方优秀民族文化作用的节日得到乡政府、县政府的支持，正式把赛装节的时间确定在农历正月十五，楚雄州电视台的记者专门到此采访、拍摄了直苴赛装节的盛况，播出后产生良好的社会反响，此后，来进行了采访、报道的省级甚至四川攀枝花等地的电视台络绎不绝。2007年，"招银杯"永仁直苴赛装节摄影大赛由永仁县人民政府主办，春城晚报协办，历时3个月，得到了来自上海、四川、云南等地摄影家的积极响应，他们以独到的视角，记录了永仁直苴赛装节的盛况。自开赛以来，组委会共收到以表现永仁直苴赛装节古朴、自然、神秘、独特为主题的摄影作品1000余幅。① 年复一年的宣传、扩大影响使得直苴赛装节四处扬名，同时也使得赛装节的活动变得程式化，更像表演性的地方文化活动，甚至有的记者来到直苴，在不是赛装的时节也会要求当地人来营造气氛，重复赛装表演，以完成拍摄所需的镜头，无疑又增大了表演的意味。渐渐地，人们已能把赛装节同直苴Lolopo关联起来，赛装节能同直苴Lolopo对等，也就能确定为直苴Lolopo有表征意义的文化符号，得到Lolopo和外界的认可，而且，这个节日在宣传中被认为是"原生态"的文化，已经具有600年的历史。一本名为《云

---

① "招银杯"永仁直苴赛装节摄影大赛落幕 http://www.yndaily.com/html/20070513/news_93_239722.html

南楚雄民族节日概览》的书对赛装节作了如下描述[1]：

　　每年农历正月十五日是永仁县直苴地区彝族人民的传统节日——赛装节。这一天，彝族同胞家家杀鸡宰羊，户户吃荞饼、吃核桃蘸蜂蜜，欢歌饮酒。太阳刚刚露出笑脸，昙华山麓，三台山下的彝、傈僳、傣、苗、汉等成千上万的民族同胞，从四面八方、从十里、百里之外云集到直苴参加赛装节。当地彝族的唢呐队、芦笙队吹奏着迎客调、过山调，迎接着来自各地的客人。老年人穿着古式新装，小伙子打扮得格外俊俏，姑娘们穿起自己精心刺绣的五彩缤纷的服装，男女老少都把最新最漂亮的服装穿出来了。人们合着悦耳的芦笙旋律纵情地歌唱跳舞，道吉祥，庆丰收，比美赛智。赛装的形式是多种多样的，有各村各寨的挑花刺绣能手穿着自己刺绣的彝族服装组成的甚至机队，伴着芦笙、笛子的旋律一队接一队的登台赛装打跳。有的则是一家一户三五成群的穿着精工制作的崭新的民族服装围坐在一起吃着山珍，同时让人们观赏自己的服装。还有许多妇女把自己刺绣的服装、挎包、帽子、鞋子等挑花刺绣的成品摆在集市供观赏选购。那些活跃的姑娘们穿着最漂亮的服装，多数姑娘还要换穿几次新装，成群结队地在人群中穿来穿去，向人们展示自己精湛的挑花刺绣工艺，表现自己的聪明才智。

　　显然地方文化精英为直苴 Lolopo 发明了一个新的民族节日，而且这一节日已经明确贴上了直苴、彝族、服饰、原生态等有文化价值的标签，与他们的族群身份一道在年复一年的节日中被一次次表演，并有使用泛滥的倾向。[2]但只要对赛装节的产生和表演的内容作更进一步的分析，我们会发现，这仍然是一场在很多少数民族地区都在重复上演的表现男女社会性别权力关系的戏剧。在 Lolopo 的语汇中，用 Po 和 Mo 来分别指代有男女性别区分的社会中的人，Lolopo 直译为汉语应该是指罗罗男人，尽管有 Lolomo（罗罗女人）这一词汇，但却不像 Lolopo 一词那样常用，在直苴 Lolopo 社会中已习惯了用 Lolopo 来指代包括男女在内的所有人，因而也用代表男性的名称来作为族群名称，Lolo 女人本身与惯用的名称相分离而男人却可以与名称保持一致，这本身已告诉我们 Lolopo 社会中女人作为"第二性"的事实。如果理解了这一点，赛装节中的社会性别关系展就变得演易于理解了。

---

　　①　楚雄彝族自治州文化局编：《云南楚雄民族节日概览》，德宏民族出版社 1991 年出版，第 21~22 页。

　　②　赛装节正在被其他地方的彝族复制，当地官员抱怨尽管赛装节是从直苴开始搞起来的，但现在很多地方的彝族都在搞赛装节，搞假了搞滥了，也削弱了直苴赛装节的声望。

作为赛装节的核心内容，赛装被赋予了特定的含义，即用来体现女人的手艺和智慧。为了突出这一含义，直苴Lolopo人，当然能编故事和讲述故事的往往是男人，不顾村落中汉人所指出的Lolomo早先不会绣花的事实，重新发明了一个关于赛装节由来的故事。故事说创建村落的Chalizruo和Chalazruo兄弟俩对开发直苴有功，为了报答他俩，老年人争着要给他俩说亲。姑娘对他俩也有爱慕之情。当老人问兄弟俩喜欢哪家姑娘的时候，Chalizruo说："哪家姑娘心灵手巧，就和哪家姑娘做一家。"Chalazruo说："我最爱直苴的山水林木花草，哪个姑娘能把它绣在衣裳上，就娶哪个姑娘做媳妇。"消息传开后，全村的姑娘们在农闲的时间里忙个不停，织麻、纺线、剪裁、缝衣，挑花刺绣。正月十五一大早姑娘们一个个穿戴着亲手刺绣的各种鸟兽、花草、林木图样的新衣裳、新裤子、新鞋子、公鸡帽及花挎包纷纷涌向赛装的地方。Chalizruo俩兄弟走遍了整个赛装场，仔细观看了所有姑娘穿在身上的服装，各自选中了自己的意中人。从此，直苴地区的彝族每逢正月十五这天都要过赛装节。① 这个故事把妇女制作服饰的技艺与创建直苴的兄弟俩联系起来，能打猎、开田种地和修建房屋的创建村落的男性英雄祖先与最心灵手巧的Lolomo结合，在他们看来是如此完美，体现了直苴人对理想男人与理想女人的设想，以及对男人、女人社会角色的价值评判。无论是作为故事中的隐喻还是作为现实中的评价标准，能绣制漂亮的衣服是作为一个直苴Lolomo应该具备的才能，同样，具备了这样的技能才能被视为一个好的Lolomo。

在文化消费的时代，少数民族的文化激发人们的消费热情，通过旅游工业的推动，人们不畏险阻开始来到直苴目睹赛装节的美妙，消费"他者"的风俗和文化，一位受邀来参加赛装节的文化人热情洋溢地记录道：②

中午时分，赛装活动开始。先是各村寨的刺绣能手组成的赛装队，在唢呐、芦笙的伴奏声中翩翩起舞。那灿烂缤纷的色彩随着光与影的流动强烈冲击着我的视线，在这里，世界犹如万花筒般展现出绚丽的姿彩，灿烂、别致而不同寻常的服饰美，亮丽而不艳俗的色彩美，散发出内涵无穷的魅力。当一队又一队的赛装队在我眼前变幻出风格迥异的服装时，当面对阳光和蓝天白云下整个赛装场的斑

---

① 楚雄彝族自治州文化局编：《云南楚雄民族节日概览》，德宏民族出版社1991年版，第23~24页。

② 梁准：《大山深处时装秀——云南直苴彝族赛装节》，http：//www.cnpc.com.cn/CNPC/hjysh/syzs/ztx/

斓色彩时，我一遍又一遍问自己："莫非五彩云霞降落人间？"不然，何以会有这样无与伦比和惊心动魄的美。在都市里，爱美的我也常看时装表演，但从未有过这样强烈的感受。人们的目光定格在盛装的或轻盈活泼或怡然自得的绣花能手身上，惊叹、羡慕、评头论足。

在这样的强烈文化震撼的冲击下，实现了一个城市汉人对自己，对自己的城市生活以及流行文化的反观，从而使大山深处的 Lolopo 人的赛装节具有了城市时装秀那样的"现代"价值。表演的现代性，不只是会在路易莎·沙因（Louisa Schein）所观察的贵州西江苗族社会发生，[①] 在中国西南的任何一个少数民族生活场景中都在频频使上演。这些表演就如沙因（Louisa Schein）看到的，"不一定是要打乱民族的、种族的或社会性别的身份，而在很多方面可能是重申这些身份"。[②]

2. 鸡冠帽与花围腰：彝、汉妇女的绣花与族群认同。

直苴 Lolopo 的传统服饰，曾经一直被视为 Lolopo 族群身份认定的重要标志，以往，Lolopo 男子曾穿火草布褂子，后来一直穿麻制的对襟衣服，当地人称之为满襟服，着大筒裤，身背绣花的挎包。妇女的服饰正如在故事中描述的，主要由形似雄鸡鸡冠的帽饰，左衽上衣、大筒裤、围腰、绣花布鞋和挎包六件衣服饰物组成，帽饰呈鸡冠形，绣上各色花，配以纽扣等饰物，顶用各色毛线做成缨穗。同相邻的其他支系的彝族人相较，鸡冠帽是直苴 Lolopo 人最具自己鲜明特征的服装，所以女性都会在日常生活或一些特定的场合如结婚、节日和葬礼上戴上它。直苴 Lolopo 的上衣左衽，多以黑或青兰色布为底，肩背部拼接大片绣花饰品，衣袖口拼接花边或绣品，裤子从膝以下都拼接各色花边绣品。在所有衣饰中，要数围腰、鸡冠帽和挎包最为艳丽，整块围腰中会绣上粉色、桃红的大团山茶花，腰带双面都会绣上花草林木，随身所背的挎包也如此。这些绣装上有马缨似火、山茶争艳、喜鹊闹梅、蝴蝶采花等图案。一个盛装而立的 Lolomo 从头到脚看起来都是花团锦簇，具有鲜明的族群文化特点。关于直苴男性的服装，苏老师说："我的祖父是光绪时候的，留着辫子，把铜钱拴在头发上去赶街，穿满襟服，大筒裤。我懂事时已经解放了，因没有钱买新衣服，我老祖父仍穿旧式服装，到土改时还

---

① 〔美〕路易莎·沙因：《表演现代性》，载马元曦、康宏锦主编《社会性别·族裔·社区发展译选》，中国书籍出版社 2001 年版，第 210~244 页。

② 〔美〕路易莎·沙因：《表演现代性》，载马元曦、康宏锦主编《社会性别·族裔·社区发展译选》，中国书籍出版社 2001 年版，第 244 页。

穿"。男子服饰的变化始于用布代替麻,"1960 年,一个人发给一尺四寸的布票,我去读高中时一家人的布票存起来买了一件衣服给我穿",苏老师回忆说。村民认为约在 20 世纪 60 年代,土地改革后一部分男人的服装改变了,"如工作人员思想解放点,有经济来源,出去开会,有的跑到昆明开会,服装就逐步改变一些"。可看到首先是到县城工作的少数 Lolopo 有了固定的工资收入,也需要在服装上与外边的人一致,而穿上了蓝布中山装。一些村干部出去开会,有的甚至到昆明开会,穿着直苴彝族服装与人家坐在一起不自在,服装就改变一些。到了 70 年代,男人开始买衣服来穿了。而妇女仍然还像以往那样,在忙着绩麻,纺线,织麻布,再背麻布走远路到集市去换棉布,男人们说那时妇女的衣服买不着,所以布换回来后,妇女开始用布来为自己做衣服穿,但仍然保持着直苴 Lolomo 的传统服装式样。同样地,传统 Lolopo 服饰在直苴男人、女人身上发生了变化,其结果仍然经历了如本书上文已经讨论过的男人更客位,女人更主位的族群性别身份的分离。

关于直苴老辈子们穿的服装,苏老师回忆说:"以前我老母亲和我外公出去赶街买绣的公鸡帽,好像是维的那边的人绣的。布鞋上绣花朵,说是汉族才会绣。现在是彝族会绣的人多了"。村中一顾姓老太太也说以前 Lolomo 不会绣花。从不会绣花到绣花能手的 Lolomo 罗罗嬷,从会绣花到不再绣花的 cemo 汉人嬷,绣花的技艺在直苴的 Lolopo 和汉人间发生了转向。而且,Lolomo 们心灵手巧地将当地山上的马缨花、山茶花、牵牛花等不同的山花都织绣到自己的民族服装上,更确定了她们与养育她们的自然山水的关联。尽管我们尚不能整理清楚这种转向的动因、转向的历程,但毫无疑问,像赛装节这样的具有表演性的群众活动建构了妇女们鲜艳的服装与 Lolopo 的族群身份的密切关联,少数民族更需要这些能标明自己身份的特色服饰、节日,而汉人却并不太需要强调自己的文化特征。

3. 谁来认领族群身份?

到 20 世纪 80 年代末,当人们发现可以从山林里找来松茸等野生菌可以卖到好价钱,女人们也像男人那样到山上去找野生菌,不再有更多的时间坐下来绣制做工精细的衣服,女人们也逐渐放弃了厚重、粗朴的 Lolopo 传统服装,穿上了买来的与山外城里妇女更相似的女装,尤其是青年妇女。这不仅意味着直苴 Lolomo 的服饰正面临着流失的危机,也隐含着 Lolopo 男人、女人谁来认领族群身份的问题。当女人的传统服饰也面临消亡的危险,仍然还是男人们以赛装节这样的方式来强化女人对传统服饰认同,就像故事里所讲的那样,对绣制精美的服饰,女人总是充满了热情，为博得英雄男子的爱，为获取相伴一生的幸福婚姻，也为博得一个做为 Lolopo 女人的好名声。因而由地方文化精英们重新创造出来的赛装节在当代 Lolopo 社会中被赋予了新的功能，把族群身份的展示顺理成章地让 Lolopo 妇女承担起来。整个赛装活动中，由村中有威望的老年男人与前来参加节日的乡、县领导一起组成评定团，给出"权威"的评选决定。实际上，男人们也承认，"刺绣工作男的不清楚，针法只有女的更清楚"，对于绣花什么是美什么不美，他们也不懂，拿不准，似乎是有一个原则，就像做菜把所有的佐料都放到一样菜上并不见得好吃，绣花也是这样，所有颜色的线放到一起也不见得好看，这是男人们的体会。总之，每个人都可以根据自己的喜好来做出平定，而最懂行的妇女们在赛装中被安排的主要角色就是穿上衣服来做展示而不是进行公开的议论，但在妇女无声的相互打量或窃窃私语中透露出她们自己的评判标准和方式。

不言而喻，赛装节对于直苴 Lolopo 人，是一个族群认同在当代社会的很重要的表述方式，也是一个关于男人、女人、民族服饰、族群身份认领等相互关系建立的关联点，通过如下逻辑关联而展开：赛装展演——评价妇女的标准：绣制 Lolomo 服饰的才艺——强化 Lolomo 对传统服饰认同——明确 Lolomo 服饰作为族群身份的认定标志——界定 Lolomo 作为彝族的身份的认领者。当商品经济发展表现出对文化的需求，"文化搭台，经济唱戏"人们总是这样来理解二者间的关系，在这样的背景下，汇集成一股强劲的民族文化复兴运动潮流，借助媒体的推波助澜，使得地处山区的直苴 Lolopo 社会也在经历着现代性浪潮的冲刷。当直苴 Lolopo 们急于把 Lolomo 以及她们的技艺作为一种族群身份附着在她们身上，并让她们表演这一身份，既展示了当代中国西南多族群的区域中族群身份在性别间的一种认同规则，变化中的性别权力关系也找到了它能存在的另一种场域。

二、民族—国家与小社会：社会主义改造后的传统伙头（tsici）社会组织

安东尼·吉登斯（Anthony Giddens）在对历史上和当今存在的国家类型进行讨论时，认为现代社会立存于民族—国家体系中，同以往的传统国家相区别。作为概念，"民族—国家存在于由他民族—国家所组成的联合体之中，它是统治的一系列制度模式，它对业已划定边界（国界）的领土实行行政垄断，它的统治靠

法律以及对内外部暴力工具的直接控制而得以维护。"①民族—国家（Nation-state）作为实体存在于世界体系当中，国家行政力量的急剧膨胀成为它的主要特征。在有高度集权传统的中国，要了解它的行政力量以及其产生的威力，最好的方式莫过于选择一个地处偏远、相对封闭的山区小社会来进行历时性考察。我所考察的直苴 Lolopo 社会，或许可以提供些可参照的背景。

地处百草岭高寒山区的直苴，不过是云南省数以千计的边远少数民族社区中极为普通的一个，但即便在口传的关于村落历史的叙述中，也在使用着能象征归依、奉正朔的洪武年号，可见在村落居民的理解中，这一偏远的普通 Lolopo 村落，仍然是整体中国的一个组成部分。直苴 Lolopo 社会整合进中国整体的发端，似乎应该在蒙古人建立的元政权下辖的云南路和明代汉人政治下云南布政使司设立后就已确定下来，云南全境到清代受满人的统治。但具体到直苴，碍于历史文献资料的缺失，实在难以溯清其源。到了民国时期，已经能从口述能追溯的历史中，理出一个清晰的轮廓了。

（一）能追溯的直苴罗罗泼（Lolopo）传统伙头（tsici）社会组织

1. 查里若（Chalizruo）和查拉若（Chalazruo）兄弟与伙头（tsici）的由来。

直苴村落的历史创始于 Chalizruo 和 Chalazruo 兄弟俩，他们最早建盖房子的地方被称为 tsicizuo，在直苴 Lolopo 语汇中，可直译过来的意思是"tsici 活动一直在 tsici 那个地方搞"，而 tsici，当地人认为这是一个双音节词，如果把它分开，ci 为拉手之意，tsi 是断开之意，二者合起来有断了又拉起来的含义，但这并不能告诉我们该词的含义在直苴 Lolopo 人社会中所能承载的社会组织、仪式活动等丰富的文化内容。显然，Lolopo 人很难从汉语中找到一个确切的词来清楚表述它在 Lolopo 语汇中的相对应的意思。但他们很依赖用不知什么时候起汉人给该词的称呼：伙头，尽管伙头一词也并未能传达出对 tsici 一词的准确理解。那么，tsici 的含义究竟应该是什么？通过搬迁模式来建立的村落，势必隐含着人人都甚为熟悉的某些"先来后到"的规矩，最早建房的地方就被给出 tsicizuo 这一特定名称，已能说明在先来者与后到者间存在是否有优先权的身份区别，因而 tsici 的根本含义之一应该是指村落中有优先权的那部分人，这种优先权在社区中有许多表现方式，比如所推选的伙头（tsici）只能在直苴较早建立村寨的大村、小村中轮换，这些优

---

① 〔英〕安东尼·吉登斯：《民族—国家与暴力》，胡宗泽等译，生活·读书·新知三联书店 1998 年版，第 147 页。

先权我们还能在以后的叙述中看到。

Chalizruo 和 Chalazruo 兄弟俩种下的谷子长势良好，秋收的时候，兄弟俩背着丰收的粮食回家，消息传遍了村寨，许多乡亲都跟着兄弟俩来到直苴，开垦土地、建盖田房。大片大片的土地开垦出来了，田里种上水稻，山坡地里种上荞、麦、豆、麻。人们辛勤耕作，防兽赶雀，到了秋收，粮食获得了大丰收。从此愿意到直苴地方开田种地的乡亲们就一年年增多了。[①]传说故事未能告诉我们搬迁来的移民如何在直苴整合成一个小社会，而这正是我们需要了解的，因为 tsici 作为一种社会组织出现在直苴社会中正是多种社会力量整合的结果。可以推断，当搬迁到村落的家户增多，当真正能组成社会的力量如人口、家族、愿望、冲突、权力、规则等得到加强，建立在优先权身份认定基础上的 tsici，便会动用各种社会力量要素来重新整理、塑造这些特权。由此，在直苴这一相对单一社会，能处理或调节社区中人与人、人与事关系的社会组织便围绕 tsici 得到展开，tsici 也开始成为 Lolopo 社会所特有的社会组织，历经明、清两朝几百年的时间，Tsici 作为社会组织其在社区的功能最初是单一的，主要是组织社区的公共事务，调解纠纷，维系村落中的人际关系，主持如葬礼那样重要的人生礼仪。清末民初，一个被称为夏土司的汉族商人取得了对中和区的控辖，不仅自封土司，广置地产、田房，还拥有私家武装，设置地牢等刑狱，请来鹤庆白族木匠在较繁华的中和街子盖起了几院房子，夏家大院至今尤存，无不告诉人们夏家的威严和在当地的声望。在国民政府统治时期，夏土司被任命为中和区区长，管理包括直苴在内的周围地区，隶属大姚县。当国民党时期的保甲制度进一步渗透进直苴，并同直苴 tsici 结合起来后，tsici 的性质和在直苴社会中的作用发生了很大改变。最终与 tsici 相关的文化象征包括有一定行政职能的一整套管理机构，一套维系站赤或驿站的系统，一个关于特权的具体象征物（灵木盒），一套交接灵木盒和转移权力的仪式和娱乐方式，一套围绕仪式进行的社会行为规范（对女人和汉人的）和调解纠纷的民间习惯法，一套针对 tsici 的社会"禁忌"，[②]一套包括 tsici 田在内的经济辅佐保障和一套关于祖先、神灵的信仰系统和仪式实践方式。多年来，受一些意识形态的影响，像 tsici 这样

---

① 楚雄彝族自治州文化局编：《云南楚雄民族节日概览》，德宏民族出版社 1991 年版，第 23 页。

② 陈永香：《彝族"伙头制"与宗教信仰——以云南省永仁县中和乡直苴村调查为中心》，载《宗教学研究》，2008 年第 3 期。第 121 ~ 127 页。

的少数民族传统社会组织一直被视为封建、落后和迷信，村中的苏老师说："tsici 不是封建迷信，是一种群众组织，作为一种仪式，就像我们学校升旗、敬礼也是一种仪式。但 tsici 可以把人心笼络起来，制定乡规民约，神化为可约束人们的精神"。

2. 伙头（tsici）的象征物：骨头、匣子与水田。

Tsici 成为直苴 Lolopo 人中传统的政治制度，严格的说，它应该包括如下几个组织：（1）伙头（tsici），专管 tsici 象征物——灵木盒（qihuo），每月初一、十五要煮糯米饭、腊肉来祭献。组织新旧伙头（tsici）的选举，协调各组织管事间的关系，总管社区内部事务，并处理社区对外公共事务。（2）kele，由一人来担任，专门收取摊派到每个家户的钱、粮，交送 tsici（伙头），以履行作为保甲基层单元的义务。（3）bozhi，由一人来当，哪家有纠纷，就去抓来教训，调解民事纠纷，维护社区秩序。（4）lure 管联络，特别是充当邮差，负责送信，以增强山区社区与外界的联系。此外还有被称为 fumo、fuzuo 的人在 tsici 组织中从事其他一些村落具体事物的管理。因而，这些有职务分工的组织构成了有一定行政职能的管理机构，履行国民党政府乡村基层机构的行政职责。可以看出，tsici 是直苴 Lolopo 村落中的一整套权力系统。

抗日战争以来，直苴的 tsici 实际上还是国民政府驿站的一个据点。"1938 年，中缅公路成为中国南部唯一可获得西方社会援助以确保国民党政府保持抗日活力的通道。这条主干道从远离直苴南部的地方穿过，但有修建的路穿过大姚和永仁县把中缅公路和国民党在四川的总部联系起来。带有辎重的军队，后方勤务补给和民用交通常常挤满了通往直苴的小道。"[①] 直苴 Lolopo 传统社会中的 tsici，也被赋予了交通站赤的功能，在抗日战争以及以后承担了为往来官员、商人或有权势的来访者提供食宿，补给粮饷的重任，甚至对于一些重要官员，tsici 家还得派人亲自前往迎接或者护送一程。村中的老人从他们的父辈那听说，往来的官员、商人等都住在 tsici 家，他家要做饭招待客人。因往来人员频繁，tsici 家应酬很多，对于山区中的 Lolopo 人，不是每个家户都有经济能力来担负起这些应酬的。因为站赤被摊派的过重的劳役功能使 tsici 家庭承担着过重的经济负担，因而在直苴通常只有较富裕一些的家户，诸如田地多一些，牛马羊多些的，或者做点麻布生意，生活比村中其他家好点，吃得好点，经济转得开点的人家，才当得起 tsici（伙头）。

① Erik Mueggler："The Age of Wild Ghosts：Memory，Violence and Place in Southwest China"，Berkeley and Los Angeles，University of California Press，2001，p103.

Tsici 家的待客代表了整个直苴社会对国家的义务，同时也在应酬中建立起家族的社会关系和通过外来者的评价建立起家户和家族在村落中的声望与地位。

因每一个 tsici 家庭不可能堪负多年应酬，tsici 只可能在村落中几个富裕家庭或大家族中轮流，每年都要轮换。围绕 tsici 的轮换，在直苴衍生出一套完整的权力交接仪式。每年的大年三十和大年初一，就是新老 tsici 交接的重要日子，汉族人的过年在直苴 tsici 社会中被赋予了更为丰富的内容。然而，村落中的汉人不能来担任 tsici，即便汉人的经济状况足以来担当此职，这是村中的汉人和 Lolopo 大家都心照不宣的。大年三十那天，凡是在 tsici 机构中有亲戚的，都要做纸花，用竹子划成 4 瓣，用不同颜色的花纸切成条，夹在竹子上，尾用铜线套起，放在葫芦笙上。到晚上，带上用竹篾编成的饭盒，里面放上自制的豆腐、腊肉等，吹着葫芦笙送到 tsici 家，是 tsici 机构中的哪家的亲戚就送去哪家，以示庆贺。第二天即大年初一大早，tsici 家办伙食用酒肉款待保长、乡长、士绅等头人。吃饱喝足后把被认为是放有灵物的大盒子端出来放到 tsici 家的院中，放置在桌子上。大家讨论去年哪家当 tsici，到现在已满一年，祝贺 tsici 家户。今年该轮换给哪几家来当要大家讨论，甚至还要讨论一下明年和后年可能该由哪几家来担任。直苴 Lolopo 人通常认为能担任 tsici 的家户除了要有足够的经济能力来承担沉重的经济负担外，这个家户最好还应该有健康的老年夫妇以完成举行仪式的任务。如果已经当选为第二年做 tsici 的家户家里有人亡故，则会另选一户人家。讨论结束后，先由男人们围着装有灵物的箱子（qihuo）吹葫芦笙、打跳。跳了三、四圈后，把箱子抬到屋内放置好。第二天，即年初二早上，由一个人端着箱子，一个人吹着葫芦笙，一个人手拿纸花，三个人按头一天讨论好的，送到新一届 tsici 所在的村子，交到 tsici 家中。接受灵物箱子的新一轮 tsici 家，得打扫干净院落，放一凳子在院中以放置灵物箱子，然后人跑开等着送箱子的人到来。送灵物箱子的人到来后把箱子放到凳子上，吹着葫芦笙打跳三圈后，高声喊道：哦！你们听着，我们把"老黄牛"赶来了，你们赶快把"老黄牛"关起。说完然后离去。新的 tsici 家赶快把灵物箱子（qihuo）小心地端到住屋的楼上，紧闭屋子门。新的 tsici 家收藏好被称为"老黄牛"的装有灵物的箱子（qihuo），戴上专门为 tsici 制作的圆形帽子和对襟衣，那意示着接受了管理村落的最高权力，同时也接受了所有 tsici 的职责：初一、十五祭拜灵物箱子，组织村落中每年的 mixi 神祭祀，以祈求得到风调雨顺的年景和人畜安康；调解社区内成员纠纷，管理社区事务；收缴赋税，摊派徭役；送往迎来，传递邮件，甚至负责埋葬死在直苴的外地流民。tsici 的交接仪式在年复一年中重复展演，权力也在几户富裕的 Lolopo 人中轮转。村落中又有新的家户来担任 tsici 了，这毕竟是村落中的大事，是值得庆贺的。因而每年的年初二这天也就成了直苴人欢娱的日子，妇女们都要穿上盛装，到村落中公共活动场地跳脚，同时展示自己的服装。年轻人更是在这样的场合接交异性，寻找伴侣。

在新旧 tsici 的交接仪式中，装有灵物的箱子被称为 "qihuo"，是整个仪式中最有意义的象征物。关于这个很特别的箱子，因村中很多人都未见过，有的从别人那里听来，为我描述一番，说法不一。李必荣老人说：箱子做成两层，上层做盖，箱中装一土罐，罐中装大麦酿的酒糟。箱子中还装黄牛肋骨。木箱子一般放置在面房楼上堆谷草的草房中。而根据美国学者 Erik Mueggler 的调查描述，这个木制箱子为长方形，比鞋盒大一点，盖上有隆起的扇形边饰。箱子里装有 2 块牛骨，6 块虎骨或 12 块人骨，一点荞麦种子，6 个或 12 个铜币，还有从祖先那里传下来用以维系 tsici 家收入的 10 亩地的地契。灵物箱子的形状就像 Lolopo 神话中的人世间：一个长方形的峡谷，被大山包围着，大山的下面埋藏着种子、财富和祖先们的骨头。[①]在直苴 Lolopo 人看来，装有灵物的箱子是直苴创世祖先的一个灵魂安息地。祖先们不仅开发了直苴，也能保佑他们的后代衣食富足。直苴 Lolopo 人相信这个装有灵物的箱子（qihuo）就是他们祖先的象征物，祖先的神力与象征物同在，在 tsici 家户的轮转中，它的神力似乎也能神奇地赋予 tsici 家户，获得神力的 tsici 家户自然也就得到了比其他家户还多的特权，因而能在村落中有号召力。凭着这种威信，tsici 和它的整个组织也能制定一些诸如村规民约那样的每个人都要遵守的规矩，也会动用 tsici 组织的力量来对违反规矩的人和其行为进行惩戒。比如，如果在村社中出现偷盗，一旦人赃俱获，偷窃者将被人押着扛着偷来的鸡或羊，敲着锣，游遍整个村子，偷窃者还必须见人就说自己所做的坏事。无论对于观望者还是当事者，这种羞辱是能震撼人的，人们从中得到惩戒。因而，tsici 制度某种程度上具有一定民间习惯法的约束力和惩戒功能。

创世的祖先初初在直苴定居下来时直苴的先民人数并不多，居住在且么村子中靠近 tsicizuo 的一户人家行使着最初 tsici 管理社区的权力。但是几代人以后，直苴的人口增加了许多，这户人家深感担任 tsici 经济负担过于沉重，于是 tsici 开始

---

① Erik Mueggler: "The Age of Wild Ghosts: Memory, Violence and Place in Southwest China", Berkeley and Los Angeles, University of California Press, 2001, p109.

通过选举让几户人家轮流担任，并着手考虑为担任 tsici 的人家提供一定的经济补偿。峡谷中的直苴，可耕种的水田并不多，大部分都是山地。但在直苴河两岸还有几亩稍微平整的水田，那是创世祖先留下的地产。这户人家从这些水田中划出 12 丘田作为 tsici 田，专门交给担任 tsici 的人家耕种，第二年当新的 tsici 被推选出来后，12 丘田的主人也要被轮换。在这里，谁担任了 tsici 不仅意味着掌管了灵物箱子，也意味着获得了对这 12 丘田的耕种、管理以及收获的权力。Tsici 的轮换，土地的易主人，是有经济意义的。除此之外，围绕着土地，tsici 人家还被赋予了相关联的其他特权，这在栽秧的时节表现出来。阳春三月，万物复苏，栽种的农时到来了。山谷中的直苴气候寒凉，到农历四月才开始栽秧，而如果那 12 丘 tsici 田不栽种好，整个直苴峡谷就没有那个家户敢开始栽种自家的田地，这是多年来一直保持的规矩。种 tsici 田的日子通常会像占卜一样用打卦来选择在农历四月属狗那天，这一天凡是属于 tsici 组织中的几户人家以及他们的所有血亲、姻亲，如 tsici 的兄弟姐妹，他们的配偶，tsici 的妻子和她的娘家、舅家，嫁出去的女儿、姑爷，娶回来的媳妇以及她的娘家，住得再远也要赶回来，帮 tsici 家栽秧。届时，有牛的赶牛来，没牛的人来。那天耙田时要赛牛，看哪家的牛力气大、跑得快。赶牛耙田的男人也在比，看谁赶得好。有时赶牛的人在耙上站不稳会跌进水田里，引得人们大笑，那场面十分热闹。Tsici 田栽秧前还要举行一个祭祀 tsici 神的仪式。那天 tsici 家要杀掉一只羊、几只鸡来祭祀 tsici 神灵，栽秧前把三叉松树枝插在田埂上，杀好羊由新上任的 tsici 来亲自主持祭祀。祭献过的羊用来款待所有来帮忙栽秧的人，秧栽完了就在田边吃饭。可见，就像古代中国帝王在春季要举行播种仪式一样，这已经不是普通意义的耕田种地的农事活动了，它赋予了直苴少部分人在农事上的特权和一定的经济利益。12 丘 tsici 田到了秋天能打下 30 石谷子，对于要迎来送往的 tsici 家庭，这 30 石谷子或许并不算多。但只要想到峡谷中的直苴，80% 的土地都是山地，只能种出玉米、土豆和荞子，很多人家常年只能吃上这些食物甚至还衣不果腹，这 30 石谷子和香喷喷的白米饭就已显出其价值了。因而，12 丘 tsici 田和它的产值是 tsici 组织能够运转、维系的有力经济保障。

3. 与伙头（tsici）相关的传统罗罗泼（Lolopo）社会组织。

在 tsicizuo 所在的且么村的后山上，有一小片葱郁的树林，林中有一棵又老又粗的松树被称为 agamiximo，又称 mixi，它是直苴 Lolopo 人认为的最大的祖宗神。在直苴人看来它是一个好神，能影响村子附近地区的土地、气候、庄稼、牲畜和所有有生命的东西。mixi 在直苴 Lolopo 人的信仰系统中显得十分重要，对它的祭祀成为直苴 Lolopo 人最为重要的宗教信仰实践方式。Mixi 神需要一年祭祀一次，大凡有旱灾、水灾、虫灾等大灾之年更要大祭。祭 mixi 的时间也是农历六月属鼠之日，祭祀的仪式由 tsici 出面组织。祭祀这天也要杀掉一只公绵羊，要挑选出最大最好的羊，不好的羊不能拿来祭 mixi。人们认为如果白天去祭 mixi 神熙熙攘攘、吵吵闹闹的会不灵验，所以一般都是在天不亮以前就去，而且是悄悄地、偷偷摸摸地去祭。被杀掉的羊倒挂在山顶长得最高的那颗松树上，流出来的血浸透了土地，焚烧的香烟在静谧的树林里冉冉升起，口里叨念着 Lolopo 语祝辞的 tsici 把心中的虔诚和祈求保佑的话语告知 mixi 神，以得到它的保佑。在这种神秘的气氛中，tsici 会显示出具有常人所不能及的神圣色彩，tsici 的权力又得到进一步扩展，在与神沟通方面显示出特权。既然 tsici 能起到与神或祖先神沟通的作用，tsici 也会介入到一些世俗事物上来，可谓将神圣与世俗集于一身。对于直苴 Lolopo 人，葬礼是人生礼仪中最重要的，对于每一个死去的人，活着的人都有义务为他 / 她举行隆重的葬礼，办一次丧事一个家户得穷上好几年。哪家有人过世，就用火枪朝天上各个方向放一枪，听到枪声，村中所有的人都要来参加，并要尽自己所能或根据亲疏远近带上羊、猪、鸡、饵块、粮食等作为礼物。葬礼的场面很大，在整个葬礼中，必须要有一个被称为老总管的人，来主持葬礼仪式，调解各种关系，安排有关葬礼的所有事务。在直苴，总管通常由 tsici 来担任。当所有的亲戚都到场了，每个人会拿好杀死、洗净的羊、鸡等物，在 tsici 的指挥下围着停放在院中的灵柩排好队，依次上前去送给死去的人。Tsici 几乎认得所有上前来敬送礼物的客人，每一个人上前来，tsici 都会当着众人大声说：请主人家记着，某某人来了，送了什么，主人家则回应一声："噢"，表示记住了。送礼结束后，tsici 会把煮熟的羊心用棍子串起来，切下一小块回赠给送礼的人家。这样的送礼以及围绕着灵柩打跳的娱尸活动会持续通宵达旦。有了 tsici 来组织的丧礼，每一步骤都显得井井有条，人们的行为都很有规矩，保持了丧礼的庄重。Tsici 也在丧礼这样重要的人生礼仪上树立起在社会人际交往中的威望，和建立起与社会中每一个人的关联。每一个人都会面临生与死的问题，可以想见，对于直苴社会中的每个人，tsici 是多么重要。

如果我们对 tsici 相关的一系列文化象征进行分析，还会发现，tsici 在直苴社会表现出的种种特权，也建立在男女间社会性别等级的基础之上，它通过围绕仪式进行的一整套对村落中女人和汉人的社会行为规范而表现出来。按照直苴

Lolopo 人的规矩，tsici 只可能由 Lolopo 男性成员担任，包括 tsici 组织中的其他大小头目也都只能由 Lolopo 男性成员担任。村落中的 Lolopo 妇女和汉人男女都不能成为 tsici 或者这一组织中的成员。tsici 活动禁止两类人参与，一是村落中的汉族，二是 Lolopo 妇女。大年初一早上，当装有灵物的箱子从楼上抬下来时，男人们在楼上喊："你们戴肚子（怀孕）的女人要让开掉，我们把'老黄牛'赶出来"。女人们自然要退避三舍，箱子才端到院中。妇女们告诉我："那个'鬼盒盒'我们妇女是看不得的，看了会生病"。当男性保长、乡绅聚在 tsici 家讨论、推选该由哪家来担任新的 tsici 时，妇女对这类重要的事情是不能参与的，也没有发言权。她们只能在新的 tsici 推选出来，吹着葫芦笙的男人们饶着灵物箱子跳了几圈，灵物箱子放回原处后，才能出现在推选 tsici 的仪式上，才能拉起手打跳。在整个新老 tsici 交接的日子，需要妇女们做的事就是穿上新衣服，在适当的场合跳脚。

Tsici 的妻子被称为 tsicimo，意思是 tsici 家的女人。同男人们比起来，tsicimo 们似乎并没有从这一权利系统中得到什么特权。在需要送往迎来的 tsici 家户中，我们可以想象应该有大量的做饭、款待客人的家务活需要 tsicimo 来做。可我在直苴的房东家 70 多岁的老 api（奶奶）却告诉我：那个时候 tsici 家要招待很多客人，男人们说妇女做的菜饭不好吃，她们不会做外边客人喜欢吃的食物，所以都是男人亲自来做饭菜，也不需要女人待客，都是男人间互相招呼。无疑妇女所要做的是那些又脏又累的活，她们也不可能像男人那样享受酒肉的美味。而她们却得为栽种粮食劳碌。她们得早早就开始考虑要有多少亲戚、女伴来才能在一天之内把12 丘田的秧栽种完，那些收获并不算丰裕的粮食是否能维持到下一个收获的季节，这些具体的事宜却是需要女人们来操心的。在直苴，男人通常要负责把水田犁好、耙好，栽秧等其他事就是女人们要做的了。但在 tsici 家栽秧那天，第一行秧苗却必须由 tsici 来亲自栽，男人来开了头就会顺顺利利，长势好。否则如果让女人来栽则会不能在一天之内栽完，收成也不会好。男的不去栽，女的就不敢去栽。种其他山地时撒种也必须由男的来撒，这样才长得好。当 tsici 表演式地把开始的几行秧栽好，余下繁重、单调的活就是 tsicimo 和妇女们的了。秧栽下去，tsicimo 得管理好 tsici 田，除草、薅秧直到收获。

毫无例外，像许多社会一样，直苴 Lolopo 也把妇女和汉人排斥在有关 tsici 的权力体系之外，也排除在当地重要的 mixi 神祭祀的宗教仪式之外。Mixi 神是直苴 Lolopo 信仰体系中的最重要神灵，被村民清楚地界定为男性神，供奉在直苴大村背靠的山阳面。而在山阴面则相应地供奉一女性神"mizhu"，当地人认为该女神主管生育。尽管村民认为两神一阴一阳同在才能更好地共同庇佑世间万物和当地生灵。然而，Lolopo 人也认为 mixi 神像总管，所以"mixi 神比 mizhu 神权力大，地位高"，① 以往直苴 Lolopo 在祭 mixi 神时有严格规定，每年祭神要先祭祀 mixi 神，祭祀时必须说 Lolopo 语，男人们都要穿上满襟服，不能说汉话，否则就不灵验。因而汉人是不能参加 mixi 祭祀的。而妇女，因每个月都有经血从身体中流出来，身体中有污秽。人们相信 mixi 神就像寺庙中的神一样，是爱洁净的，讨厌这种女人身体中流出的污秽，mixi 神也不喜欢看到怀孕的妇女。如果妇女出现在祭祀的 mixi 林中，就不能得到 mixi 神的庇佑。所以，13 岁以上的妇女是不能参加祭祀的。以 tsici 为首来组织的这套宗教仪式不仅建构在族群的等级基础上，也建构出 Lolopo 社会中的性别等级。

　　Tsici 在直苴不断扩大的移民村落中从整合各种社会力量过程中被孕育出来，并发展成为包括村落权力组织、家族体系、纠纷调解、经济关系、站赤邮递、信仰实践、族群认同规则、性别等级等在内的一整套内容丰富的制度。tsici 组织的存在构建出直苴较为完整的社会结构，建立起了这个社会中人与人、人与社会的关系的规范，并建立起了基于性别差异与族群差异基础上的吸纳与排斥规则和相关联的性别等级和族群等级。几个世纪以来，tsici 组织在维系直苴社会常态运转上发挥着根本的作用。

（二）社会主义改造后的直苴罗罗泼（Lolopo）的伙头（tsici）组织

　　1949 年，中国新民主主义革命取得胜利，这个新兴的政权为了确立对这个民族 – 国家的 管辖，展开了一系列有关民族方面的工作，如派出中央问慰团深入边疆民族地区传达党和国家对少数民族的关心，进行民族识别，推行民族平等政策等。随着各项政策、方针的推行，新兴国家政权得到巩固，民族 – 国家的权力也得到强化。"从 1950 年到 1952 年，中央人民政府先后派出有学者和专业人员参加的民族访问团和民族工作视察组，调查各少数民族的生产、生活状况及社会制度和风俗习惯。"② 以马克思历史唯物主义人类五种社会形态理论为指导，其结果反映出在新中国的社会主义国家中包括原始社会末期、奴隶社会、封建农奴社会

---

① 李晓莉：《云南直苴彝族婚姻家庭调查与研究》，民族出版社 2007 年版，第 41 页。
② 《中国大百科全书·民族卷》，中国大百科全书出版社 1986 年版，第 567 页。

等多种前社会主义形态并存于少数民族社会的状况。"由于生产资料私有制还存在，各民族内部的剥削阶级和剥削压迫还存在，"这些同社会主义的国家政权和社会主义理想不相符合。因而，"各族人民要求得到彻底解放，就必须把民主革命进行到底，并逐步实现向社会主义过渡"，[①] 由此，揭开了一场在民族地区进行的一系列社会主义改造运动，包括和平协商土地改革、"直接过渡"的民主改革，民族地区农业合作化运动等在内的社会主义改造。各民族的社会改革，第一步是民主改革，目标是废除封建制度和奴隶制度；第二步是社会主义改造，目标是消灭生产资料私有制，完成向社会主义过渡。"这场斗争于1950~1954年顺利完成。随后逐步开展合作化运动，于1956年基本上实现了社会主义改造，完成了向社会主义的过渡"。[②] 云南省的民主改革包括土地改革和"直接过渡"，从1950年开始，从靠内地区到边疆逐步展开。1952年开始农业互助合作社运动，举办农业生产合作社，实行粮食统购统销。"1953年春在内地第一批结束土改地方，办了9个初级农业合作社。1953年冬到1954年春，又试办了334个社，其中有30个民族杂居的山区半山区合作社"。[③] 这些过去了半个多世纪的历史事件，正如学者所总结的"是发生在边缘的少数民族地区的一次史无前例的社会制度变革，是作为中国现代民族－国家建构重要组成部分"，[④] 对民族地区社会产生了极为深远的影响。

1. 田房入社：被改造的罗罗泼（Lolopo）农牧生计。

这场轰轰烈烈的社会主义改造运动，如水银泻地般涌进边远的少数民族地区，百草岭深山中的直苴自然也不例外。在直苴Lolopo小社会与民族－国家抗争的背景下，直苴Lolopo小社会在发生巨变。

在一份名为《永仁县迤计厂彝族社会调查》的材料指出：迤计厂彝族社会，大约从雍正年间以后，发展起来了地主经济，地主阶级集中了大部分土地。根据解放初期的阶级划分，迤计厂彝族社会中存在富农（占总人数的13%）、上中农（占15%）、中中农（13%）、下中农（占10.9%）、贫农雇农（占47.8%）几类阶层。因各类阶层占有的生产资料不平衡，决定了社区中的成员间存在剥削与被剥削的

---

① 同上，第391页。

② 同上，第391页。

③ 《云南民族工作40年》编写组《云南民族工作40年》（上卷），云南民族出版社1994年版，第168页。

④ 杨正文：《历史叙述与书写的"可表述性"——以四川凉山民主改革历史的话语特征为例》，载《西南民族大学学报》，2008年第3期，第33~41页。

关系。与这种封建剥削的经济关系相对应，在迤计厂彝族社会中，从清末至民国时期，伙头等职历来为土豪劣绅所把持，保长、伙头敲诈农民，1935年以后，粮款差役更甚。从直苴到迤计厂需要一天的时间，迤计厂彝族社会在社会主义改造运动中的情况与直苴Lolopo社会极为相似，为我们了解直苴社会的这段历史提供了很好的参照。

封建的经济剥削与像伙头那样的土豪劣绅对社区的把持都是需要通过这场运动对直苴Lolopo社会进行改造的主要对象。通过走合作化道路，直苴社会各阶层由家户拥有的田地、农具、牲畜都入了社，变成了集体财产。寒凉山区中的Lolopo人，因能种植出的粮食有限，每个家户还需要饲养牛、羊、马、骡来维系生计，一直以来是以农牧并重为生计的社会。以往栽秧种地时节在村落居住，在忙完春耕后，会有许多人家举家搬迁到搭建在深山的田房里，在那生活一段时间，主要是便于从事放牧，饲养牲畜，同时利用山地种些土豆、荞麦果腹，种麻织布为衣。田房建造得简易些，村民说：田房盖成木垛房，用麻秆来垒成墙，用藤条编好，上盖一片片的木板作屋顶，不漏雨，还可以防地震。这类房子当地人又称为"闪片房"。年轻人也会把田房当作谈情说爱的地方，有的在放牧中结伴而行，最终结为伴侣。因而，山上的田房和村落中的家屋对直苴的Lolopo都是重要的居住地，在一年中就这样来来去去在两个房子中居住。合作社化后，属于每个家户的田房也入了社，并被划入另外主要从事牧业的社里。直苴人被重新划定的社是以从事农业生产为主的社，田房入社，意味着直苴人不再去放牧，那些具有财富意义的牲畜也离他们远去，更意味着他们正在失去属于自己的牛、羊、马、骡等私有财产，生计方式变得单一了。生活在村落中的人被划分成不同的社、组，属于不同的生产单位。大家集体劳动，每天一起出工，得到不同的工分，年终凭工分来分红。社区中原有的那套建立在生产上的人与人之间的经济关系包括剥削关系荡然无存，每一个人都是土地的主人，都是生产者，大家平等地享有属于村社集体的所有利益。缺少了社会分层，人与人的关系被简单化为生产者与生产者之间的关系。2002年以来，当地政府为解决直苴人的贫困和欠发展问题，将一部分村民从直苴搬迁到永仁县城莲池乡附近的朵白莫、马屎塘一带，由政府出资给以建房补贴，村民自己出工建房，建起了一个新的移民搬迁新社区。但一些当地村民认为，搬迁并不是解决贫困最好的办法，村民搬迁离开直苴大家就难以往来，就散掉了。解决贫困最实际的办法应该是恢复山中的田房，多养些牛羊，就可以发展生产，老辈子那代人就习惯一年中从村子搬去田房这么搬来搬去的生活，这比搬到离村落甚远的县城要好。

Lolopo 社会中的 tsici，在被定性为由土豪劣绅把持后，也必须加以改造。Tsici 组织被取缔，属于伙头所有的权力被取消，轮流担任 tsici 的推选制度也被停止，tsici 田也入了社。成为所有村里合作社的共同田产。在一段时间里，像罗国田那样有势力的 tsici，特别是他们的后代曾经成为村民斗争的对象。同 tsici 有关的 mixi 神祭祀也被认为是封建迷信，在"破四旧"当中被禁止了。

村中的李毕荣老人告诉我：1958 年以前还有 tsici，当时我在村中当支部书记，还参加他们打跳。1962 年，tsici 装有骨头的箱子被拿走掉，不知拿到哪里去了。说是封建迷信，以后就没有这个箱子了。后来，县里来的人要求按以前的样子做了一个箱子，不知是拿到县里还是州里。被认为是 tsici 权力象征物的灵物箱子没有了去向，就像这消失的灵物箱子，tsici 曾经在直苴 Lolopo 人中有形的、无形的权力、威望、声誉也就变得悄无声息了。

2. 妇女绩麻与村社集体经济。

民族—国家对直 Lolopo 小社会的改造也在影响着社区中传统的社会性别关系发展模式，当 tsici 组织结束了它在社区中的影响，那套建立在性别权力关系上的性别等级也失去了存在的根基。男人们，特别是有特权的男人们的生活在社会主义改造后发生巨变，不仅权力陨落，失去了往日的威严，而且被颠覆为社会的罪人，被人们批斗、遗弃。面对这种巨变，同不幸的男人们相比，一直被排斥在 tsici 传统政治系统之外的 Lolopo 妇女，却仍然还可以在每年的初一早上，穿戴好节日盛装到 tsicizuo 附近村社公共的娱乐场地打跳、娱乐。生儿育女，操持家务，辛勤劳作，做着她们以往都在做的事。社会结构的转换也似乎并未改变她们原有的生存方式，土地交公了，她们继续为村社劳动，挣得工分换取微薄的报酬。更重要的，以往每个家户中的妇女都必须做的织麻布卖以维持生计的活，也成为村社集体劳务的一部分。

山区中的直苴，气候寒冷，土地和产出都有限，一个家户除了耕种土地获得点杂粮果腹外，别无它计。山区中的直苴也不能种植棉花，新中国成立前，每家都要种上几亩大麻，7 月间，大麻长成，妇女们从树干上剥下皮，经过搓揉、煮麻、晾晒、绩麻、纺线等很多道工序，仍是由女人们织成麻布。织得细一些的麻布就作为衣料缝制成衣服，织得粗一些的麻布就用来缝制成麻布口袋，贮藏粮食等。

制做麻布是一个繁杂、耗时、艰苦的工作，几乎耗尽妇女们所有的日日夜夜，很多妇女行走在路上，手中都还要不停地纺麻线。工作尽管很艰辛，但那对于一个家庭却甚为重要。织好了麻布，男人、女人们背着走很远的山路，到中和、大姚的禄苴、昙花、桂花等地去卖，得到钱后买些盐、灯油、棉布等生活必需品回家，甚至还要为男人买衣服、烟、酒等消费品。总之，一个家庭的所有开销都仰仗妇女的辛勤织麻。一位姓顾的老太太回忆说：那时我20多岁，去卖麻布人家叫"比布"，就是用麻布去换棉布，布有多长就用麻布来一样比，当时有4比布或5比布，即用4倍的麻布来换棉布。生产队时，以家户为单位的织麻变成了集体劳动的一部分，她们的劳作为村社集体创造了经济收入。妇女们的劳动量也因之增加了许多，起五更、熬半夜的不停织麻，仍然深深印刻在老年妇女的记忆里。妇女们织的麻布交给村社集体，由生产队统一售给供销社，源源不断地运出直苴，用来装云南产的食盐等土特产品以及各种工农业产品。直至现在，在直苴每户人家的房子的外墙上，都有两个小孔，是专门用来插上竹竿以便挂麻、晒麻、劈麻，全家人都集中在两个杆子下劳动。现在很少有家户再种麻、织麻了，许多曾经织过麻的村民都会指着这两个洞向我讲述他们曾经经历的织麻生活。到20世纪70年代后期，直苴的男人们去砍伐树木改成木板驮去卖才找到些钱来买粮食吃，后来到山上找菌子、找药材拿去卖。总的来说，半个世纪以来，妇女们在更为有韧性的生产、生活劳作中经历着社会巨变，在民族—国家与小社会的强烈碰撞中坚韧地生存下来。对于直苴社会结构中的性别关系，tsici 组织的瓦解，模糊了直苴男女在社会结构中的等级与界线，那套建立性别等级基础上对妇女的禁锢受到削弱，从各种文化习俗禁锢下解脱出来的妇女获得了在社区中更多的社会空间，正如通过妇女们的辛勤劳作确立起在集体经济中的支柱地位，直苴妇女也获得了在社会、家户生产、生活方面更多的自主能力。

3. 包产到户后的伙头（tsici）田。

曾经作为 tsici 经济补偿的那 12 丘 tsici 田也在社会主义改造后成为集体的田地，交由村社集体耕种。1978 年中国农村实行包产到户联产承包责任制后，属于集体的田地被重新分配给村社中的每个家户。12 丘 tsici 田的大部分也被拆散分配给不同的家庭，只有其中的 2 丘田在土地分配时没有家户愿意认领，即便这里水田十分有限。村民们认为那是 tsici 田，也是他们的祖先从 velilaba 来到直苴，从身上背的箭筒中掉出三粒谷子在这里长出谷穗的田地，只有伙头（tsici）家才能来栽种，一般人家种不得，种了会遭受神灵的惩罚，家中的人和牲畜会死亡，是不能去冒犯的。不得已，这 2 丘田一直由村公所安排农科站的人员来耕种、管理。直到最近几年，才由汉族周云山家来耕种，而这已完全打破了多少年来保持在直苴社会中汉族不能耕种 tsici 田的规矩，那意味着 tsici 以来在直苴社会中对人的行为有制约作用的各种社会规范也被打破了。

4. 传统政治体系的不完整与性别等级的残缺。

面对着有强大权力和意志力的国家政权，直苴小社会任何抗争都是苍白无力的，由男人们搭建起来的直苴传统 tsici 社会显得如此脆弱，几乎是不堪一击，只有承受被肢解的痛楚，经历了如肖凤霞在华南社会所看到的乡土社会被"细胞化"的过程。① 失去 tsici 的直苴社会，就像维系社会的神经被一根一根地抽掉，一个完整的社会被支解，被改造后的直苴 Lolopo 传统社会结构变得破碎和不完整。在以往中国社会中经常发生的国家政权转换和新政权建立后对单一社会其传统社会结构的改造，对力量单薄的小社会的影响是很大的，它使一些起作用的社会机能丧失。无论是社会主义改造后建立的合作社、生产队还是近些年组建的村公所及村民委员会都尽其所能试图管理好这个小社会，但事实上它们都难以承担起维系这个社会运转的所有职能，或者说这些职能发挥得尚不理想。正如 tsici 管理社区的一些权力被分散到家户，这个社区已难再树立起为大家公认的社区公众力量，缺乏公众力量的监督、制约，那些曾经被人们视为神圣的公众道德已经逐渐丧失。

20 世纪 90 年代，当地方政府试图改变直苴村落地处山区缺水，生活用水不方便的状况，出资铺设水管把水从山里引到村落中，村民就不再走很远的路去靠人力挑水来吃，而是在家门口附近就可从自来水管上接水，确实方便了许多。但没过多久，村中的一些水管就流不出水了，原来是一部分管道被人挖走拿去卖掉了。查不出结果，那些被破坏的水管也未被修复。一些经济条件好的家庭只有自己出资重新把水管接进自己家，许多没钱接水管的人家只有一大早就去公用水管前排队等着接水，所有的人宁愿在焦急的等待中忍耐而没人出面为公众的利益来发动村民集体出力来解决这一问题。无论是在安水管还是安装卫星电视接收器等事情上，他们都已经习惯于每个家户自己来独立完成，而不顾及其他人家和社区的公共事务，也或许是他们没有更多能力顾及。多年来靠政府的资助和支持，修通了

---

① 郭建如：《百年乡村发展道路的理论解释》，http://www.csscipaper.com/sociology/socitheory/26948.html

从中和乡政府到村落的道路，然而，到雨季，汽车还是开不进村子，只能停在村公所，而村公所离大小村还有半里路之遥。这段路在雨季受雨水冲刷坍塌后就再无人来修理，主要靠骡、马作交通工具的村民一样可以出行自如，似乎也无修理这段路的必要。到了直苴，要从位于村口的学校进到建在山坡上的大村，似乎找不到一条公共的可供人行走的道路，能通往村里的道路就是一条布满乱石的水沟，常年都有水流淌，且因人畜共用而被践踏得泥泞不堪，每次行走感觉都十分艰难。显然这条路是由雨水冲刷而形成的，村里的人也似乎并未打算修一条通往村里的大家共用的真正的路。仅从这道路我们也可以想见传统权威力量在村落的缺失所在造成的危害。

地处山区的直苴正面临着人多地少而带来的经济压力，近些年尽管村民的生活正在得到改善，大部分人家的温饱得到解决，有固定收入或其他经济来源的人家正迈向富裕，但村落中仍然有一部分人因缺乏劳动力或其他原因还在温饱线上挣扎，每年都需要向政府申请粮食救济，一旦家中有人生病或有人亡故，则无力面对经济上的困顿。村中富裕一点的人家与贫困家户的距离在不断增大，尽管村落中许多人家都有亲戚关系，但实际上一些富人与穷亲戚间的关系十分淡漠，在直苴的日子让我不时感受到亲戚之间因经济问题显得关系紧张。像云南的许多少数民族社区一样，直苴同样在面临贫困与发展的问题，恢复这个社会本身原有的一些机能，恐怕比仅仅靠投入资金来扶贫更为重要。当我们面对着很多依然贫困的少数民族社区，除了他们所处的地方自然条件差，环境恶劣，人们观念落后等不利因素外，我们真的该考虑一下，要获得发展，这个社区内部究竟还有什么重要的机能缺失了，应该得到恢复。直苴的状况，正如肖凤霞对毛泽东时代中国乡村的认识，"我认为我在70年代所看到的乡村已经着实被毛主义政府改造过了。这些表面上看起来孤立的乡村（确实非常分散）正是毛式作品，因为社会分层、市场化、丰富的宗教与文化资源被一个颇具扩张性的政府破坏掉了——通过那些由中间人转化为政府代理人的地方干部。今天被我们看作'传统'的东西实则是一些碎片，被知之甚少的一代新人绝望地重新构建起来，用以对付他们所不满意的现实"。①

当然，政治体系的瓦解并不意味着那些长期存留下来的有关社会性别行为规

---

① 〔越〕刘平、刘颖、张玄芝整理：《历史学与人类学的对话（二）》http：//www.qinghistory.cn/Search/index.jsp

范的社会习俗会在一夜之间就消失殆尽。且么村房屋背后山上的 mixi 林，在伙头散掉后，也没有人去管了。曾经有很长时间里没有人再敢去祭祀，但 mixi 神并不能完全从人们的心里消失，祭 mixi 神变成了更为隐秘的活动，而且不再是村社的公共活动而仅是某些家户的私人行为，他们不希望被村里的人知晓。就在我到直苴与退休的苏老师谈话那天，苏老师说：今天有几家人到山上祭 mixi 了，我看到有烟子从 mixi 林里升起。我家的一个大舅刚去世，过几天我也准备牵只羊去祭一下。40 多年过去后，现在，直苴人已经能坦然面对祭 mixi 神这类事情了。村落中没有了伙头 tsici，丧礼还得举行，仪式程序并没有多大改变，只不过 tsici 在丧礼上的角色已由家户中或亲戚中有威望的男人取代。

可看到有性别区分的社会成员间的行为差异仍然存在，尤其在家户中有关祖先神的祭祀上和男女有别的葬礼上有所反映。在直苴，人们除了有共同的祖宗神 mixi，每个家户还有自己的家户神。在 Lolopo 人家，不像汉人那样在家中设家堂，立牌位，而是在堂屋里对着正门的墙上，或户主的卧室墙壁上挖出 3 至 5 个正方形的小框，框底铺点松树叶，上面放着与框相应大小的竹篾笆，插着由 12 片青岗栗树叶捆成的枝束，每一个小框、竹篾笆和那些青岗树叶就代表一位过世的祖先。这样的祖先"灵位"在 Lolopo 语言中称之为 niqi，它是家户祖先神的象征物，也是家户中最神圣的地方。

按照 Lolopo 人的规矩，每个家户都应该供奉三代以内的祖先。他们相信这些已经死去的祖先的灵魂，在被供奉在家中成为 niqi 后对活着的人有保佑作用，被保佑的儿女们比较昌盛，身体健康，没有聋的哑的，聪明，读书读得好，能升官任职。家中祭奉 niqi 也可以让活着的人表达对死者的牵挂，逢年过节杀鸡祭拜，寄托家人对祖先的哀思。

直苴 Lolopo 人在制做 niqi 的仪程上，存在男女社会性别间的区分。凡是父亲或母亲去世，家中孝顺的子女不仅要操办隆重的葬礼，还要在男性去世后的第 9 天和女性去世后的第 7 天做斋，男性"9"的数字和女性"7"的数字都与他们死后满日字的数字一致。他们认为，女人在经期和生育时流出经血，身体被拖垮了，女人寿命要比男人短，能活到 77 岁已经算长寿了。在当地还有另一说法，"女怕 1、4、7，男怕 3、6、9"，意即女人无论老幼，大凡年龄在 1、4、7 岁上就有难，往往会在带有这几个数字的年龄上去世，而男人则往往会在带有 3、6、9 几个数字的年龄上去世。"7"和"9"就是这些忌讳数字的最上限。当地人把女人死去的第 7 天和男人死去的第 9 天称为满日子（niheibi）。其含义是，一个男人在死后不满 9 天意味着他没有跨入阴间，还在山上逛，无家可归。而一个死去的女人，她的阴魂可能还在家里，跟家里人在一起，不会在山上到处漂泊，因为女人胆子小些。因而为了把到处游荡的男人的阴魂请回家，必须要在满日子那天举办隆重的仪式，体现出对男性魂魄更为重视的状况。满日子那天，也就是孝顺的儿女要为去世的父亲或母亲制作 niqi 的日子。如果去世的是男性，是父亲，这天，亲生儿女都要到坟地上，带上肉、饭、酒等祭品，把已经编制好的 niqi 象征物：方形的竹篾笆，用约 1 米长的新麻布慎重地包裹起来背到坟地，还要在坟地上为死者立一棵松树，用松树来祭坟。请会念引路经的人念经，把还在山上的野鬼引领回家。而要是去世的是母亲，是女人，满日子那天，制作 niqi 就没有像男人那样复杂的仪式了。这天，只要子女中有人带上点肉和饭，到坟地里去祭献一下就可以了，在家中编制的 niqi 也不用再带到坟地。因为母亲的阴魂还在家里，就不用举行复杂的仪式了。

这个祖先的象征物 niqi，是用竹棍和竹篾按经纬编制而成的，经线用竹棍来做，纬线用竹篾来做。在编制时也会因性别不同而有差异。其规则是：一对夫妇，如果女人先于男人去世，在编制 niqi 时只能编 7 根经线，纬线的多少可以不加限定。等到她的丈夫也去世后，按照直苴人一对夫妇共同享有一个 niqi，即一个祖先排位的原则，就须重新编制一个有 9 根经线的 niqi 来把家中供奉的只有 7 根经线的女性 niqi 替换掉。而若家中男人先去世，则一次就编制有 9 根经线的 niqi，等到女人也故世时，就不用再编制新的 niqi 了。认为有 9 根经线的男性 niqi 完全可代表只有 7 根经线的女性 niqi，家户中男性祖先地位无疑比女性祖先更为重要。我们可以看到，在家户的范围内，通过男性世系的继嗣规则，建立在性别区分上的等级仍然在直苴这个 Lolopo 男权社会中顽固地存留，继续发挥作用。

尽管被社会主义改造后的直苴，随着 tsici 组织的消亡，在整个社区的范围内，如同 tsici 组织被取缔后社会结构的残缺，我们再难看到一个完整的性别等级制度。但在家户的范围内，同 Lolopo 人的灵魂观念、家户祖先祭祀的一次次宗教实践等文化要素的结合，家户范围内的性别等级被固定下来，依然较完整地存在。社会性别等级被割裂为社会与家户两个层面，在社区的公共领域与家户间发生分裂，最终，也使其社会性别等级制度不完整。直苴 Lolopo 社会中的典型个案，它提供了社会性别等级在不同地域更为多样的不同存在状况。如果按照西方女性主义中社会性别在公众领域和私人领域的划分理论，男人更多地在公众领域，女人被确

定在私人领域。但就直苴的情况来看，男人实际上有公众和私人两个领域，当民族－
国家运用剥夺了男人在公众领域的位置，打碎了公众领域的性别等级后，男人们
仍然还有控辖和规范女人的第二社会空间——家户。

三、性别失衡的社会

在直苴这个由汉人和 Lolopo 人杂居的社区，通过上文所涉及的不同族群语言
使用"势力范围"，有对抗的异族通婚，传统 tsici 社会组织对汉人的排斥等透露
出或隐含或公开的族群间略为紧张的关系。并且，族群间的对立还裹挟着人与环
境间极端的不和谐。20 世纪 70 年代后期，萌动中的乡村市场经济激发起山里的人
们种种商品经济意识，男人们不再想通过妇女们织麻来获得家庭的唯一经济收入。
国家建设需要更多的木料，那些深山中茂密的森林就是他们可发财获得收入的无
尽资源。国有林场无节制的开采加上当地居民的私自砍伐，在不到二十年的时间
里就把那曾经是茂密的森林砍秃了。20 世纪 60 年代在生育高峰中出生的人口成长
起来，直苴河峡谷挤满了新增加家户新盖建的房屋和日益过剩的人口。人口增加
了，土地减少了，一时间土地、水源都变得紧缺，人与环境的关系也变得十分紧张，
这不仅在无形中制约着直苴的发展，甚至危及到直苴人的生存，人们不得不把辛
苦挣来的钱拿去换回生存所需要的大米。种种关系的失衡充斥于这一社会中，使得
这个社会不太和谐的基调被突出出来，而其中社会性别关系的失衡又是诱发人与
人，人与社会关系紧张的又一因素。

（一）森呷聂（Senganie）传说的隐喻

1. 森呷聂（Senganie）的传说。

很久以前，在直苴 tsicizuo 那里曾经有一位非常漂亮的小姑娘，名字叫
pieqipiena。在村中附近的 apizuo 那个地方，住过一位漂亮的小伙子，他的名字叫
nuosunuobo。小伙子与小姑娘一起放牛，一起唱歌，他们相爱了，多么幸福。他
们私下订了婚。一天，小伙子 nuosunuobo 对他心爱的姑娘说："我要出去买牛，
买花花绿绿的牛，你等我三年三个月零三天，回来后我们就结婚。"nuosunuobo
一走就没有音信，姑娘 pieqipiena 在家中等啊等啊，始终没有 nuosunuobo 的消息。
漂亮的姑娘让村中的其他小伙子爱慕不已，都在争着追求她。最终，等得太久的
pieqipiena 开始失望了，她想 nuosunuobo 不会回来了。于是在小伙子离开她的三
年三个月零三天那天，答应了小村坡脚 nizhajie 那里的一个小伙子的求婚。然而，

就在这一天，nuosunuobo 终于回家了，他是多么想见见心爱的姑娘啊！来到姑娘家，人们告诉他，pieqipiena 刚刚被人领走了，就在今天与 nizhajie 的小伙子结婚办酒。nuosunuobo 不敢相信，他朝思暮想多年的姑娘就要与别人结婚了，他是多么伤心，对姑娘的背叛他又是那么愤怒！怒不可遏的 nuosunuobo 拿起刀在石头上磨啊磨，没有了心爱的姑娘，自己活着有什么意思，他要把姑娘夺回来，或者他要对背叛他的姑娘加以惩罚。伤心的 nuosunuobo 带上刀，带上喜爱的笛子，向小村的 nizhajie 走去。

婚礼的场面热闹非凡，人们用树枝搭起了喜棚，款待客人，年轻的小伙子和小姑娘们在欢快地跳脚。面对着这热闹的婚礼，nuosunuobo 更是悲伤，他吹响了笛子，吹响了树叶，吹起了响篾，可今天吹的已不再是爱情的调子，而首首都是悲伤的曲子。听的人都被感动了，他们知道 nuosunuobo 的心里有多么伤心。他们叫来了 pieqipiena 和新郎，一见面，愤怒的 nuosunuobo 就拔出锋利的刀子，杀死了心爱的姑娘 pieqipiena 和她的新郎，然后把刀子戳向自己的心窝。三个人就这样同归于尽了。

然而，他们的鬼魂却都不愿意分开，他们总是一起走，从这个村子串到那个村子，从这一家串到另一家。三个鬼魂都没有家，成为游荡在直苴村落和山林中的野鬼。野鬼们去过的人家，家里的人会被害着，吃不下饭，生病，身体不好。被他们害的，大部分都是女人。人们相信他们真的会害人，都不敢去招惹他们，只有杀鸡备酒请人来念，把他们请出去。来念的端公要做 senganie，即用带权的松树枝，在枝上贴满红色、白色等色纸条，用3根细竹棍贴裹上白颜色的三角形纸，做成3面小旗子，在端公打卦得到野鬼们同意愿意离开后，这些小旗子与松树枝一起被送到家外，插在来往行人多的通往村落的岔路上。Senganie 被认为就是野鬼们的化身，所用的松树枝被称为 lizruxi，代表美丽的小姑娘 pieqipiena，粘贴在树枝上的花纸就是她的新郎，3面小旗子就是3个野鬼的化身。能唱会念的端公在请野鬼们离家时总是唱：

花啊花，花王 nuosunuobo 你，花啊，pieqipiena 你，你们不要害她。
你们顺山串去，不要来村子里害人，不要回头。
到外国串去，到美国串去，到印度尼西亚去。
你们喜欢住在高山，有喜马拉雅山、昆仑山、昙华山，可以到处去。

花啊花，花王你，花 pieqipiena 你，花 nuosunuobo 你，不要回头。

松树给你你抬着去，送给你鸡、旗子、花花绿绿，金银财宝你抬着去。

你要回去，不要回头……

2. 森呷聂（Senganie）传说的隐喻。

这是一个动人的爱情故事，但在故事中却充满了暴力、嫉妒、仇恨和报复。故事中的姑娘 pieqipiena 是如此美丽，成为村落中小伙子都仰慕的对象，暂时离开的恋人失去了竞争力，可以想见村落里隐含在求偶男人们之间的冲突是多么激烈。故事原型就在充满冲突的求偶背景中展开，讲述了一个女人与两个男人间的关系。爱情固然是美好的，但一个女人与两个男人，这本身就是一种不平衡的性别关系，而正是这种不平衡使得一场动人的爱情成为悲剧。固然，性别不平衡的爱情戏也许在许多社会中都会不断上演，但故事的叙事系统和结构本身却被充斥其中的男人间的嫉妒与愤怒引向暴力，通过暴力，故事最终有了结局。由爱变成恨，变成仇杀，场景的转换，并不是所有的爱情戏剧都会沿着这样的逻辑发展。这似乎又在意示着，或许只有使用暴力才能解决性别不平衡带来的冲突，这很难让人把它与在这个现实社会中人们惯常的行为分割开来。像人们所向往的那样，两个年轻人相爱了，故事在和谐的性别平衡中开始，但却在性别失衡后发生了戏剧性的转变。性别失衡的叙事结构在故事中起着重要作用，它既是推动故事发展的动力，又是故事需要表述的隐喻主题，而且它已被放置在人们的想象中，保持到故事的终结，一直保留到那个鬼魂世界里。

在鬼魂世界里，三个死去的人可以永远地在一起了，但是他们仍然还是不幸的，因为这种性别不平衡的关系还在保持，因仇杀而亡故，死后在直苴的鬼魂世界里就难以变成善鬼，而只能是恶鬼，这些恶鬼进入到家户，给人们播撒疾病，带来不幸，不平衡的性别关系还在不断产生恶鬼。一段在现实世间难以实现的爱在变成鬼魂后对活着的人进行报复，其中的逻辑关系就是性别不平衡产生的危害不仅影响了鬼神世界，也在威胁着活着的人们。这个故事被传了一代又一代，无论如何，它是直苴社会中性别关系紧张的一个隐喻。故事结尾折射出的隐喻也在告诉人们，性别失衡所产生的恶果：嫉妒、仇恨与暴力。

在直苴现实社会中，人们都在追求着性别平衡的一夫一妻式的婚姻生活，但又不能完全摆脱现实社会中性别失衡的事实，于是，在 senganie 传说的叙事结构中，三个死去的人变成鬼仍然呆在一起，让鬼魂世界保持着这种不平衡的性别关系。但因为那是鬼魂世界，野鬼的性别特征和角色被淡化，他们的关系变得模糊和超脱，既不是恋人又不是夫妻，只有野鬼才会有这样超于常人的性别关系。现实社会不被人们认可的性别关系却可以在野鬼世界存在，人们宽容地接受了他们之间的关系。或者人们并不在乎野鬼之间是什么关系，而是更关心因性别失衡导致的这起仇杀，是非常态的死亡，他们的鬼魂因此只能变成野鬼，永远都找不到他们灵魂所应该归属的家。

人们对待性别间的关系在现实与幻想的世界中产生了极明显的反差，其所反映出的是人们在对待现实社会中性别关系的心态与对待鬼魂世界的心态有差异。现实生活中形成的一男一女生活在一起的性别关系刻板模式，已经确立起直苴社会中性别关系常态与非常态之间的准则，人们都希望按照常态的性别关系来生活。但性别失衡的事实又在不断打断常态的性别关系，就像人们无法摆脱野鬼们的纠缠，只有在惊恐和无奈中与他们不期而遇。

"花啊花，花王……"，凄厉的驱鬼声从幽静的庭院中飘出，弥漫在村落的上空，就如这三个无家可归的野鬼在漫无目的地飘游。插在岔路上的嫩绿的松树枝和粘贴在上面的五颜六色的花纸条不断地被吹起，在风中飘曳、翻飞。被雨淋湿，再被风吹干，枯萎了，在阳光下褪去了亮丽的颜色，但不久又有崭新的 senganie 被送出来，放到村中的岔路上。

（二）男人们的焦虑：从"爬草楼"到"娶阴妻"

1. "爬草楼"：直苴罗罗泼（Lolopo）传统求偶文化。

在我到直苴以前，就已经从一些曾经到过直苴的人的口中听到一些关于他们对直苴印象的描述：到了晚上，几乎不能很好入睡，不时传来的狗吠声时时把人惊醒，拉着二胡，吹着笛子，唱着小调的人不停地在村落中游走，二胡声、竹笛声彻夜不断，直到黎明，整个村落才会在短暂的宁静中沉睡过去。

这些在不停夜游的就是正在寻偶的直苴男人。多年来，在直苴一直流行着一种独特的求偶风俗。正如已经在前文中提及的，进入青春期的女孩就要与父母分隔住宿，家里为她盖建面房，楼下关养牲畜，楼上放置干草杂物，因而姑娘的卧房又称为草楼，小伙子要追小姑娘就会在晚上到姑娘住的草楼上与姑娘会面，因而这种求偶方式被称为"爬草楼"。黑夜来临，劳作了一天的直苴小伙子们似乎并不觉得疲乏，吃完饭换上干净点的衣服，带上被认为是表示情爱的乐器笛子、二胡或响篾等，开始忙碌起来。他们或者单独一人或者三三两两一起去与姑娘们会面。在直苴有一曲调子里唱道："有粮食的地方不嫌难走，都会去；有姑娘的地方小伙子不嫌远。"附近村子的小伙子可以到大村来，大村的小伙子也可以到其他村子去。六、七月间因为谷子扬花，村中的笛子、二胡声被禁止，否则这些充满情爱的乐曲会影响谷子扬花，最终会影响收成。只有这时，男人们的爬草楼活动才会稍稍收敛，此外，爬草楼一直是直苴青春期男孩子和未婚男子日常生活的一部分。

住在草楼上的姑娘在等待小伙子的拜访，有时，她们也会两、三个女孩子住到一起。前来走访的小伙子首先得用动听的语言或悦耳的笛子、二胡曲调来取悦姑娘，直到她把门打开。开始时，仍感拘束的小伙子与姑娘只是在一起聊天，看看在一起说话是不是很投缘。如果姑娘不中意这个小伙子，则小伙子第二次来访时就不再开门，往来就中断。姑娘继续接待其他小伙子，而小伙子也可以继续找别的姑娘。慢慢地，姑娘中意的小伙子可以留宿在姑娘的草楼上，天亮前得赶快离开姑娘的草楼，尽量不让其他人知道。其实，父母对子女的行为是不过问的，而且会为有小伙子来走访感到高兴。双方走访的关系确定下来后，其他小伙子也就不会再来找这个姑娘了。小伙子可以公开定居在女方家一段时间，征得女方父母同意后，把姑娘带回自己的家中，住 3 天后，带上两瓶酒，两条烟，两块肥腊肉，回到女方家，正式向女方的父母提亲，得到女方父母同意后，姑娘就可以到男方家与他生活在一起，村民认为这对年轻人已经算"结小婚"了，也不用再举办人们认为的"结大婚"仪式。至此，小伙子的爬草楼才算是有了美满的终结。而对于还不能被姑娘留下来的小伙子就只有继续爬草楼。

尽管当地人说"小伙子守小姑娘，只要守三天就守得着"，其实，对于求偶中的小伙子，从爬草楼这样的求偶方式中找到的并不都是乐趣，整夜不眠，辛苦寻觅，还要面对充满在男人们之间的竞争，特别在男性人口多于女性的性别失衡的社会中，这种竞争更为激烈，甚至充满敌对，这些都会化为男人们心中的焦虑。男人们会为能敲开姑娘的房门而感到自豪，直苴一姓李的中年人回想起当年串姑娘、爬草楼的情景还十分兴奋。因他长得英俊，笛子吹得好，二胡拉得好，曾经被选拔到乡里参加演出，而且他还能言会道，会唱动听的调子，口才好，可谓一表人才。边喝酒边说话的他自豪地说："别人都敲不开的房门，只要听到是我去了，没有不开的。那些姑娘都喜欢我。"而对于不具备这些条件的男人，不仅心中缺乏信心，也会在不断吃闭门羹中感受到挫折与沮丧，在不断吹响的热闹的笛子声中感到焦虑。偶尔，焦虑中的男人会在自己过高的期望不能实现时，使用粗暴的方式来对待对他们过于冷淡的姑娘。有时，他们会通过喝酒来减轻焦虑以获得勇气，但往往又在饮酒过度时难以控制自己的行为。村中的几个年轻人告诉我，爬草楼时姑娘被搅扰的事时有发生，但按传统习俗，姑娘的父母亲人不能进行干预，只有装作没听见。在这样的情况下，在暴力威胁下的姑娘是多么无助！像这样在社会习俗默许下的暴力事件在村落中偶有发生。性别失衡的社会，受到损害的绝不仅是男人们自己。

当九年义务制教育开始普及，部分青春期中的女孩子离开了直苴，到乡里或其他地方读书，住到学校里，已经习惯了在同学中发展友谊。所受的教育和新的观念在让她们不断放弃爬草楼那样传统的结交异性的方式，即便她们回到家里，也是更愿意在同乡、同村的同学中发展更为密切的关系。由于爬草楼中存在的暴力，有时这种风俗也被一些外地来的痞子利用，对女孩子进行骚扰，也在增强姑娘们的防备意识。父母处于保护的目的，也不再像以往那样支持而是进行干预，甚至由父母出面为子女结亲。爬草楼中兴致盎然的小伙子面对的是越来越多的空空的草楼，也失去了爬草楼的乐趣。可见，这种爬草楼式的求偶风俗也在性别比例日益失衡的情况下走向衰落。我住在村里的那些日子，一切都显得很安静，晚上并没有听到很多的狗吠声，当然也没有听到热闹的笛子、二胡声了。

2. 男人们的焦虑：从"爬草楼"到"娶阴妻"。

据直苴村民委员会 2001 年的人口统计，直苴村民委员会有男性村民 1506 人，女性村民 1357 人，其性别比为 111 : 100，在 2001 年共 41 人的新出生人口中，有男 32 人，女 9 人，出生性别比为 356 : 100。2001 年死亡人数为 33 人，其中男性 19 人，女性 14 人，性别比 136 : 100。这是直苴村民委员会 23 个村民小组，33 个自然村的人口性别比例状况。在我重点考察的大村，有男性 342 人，女性 307 人，其性别比仍为 111 : 100。从这些统计数据上，我们能看到，无论是整个直苴村民委员会还是大村，无论是人口性别比还是出生性别比，男性都高出女性，特别是 2001 年的人口出生性别比，男性比女性多出近 4 倍，比正常的人口出生性别比高出许多，那意味着每出生一个女婴，就会出生 4 个男婴。从这些统计数据，也许能反映出直苴社会中存在着人口性别比例失衡的问题。最近几年，随着乡村医疗条件的改善和一些私人诊所的增多，一些怀孕的妇女可以通过 B 超检查来确定妊娠中婴儿的性别，然后选择是继续妊娠还是流产。中国农村中普遍存在的重男轻女的思想和国家的计划生育政策导致妊娠中的女婴被流产造成人为的出生人口性别比例失衡，这已经成为引起政府有关部门关注的问题，但却缺乏制止的有效办法，直苴过高的人口出生性别比应当与此有关。

据直苴村委会统计，2001 年，村民人均有田、地 7 分，人多地少，人均收入粮食 204 公斤，因缺粮每年需要买进的粮食在 30 万斤以上。村民人均收入 386 元，最富裕的家户可达 1000 余元，最贫困的人家不到 100 元，而这些钱大部分都得用来买粮食。因是较贫困的高寒山区，可获取的资源十分有限，这些都在影响着直苴人口流动去向，往往流出人口多于流入人口。一方面，在中国现行的农村土地政策下，直苴有限的土地早已按人头分配到家户，短时期内不会再作调整。对于生活在土地上的人家，如果从其他村落娶回一个媳妇，她不可能把属于她的土地带到直苴，这意味着增加了一个家户人口而减少了一份土地，会使本来就已很少的土地变得更加紧张，甚至会影响家庭生活水平状况。[①] 而村落中的男人会更愿意在村内寻找配偶，这样仍然可以继续拥有两份土地。再者，贫困的村落也总是缺乏吸引力来使其他经济状况相对好一些村落的女子动心嫁到直苴来。以往，直苴的男人会到昙花等更偏远的山区去娶妻，但现在这些地方的姑娘都在往大姚等城里跑，很少有女的再愿意嫁到直苴来。这样，通过婚姻流入直苴的女性人口其数量非常有限甚至缺乏可能性。除此之外，山区中的村落更缺乏从其他途径来弥补性别失衡的可能性。最终，直苴性别比例失调的状况得不到调整。另一方面，近几年流出人口的数量却呈现增加的趋势。除了地方政府实施"异地扶贫"政策，以家户为单位有计划地搬迁一定数量人口出去外，自然的人口流出主要通过婚嫁、就学、劳务输出等渠道。2001 年，直苴共迁出人口 10 人，其中有 2 人迁往易门大红山矿厂和牟定铜矿，都为男性，其中 5 人都是因就学迁出，其中有 3 人为女性，另外 3 人都是因婚嫁移出。事实上，在统计在册的这些迁移人口之外，还有其他的隐性流动人口，他们主要是随着近些年城市对劳动力人口需求的增加而外出打工的人群。在直苴的这类流出人口中，女性要多于男性，而且她们中许多人都受过初中教育。她们大多采取投亲靠友的方式，到县、州、省各级城市里当保姆，或到餐馆做招待。村里人认为女孩子到了外面更容易生存，特别是她们读过书，

---

① 关于中国农村"包产到户"的土地分配所表现出的性别不平等问题，可参考 [加] 朱爱岚：《中国北方村落的社会性别与权力》，胡玉坤译，江苏人民出版社 2004 年版，第 18 ~ 46 页。

汉话说得好些，到城市里生活语言障碍不大。而小伙子出去在外面要找到合适的活儿不容易，各方面都要吃力些，有的出去了不愿意呆就回来了，有的根本就不敢出去闯。通常是女孩子出去打工几年后，几乎都不愿意再回到直苴，忍受困苦的生活。这样一来，隐性流出人口中女性多于男性的状况又造成了直苴女性人口的进一步流失，而她们都是正在进入婚姻年龄的青年人，所有这些因素都更加剧了直苴社会中本来就已经严重的性别失衡。

性别失衡而导致的家庭纠纷，人际紧张一直成为村落中突出社会问题的一个方面。村中有一个丧了妻子的鳏夫，用尽各种办法把一个有夫之妇吸引到自己身边，长期同居，这位妇女的丈夫和他的亲属们为此感到非常愤怒，这件事一直被村民们热烈地议论。而村中一个刚30多岁的妇女因丧偶或其他原因已经有了第三任"丈夫"，每次她能容易地在村子中找到未婚的男子。这位妇女姓李，一连几天都看到她到公共水池排队接水，或是洗土豆。一天，她主动与我打招呼说："我很困难，你来我家我讲给你听"。于是有了对她的访谈。这位李姓妇女才相邻的者树村嫁来，她的丈夫年纪比她大很多，在供销社帮人代卖东西，因为有肺结核，没有谁愿意嫁给他。但迫于家中的穷困，这位李姓妇女还是嫁给他了。在生育一儿一女后，丈夫最终还是因病去世了，当时她23岁。为了生活，就与还是光棍的丈夫的哥哥同居了，这在直苴是大家所不齿的。按当地习俗，媳妇在丈夫去世后可以嫁给丈夫的弟弟，称之为嫁"aipo"，即转房。但按照习俗，死去丈夫的女人绝对不能嫁给丈夫的哥哥，因为丈夫的哥哥就像是丈夫的父亲"公公"那样，要被尊重的。他们的同居在整个村子里都被认为是羞耻的，会让人xiedao（害羞）的行为，遭到许多人的反对。无奈，他们只有分居。但寡居的生活是艰难的，就在2002年，他又与村中的一个年龄比她小两岁的光棍居住在一起了，这让曾经与她同居过的故去丈夫的哥哥非常生气，甚至跑到村委会去告状。但因他们俩只是同居，也没有领取结婚证，村委会也无法律依据来处理，她仍然与这个光棍生活在一起。我见到她时，她已经为他的第三任丈夫生了孩子，这是她生育的第三个孩子，孩子已经有两个多月大了。但这位妇女仍然在穷困中挣扎，现在的丈夫又生病了，才去县城看病，花光了家里所有的钱，病未痊愈，不能到山上找菌子卖钱。她唯一可卖了换点钱的财产就是她的Lolopo的鸡冠帽和服装，但村子中没人愿意买她的衣服，甚至村子里的人都尽量不去跟她借东西用。村民相信因为她的丈夫因疾病亡故被鬼害的，死掉就会变成"厉鬼"，若谁买了她的东西，丈夫的"厉鬼"

就会跟着人走，再去贻害别人。她申请到的政府扶贫款按季度划拨，还领不到钱，正值青黄不接的时候，她和她的孩子无钱买米，缺少粮食，靠土豆果腹。更不幸的是，就在我与她谈话2天后，她丈夫的兄弟媳妇又在做过结扎手术后没多久就亡故了，[①] 这个家庭因此又要再次面临性别失衡的问题，谁能预见这个家庭又将会发生什么？无疑，妇女也会在性别失衡的情景中增添生活的艰辛。

性别失衡也对男性村民产生生理、心理上的压力，在他们身上表现出的焦虑、不安，到了青春期的求偶时节就显得更加突出。随着越来越多空荡的草楼增多，还未能找到女人的男人也随着年纪的增长在不知不觉中就流入到村中光棍的行列，村中的光棍，从60岁到40岁各年龄段都有。他们与年迈的父母或兄弟挤在一起度日，承受着更强烈的焦虑、孤独和冷遇。有侄儿侄女的光棍在年老丧失劳动力后就由这些侄子、侄女来抚养，没有侄儿男女的光棍就孤独的生活。将会没有子嗣的光棍们孤独的生活如同一面镜子，发出的惨淡的光总在刺痛着还尚未找到配偶的男人的心，他们在焦虑中幻想着他们将面对的凄凉的晚景。正在成长中的男孩子也在这种无形的压力下早早就开始了寻偶的活动，甚至还尚未进入青春期，在山上放牛时，就从稍长一点的男孩那里学会了唱向姑娘们传达情意的调子。尽管一些男孩人坐在教室里，但心早已离开枯燥、乏味的书本，最终也不可能有很好的成绩，只有过早地离开学校，涌进这个性别失衡的社会，小伙子们要乘着年轻赶快找到个可以确定关系的姑娘。

通常，一个十六七岁就开始爬草楼生活的小伙子，到十八九岁时，已经基本能建立与一个姑娘确定的配偶关系，或者说已按当地习俗结成事实上的婚姻。但问题在于，中国的婚姻法对婚姻年龄的规定是，男不得早于22周岁，女不得早于20周岁。于是，即便是这些有幸在爬草楼中得到配偶的男人，也一样会面临新的问题。因为他们都还未达到法定婚龄，既领不到结婚证，也得不到生育证，处在一种既合法又不完全合法的尴尬境地。因而，即便找到了被家人确认的姑娘，他们生活在一起，但几乎都还未达到国家的法定婚龄，仍在焦虑不能让女方怀孕。在这里，社会认可用爬草楼那样的方式建立起来的配偶关系，即认可事实婚姻，同时也认可国家法定婚姻。但在他们看来，那种没有结婚就有的孩子仍然是家户

---

① 关于这位妇女的死因，家人认为是她是在做过结扎手术后才死的，是一起医疗事故。在入棺前有县里的医生、法医来做过尸检，法医用注射器从尸体抽体液，但都没有发现诸如脓肿等物，断定结扎手术没有感染，该妇女死亡与结扎手术无关。

的羞耻，人们仍然不能接受非婚生子，即法定婚姻认可前出生的孩子。于是，直苴的这部分尚未达到婚龄的男人又处于与国家婚姻法年龄限制的冲突而产生的焦虑中，他们在与配偶相处，尤其是有性关系时得十分小心，否则不慎怀孕的"妻子"仍然得偷偷到医院去流产。直到他们领到结婚证后，他们的焦虑才减轻些，怀孕的妻子也才能把孩子生下来。直苴村中一杨姓青年人在初中毕业后回家乡，18岁时通过爬草楼幸运地找到了个媳妇，并按当地习俗领姑娘到家里居住。20岁的他仍然没有达到国家的法定结婚年龄，不能领取结婚证。但按当地习俗，他们算是"结婚"了，可以同居，可以有性关系，但他们不能怀孕生孩子。如果没有拿到结婚证就怀孕，村里人知道了就会xiedao（害羞），父母会被村民认为没有教育好自己的娃娃而感到羞愧，年轻夫妇也会感到羞愧。因而，为保住自己在村委会做护林员的职位，毫无商量的余地，杨的"妻子"就只有到医院做了流产。我在直苴的时候，杨就得天天中午跑会家去为媳妇杀鸡或做饭，照顾他还未结婚的"妻子"。显然，像直苴这样，有许多少数民族的婚姻习俗会与民族国家的婚姻法有许多难以调适的内容，村落中频繁出现的妇女的流产就成为少数民族习俗与国家法律间冲突的必然结果。在玛丽·道格拉斯（Douglas）看来，身体原则上被理解成一个象征系统，是一个整体社会的隐喻，因此，身体中的疾病也仅仅是社会失范的一个象征反应，稳定性的身体也就是社会组织和社会关系的隐喻。[①]直苴妇女的子宫、妇女的身体就成为民族国家与小地方社会达成商议的前提，可以让社区中的小社会变得秩序化而不会处于失范的状态。

对于没能成家的光棍，娶妻就是他们心中遥远的梦，在直苴人看来，活在人世间不能实现的愿望最终在死后应该得到补偿，会在光棍死后给他娶个妻子，这就是在直苴社会一直存在着的死者嫁死者的"娶阴妻"习俗。凡是还未成家就死掉的男性，都要为他在阴间找一个配偶，陪伴着他而不再孤单，不让这些光棍的鬼魂回到村中、家里来惊扰活着的人们。比如，有还未娶妻儿子就死掉的家户，在埋葬前就要为这个未娶妻的儿子找到一个未出嫁就有姑娘去世的人家，双方谈好把这个去世的姑娘嫁给这个尚未结婚刚去世的儿子（死者嫁死者），村民们说"讨死掉的姑娘就像结婚那样，该办的要办。"于是，在儿子的葬礼上必须举行一个认亲家的仪式，女方家带上一头羊到男方家在葬礼上祭杀，表示二人已经结亲了。

---

① 〔英〕布莱恩·特纳：《身体问题：社会理论的新近发展》，汪民安译。http://arts.tom.com

结了亲的两个家户仍然以亲家相称，大凡碰到红白喜事都要像亲戚那样来帮忙。在埋葬时要从姑娘的坟上拿一些土放到这个男人的坟上表示合坟，这样他们在阴间就生活在一起了，立碑时，男方家须杀只羊，并在墓碑上写明是某某二人合葬墓。同时，女方家原来祭祀的 niqi 就不用再继续祭了，她的 niqi 已经同男的合在一起了，由男方家去祭。娶阴妻的规则是，未婚死掉的男子，他不能上门，到哪里去说都要为他说个媳妇。女的死掉没有丈夫的暂时不管，用 niqi 供着，等着有未婚死掉的男人家来说。娶阴妻可以不管年龄是否般配，即便只是一个亡故的 8、9 岁的小孩也可以找 4、50 岁的阴妻。一个出生没几年就夭折的小孩，只要他已经会开口说话，就要为他娶阴妻，没开口说话的，被认为还没有灵魂，还不会变鬼，就不用建坟娶阴妻了，这样的习俗在直苴传了很多代了。直苴娶阴妻式的婚姻是人类婚姻文化中都存在的冥婚，非洲的努尔人，在日本、中国台湾、新加坡等东南亚地区都存在。努尔人的鬼婚（ghost marriage）的目的是为了保证每个男人都会有属于他自己名下的儿子，因为此儿子将被称为某某人的儿子。在中国社会的冥婚是指为亡魂择偶成亲，冥婚在各地的称呼不一样。冥婚在中国社会大致可分成三种形式：一是新郎和新娘双方皆为亡魂；二是新娘为亡魂，新郎为活人；三是新娘为活人，新郎为亡魂。不论是采用那一种，其目的都是一样的，就是要为亡魂成婚，使之能成为祖先，以享后嗣之祭拜。[①]据黄景春的研究，中国历史上冥婚的事例是非常丰富的，《菽园杂记》曾载"凡男子未娶而死，其父母俟乡人有女死，必求以配之。议婚定礼纳币，率如生者，葬日亦复宴会亲戚。女死，父母欲为赘婿，礼亦如之。"[②]夭殇者经过冥婚，且从此成为家族合法成员而归葬祖茔享受祭奠，亡魂有了归依之所，也就不会再外出作祟了。因而，冥婚与灵魂、丧葬密切相关，隐含着社会、经济和宗教的意义。直苴的娶阴妻其目的是光棍去世后其灵魂会化为厉鬼，可能给人带来凶煞灾殃，导致疾病或新的死亡，贻害活着的人。在为光棍的灵魂娶阴妻后，过上像阳间常人的一夫一妻的婚姻生活，在阴间生活也两性相谐，而让活着的人趋利避害。

总之，一个社会的文化规则，是建立在这个社会各种相关的制度基础上的，

① 陈祥水：《嫁给自己的妹妹：台湾冥婚的研究》，http://nthur.lib.nthu.edu.tw/bitstream/987654321/9243/1/912412H007009.pdf

② 黄景春：《论我国冥婚的历史、现状及根源——兼与姚平教授商榷唐代冥婚问题》，载《民间文化论坛》，2005 年第 5 期，第 97 ~ 104 页。

围绕社会性别构建出的制度也是整个社会制度的必然组成部分。娶阴妻习俗在直苴社会的存在，正是对这个性别失衡社会所创造出来的一套文化机制，来适应、解决村落中的性别失衡问题，并以此对他们生活的世界给予合理的解释。在他们看来，只有这样，人的一生才算圆满。在当地一首表达情意的歌中唱道："就像母鸡领小鸡一样跟着你走，像筷子一样成对用，像水中的鱼成对游，像鸟一样成对飞……"那是直苴这个性别失衡的社会，人们对平衡的社会性别关系放飞的愿望。

（原文载沈海梅：《中间地带：西南中国的社会性别、族性与认同》，北京：商务印书馆 2012 年出版。）

附 录

附录 1

地理的"中间性"与历史的"多重性":
评沈海梅《中间地带:西南中国的社会性别、族性与认同》[①]

马健雄

（博士，香港科技大学人文学部助理教授）

    商务印书馆新近出版了云南学者沈海梅著《中间地带:西南中国的社会性别、族性与认同》。在书中作者强调，"云南不应当再是文化中心主义下的边缘，而是中国内地与东南亚之间的联结地，也是西藏和东南亚之间的联结地。（页16）"因而，云南一直是多种文化交汇、多重关系叠加的中间地带。在这一论述基础上，作者从三个相对集中的人类学田野调查基地出发，为我们呈现了这本"关于西南中国少数民族的社会性别民族志"。作为近期有关中国西南研究、特别是云南研究的历史和人类学方面的最新成果，随着时间的推移，该书对国内西南边疆及少数民族研究的影响也将逐步浮现出来。

    作为最先读到该书的读者之一，先将书的结构介绍一下。该书分导论、上编"一个傣族社区中的社会性别文化建构体系—对西双版纳曼底寨傣泐村寨的社会性别考察"、中编"社会性别在彝族社会—来自云南永仁直苴罗罗泼彝族村寨的个案"、下编"大理海东、海西的文化差异—白族社会族群认同的内部边界与性别表述"及结语四个部分。上编又分为导言和四章，暂且将其分为"性别表述"、"性别生态"、"性别与族群关系及其现代性背景"及"宗教实践中的性别关系"四个部分；中编以缪格勒（Erik Mueggler）所著民族志《野鬼的年代》的田野地点、

[①] 沈海梅：《中间地带:西南中国的社会性别、族性与认同》，北京：商务印书馆2012年版，第466页。

楚雄的永仁县直苴社区为研究对象，以"族群认同"、"伙头社会组织"、"性别失衡"三章，仔细检讨当地的族群、性别关系以及地方上的"取西"组织与国家的关系及其变迁。在下编中，作者以洱海区域的历史与人类学研究的回顾、洱海周边的地方空间的人群阶序、婚姻、地方宗教实践共四章，详尽地描述了作者在洱海两岸进行田野调查所积累的民族志。在最后的总结中，作者总结说，在西双版纳傣族村寨、直苴山区、洱海周边三地的社群的生活中，"少数民族妇女与民族国家的关系是间接的（页429）"，"民族识别的实质是一种归属政治，通过族群分类来建立少数民族对新的民族国家的归属。男女性别差异也被组织进归属政治的建构过程中，归属的性别政治将少数民族女性的民族身份作'自然化'的归属划分，归属的性别政治重新确定了少数民族妇女与民族及民族国家间的关系，旨在对有差异的少数民族社会进行'父权制'标准化改造，尤其是扩大了父权政治在少数民族社会的影响力，重塑了少数民族社会的性别关系。（页431）"尽管如此，少数民族社会或者说西南边疆上的各色人群在生活中的"内部边界仍然难以消除。无论是在西双版纳、楚雄直苴还是在大理坝子，只要愿意，人们仍然可以在日常生活中找到相互区分的边界。（页432）"通过这部厚达466页的民族志，及作者对近年来国内外具有代表性的人类学云南研究及云南史研究的学理重塑，沈海梅以性别关系为切入点，重新检讨了族群关系、国家与市场的力量对边疆少数民族社群的影响。作者认真梳理了有关地方社会的知识建构中展现出来的或隐或显的"性别、族群与国家"之间在历史上、地理空间上的多重关系，进而指出了一个重要的研究视角，通常也是被我们忽略的盲点：性别关系如何影响了研究者的角度和立场，尤其是少数民族与国家关系中的"性别问题"。这部民族志兼云南研究的学术史，首先从方法论上拨亮了我们的眼睛。作者告诉我们，有关国家与少数民族的"性别关系"是可以如何来观察和讨论的。

　　本书的另一重要的贡献，是从历史学家和当地人的角度，呈现另一维度的"地方对国家的想象"。缪格勒在《野鬼的年代》中，从日常生活中的空间、仪式的角度讨论了国家如何进入到地方的生活日常中，地方社群又是如何想象国家的进入、尝试从生活中来实践对"国家在哪里？"的解答。特别是，缪格勒解释国家到来的方式之一，是讨论计划生育运动中妇女被结扎或者社群抵抗结扎的运动中，国家是如何进入女性身体的。可是，正如沈海梅指出的，地方社群与国家的关系之中，"地方"本来是有差异的社群的组合，从来不是抽象的。假如研究者将"国

录

家想象"抽象为地方共同体的共同文化反应、基于地方社群共同体逐步涉入国家的历史经验，就需要回顾这一历史经验从何而来？沈海梅的田野民族志正是从这一个角度，指出了缪格勒的研究存在的问题。谁是"伙头"？"伙头"体制如何运作？为什么基于历史上的土司体制的"取西伙头"制度能够运作到20世纪50年代？伙头制度是否完全崩溃了？特别是，这一传统社群权威体制下的性别关系、族群等级与民国时期的国家和与社会主义国家的区别在哪里？读了这本书描述的立体、多面的直苴社会，我们会对缪格勒的研究另有看法。现在重新来看缪格勒的直苴民族志，他的研究所缺失的，首先是在历史关系上不能描述和解释"取西"制度，因此也不能够解释为什么"国家"是从"外"加诸"内"的过程。例如，在不同形式国家体制转换之时，社群权威运作的方式、地方社会的能动性将如何体现？"取西伙头"制度反映的，到底是什么形态的国家体制在基层的政治运作？假如研究者不能回答这些问题，就难以回到"国家在那里"的问题本身，也就不能够解释直苴社群在20世纪90年代以后的文化变化中表现出来的社会能动性，特别是对"赛装节"的重新发明。在"计划生育"运动中，女性的声音又在那里？在缪格勒的笔下，"性别"已经被消隐在抽象的"地方空间"里。在本书中，沈海梅呈现的直苴民族志图景异常丰富，但读来令人印象最为深刻的，就是有关"取西"体制的运作、其中的性别关系和族群身份的影响。"取西制度"成了沈海梅为我们揭开的、被缪格勒捂上了的直苴社会的盖子。

在缪格勒的描述中，直苴及周边，既没有社群内部和社群之间的族群差异，也没有性别差异，因此缪格勒报告的"直苴"是一个高度抽象的"在日常生活中高度实践着对国家的想象的社会主体"。可是，当我们看到沈海梅描述的直苴社会时，我们发现社会关系中的"多重性"是非常具体地围绕着"取西"制度变化的社会历史动态来展现的。例如，"1978年中国农村实行包产到户联产承包责任制后，属于集体的田地被重新分配给村社中的每个家户。12坵取西田（即公共的伙头田）的大部分也被拆散分配给不同的家庭，只有其中的2坵在土地分配时没有家户愿意认领，即便这里水田十分有限。村民们认为那是取西田，也是他们祖先从velilaba来到直苴，从身上背的箭筒中掉出三粒谷子在这里长出谷穗的田地，只有伙头家才能来栽种，一般人家种不得，种了会遭受神灵的惩罚，家中的人和牲畜会死亡，是不能去冒犯的。不得已，这2坵田一直由村公所安排农科站的人员来耕种、管理。直到最近几年，才由汉族周云山家来耕种，而这几经完全打破了多少年来保持在直苴社会中汉族不能种取西田的规矩，那意味着取西以来在直苴社会中对人的行为有制约的作用的各种社会规范也被打破了。（页179）"我们知道民族志不能够面面俱到，但是好的民族志，应该为我们提供有关这个社会的基本的面貌和社会关系的描述。然而，读过沈海梅的直苴民族志之后我们明白，即便缪格勒不是故意，也已经忽视或扭曲了直苴社会的一些基本的社会关系和文化理念。因此，笔者读到有关直苴的章节时，觉得沈海梅的新作警醒我们，在我们书写民族志时，民族学家应将地方社群基本的社会关系纳入讨论的视野，这实在是一道必须具备的功夫。

本书的第三个重点，是作者对族群关系中性别意义的研究和讨论。作者提到，无论是直苴、还是大理洱海周边，地方语言中的人群区分，往往是在日常生活中的"性别类分概念"框架下表达的。例如，在直苴，"里泼"与"里嫫"，意指男性的"里人"与女性的"里人"；在洱海西岸的喜洲也有这样的表述"人"的类别概念，"地名后面加上性别标识"，成为洱海周边白族语人群类别中的"江上村男"与"江上村女"。在日常生活中，大家并不去强调某种"江上村人"的，这就像英文概念中有"绵羊（sheep）"和"山羊（goat）"，却没有我们理解的"羊"一样。地方社会历史脉络下，每每生活语境中有关社群的概念，用作"地方群体"的名称时，并不必然等于"族群"。但是，当前语境下，我们也可能赋予这些名称以"族群"的意义，例如"里泼"。稍加引申的例子比如，在现今的楚雄、南华一带，在南诏、大理国时代，历史文献曾经称这里的居民为"峨碌蛮"，因为这里的地名是"峨碌"。这一带的社群往往视天降陨石为神物，称为"碌摩"。（参见《重修碌摩神庙碑》，张方玉主编，《楚雄历代碑刻》，昆明：云南民族出版社，2005，页101；徐栻等修，《隆庆楚雄府志》等）不过，如果我们用今天的族群或民族的概念来理解这样的地方实践时，"居住在峨碌地方的男女"就可能变成"一个称为峨碌的族群"，其中既看不见"地方"，也看不见"男女"。或者，我们甚至"以国家来观照地方"，丧失了地方生活中意义建构的脉络。从这一角度看，以外来者的立场诠释地方社群的关系，与地方生活意义中的"本地人"跟"外人"之间的解释差异可能会很大，即便如此，我们也不应将二者割裂开来。人类学研究就更需要将二者之间的差别及原因找出来，而不应随便赋予一些自己想当然的解释，全然不顾地方日常生活中的意义及脉络。沈海梅的这部民族志，实在为我们指出了一些重要的、值得深入反思的问题。

本书第四方面的贡献，是将过去很长一段时期国内、外有关云南研究的学术史，进行了认真的回顾和爬梳。在有关洱海区域的白族的下编起始章节中，作者几乎将云南学术史上有关南诏、大理国和白族研究的学术史，都做了精细的清理，笔者阅读所及，似乎就目前有关西南研究领域而言，尚没有人做过。也就是说，本书看似以曼底、直苴和洱海两岸的三个案例来讨论云南研究，或者以云南为中心的西南研究，究其实，作者还是不露声色地将有关西南研究的学术史的回顾摊开来，分别以不同的重点，对中英文学术研究领域中历史学家所讨论的西南民族史、族群研究和人类学家讨论的文化研究，分别在具体的案例讨论中呈现出来，只不过，呈现的方式是以性别的、族群关系的和地方社群与国家和市场的民族志为线索铺展开来开的。作者指出，无论国家体制下民族识别如何类分少数民族，不同地方社群之间的边界仍然是重要的维持社群关系、维持日常生活的社会文化机制。从另一个角度看，本书在有关西南中国的人类学教学研究中，也可以作为一本手册，引导研究生们了解国内外不同研究视野下，中国的西南边疆和西南少数民族研究的基本面貌和全景。因此，这是一部全景式的回顾和描述，介绍了少数民族社会生活现状，并从历史的、民族志的角度，综述并讨论了现代性条件下性别、族群、国家、市场的地方性表现。具体而言，本书以案例研究为线索，将作者自己的田野研究与国外学者对中国西南研究发展的理论和方法进行了很好地结合和对话，一方面介绍了国内外，特别是国外学者就中国西南研究中有关族群、性别、国家与市场等问题进行研究所取得的重要进展，另一方面更加综合地将这些问题投射到自己的田野工作实践之中，进行比对和总结。因此，这部书也是一部很好的理论入门读物。不仅如此，作者在上述基础上就自己在云南南部西双版纳、中部楚雄和西部的大理进行田野调查所面对的社群生活，做了饶有兴致地描述，如作者所说，做到了"多层面的叠加"的比较和报告。

笔者在阅读的过程中，对许多饶有兴致的问题充满了好奇和期待。虽然这不是一本集中就某个社群的社会制度和文化变迁进行探讨的著作，但还是希望作者能就一些问题，引出更加细致而具体讨论。例如，在曼底寨，村民们是根据婚居（婚后居制）的类型来决定应该由丈夫或妻子哪一方的父母来照看婴儿的。作者仅用一幅简单的亲属关系图，即有效地梳理了婚姻中的性别关系。但是，接下来读者可能还是要问，居制当然是我们理解婚姻与亲属关系的一方面，另一方面，孩子长大后将如何承担赡养老人的义务？代际之间的财产继嗣与居制之间是什么关系？通常，财产及继嗣、劳动力的分工合作、土地山林等生存资源的分配等等制度安排，更是理解社群的性别关系的重要问题。正如作者指出的，在国家关系的宏观政治层面体现出的性别关系，它的另一侧面正是日常生活中实践着的性别规则和文化诠释，而性别规则和文化诠释又是与社群的基本组织制度相关的，就像作者讨论直苣社会时曾经指出的那样。可是，就这一方面的深入具体的研究和报告，往往是许多当前的许多民族志研究者没有能够做到的。也因此，我们更期望能读到作者的后续的民族志中，将我们引向更集中的讨论。

（原文载香港科技大学《历史人类学学刊》2013.4 第十一卷，第一期，192~197 页。）

附录2

徐杰舜人类学者访谈录——沈海梅教授

访问者：徐杰舜教授

受访者：沈海梅教授

时间：2012 年 10 月

地点：昆明

录音整理：林春大（云南民族大学人类学专业硕士研究生）

徐：最近看到你出版了一本人类学专著？

沈：是，这本书叫《中间地带：西南中国的性别、族性与认同》，差不多出版周期是很长的。

徐：什么时候写的呀，多少年的呀，什么课题，是国家课题吗？

沈：它是这样的，这本书包括三个田野点，一个是西双版纳，一个是楚雄直苴，一个是大理。前面那两个田野点都是得到福特基金会的资助去做的田野，2002 年开始来做田野，然后开始写，边做田野边写，后来在做大理时又得到一个教育部后期项目的支持，然后又在大理做田野。大概在 2009 年完成，但是出版的话呢，又放了三年，今年终于出来啦。

徐：福特基金对你的支持很大呀，两个田野点。

沈：是，还算很好，那个时候刚刚从历史学转来搞人类学，真的需要一点经费来做田野。刚好基金会那边就资助了一点钱。

徐：福特基金给的应该比我们国家课题的经费多一点。

沈：我是在 2001 年得到的资助，实际上那时候钱也不算太多，当时折算成人民币有 3 万多块钱吧。

徐：3 万多人民币呀，折算起来才几千块美元。

沈：嗯，不多，但是这 3 万多块钱对我来说是很关键的呀。当时就是靠着 3 万多块钱我才能做了两个田野。

徐：三万多块钱你就能做两个田野点的工作呀。

沈：没有啦，2001 年、2002 年那个时候的经费。

徐：我 2001 年我拿国家课题，5 万块钱。

沈：是啊，是啊，那后来教育部后期项目又资助了 5 万块做大理的田野调查，就差不多啦

徐：那你这个三个田野点的成本很低呀。

沈：是呀，按理来说，从现在的标准来说真的不算太高。而且在云南嘛，就像我们下田野比较方便，所以花在路途中的时间和钱成本都不是太高。

徐：那你一般都是搭汽车过去

沈：呃，偶尔坐一次飞机，就像去西双版纳那个时候也会坐一次飞机。其他那两个点都不需要坐飞机。

徐：这里离西双版纳还是比较远的呀。

沈：当时呢，交通也不方便，是很远的，第一次不知道，坐了汽车下去，就是要坐一个晚上，从昆明下午 6 点钟出发，大概是第二天上午 11 点钟左右到景洪。

徐：十多个小时左右，那的确很不容易呀。

沈：是，当时在修从昆明到西双版纳的高速公路，路况不太好，后来第二次开始就坐飞机。徐：从昆明到西双版纳大概七八百公里？

沈：有的，有七百多公里，我那个田野点村落当时选在西双版纳勐腊县象明乡，那个村落当时的交通还比较闭塞，交通条件不是太好，所以它的文化传统保存得较好些。当时去的话要换好几种交通工具才到那里。

徐：你自己坐呀。

沈：嗯，很有意思，比如先从昆明坐飞机到景洪，然后坐汽车从景洪到勐仑，去到勐仑又经过橄榄坝。然后从勐仑要过山路，开始要换吉普车，那个路车太难啦，沿着罗梭江，就是感觉在悬崖上开似的，那个路啊，坑坑洼洼的，心都在跳。第一次去是我朋友用吉普车，很好玩的，走到半路的时候那个车门都颠掉啦。颠掉后总是发出感叹说，哎呀，这个地方怎么这么难走，下次应该不要过来了。但都是每次回来昆明就会想着田野点的那些人在忙些什么，最后又回去了，就是这样很纠结。后来特别是到了雨季，路况就更不好了，这时吉普车就得换拖拉机，

换拖拉机不行的话又得换摩托车，就要换很多种交通工具才能进去，但是这个寨子他们去年已经修好了路，小轿车都可以开进村子里了。

徐：那你是怎么选择这个点的呀？

沈：我选择这个点还是有一些偶然性的，当时就觉得应该从西双版纳开始来做我的田野。

徐：你的主题是性别研究？

沈：对，刚开始的时候我是想考察女权主义里性别的文化建构理论，实际上是要用这样的理论来在村落里看，在这样的文化体系里面它的性别关系，特别是探讨性别是怎样被各种因素，比如说宗教、传统的政治组织、生计等这些东西来作用、形成性别的差异，主要是考察这样的东西。后来进去作田野的过程中发现 ethnicity（族性），就是这本书的副标题"性别、族性与认同"。就觉得族群这个问题就也变得非常有意义，就当时学术界也在往这个方向在做。同时我自己也觉得在田野工作中观察到很多有意思的东西。可以反映出它的族性的呈现，所以往这个方向来讨论性别和族性的这种关系。当时在西双版纳做这个点时发现最有意思的就是从人们的服装穿着来讨论为什么族性总是让女人来呈现傣族的文化，就是它背后究竟是自然的现象还是还有文化的作用，性别的权力关系的作用，得出来的结论是在中心认同层面呈现出来的是男性客位化、女性主位化这样的一种性别模式。

徐：你能不能把这个观点再解释一下？

沈：这个观点实际上主要表现在我在西双版纳考察时几个方面的内容，首先就是它们的民族服饰，这个民族服饰的穿着觉得都是女性在穿他们的民族服装。那么在我的描述中我用了"时髦的男人和守旧的女人"这样的一种状态，因为我去那个村落考察的时候发现很有意思，那些女性在每天的生产劳动到大众化的节日活动，即便是在山上劳动她们都要穿傣族的服装，而男性的话就是 T-shirt，牛仔。

徐：还有西装

沈：呃，对，后来就是我们这个社会流行什么，他们就穿什么。就是说，我观察的更细微的就是那个村落在 2002 年只有一个小卖部，是一个很小的小卖部，大概是卖一点饼干、糖果之类的，还有卖男性的内裤，那种男性的内裤的包装袋上的图案都是一些西方男人，那种雄性气质的那种内裤都是在那卖。所以这个社会里就呈现出：家里男孩的衣服都是由父亲到市场去帮他买，而女孩子的服装都是由她的妈妈自己做或者买她们傣族的那种服装布料来进行加工。就形成了这种社会化里面很早就开始男性穿市场上卖的东西，而女性是穿她们傣族传统的服装。这个是考察的一个层面，这差不多是从一个物质的层面来看。就是说女性总是成为文化中的主体，文化表述者。这个就形成了这样一种现象。

徐：你观察了这个问题，说实话我们也观察过，但是真的没有像你这样去做这么深入的研究。八十年代，我刚刚从浙江到广西工作，在三江做调查。在1964年的时候我大学本科最后一年在三江做了一年的田野，实际上也就是参加社会主义教育运动，那个时候男女穿的衣服基本上都是民族的，因为男的穿得是侗装，侗族男性那个服装的袖子很细，扣子是排扣，男的衣服上还打头巾。当时在80年代我去的时候发现一个相映成趣的场景。女孩子都是穿美丽的本民族服装，男孩基本上都是穿最流行的西装。你看满街上去，一对一对的，真的很相映成趣。但是没有想到你能从这个问题观察出性别和族性的角度来分析男性的客位化和女性的主位化。

沈：就是男性，国家给了他们一个民族身份，实际上国家给的是一个客位的定位，那么这个关键就是说男性，他们可以穿上他们传统服装，也可以脱下他的传统服装，那么他们这个身份是可以游离的，他可以在客位身份和主位身份之间自由游离的。

徐：那么女性为什么不可以呢？

沈：而女性呢，她们就没有游离，这个就是我后来要讨论的，女性没有游离，女性始终就认为本民族的服饰是我自己的服饰，因为我还讨论比如说语言，语言也是说男性他的汉语程度各方面比女性好点，比如说汉语使用的比例啊、频率等，女性大都认为我用我自己的语言，我穿我自己的民族服装，最基本的这两项。然后女性还保持着传统的生计角色，比如说传统的稻作社会里面，女性她要插秧、收割等所有与她们相关的生计，而男性，我也考察另外一个层面，到底什么是傣族的男人，什么是傣族的女人，在她们的文化中是有界定的，比如说在傣族里他们的婚姻也有这样的界定，男人都是要上门的，它一直是保持着这样的传统。

徐：呃，傣族的男的是要上门的？倒插门？

沈：对，他要到女方家上门，并且定好他要上几年，三年、五年还是十年等这样的。然后说好了后，就在女方家里过三五年之后他就不回他原来的家，而是另外出来单独去安家，然后结束他这种上门的生活。但是慢慢地，特别是随着各种社会在发生变化,很多男性,特别是在他们种橡胶有钱后,这样男性就不上门了,他就出钱给女方,让女性嫁到男性的家里,你看到了吗,这就是我们传统从夫居这样一种父系结构里婚居模式,就开始通过金钱便可以改变。而一个男人他要会干什么呢?傣族的男人他必须要会盖房子。盖房子是考验一个男的在他的社会中社会名声的一个重要的方面。

徐:就是他在他的社会里有没有地位,是否得到公认就得通过盖房子的能力来检验?

沈:对,如果他家盖房子的话他都不需要通知的,整个村落里的人都会去帮他,然后一个星期之内他就可以把他家的房子盖好,这个男性就会非常体面,非常风光。

徐:是用竹子盖房的吗

沈:他们最早是用草来盖顶,所以傣族的男人还必须要做的最重要的工作就是要扎草排,每天都要扎,就是要这样好几年的积累,他们才能换屋顶,就是上门的男人就会觉得这个简直是在做苦力,我就不想做这样的上门。因为他们感觉自己在上门期间没有地位。他就像他们家的奴隶一样天天扎草排,然后他就得把房子盖起来。如果他能在一个星期内把房子盖起来,那么大家就会觉得这个人的名声很好。如果说这个人的名声不好,那么他可能一个月都不能把房子盖起来,那么他就会被村子里面的人笑话。这就是在她们的文化中自己界定什么样的男人才是傣族的男人。他要在整个生计里面承担什么呢?一个是要放牛,因为牛很重要,要靠牛来耕田、犁地。那么在整个稻作社会里面男人还要做的就是犁地。其他的就全是由女人来做。

徐:性别分工非常明显?

沈:非常明显!但是慢慢地,你会看到,它现在也不需要犁地,他们现在的粮食也种的很少。他们种橡胶的收入很多,特别是在2005年以后橡胶的价格涨得很厉害。因为在印度尼西亚的海啸影响,天然橡胶的种植地受到很大的破坏,像菲律宾啊、马来西亚啊,国际橡胶的价格就会上涨很快。还有就是中国的汽车发展迅速,这些方面都会受到影响。所以橡胶作为一种很重要的物质媒介就会把传统的社会关联到了中国汽车工业市场,关联到全球资本主义体系里面,这是个非常重要的变化。这些变化实际上都在发挥作用。它改变了这个社会中性别关系,所以说男人他可以不用上门,他可以不用穿他自己民族的传统服装,他的身份可以变为客位。而女人呢,在这种性别权力关系的作用下,男人出钱了,女人就可以接受他的聘礼，可以嫁到他那边去。然后女人仍然还是在整个稻作的生产过程中，很有意思，一开始橡胶和稻作是并行的。那女人就开始主要从事农事之类的劳作。

徐：种水稻？

沈：种水稻！然后男人种橡胶。关键就是在我们这个市场经济的时代，人的劳作产生出最大的意义就是必须要把你的农产品变成商品，要卖出去，要把钱换回来，男人的作用就变得更重要了。因为它要解决一个什么问题呢？割橡胶女人也会，但是女人很少与外界接触，所以男人要把橡胶卖出去，而且男人还要驾驶交通工具把橡胶拉出去。就是说生计方面的变化赋予了男性的劳动更大的经济价值。所以说这就拉大男性和女性之间的差距。在这种经济作用之下，也就是说经济可以重新组合社会组织关系。

徐：你现在讲的东西我们马上想到在原始社会末期父系和母系社会的转型，妇女的劳动地位越来越下降，男的劳动地位越来越上升，所以男的掌权了，地位提高啦。

沈：是，当然我也不是去回应这种经典的进化理论，就是说从西双版纳这个调查点来看，它的性别关系，男性地位的上升，因为我刚才说了男性的上门是在它的文化体系背后母系的血缘，母的世系在她们的文化体系中是很重要的。

徐：就是说在西双版纳的傣族的亲属关系中的作用非常重要？

沈：对，母系的世系很重要，但同时男性的世系也很重要。因为在她们的社会中，他们的亲属关系和我们汉人是不一样的。

徐：双系？

沈：双系，可以这么说。

徐：那财产继承是在哪一方？

沈：财产继承，如果说你是上门的，那还可以从女方家庭那边得到一些土地，出去安家，给你一些钱，然后这个财产的继承实际上还要取决于父母，他总是要把握住他的土地，因为土地是他们最重要的财产，那么它还是要均等的划分的。均等划分以后，他的儿子得到一点，他的女儿得到一点，从我调查的那个村落里看到的是这样的。他不像我们汉人社会里面全部都是男性的继承。从孩子的命运来说，父亲的 lineage（世系）和母方的 lineage（世系）都是同样的重要。举个例子，一个小孩出生了，那个小孩是个男孩子，那么这个孩子可能叫作"ai han"。他的父母同时的名称就会发生改变。他不是像我们汉人社会里面，孩子的名字是从父亲那里过来的，而傣族社会里面的命名是很有意思的，"ai han"是孩子出生了，随着孩子的命名父母的称呼也会发生变化。他的父亲就要变成"bo ai han"（ai han的父亲），他的母亲就要变成"mie ai han"（ai han的母亲）。然后他的爷爷奶奶的名称也会发生变化，变成"botao ai han"和"mietao ai han"（ai han的爷爷奶奶）。

徐：那这个跟侗族的一样

沈：是，你可以看到在这样的命名体系中，父亲的称呼和母亲的称呼同时发生变化。实际上它是双系。所以说我们可以看到，这样的社会它的整个状况，就是说事情如果要扯开来讲的话就会讨论的很多。那么我为什么将它定位为男性客位化、女性主位化？实际上回到这个问题上主要是男性我要更多回应的是我们的民族识别。民族识别实际上在中国的话，很多学者在讨论这个问题，他把它当成是我们要体现中国共产党的民族政策。是吧，但是我觉得这些是我在这本书的结语里面提出了一个观点，是说我们的民族识别实际上它要建立起来的是一个归属政治，归属政治叫作the politics of belonging。它的归属政治实际上在西方的政治学里面是讨论很多的。那么归属是什么意思呢？它是整个新中国建立起来这么个大背景是一个民族主义的发展。那么民族主义里面它的一个最重要的就是要建立一个民族国家。民族国家第一点是要有主权，第二点是要有固定的疆界。这是它要做的最重要的工作。那么疆界呢，就是要通过边境的划界来把地理空间给它区分开来，这个土地是归属我的，那片领土是归属你的。这个划界工作在整个推翻清朝以来民国一直做的工作。那么我要延伸的是什么呢？是居住在这片土地上的人需不需要重新划分？人也需要重新划分，这些人是属于你的，那些人是属于我的。这个实际上是对人群归属的重新划分。所以说民族识别我认为它的一个本质是对人的民族身份归属政治身份的重新划定。

徐：那这样一个你讲的政治归属和男性客位化有什么关系？

沈：那这个归属身份建立以后，那么整个国家在进行民族识别的时候呢，它更多的是强调了，只要这个社会的男性归属于这个国家，那么女人也就自然地归属于这个国家了。它是把女人当作是自然化的处理，它先验的设定女性归属于男性，这是父权制的一个意识形态，可以这样来说。那女人归属于男人，只要男人归属于这个国家，那女人自然也就归属于这个国家了。通过民族识别重新确定女人、男人和国家之间的关系。我为什么来讨论这个问题。比如当时我们中央访问团访问云南的时候，访问团有个人员工作守则，工作守则里面提到，不入回妇的房子，不轻易和回妇接谈。还有在苗族地区的工作守则也提到：不轻易和苗族妇女接谈。那女性就成为整个民族国家在建设中就像一种文化障碍，你不要去触碰她。

徐：就把她隔离掉？

沈：对，那么它这个隔离就是说我只要不去触碰这些女性，只要我接触到了这些男性，男性确定了归属，女性也就自然化地归属了。

徐：那这些访问团也好，慰问团也好，做这样的规定，我觉得还存在汉族的封建意识的存在。

沈：嗯，我们政治的归属里面就会把女性作为自然化的处理，就是这样一个关系。实际上女性在她们当地的文化里面，在民间文化的层面，就像刚才提到的服饰，我是属于谁的或者说我是谁，女人的服饰起了非常重要的作用，比如说苗族的各种支系的划分，例如花苗完全是靠妇女穿的各种颜色拼在一起的衣服来区分花苗、白苗、青苗，这些都是要靠服饰的颜色来确定的。而我们很多少数民族的社会里面，比如说拉祜族，黑拉祜、黄拉祜这些都是靠色彩区分，而色彩的决定权在于女性的服装。那么就说在民间文化的层面，女性的服装它是非常重要的来界定我们是谁这样的问题，但是在国家的民族识别里面这个东西已经不重要了。这些即便是你在民间社会用服饰了进行区分的，特别是用女性的服装进行区分的这方便的内容并不会成为民族识别里面划分的标准。就像羌族的妇女不喜欢到外面去，出去一小截就会发现别人穿的服装跟自己不一样。她们认为她的衣服不一样，那个地方不属于我的地方。它是这样来界定人的身份。那这里面就会产生了归属性别政治。把女性作为自然化的处理，这个自然和文化是女权主义讨论的一个重点话题，一个非常重要的视角：女性身份到底是自然的还是文化界定的？性别的划分到底是自然的还是文化的？这样的问题。那很多我们会认为女人会生孩子，这是自然的，确定了女人和男人之间的差别，但是在西方的女权主义的讨论中，比如说在 Margaret Mead《三个原始部落的性别与气质》，已经就是从自然来确定人的性别或者是文化来确定人的性别这方面已经迈出了一大步，从《三个原始部落的性别与气质》我们可以看到，就是在不同的三个社会里面，性别的气质实际上更多的是由文化来界定的，而不是由自然属性来界定。它们同样在相邻的区域，但是它们的生计方式不一样，他们就会形成不一样的性别气质，并且承担着不同的劳动分工。这样我们就可以讨论就是说实际上人的性别不是完全由生物性来决定的，而文化对它的界定显得非常重要，就像我刚才一直在讲为什么穿传统民族衣服，男人可以不穿，而主要由女人来穿，这个是由文化来界定的这种性别的身份，包括生计的分工也是一样。绕了这么半天，实际上我觉得这里面最关键的是男性可以从他自己的主位身份里面游离出来，那么他可以不穿他的服装，他就放弃了自己的客位身份，他去从事了一些新的生计，他不用再扎草排了，他也不需要养牛了，他也不需要上门了，这些都是在传统傣族社会里男性应该具有的特征，他都可以放弃，所以他的身份就会变得更加的客位。

徐：那么他的身份就更加自由了，他可以穿民族的，也可以穿外面流行的。那流行是和外面的世界连在一起。

沈：这就是我在田野当中必须要回答的问题，也就是那到底是什么时候开始男性的服装和女性的服装就发生了差异？是在什么样的社会情形下男人放弃了他的民族服装？这个问题就非常有意思。当时村民给我的回答就是说在新中国成立后五六十年代，国家建设在西双版纳修公路，然后呢，村子里面的男人都被召集去做劳力，去参加修路。去参加修路以后他们回来就感觉到他们的衣服跟外界不一样，他们感觉害羞。他们用了"害羞"这个词语，在书里面讨论很多害羞问题，他们感觉很害羞，后来就有人买了一套汉人的服装，就是当时那种中山装或解放装，后来村子里面只要哪个男人要出去就要借这套服装，借着穿了以后回来就赶快洗，然后再传给另外一个人。一套汉族的服装在一个村里面就在男性之间流转，所以我在讨论这个问题的时候民族国家和它的归属政治在这方面起了非常重要的作用。就是说，男人更多的介入到整个民族国家的社会事务里面，也参与到了国家政治里面，而女人没有，这个就是产生了男人放弃了民族服装。因为有很多傣族的男性后来参加了工作，成为西双版纳傣族自治州这样的地方干部，他们成为地方干部以后他们很快地放弃了他们傣族的民族服装，然后介入到国家的政治中。我在这里看到了我们民族国家在建立归属政治当中赋予了男性更多的权力，他们可以介入到当时更多的政治社会事务里面，介入到更多的公共政治、地方政治里面，而女性没有，女性一直让她们保留在她们自己的文化体系里面，所以说产生男性客位化、女性主位化这样的性别差异它的主要的动力来自国家政治。

徐：你有没有观察到当干部的也有妇女，妇女的服装在当了干部以后她改不改？

沈：你会在我的书里面看到，当时我的一个研究生专门访问了西双版纳妇联主席，来讨论了妇女的解放在西双版纳在当时是非常困难。尽管当时的政府也是希望女性能加入到革命队伍里面，但是当时存在很重要的文化障碍，这个文化障碍看起来是非常有意思的，它来自女性的身体。当时妇联主任谈到要发动妇女参加到革命队伍中太难了，为什么呢？女性来月经，来了月经在西双版纳当时的社会里面，来了月经的女人，她每天就会坐在固定的凳子里面，就让那个经血在流，她没有什么其他的方法，就是垫很多的草或者她们破的衣服。当时她要号召妇女去参加革命去开动员大会，很多妇女去了，后来一起来发现地上都是血，你可以看到，一个非常重要的生理文化的障碍，让女性很难参与到革命的体系里面。这个我们听了之后还是感觉很震撼的，所以实际上它会造成一个什么样的结果呢？这些像早期参加革命的妇女都是汉族的女性，她们去发动傣族少数民族的妇女去参加革命，但是受到了很多生理文化的障碍。不容易的，这真是不容易的，所以说它就形成了一个男人和国家关系更密切，而女人跟国家的关系就更间接。

徐：这个民族和国家的关系是由男人来包办的？

沈：就是这样的，这个就是我们要讨论的性别关系，国家的力量、国家的政治介入以后，产生了男人与政治更有直接的关系，而女人和国家的关系是一种间接的，是要通过她们的男性来完成。

徐：这对妇女的解放、男女平等、妇女的权利等等作何解释？

沈：这些东西是双方的，而且国家的政治实际上在中国也是一个父权制政治体系。这种父权制的政治体系自然地去动员了男性而没有去动员了女性。

徐：我刚刚从贵州过来，可以看到它那边的妇女保留着她们的传统民族服装，而男性完全都已经社会化了。

沈：是呀，我也去看过，只有她们在演关索戏的时候才改变。

徐：那现在你说的西双版纳的妇女，她们来的月事应该改进了吧？

沈：改进了。

徐：你讲的是很早的时候

沈：呃，就是说在20世纪五十年代的时候，西双版纳刚刚成立自治州，那个时候妇女的革命一个是由汉族妇女去发动的，另外一个是这些少数民族的女性在和国家之间就存在着生理文化障碍的关系。而且国家也并不是说我要把你们妇女整合到国家体系中来。

徐：国家想到没有想得到，怎么会有这些呢。

沈：不会有这些东西，所以它实际上就造成了男性更加的客位化，而女性更加的主位化。就是说我在这里面讨论的一个国家政治的维度，还有就是我刚才谈到的橡胶这种经济的角色。经济的要素它也在改变性别关系。就是说政治的、经济的叠加，一个男性的父权政治再加上全球的资本主义市场这样两样东西的叠加，就产生了男性的客位化，女性的主位化。产生了性别权力关系。

徐：你用了一个非常经典的人类学的词语来说明了男性的宗族力量权力解放比较容易点，女性的解放更难点。

沈：没有，在我的观点里女性就像是一个文化生态上的障碍，是国家跨不过去的，国家就直接不去碰了。

徐：那么反过来讲，性别的研究当中的女权主义者会更加注意女权的问题，实际上是很难做到的，是不是？

沈：也不是说很难做到，这就要国家要有相关的政策，怎么样平等的、赋权的，赋予女性更多权力的一种体系里面来获得平等的发展，参与式的发展，这个才是重要的。

徐：那女权主义它要求的就是男女平等发展，对不对？但是由于女性生理上的障碍，有些可能就难以实现。

沈：没有啊，其实生理上的障碍也是受于文化限制，比如说现在月经方面，它有若干的技术手段来支撑，那不会成为问题。

徐：那还有其他问题的障碍吗？就是我们讲性别平等，讲性别女性主义障碍，除了你刚刚讲的那些非常典型的，那现在很多家庭的分工，也就是当了厅长当了什么的，回到家里还得做饭，你可以不做，可以雇工。

沈：这个东西嘛，在女权主义讨论这个问题的时候，女性生孩子，它到底是对女性有利的还是不利的？这个问题实际上在女权主义的回答里面其实是很清楚的，就是说我们有不同的社会角色，我们应该赋予这些社会角色同样的价值。即便我是带孩子，你应该赋予我生育应该有的价值。那原来对女性不利的就会变成有利的。

徐：她的假期多一点？

沈：是啊，她的社会福利好一点。就是说生孩子这样的事情在欧洲的国家，这些福利好的国家，特别是在北欧这些国家，女人生孩子，男人同样休产假。这就消减一个女性在她生孩子期间带来的经济损失。换句话来说，如果他雇用了一个女的，她生孩子了，那么她就不能给公司创造价值。同时，在西方国家也让男人来休产假，也同样有经济损失，那这个生孩子还会不会成为影响男人和女人受雇用的一个不利因素呢？就不会有了嘛。

徐：对

沈：我想，就是一个社会的福利和政策的制度，它完全可以改善对女性生育带来的不利影响。徐：它还有很多办法来解决。

沈：对啊，还有很多方法来削减你的经济方面的损失。而且对于西方国家来说人口变得相当的珍贵，人口就是劳力，劳力就是它可持续发展的动力啊，所以说她生孩子国家会给很多的补贴，在中国就做不到了。中国生孩子就是你一个最大的不利的因素，在贬低女性的生育价值。这不是说生孩子本身就是个生理的、自然的问题，同样是社会文化体系，怎么来解决你生理的问题。

徐：那么社会文化和政治文化它可以是平等，也可以是不平等的？

沈：嗯，太会总结了，呵呵！

徐：哈哈……那你这个田野点有什么重要的发现？用了很多人类学经典的常识，那么你另外两个田野点，大理和楚雄。

沈：是这样的，我在西双版纳还有一个经典的，就是讨论现代性的问题，就是刚才谈到的橡胶，它是现代社会物质里面，橡胶的产品，它是一个工业产品，尽管它是一个农产品，那同时它也是一个工业产品，它作为一个现代性的物质媒介，它把西双版纳这样的传统社会关联到整个资本主义社会的市场资本体系里面。这对整个社会带来了若干的变动，我们说的人类学里面的经典就是来考察社会文化的变迁。那我们是从橡胶这样的现代性的物质媒介重新来考察这个社会人的关系，它的宗教的实践怎么样在这样的一种现代性的过程里面发生了很多的调适，也发生了很多的变化。比如说最简单的，这个社会种橡胶，有的家户种到一百亩，比较少的家户种十亩，每一年收割完了以后他的收入是不一样的。就是说这个社会原来在稻作社会的时候，人的时间感是一样的，我们一年四季，我们做同样的事情，我们都是从自然那里去劳作，然后从那里获取。这就是说它不会产生太大的贫富之间这种收入的差距，但是橡胶作为一种商品媒介进入以后，它就会带来人的收入不一样。就是说原来的稻作社会里面也没有太多的分工，它的分工主要是性别的分工。男人做什么，女人做什么。而橡胶这样的物质媒介进入以后，它带来了新的社会分工。很有意思，比如说有的卖了橡胶以后他们有钱了，他们就开始买拖拉机，而拖拉机是需要维修的，有的家户就专门开一个小铺专门帮别人修拖拉机、修摩托车。它就从传统的稻作社会里面分出了新的一种分工，而有些家户呢，他现在买了车以后，它就专门用来运输，它就从原来的稻作分工体系里面分离出来的一部分人就专门做运输的，而有的家户就专门来做傣族的服装，有的家户就专门做豆腐卖，开一个小铺，这就是这个社会产生了社会分工，从没有分工到有社会分工，在涂尔干的古典社会理论里面他就是说叫作有机连带社会。由无机连带社会到有机连带社会整个社会的结构性的变化。所以我用涂尔干的社会理论来很好的分析了这个社会转型它是一个结构性的转化，而这种结构性的转换带来了他们在宗教实践方面的适应和挑战。当一个社会在发生这样转型的时候这个社会就存在很多失序的状况，失序叫作"disorder"。那种失序的状况就会给社会带来很多的不确定性和新的社会风险就会产生。它的民间信仰，这个社会的信仰有两种形式，一种是南传佛教，一种是对当地村寨神的信仰。宗教就要承担很多不确定风险管理这样的角色。所以我的书里面，我认为另外一个贡献就是用风险这些理论来重新看他们民间信仰实践的方式，来重新考察。所以说对于少数民族，当我们在讨论现代问题的时候，现代性对于欧洲人来说已经经历了几个世纪，完成了现代性。工业革命开始后就把整个欧洲带入进了一个现代性的社会里面，但是东亚社会呢？如何经历现代性？在杜维明、金耀基等很多东亚学者的讨论中是一个非常大的主题，那么我要讨论的是什么呢？中国的少数民族又是怎么样来经历这种现代性呢？所以像橡胶种植这样新的现代性的物质媒介使西双版纳这样的村落经历了现代性的变迁，它既是社会转型的过程，也是面临着若干社会风险不确定性的这样的一个过程。

徐：是以橡胶为载体？

沈：对，这就是很重要的现代性的物质媒介，可是说杜维明更多讨论了东亚社会儒家的体系，怎么样来进行一个转型。这样一个儒家的转化过程，而西双版纳这样的少数民族社会并没有受到儒家文化很多的影响，它一直是在一个南传佛教的体系里面，那这些社会怎么经历这样的转型，它的传统的价值观念、道德的水准，人们对金钱的态度在发生什么变化？很有意思，我在2002年进入这个寨子里面，老百姓的家里面就是插一条棍子在门上，相当于锁，他就去下地了，它不需要什么锁。然后到了2006年，大家手里的钱多了，我带着一个摄像机亲自拍到了四五个傣族男人抬着一个保险柜从竹楼底下搬到竹楼上面，这是一个很大的变化，从不需要锁到用保险柜，再到现在家家户户都安了防盗门……

徐：哈哈，这是跟着社会的趋势走了？

沈：对呀，人们对金钱的态度发生了变化，人们的生计方式发生了变化，通过种橡胶这样的物质媒介改变了所有传统社会的规则，包括长辈对幼辈的尊严也在打破，男人和女人之间的性别也重新作调整，这些东西都是在社会背后来发生的，是需要我们来看到的，所以我想我的另外一个贡献点是我讨论少数民族和现代性的问题。他们怎么经历了既痛苦同时又喜悦的转变过程。

徐：这么说是有一定的学术分量的。

沈：我觉得是有学术分量的，就像你刚才说的我另外两个点，比如说直苴这个点，美国密歇根大学的一位人类学家叫艾瑞克.缪格勒（Erik Mueggler），他写了一本书就是 the age of Wild ghost，即是《野鬼的年代》这本书就是在永仁直苴村做的。因为我自己从小是在永仁长大的，直苴是个彝族的村落。

徐：你本身是彝族吗？

沈：我自己不是，我是汉族，我们的同学同桌里面有很多都是彝族的同学，我是在这样的一个环境中长大的。而艾瑞克.缪格勒（Erik Mueggler）的书出来以后在人类学界获得一个很高的奖项，引起了很多的关注。我当然高兴他来研究直苴，后来我就觉得，我应该回去看一下，我实际上在直苴这个田野点做的时间也不算太长，但是我看到村落里面有些方面可能是艾瑞克.缪格勒的书里面忽略的问题。比如说在这个村落里面有 5% 的人口是汉人，但是这个村落的汉人在公共场所都得讲彝话，就是他们当地的语言，那么艾瑞克.缪格勒可能就会把这些汉人当作彝人，但是我在这个村落里面考察时发现汉人和彝人的关系非常微妙，非常有意思，它就是呈现出来的一个族性的问题。在这个社会里面艾瑞克.缪格勒更多的讨论民族国家暴力的问题，民族国家在 20 世纪五六十年代，对这个社会进行了很多社会主义改造，这个社会主义改造就是把它原来取西这种传统的政治组织消灭了，那么还有一些改造对这个社会进行"文化大革命"，有些人自杀等。艾瑞克.缪格勒重点讨论了这个社会里的仪式，就是一些处理鬼魂的仪式，人死了以后会有鬼魂，我们要怎么安置这些鬼魂，如果安置好了，那么活着的人就可以得到安宁，但是如果这些鬼魂安置不好，那么这些将会给人们带来很多恶意，特别是那些被称为刹鬼，就是非正常死亡这样的鬼魂，一定要有很重要的仪式。

徐：这方面给我影响最深的是景颇族的琵琶鬼

沈：嗯，傣族也有琵琶鬼。所以说它是有很多安置鬼魂的仪式，国家暴力产生的影响很多人自杀呀，非正常死亡，那么这样的一些鬼魂要怎么来安置，要把它送的很远，不要让它来打扰当地的居民，所以说整个书里面都是在讨论一些安置鬼魂的仪式，这本书是很有意思的。

徐：没有翻译成中文版的吗？

沈：没有翻译过来，因为这本书是不容易翻译的，这本书的文采太好，为什么获得一个人类学大奖，就是它的这种民族志是一本不错的民族志撰写。那么在我的书中，我主要是来讨论这种暴力在社会中是多面向的，艾瑞克.缪格勒可能更多的是强调民族国家对彝族这个传统的小社会中的暴力，那么我在这个社会里的观察呢，我发现这个社会里的彝族也会实施对汉人的暴力，然后汉族的男人也会对彝族罗罗泼的女人实施暴力，我们可以看到暴力是多层面的，多种面向的。然后这个社会有很多来处理它的性别失衡的问题，特别是那种男性找不到老婆，等到他死的时候还专门有个仪式来帮他找一个老婆。这个性别失衡的问题很有意思。

徐：彝族是不是非常重视婚姻和世系？

沈：是，因为它是表现出来的父系世系非常重要的一种形式，所以婚姻对他们来说是很重要的。

徐：那你刚才讲傣族这个田野点时很清楚，那你在大理和彝族这两个点有什么创新的地方呢？

沈：彝族这块我主要是跟艾瑞克.缪格勒的经典民族志的一些对话，扩展了他对暴力的理解，应该是这样说。因为他的暴力只是单向的，国家对彝族小社会里面，还不够，因为彝族也会对汉人实施暴力，因为这个社会里，它有一个宗教仪式叫祭山神，这个仪式里面是汉人不可以参加的。在村里的公共场合汉人不可以说汉语，你必须要讲彝语，我才跟你交往，就是说它也是一种言语的暴力。然后呢，这个社会里存在一种风俗叫爬草楼，就是女孩子到青春期的时候就必须要盖个草楼，底下关牲口，楼上堆些喂牲口的干草，女孩子住在楼上，可以与小伙子约会，所以叫爬草楼。有些汉族的男子想去爬草楼，结果一进去女孩子发现是个汉人，她们就不接受，汉人就只能用非常暴力的方式来处理，因而汉族的男孩子也会对彝族的女孩实施暴力，在这个彝汉交错而居的社会里面，这种暴力是多面向的。

徐：肯定很多，包括家庭的暴力。彝族和汉族通婚的情况还好吧？

沈：历史上是不通婚的，

徐：现在可以了吗？

沈：现在可以了。

徐：那现在的婚姻存在暴力的形式吗？

沈：大部分的婚姻都是不暴力形式，我刚才谈到爬草楼中的暴力是个典型、个别的例子，非常极端的，但是也是一种暴力形式呀。所以我在这部分主要是跟艾瑞克．缪格勒的研究对话。

徐：那大理的研究呢？

沈：大理这一块呢，需要说的东西就更多啦。大理这个地方是不一样的。在我的田野方法里面，整本书是人类学田野研究的，西双版纳它就是曼底村这个点。在大理我要关注的东西就是洱海区域的历史和族群之间这样的关系，所以它是在长时段的历史上来考察。因为整个洱海区的研究，南诏大理的研究它是很有历史积淀的，学术史的积淀就很厚。关于这块的讨论我觉得我可以在历史的跨度里面，因为我自己，你也知道是跟林超民教授学中国民族史、云南地方史，所以我历史这一块的功底就完全可以发挥出来讨论洱海区域的历史。那这一块我的田野方法主要是多点田野的，也就是说围绕着洱海的海东、海西（洱海东岸和西岸）它的很多村落里面要进行考察，那么在这本书这部分里面呢，我觉得我提出来一个很重要的观点就是：内部边界。我们以前一直以为白族是一个统一的整体，没有区别，当你进入洱海地区来做研究，这些村落跑下来以后，你会发现内部之间的差异非常大。它们首先一点，就是在白语当中，海东的人叫作"geduzi"，海西的人叫作"gesaizi"。它就把海东人和海西人区分开来了，这个社会内部还有两种人，一种是渔民子，是在洱海上捕鱼为生的，然后还有一部分是种田的白族，叫作"干白子"。就是说你可以看到它内部有很大的差异。白族并不是我们想象的铁打一块的统一的整体，它内部有很大的区别。

徐：族性是讨论的主题？

沈：是，但在研究路径上还是有所不同。我想以往学者来讨论白族人的族性时常常会放在一个历史的跨度上来讨论，如白族如何在历史过程中形成，历史形成强调了白族族性和时间的关系。而我这本书里面，我更多地强调白族人族性的形成和空间之间关系，用空间的理论来讨论白族人的族群。但我又会把族性放在洱海区域史里来考察，这是我做得比较好的方面，甚至这种族性的讨论会放在史前时期来讨论，我认为史前族性文化的考察也是很重要的。

徐：对对，史前文化的讨论中的遗存的东西比较多嘛。

沈：对，我们现在来讨论族群没有从考古学的意义上来讲。

徐：从民族志材料中也有很多。

沈：是呀，所以我对族性的讨论是从史前时期开始的，中国学术界里没有学者这样做。

徐：那你三个点它的调查的目的都不一样？

沈：不一样，但是它考察的主题都是西南中国的性别与族性认同。要回应这个问题。

徐：人文关怀也不一样。

徐：那你得出的"中间地带"应该怎么解释？

沈：中间地带我在导论部分来交代什么叫西南，这是从西方的学术界，到后现代以来，特别是东方学这样的学术论述出来以后，开始来讨论到底在西方的学术传统和政治体系里面怎么来描述东方，这是一个权力关系，就是说没有西方就不会存在东方，它的前提就是这样的。

徐：这方面是没有什么可比的？

沈：有，这些东西是一种文化的权利关系的讨论，赛义德在他的《东方学》里面指出东方是什么，是由西方人来说的，东方是个暴力的东方，东方是个神秘的女性，东方也是一个黄金的东方，这些东西都是在谈论文化的权力关系，这就产生出了西方的文化中心主义，西方的文化中心主义它认为西方是世界文化的中心，西方人是人类的主人，整个的殖民扩张是向全球范围的，然后西方可以来定位和我不一样的人，他们把东方作为西方的他者，这是一个文化权利关系的讨论。同样的，那么在中国有没有这样的东方主义的呢？有，我认为在中国的学术体系里面就存在一个中国文化中心主义。如果没有中原就不会存在西南，西南是因为中原而存在的。

徐：相对而言。

沈：嗯，那西南是什么呢，西南也是由中原来定位它的，西南是边缘，是蛮族，所以说西南也是黄金西南，我们的地域遍布金沙，西南是中原的一种拓殖的空间，所以说这里就有一个中国文化中心主义来定位边疆问题。也可以这样说，西南就成为中原的他者，这是两个文化中心主义，我们是需要拿来批判和检讨的。

我一直是不太满意在我们的学术领域有若干的观点来判断西南。比如说我们在讨论民族历史的时候，总是说它都是发源于甘青高原，都是由北向南迁徙的。人类的迁徙怎么哪会只有一个方向呢？我认为这些东西都是在一种文化中心主义下的意识形态，学术界的一种观点，是需要加以来更正、来批判的。所以我这里提出的中心地带是新社会史中提出的一个重要的概念，"中间地带"这个词来自美国的学者理查德·怀特，他是研究美国印第安历史的。他讨论美国大湖区的印第安人，特别是白人移民进到印第安的社会里面，如果按我们以往的观点，白人进来了，印第安部落就会消亡了，但认为实际上不是这样的。文化的接触并不是说简单的此消彼长，或者你死我活这种情况，更多的是双方的商讨、协议，然后双方的妥协，产出新的社会空间的过程。中间地带就是这样的一个社会空间，代表了帝国、土著和移民之间的权力关系，所以在任何可以产生任何土著、帝国和移民国家的地方都会产生这样的新的社会空间，我是想用这样的社会空间理论来重新定位西南，所以实际上中间地带这个名称是用来对中国文化中心主义作修正。

徐：所以我一开始看你这本书，我在想这本书是性别方面的研究，怎么会出现中间地带这样的书名？

沈：但是它的副标题还是比较清晰的。

徐：对，副标题还是比较清晰的。

沈：这本书是一本社会性别的民族志。

徐：但是我听你讲的时候傣族方面的是最精彩的。

沈：这也不见得，整本书里面的比例，大理这部分的字数是最多的，因为它必须需要有一个纵向的脉络。

徐：大理是历史这一块？

沈：对，那里有很深厚的学术积累。

徐：你非常经典巧妙地把这三个田野点连在一起。

沈：是，这三个田野点并不是简单的跨文化比较，把白族跟彝族比，或者是把傣族跟白族比，它不是这样的一个跨文化比较。主要目的是想来揭示在中国民族识别以后，少数民族是怎么来实践这些给他们的民族身份的，来考察这些族群，特别是他们之间原有的文化差异到底还有没有意义，在不同的三个点来考察的话，是用来看不同情境中的人，他们怎么来实践他的族群身份，特别是性别之间的差异对于他们族群身份实践的差异到底是起什么作用。这些东西也是需要考虑的。

徐：你三个点作为中间地带的思考，前后用了多少时间？

沈：这本书的田野是从 2002 年开始的。

徐：那到现在也差不多十年了？

沈：嗯，就差不多十年的时间。在当中，我做了田野后回来读书，然后开始写，然后发现很多材料自己驾驭不了，理论根本不够，没办法来分析这些材料，让这些材料产生意义，所以后来在这个过程当中也就不断到国外去访学，去做研究，然后得到一些理论方面的提升。比如我在 1999 年拿到博士学位后我就得到美国 Freeman 项目资助，就到了伊利诺大学，在那里做了一年的访学。那一年里帮我解决了两个问题，第一个是过英语语言关，我自己是历史学专业的，不是外语专业的，所以那一年过语言关过得非常的辛苦，到现在我可以在国际学术会上做发言，作讨论。我前两天刚好得到通知，新加坡国立大学的一个英文期刊，叫 CIJ(China international view)，是有关中国研究的，是很不错的期刊，由新加坡国立大学东亚研究所郑永年做主编的，我的一篇文章被这个期刊接受，将在明年发表。

徐：用英文发表？

沈：是的，也是从西双版纳这个点出来的，讨论民间信仰现代性的问题。

徐：那你在美国这一年的收获很大呀？

沈：嗯，我在美国解决的问题就是语言，那个时候开始积累语言，还有一点就是对女权主义理论系统的学习，我想这是对我以后的学术成长非常重要。

徐：美国的女权主义理论是非常强的。

沈：对啊，它的大学，比如伊利诺大学里面性别课程有若干门，而且性别的研究是个跨学科的，实际上我整个有关性别的研究，不单单可以从历史学方面来讨论研究，我也可以从社会学、人类学甚至从政治学来讨论。

徐：你刚才讲归属政治问题就是政治学问题？

沈：是呀，它是跨学科的，所以一下子要接受很多门学科理论体系。然后回来做田野，做了田野回来发现还不够，因为田野材料出来后没办法来分析让它产生意义。后来我又申请到了英国学术院的一个奖学金，那个奖学金级别很高的，又到了剑桥大学，在社会人类学系做访学做了一年，这一年我得到的另外一个收获就是社会理论（social theory），因为剑桥大学人类学系有很强的社会理论传统。

徐：是呀，很强大的。

沈：是呀，社会理论很强的。所以说我的风格就变成社会人类学这样的风格，而且包括我为什么刚才跟你谈现代性的问题。现在这样的话题在社会学里面根本就不是一个什么新的话题。但在我们人类学界，用现代性这样的理论来分析少数民族社会的恐怕没有多少人来做。

徐：你现在走在这样成熟的道路上，英语关也过了，又有这样的学术理论背景，你是云南人吗？

沈：我是云南人。

徐：哪里人？

沈：我就是在永仁长大的。永仁县是属于楚雄州的。

徐：那你是从小到大就在那里生活？

沈：对对，后来在1985年考上云大，就进入云大历史系读书，林超民教授是我的硕士、博士导师，跟着林超民教授学了差不多十年了，我们的关系也比较好。

徐：那你应该是林超民老师的得意门生之一啦？

沈：也不能说是得意，林老师带学生还是有自己的一些方法，让我受益很深。在云大历史系得到的是地方史的训练。

徐：那你硕士后一直在云大呀？

沈：对，我的硕士毕业后一直留在云南大学历史系，然后1997年云南大学人类学系成立，我就到人类学系，然后就开始转人类学，就开始做田野。我觉得这是不容易的。我是一个历史专业的，后来转到人类学领域做研究，我觉得我经历了十年的磨炼才转到人类学里。

徐：我很想听听你转到人类学的体会。

沈：这个体会，因为在云南做田野的机会还是很多的，包括在研究生阶段跟尹绍亭老师做了一些田野，还有包括1992年与邓永进老师到西双版纳做艾滋病的研究，后来参加福特基金会农村妇女发展项目，跑了很多农村，都有很多机会来做田野，但是我觉得那还不算是真正人类学的田野。那么这个转呢，我觉得需要一个理论积淀，理论的积淀就像我说的在美国进行性别与女权主义理论的积淀非常重要，让我从历史学跨到人类学来，性别的研究是我跨越的一个桥梁，因为我有一个性别的女权主义整个理论体系的掌控和把握，让我从历史专业跨到人类学上来，用女权主义性别分析的很多视角来探讨当下的文化，这是很重要的一点。那么以前学的历史学是不是就没有意义了，很有意义的，为什么呢？实际上当你看这本书中大理的时候，我已经开始用人类学的眼光重新再来看历史，这样的话，我认为它有更多的历史人类学的韵味在其中。像黄应贵先生说的，历史人类学并不是要你跑到田野里抄写几块碑文、拿一下家谱、做一点分析就可以成为历史人类学，历史人类学最核心的东西就是怎么样用文化来讨论历史。就像我在西双版纳来讨论文化决定人的性别，一样的，在大理来讨论文化对这个区域的历史走向的影响。

徐：那把你这些话来概括一句话来讲就是：文化决定世界？

沈：也不叫文化决定世界，决定人类对一个区域历史性的认识。

徐：文化决定历史？可以这样来概括吗？

沈：是，文化来决定历史，历史性来决定历史的走向。

徐：文化决定历史的走向？

沈：呃，特别是历史，我们在英语当中有一个词叫作 context，就是一种脉络，文化怎么来决定区域文化历史发展的脉络。

徐：文化决定历史走向的脉络？

沈：是

徐：我想把这个作为我们今天访谈的题目？

沈：呃，这个也可以，但是我今天在历史方面谈的比较少。

（略）

徐：这一次访谈是这样的，民族论坛约我参加人类学的访谈，我原来做访谈做了将近六十多个学者，出了两本书，一本是《人类学世纪坦言》，一本是《人类学世纪真言》。中央民族大学出版社出版，那这次再做四十来个吧。

沈：哦。这个就是中国人类学的学术史。

徐：这个，李亦园先生说这是中国人类学的口述史。我的朋友讲这是中国人类学的族谱。

沈：呃，差不多。族谱这个说法是很有意思的。

徐：因为没有人做，我还是把这个再继续做下去。再做三年、四年，准备再出一本《中国人类学世纪欢言》，"欢言"也是我在采访中南民族大学校长时说的，准备把这三本书叫作"三军过后尽欢言"。所以我就把你纳入我的采访计划中。

沈：哦，好的，那是我的荣幸。

徐：这次很感谢你的支持，你这么用功，像你从历史学转入到人类学中，国外访学、学习的经历都比较丰富。我觉得你这条路走得很稳，很扎实。

沈：是是，我觉得现在走得越来越开阔，主要是自己个人比较自信。

徐：但是我觉得你现在的学问做到这个份上了，你就专心奔在学术上了，一定要把自己的目标锁在成为一个国际型的人类学家。

沈：谢谢，我将继续朝着这个方向努力。

附录3

沈海梅教授出版著作、发表论文一览

学术著作、论文发表：

著作

人类学研究专著《中间地带：西南中国的社会性别、族性与认同》（40万字，北京：商务印书馆2012年）。

主编《医学人类学视野下的毒品、艾滋病与边疆社会》（30万字，昆明：云南大学出版社2010年）

专著《明清云南妇女生活研究》（23万字，昆明：云南教育出版社2001年）

执行副主编《民族学评论》第二辑（50万字，昆明：云南大学出版社2005年）

执行副主编《民族学评论》第三辑（云南研究专号）（50万字，昆明：云南人民出版社2009年）

执行主编《民族学评论》第四辑（50万字，昆明：云南人民出版社2015年）

合著著作：

参著瞿明安主编：《当代中国人类学》两章：《当代中国人类学的社会性别研究》《当代中国的族群研究》云南人民出版社2008年。（4万字）

参著瞿明安、周光大主编：《现代民族学》上卷两章：《社会性别文化》《身体文化》；下卷两章：《社会性别理论》《族群理论与民族主义》云南人民出版社2009年。（共8万字）

副主编并参著：《性别社会学》，郑杭生总主编，祝平燕主编，社会学系列教材，华中师范大学出版社2007年。第30~59页。

参著林超民主编：《中国地域文化大系：滇云文化》（五章）内蒙古教育出版社，2006年。

论文发表（中文）

论文《喜马拉雅生态—社会文化的整体性——兼论云南梅里藏区区域研究的方法与路径》，载《西南民族大学学报》，2016年第7期。

论文《西方人类学领域的喜马拉雅研究学术史》，《西南民族大学学报》2015年第8期，第1~9页。（被《高等学校文科学术文摘》摘录，2015年第6期；被《中国社会科学文摘》摘录，2015年第12期）

论文《橄榄坝的现代性：兼论当代中国少数民族社会的现代性特质》，载《西南民族大学学报》，2013年第9期，被中国人民大学书报资料中心复印报刊资料D5《民族问题研究》2013年第11期全文转载。

论文《社会性别的语言建构：基于云南三个少数民族社会的分析》，与沈海英合作，第二作者，载《云南民族大学学报》2013年第4期。

论文《在跨国移民理论框架下认识中国的"外籍新娘"》，载《昆明理工大学学报（社会科学版）》2012年第5期，第6~13页。

论文《西双版纳傣族丧葬中的仪式性财富》，与郭山合作，第二作者，载《民族研究》，2012年第4期。

论文《从瘴疬、鸦片、海洛因到艾滋病：医学人类学视野中国西南边疆与边疆社会》，《西南民族大学学报》，2012年第3期，第1~8页。

论文《国际NGO项目与云南妇女发展》，载《中国和北欧国家的视角：全球化与本土化背景下的性别平等促进》论文集，昆明：云南人民出版社2012年8月出版，第240~254页。

论文《曼底傣泐人村寨神的"失灵"看中国民间信仰的现代性困境》，《中国民族报－宗教周刊·论坛》第06版，2011年4月26日。

论文《空间、物与洱海区域白族人的族性》，《西南民族大学学报》2010年第7期。第42~49页。

论文《民族国家与归属的性别政治：基于云南民族识别的讨论》，载林超民主编《民族学评论》第三辑（云南研究专号），云南人民出版社2010年，第5~15页。

论文《西方人类学领域的同性恋研究》，与王凯合作，第二作者，载《中国性科学》2010年第2期，第18~24页。

论文《曼底傣泐人村寨神的"失效"与中国民间信仰的现代性困境》，北大/美国普渡大学《从书斋到田野——宗教社会科学高峰论坛论文集》（上卷书斋篇、下卷田野篇），高师宁、杨凤岗主编，中国社会科学出版社2010年出版，下卷，第223～233页。

论文《白族人的族性与白族研究学术史》，《学术探索》2010年第1期，第82~92页。

论文《白族社会"绕三灵"中性的阈限》，《民族研究》2009年第5期，第64~73页。

论文《想象的社区、性的政治与权力对应体：曼底傣泐人的信仰女神与男性宗教实践者》，《广西民族大学学报》2009年第1期，第70~77页。

论文《白族社会"绕三灵"中性的阈限》，《民族研究》2009年第5期。

论文《想象的社区、性的政治与权力对应体：曼底傣泐人的信仰女神与男性宗教实践者》，《广西民族大学学报》2009年第1期。

论文《南诏史中的大传统与小传统：边疆妇女史的视角》，《思想战线》2008年第5期，第87~93页。

论文《文化中心主义下的西南研究》，《西南民族大学学报》2008年3期，第27~32页。

论文《橄榄坝的现代性及其对周边傣族社区的影响》，《贝叶文化论文集》第三辑，云南大学出版社2008年，第169~181页。

论文《国际NGO项目与云南妇女发展》，《思想战线》2007年第2期，第116~123页。人大报刊复印资料《妇女研究》全文转载，2007年第3期。获云南省妇女理论研究会论文一等奖。英文论文载《Europe Insight》2009年。

论文《族群认同：男性客位化与女性主位化——对中国当代族群认同的社会性别思考》，《民族研究》2004年第5期，第27~35页。入选《中国民族研究年鉴》（2004年卷），列入社会学人类学中国网典藏文献，被网站广泛转载。

论文《青铜文化与女性民俗：对云南青铜文化的再认识》，《学术探索》2004年第2期，第85~88页。

论文《边缘文化主流化中的妇女——明清云南列女群》，《思想战线》2002年第6期。人大报刊复印资料《妇女研究》全文转载，2003年第2期。《中国社会科学文摘》论点选登。

论文《汉文化与明清云南少数民族列女群》，《民族学评论》第一辑，云南大学出版社2001年出版。

论文《文山广南峰岩洞人口调查》，《云南民族博物馆论文集》，云南民族出版社 1999 年出版，第 56~79 页。

论文《明清云南改土归流的文化条件》，《思想战线》1997年第5期，第 71~75页。

论文发表（英文）

Responses to the Drought Climate in the Eastern Himalayans: Gendered Traditional Ecological Knowledge and Viticulture in the Meili Tibetan Yunnan of China (Draft)

Risk Society, the Predicaments of Folk Religion and Experience of Modernity: The Guardian Spirits in Mandi Dailue Ethnic Society of Xishuangbanna, China: an International Journal (CIJ), Volume 11 Number 2 (August 2013): 42 – 57.

"Inflow of International Immigrants Challenges China's Migration Policy", Brookings Institution Website, 2011. http://www.brookings.edu/opinions/2011/0908_china_immigrants_shen.aspx

"International NGO Projects and Women's Development in Yunnan", Asia Insights, 2009.No.1（ISSN 0904 — 4337）

Ethnic Identity: Men's 'Etic' and Women's 'Emic'——A Gender Perspective on Ethnic Identity Practice in Contemporary China, Review of Anthropology/Ethnology in Southwest China, Vol.1. 2009. Beijing, Social Science Literature Press.

"War Stories in Lienu Zhuan: Women in Yunnan's Ethnic Wars in the Ming and Qing Dynasties", Ethnological Review, Vol.2, Kunming: Yunnan University Press.2005, pp. 233~247

"'Foreign Brides' in Mainland China: Issues of Governing the Inflow of Asian Marriage Migration". 2014 年台湾 "婚姻移民治理" 学术会发言论文。

Imagined Community, Sexual Politics and Power Correspondence: Goddess and Male Religious Practitioners in Mandi Dai Society, Presentation Paper for MIASU, Cambridge University, 2005

译文发表

译文《"某时"观念：云南藏族神山卡瓦格博的事件、身体与运势观》，第一作者，《西南民族大学学报》，2015 年第 2 期，第 9~19 页。

Virginia Garcia-Acosta，"Historical Disaster Research"，中文译文《灾难的史学研究》译校，载《民族学刊》2011 年第 6 期，ISSN1674－9391，CN51-1731/C。第 25~35 页。

C. PAT GIERSCH，2001，"A Motley Throng"：Social Change on Southwest China's Early Modern Frontier，1700-1800，The Journal of Asian Studies 60，No.1. 中文译文《"混杂的人群"：中国西南近代早期边疆的社会变迁（1700-1880）》，载陆韧主编《现代西方学术视野中的中国西南边疆史》，云南大学出版社 2007 年版。第 138~177 页（3 万字）。

英文译校

〔英〕妮业余娃－大卫《妇女、全球化和社会变迁》（Women，Globalization and Social Change），载《思想战线》2009 年第 5 期。

研究报告：

《云南省第三轮防治艾滋病工作评估·性行为控制障碍社会学定性研究报告》，2016 年 1 月。

中英艾滋病中国项目办研究报告《云南省级高校外籍人员艾滋病知识与相关行为研究》，2011 年 3 月。

专题调研报告《云南省流动妇女儿童现状、问题和政策》，被云南省妇女儿童工作委员会聘为专家组成员参与"十二五（2011-2020）云南省妇女儿童发展规划"组织、编制、审定工作。2010 年 11~12 月。

《云南省艾滋病防治三年人民战争政府多部门合作评估报告（2005~2007）》，云南省卫生厅，2007 年 12 月。（5 万 4 千字）

《云南省 AIDS/HIV 高危人群行为定性研究（昆明、曲靖、文山三市）：对 IDUs，FSWs，MSM，Youth & Migrant Workers 人群的研究》国家"十五"科技攻关项目，云南省疾控中心（CDC）2006 年。

"西南中国的社会性别、族群性与少数民族文化：对傣族、彝族的社区民族志"，福特基金会研究报告，2003 年。

附录 4

沈海梅教授指导硕士研究生论文清单

担任硕士导师指导研究生论文：

云南大学

李佳燕　2003 年《家庭教育与撒尼儿童的社会化》

李艳华　2005 年《村民自治格局下撒尼人的族群再建构》

王萍　2005 年《众神庇佑：剑川白族老年宗教群体"妈妈会"研究》

吴正南　2007 年《橡胶经济与傣泐人的社会变迁：西双版纳曼炸村土地利用个案》

卢成仁　2008 年《风火中的野芦苇：基督教与傈僳族社会——怒江峡谷中的娃底个案研究》（获云南省优秀硕士论文）

何丙波　2008 年《民族地区人口流出与社会文化角色缺失研究：以阿卡奕车人求偶文化为例》

王凯　2008 年《同志圈：艾滋政治下昆明男同性恋人群的身份建构》

潘林　2008 年《身体、生存与工作：西双版纳少数民族女性性工作者》

黄瑾　2008 年《建构原生情感：对"六祖分支"传说与贵州黄村彝族认同研究》

袁丁　2009 年《分类与想象：对云南 NGO 共同体的研究》（获云南省优秀硕士论文）

方媛媛　2009 年《从巴卡小寨基诺族的"砍刀布"看纺织品与族群性》

达月珍　2009 年《从季风圈理论看云南与东南亚水生态文化的整体性》

谢思　2010 年《民族国家与性别政治——历史记忆中的西双版纳少数民族妇女解放》

孙涛　2011 年《宗教市场论下滇藏交界上盐井藏传佛教社会天主教的"处境

化"》（获云南省优秀硕士论文）

逯文杰　2011 年《传统的发明、旅游的凝视与文化遗产运动——云南省弥勒县红万阿细人的祭火仪式》

郭少妮　2012 年《西双版纳基诺社会的疾病分类体系与"梦医生"神谕治疗》

马祯　2013 年《布朗村寨南传佛教实践与礼物共享》

张月宝　2013 年《圈内圈外：民间信仰的制度性结构与运作机制——云南大理挖色地区的"迎释迦佛节"与"下本主节"》

云南民族大学

林春大　2015《海岛社会族群流动的水平性：广东硇洲岛津前村的海岛民族志》

贺佳乐　2016《跨越疆界：一个中老边境瑶族村落的边界实践》（获云南民族大学优秀硕士论文）

杨鑫磊　2016《全球化时代的梅里小生境（niche）：德钦斯农藏族村落的葡萄种植业与社会分工》

卢丽敏　2017《新自由主义经济结构中的少数民族经济行为与族际关系——对西双版纳景哈哈尼族坝那老寨的研究》

马斌斌　2018《回在汉、藏之间·德钦阿墩子贸易网络中的汉、回、藏关系》

李瑞宇　2019《世界主义在边疆：大理洱海坝子的新移民与乡土社会重建》